從苦力貿易到排華

THE CHINESE QUESTION

The Gold Rushes and Global Politics

Mae Ngai
艾明如——著
黃中憲——譯

獻給菲力克斯

外來身分有什麼不對？

——托尼·莫里森

目次 *Contents*

第二部　打造白人國家

第三部　諸殖民地裡的亞裔威脅

地圖一覽表

地圖 1

全世界黃金產地和發現地

World Gold Production and Discoveries

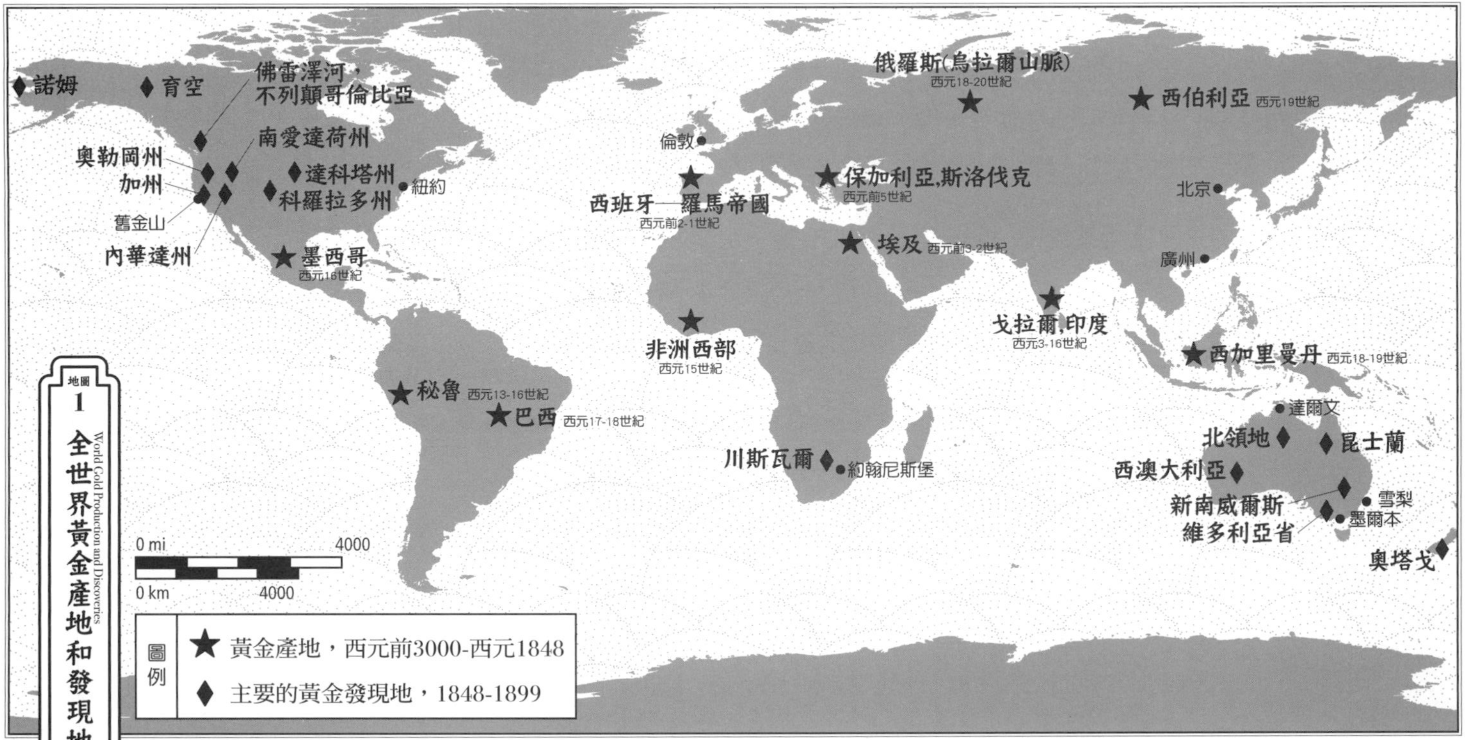

Cailin Hong繪製

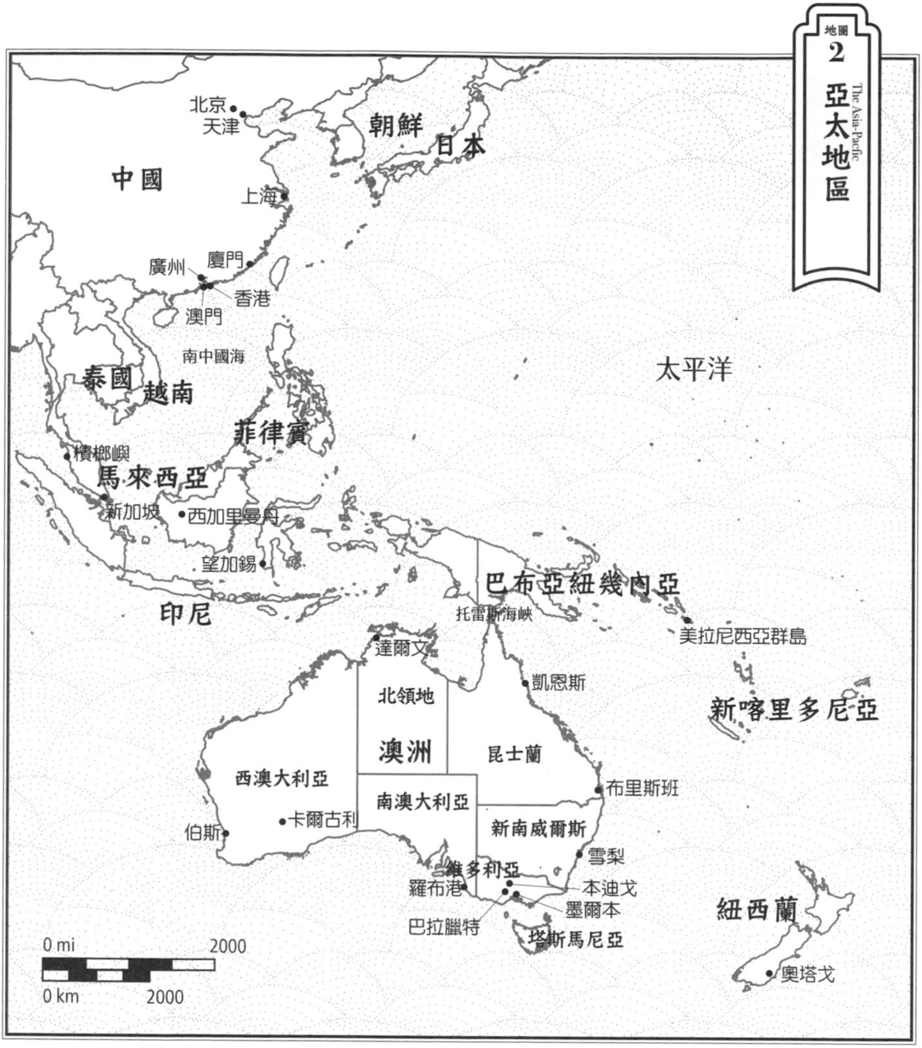
地圖
2
亞太地區
The Asia-Pacific
北京
天津
朝鮮
日本
中國
上海
廣州
廈門
香港
澳門
南中國海
太平洋
泰國
越南
菲律賓
檳榔嶼
馬來西亞
新加坡
西加里曼丹
望加錫
巴布亞紐幾內亞
印尼
托雷斯海峽
美拉尼西亞群島
達爾文
凱恩斯
北領地
新喀里多尼亞
澳洲
昆士蘭
西澳大利亞
布里斯班
南澳大利亞
卡爾古利
伯斯
新南威爾斯
雪梨
維多利亞
羅布港
本迪戈
墨爾本
巴拉臘特
塔斯馬尼亞
紐西蘭
奧塔戈
0 mi
2000
0 km
2000

Cailin Hong繪製

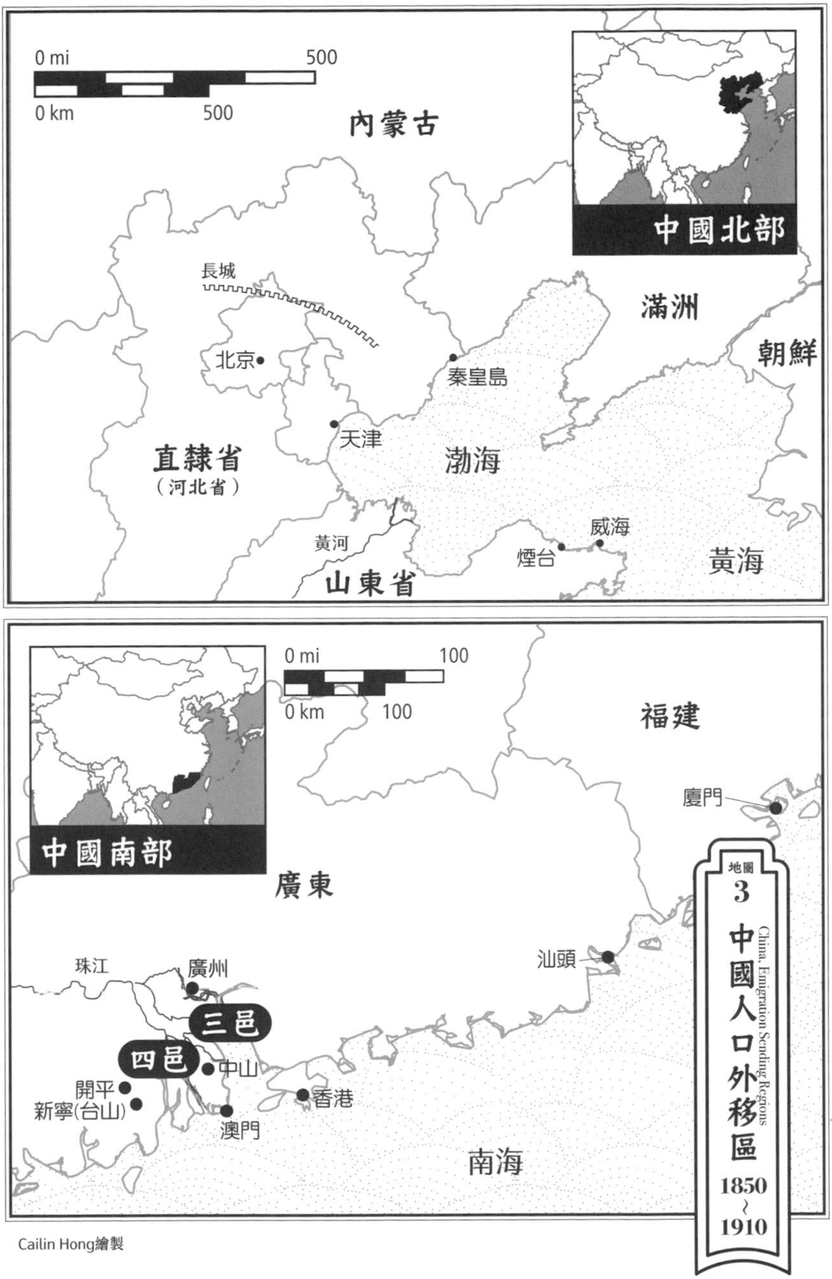

地圖 3 中國人口外移區 China Emigration Sending Regions 1850～1910

Cailin Hong繪製

推薦序

超越「苦力」迷思的華人移民史

孔令偉／中央研究院歷史語言研究所助研究員

談到十九世紀的華人移民，不少人心目中的直覺反應往往會浮現「苦力」、「豬仔」等悲慘而負面的形象。在這樣的常識基調下，不少歷史寫作乃至文學小說的筆法，往往將晚清遷徙海外的華人移民，描繪成一群缺乏知識以及個人意志的底層群眾，從而側重書寫白人資本家以及華裔人蛇對他們的奴役壓榨。而晚清帝國的積弱，亦導致海外華人移民缺乏國家政府組織的有效保障。上述這類歷史敘事，一方面誠然在某種程度上試圖為弱勢的歷史失語者發聲；另一方面卻也弔詭地陷入種族主義的窠臼，片面地將華人視為一缺乏個體能動性的被動集體。這類刻板印象不啻將歷史發展扁平化，並無法充分體現華人移民內在的多元性與個體性。隨著近年來全球史研究的推進，歷史學者致力於從更加複雜的國際政治經濟脈絡，來理解華人移民在近代世界形塑過程中所發揮之關鍵作用。艾明如（Mae Ngai）的這部新書《從苦力貿易到排華：淘金熱潮華人移工的奮鬥與全球政治》（*The Chinese Question: The Gold Rushes and Global Politics*），即是其中代表力作。

本書作者艾明如，現任哥倫比亞大學龍家（Lung Family）亞裔美國人研究講座教授以及歷史學系教授，主要研究領域為美國法律與政治史，她多年來關注移民史、公民權、國族主義以及華人離散等歷史學議題，取得了豐碩的學術成果。艾明如出身美國華裔，其外祖父為民國法學者王世杰。她自學生時期便關注勞工權益與社會正義等議題，並曾多年投身社會運動。對美國華裔以及社會議題的現實關懷，與她治美國移民史的學術興趣，具有一定關聯。爾後她考入哥倫比亞大學歷史學系，師從著名美國史學者埃里克·方納（Eric Foner），並於一九九八年以「一九二四至一九四五年間美國移民政策與種族形成」（United States Immigration Policy and Racial Formation, 1924-1945）為論文主題取得哥倫比亞大學博士學位。

艾明如著作等身，曾多次榮獲美國史學界重要之學術獎項。如她的博士論文經修改後，於二○○四年由普林斯頓大學出版社付梓，題為《不可能的國民：非法外國人及現代美國的形成》（*Impossible Subjects: Illegal Aliens and the Making of Modern America*），這本著作追溯所謂非法移民在美國法律與社會中的歷史起源，對於非法移民問題與二十世紀美國公民權與種族等議題的互動進行分析，曾獲頒包含弗雷德里克·傑克遜·特納獎（Frederick Jackson Turner Award）等六項學術獎項。二〇一〇年她又出版《幸運之家：一家人如何奇特地開創了美國的華人世界》(*The Lucky Ones: One Family and the Extraordinary Invention of Chinese America*）一書，主要以十八世紀後期美國華人移民趙洽（John Tape）家族為例，探討早期美國華人中產階級的生命歷程以及爭取平權之經過。該書曾先後由國立臺灣師範大學以及北京商務印書館出版中文譯本，從而在華文閱讀世界獲得相當的關注。至於讀者面前的這部《從苦力貿易到排華》，則是其最新的專書，二〇二一年英文版出版後，旋即在美國學界受到廣泛好評，並在二〇二二年榮獲美國史研究最具盛名的班克洛夫特獎（Bancroft Prize）。此次中譯本出版，相信能為臺灣乃至華文世界的讀者進一步認識海外華人移民史，提供兼具學術深度以及思考意義的參考讀物。

本書《從苦力貿易到排華》的探討議題，主要聚焦於十九世紀下半葉的海外華人移民，尤其是在當時淘金熱背景下遠赴美國加州的華商以及移工。通過梳理大量英文、中文檔案史料，本書關於華人移民史的研究在史觀上主要有以下三點貢獻。首先，本書開宗明義地跳脫出所謂的「苦力」迷思，亦即反對將前往美國的華人移工機械地比附為西方概念下的奴隸（slaves）。作者富有洞察力地指出華人的「苦力」形象，實際上是十九世紀後期英美白人統治者為了在不違背西方自由主義論述的前提下，同時達成其排華的種族主義政治利益，所建構出的一種身分標籤。通過將華人移工汙名化為如同奴隸的苦力，白人統治者試圖將華人排除在公民的行列之外，並以反對奴隸制為由禁止華工移入。在這種自由主義包容與種族主義排外的二元悖論下，不自由、受奴役的「苦力」標籤，由是成為美國排華政客的宣傳利器。在前述脈絡下，本書雄辯地破除作為種族主義歷史遺產的「苦力」迷思，批判性地剖析華人如何被種族主義政治勢力逐步塑造成美國社會、經濟乃至道德層面的「問題」。

復次，藉由重構海外華人生命史之個案，本書聚焦移民之能動性與多元性，尤其是海外華人移民對排華種族主義的抗爭。通過研究美國舊金山的袁生、澳洲墨爾本的劉光明、南非約翰尼斯堡的謝子修等具體案例，艾明如指出明顯卻又經常為人忽略之歷史史實——十九世紀華人移民的組成並非全是苦力勞工，實際上其中不乏精明幹練之商人以及技術人才。而這些華人在面對種族主義的不公時，不僅沒有一味忍氣吞聲，反而是積極通過上書請願、官司訴訟、組建僑社等各種手段來維護華人社群之權益，而當時他們亦積極駁斥種族主義者對華人移民所貼上的「苦力」標籤。

本書第三點主要貢獻，在於超越傳統國別史乃至中美關係史的敘事框架，改從全球史整體的政治經濟脈絡來重新理解移民與帝國之間的關係。十九世紀後期由大英帝國主宰的國際金融體系開始採取金本位制，對於使用白銀的中國產生相當程度的影響，而海外華人移民在這段國際金融轉型期間亦扮演著相當關鍵的角色。在為西方資本主義金礦開採提供大量勞動力的同時，華人移民定期寄回故鄉的大量海外匯款也為中國平衡國際貿易收支起到了相當重要的作用。除了國際金融之外，海外華人在國族主義以及革新思想引入近代中國的過程中也扮演著舉足輕重的角色，如晚清革命黨人的活動便與僑社有著緊密的聯繫。值得注意的是，過去在傳統中國社會中政治名分較為邊緣的海外華商，在政治思想以及國際經濟上皆一躍而成為近代中國國家轉型歷程中的要角。

綜合以上所述，可以發現在研究十九世紀海外華人與金礦開採議題的實證基礎上，本書巧妙地涉及到歷史記憶、移民人口、國族認同等各項議題，並提出兼具實證性以及思辨力的歷史解釋。此書的引人入勝之處，在於從歷史縱深剖析乃至解構美國華人作為「苦力」的文化刻板印象，並指出種族主義者如何操弄「苦力」形象來建構其排華論述。此外，作者又進一步將華人問題放置在十九世紀後期西方資本帝國主導下的金本位國際金融體制脈絡中，不僅顛覆當代社會對早期美國華人移民的文化偏見，在處理歷史議題上更是貫穿文化、政治乃至經濟等不同領域，富有學術原創意義。

《從苦力貿易到排華》一書的寫作特點，在相當程度上也體現出近年美國史學界的學術趨向，尤其是對族群議題以及全球史的關注。如二〇二二年與本書並列班克羅夫特獎的另一本得獎著作，為非裔美國史學者米亞・貝（Mia Bay）的《旅行的黑人：種族和抵抗的故事》

（*Traveling Black: A Story of Race and Resistance*），該書主要通過批判性地探討吉姆．克勞法種族隔離的旅行限制，進而探討非裔美國人的主體能動性，與本書就排華法案的研究可相互參照。另一方面，近年來不少美國史出身的研究者亦積極關注全球史，在一定程度上推進了美國史的全球化轉向。如斯文．貝克特（Sven Beckert）的《棉花帝國：一部全球史》（*Empire of Cotton: A Global History*），便是其中的代表傑作，其寫作基礎以美國棉業與南北戰爭為核心，卻並不侷限於傳統國別史意義上的美國史，而是從全球史的角度將視野擴展到棉花的國際流通與近代世界之形成。有興趣的讀者可自行參考。

綜前所論，作為一部兼具歷史與現實意義的學術著作，《從苦力貿易到排華》體現近年美國史研究的重大關懷，亦即在關注族群問題的同時，也留心全球史的視野。與此同時，艾明如在歷史敘事上擅長以翻轉視角，引領讀者跳脫出二元對立的慣性思考。除了顛覆將華人移民視為底層苦力的刻板印象外，《從苦力貿易到排華》亦突破傳統上對於帝國核心（metropole）以及邊陲（periphery）的二元思考，通過全球史視野將移民放置在近代國際網絡形塑下的思考，從而點出海外華人在清、英、美各帝國間所扮演之關鍵角色。延續以上關於族群史、全球史乃至翻轉史觀的討論，這些議題對於臺灣以及華文世界有著什麼樣的歷史與人文啟示？值得讀者在閱讀本書的過程中，持續進行獨立思考。

臺灣版序

艾明如（Mae Ngai）

本書講述十九世紀後期華人外移西方英語國家的起源，把重點擺在淘金熱出現於美國加州、澳大利亞的維多利亞和南非的川斯瓦爾這兩個英國殖民地時，華人初抵這些地方那段過往。這些地方是華人在西方落腳的起點，也是大批華人和歐美人最早相遇之地。這些相遇引發反華人運動，而以頒行不讓華人移入、不讓華人取得公民身分的法律為排華運動的最高潮。

西方人打造了刻板的種族觀念，以合理化其排華的主張。他們說華人都是「苦力」，都是類似奴隸的契約工，因而無法融入民主社會。他們把華人稱作「苦力種族」，意即所有華人都天生具奴性，不管本身的職業或身分地位為何皆然。他們認定這是種族特性，因此認為華人永遠不會同化於西方社會。

如今「coolie」一詞常被譯為「苦力」，但它最初並非漢語詞，而是歐洲人創造的新詞，係使用於十九世紀口岸城市（廣州、香港、澳門）之混雜漢語裡的一個詞。這些混雜漢語有許多源自葡語，例如「mandarin」（紳士）或「chop」（官印）。「coolie」一詞很可能源自意指靠工資為生者的泰米爾語「kuli, கூலி」（工資），而且在南亞用於指稱港口工人。諷刺的是，這些工人原是被綁在土地上的小農，把他們稱作靠工資為生者，反而點出他們在經濟上的獨立自主，而非受奴役的處境。

在華南的口岸城市，歐洲人把從事粗活、雜活的卑下工人，例如搬運工或家僕，稱作「coolie」。中國人則把他們稱作工人。歐洲人開始找華人當契約工赴加勒比海的種植園殖民地工作時，「coolie」一詞開始與此做法扯上關係。西方人把將契約工送到遙遠異地買賣一事稱作「苦力貿易」，中國人則把此做法稱作「賣豬仔」。一九六〇年代，撰文談華人移民美國一事的美籍史家認為「coolie」一詞譯自中文「苦力」。「苦力」這個與 coolie 同音但異義的漢語詞，倒很能呼應這些工人生活的艱苦，但此說不符事實。

本書的用意在於打破「苦力迷思」。書中探究淘金熱期間的社會情況、政治情況，以揭露「苦力迷思」如何產生；該迷思為何如此深植人心、該迷思如何被用於打造不利於華人的政治運動。本書發現，十九世紀前去加州或澳洲的華人並非契約工，而是在許多方面和美籍、歐籍外移者類似的自願外移者。本書描述華人在採金地生活、工作的真實樣貌，以及他們如何抵抗白人所加諸他們的歧視、排斥措施。

西方的排華法於二十世紀廢除——在美國，廢於中國與美國並肩作戰的二次大戰期間；澳洲和南非則廢於一九七〇年代。但「苦力迷思」始終未徹底消失，轉而在檯面下暗暗湧動。二十一世紀，此迷思在美國重出江湖，成為把美國所面臨的經濟競爭怪在中國頭上、把美國人在大學所面臨的競爭怪在中國留學生頭上之民族主義運動的一部分。晚近，此迷思助長了把新冠病毒的出現怪罪在中國和中國人頭上的種族歧視性指控。我希望本書有助於理解西方華人族群的起源，理解他們如何對抗把矛頭指向他們的種族主義運動和種族主義政治。

作者小記

本書源於與某個學生的一次互動，當時該學生正在寫一篇以十九世紀加利福尼亞政治為題的論文。他認為當時的華工是契約工，即苦力，而我想糾正他的這個錯誤看法。他有此錯誤看法，怪不得他，因為站不住腳的說法主宰既有的歷史著作。反駁此說的證據稀稀落落，或者根本被史學家漠視。史學家認為華工處境如奴隸，沒有個體性或個人意志，受到可憐的壓迫，而且史學家似乎很用心於維持此說於不墜。我打定主意要打破這個苦力迷思。

我花了十餘年，才完成對淘金熱時華人經歷的經驗主義研究，才想通使「華人是苦力」這個帶有種族主義性質的刻板觀念根深柢固的政治因素，而且這種刻板觀念不只存在於美國，還存在於整個英語世界。最初我寫此書並不打算以全球為範疇，但二〇〇五年出席世界海外華人研究學會（International Society for the Study of Chinese Overseas）在澳洲本迪戈召開的會議時，維多利亞省中部地區的景觀和北加州大為相似，令我印象深刻。後來我得知，被史學家認為是一八五一年澳洲發現黃金之功臣的愛德蒙・哈爾格雷夫斯（Edmund Hargraves），更早時曾投身於加利福尼亞淘金熱，也認為這兩個地方非常相似。一年後，我出席該學會在南非普勒托利亞召開的會議，由於此機緣，我開始想了解在威特沃特斯蘭德的深礦坑裡以契約工身分工作的華人之經歷。這兩次出國使我想做一次比較性研究，但我不清楚會比較出什麼結果。

弄清楚「華人問題」如何從十九世紀全球經濟、政治關係裡種族、金錢的神奇轉變過程中產生出來，係一段漫長且有趣的歷程。我的研究無異於淘金——半靠辛勞，半靠運氣——從中慢慢得出洞見與理解的金塊。本書研究範圍涵蓋五大洲，考驗我的知識水平、語言能力、跳出舒適生活的決心。我要感謝一路上支持、鼓勵、引導、糾正我的許多機構和個人。在書末誌謝一節，我會一一感謝他們。

寫畢此書時，正值二〇二〇年新冠疫情期間官方要求眾人就地避難時。在此艱困時期，中美關係惡化。美國政治人物和專家學者把中國當代罪羊，美國——還有澳洲、英國、歐洲——境內的華人受到帶有種族主義性質的侮辱和攻擊，包括「從哪來就滾回哪去」這句老掉牙的損人話。認為華人不是而且永遠不可能是美國和西方諸國之一份子的想法由來已久，始於十九世紀淘金熱時。本書為了解這段歷史開了一扇窗。我的用意係釐清種族主義的歷史源頭，釐清它如何被當成政治利益集團的策略重出江湖，希望這有助於我們理解在我們有生之年打擊、消滅種族主義的可能性。

阿科基克（Accokeek），馬里蘭州

艾明如

二〇二〇年八月

小談羅馬拼音和貨幣

華人姓名以漢語拼音呈現，並把姓擺在前，例如 Yuan Sheng（袁生）。碰到以粵語音譯或以其他羅馬拼音法為人所知的個人姓名、組織名，則在其後括弧附上漢語拼音，例如 Lowe Kong Meng（Liu Guangming）。許多普通華人只以某種暱稱（例如阿布〔Ah Bu〕），見諸西方文字記載，未提及他們的完整中文名。

中文地名以漢語拼音呈現，後面括弧附上舊的英語化地名，例如 Guangzhou（Canton）、Xiamen（Amoy）、Yantai（Chefoo），除非是眾所熟悉的非漢語拼音地名，例如Hong Kong。

本書所用到的貨幣，包括中國的銀兩和銀圓、英鎊、墨西哥銀圓、美元。在中國，銀兩的價值因地而異。一八七五年，大清皇家海關總稅務司署推出海關兩。海關兩是用於官方貿易帳的抽象計量單位，一個海關兩合一．二五金衡盎司的銀。

在本書所談這段時期的大部分時候，一英鎊＝三．四五銀兩＝四．八〇美元。一墨西哥銀圓

＝〇・七二銀兩。美元幣值和墨西哥銀圓大略相當。一八九九年，清朝推出與墨西哥銀圓等值的中國銀圓。

整個十九世紀至一次世界大戰這期間，金價始終穩定，一金衡盎司的黃金等於三英鎊十七先令十便士等於二〇・六七美元。至一八七〇年代為止，銀金比價一直在十二比一至十五比一之間。十九世紀後期，白銀的金價從一八七五年每盎司五十八便士降為一八九二年三十七・五便士，再降為一八九九年的二十七便士，貶值超過五成。一海關兩的價值從一八七五年六先令降為一九〇〇至一九〇五年的二至三先令。一九〇五年，一墨西哥／美國／中國圓約合二十七便士，亦即兩先令多一點。[1]

引言　黃色與黃金

金山蟠堺高，
伸手左右攫。
歡呼滿載歸，
群誇國極樂。

來自世界各地的淘金客寫下十九世紀淘金熱的故事，他們眼中的富裕和燦爛，一旦形諸筆墨，更顯壯麗輝煌。上述詩句來自中國學者暨外交官黃遵憲所寫的長詩。黃遵憲於一八八〇年代早期擔任清廷駐三藩市（舊金山）總領事，當時排華浪潮正盛，而且通過了排華法案。他是有志於改革的官員，深信美國是世上最先進的國家，有許多地方可供追求現代化的中國借鑑。但身在美國時，黃遵憲驚訝於華人所受到的壓迫和暴力。他竭力護僑，向前來求助的華人提供慰藉，呼籲美國人公平公正對待華人。三年後黃遵憲離開美國，滿懷失望與疲累。他的長詩〈逐客篇〉表達了他對美國背棄其開國先賢所立下之原則——「九夷及八蠻，一任通邛筰」——的失望。[1]

這位領事從加州放眼世局，看到淘金熱對全球的影響：

> 天地忽跼蹐，人鬼共咀嚼，
> 皇華與大漢，第供異族謔。

他也思忖他國會不會師法美國排華：「茫茫六合內，何處足可托？」

本書探討華人僑社在英美世界裡的起源，在十九世紀的前三大產金區找到華人僑社的源頭：加州、澳洲、南非。本書談外移華人的夢想、勞動、社群和他們的失望與苦難，以及他們遭自命自封為「白人國家」的那些國家邊緣化與排斥之事。本書也談在全球史上的一個動蕩時期華人如何散居英美。在此時期，黃金熱和種族主義政治代表美國和大英帝國從此關閉國界；同時，英、美的財力躍居前列，中國被納入世界的「國族大家庭」，但以不平等且無足輕重的角色加入。事實表明排華並非與正在出現的全球資本主義經濟無關，而是其不可或缺的一部分。《從苦力貿易到排華》談西方的華人僑社如何從種族與金錢——有色人種勞力與資本主義、殖民主義與財力

——在整個十九世紀世界的神奇轉變過程中產生。

赴海外淘金的華人，係十九世紀日益擴增之海外華人族群的一部分。至少從十三世紀起，來自中國東南沿海省分的華人，就在東南亞做買賣，範圍從印尼、菲律賓至越南、馬來半島再至泰國。但十九世紀時，出於貧困和機會的驅使，他們前往離家更遠的地方。二十五萬華人以契約工身分去了加勒比海地區的諸多歐洲人種植園殖民地，成為廢奴後剝削華工、印度工的那個惡名昭彰之苦力貿易的一部分。[2]

十九世紀時，更多華人，超過三十萬的華人，以自願外移者的身分去到美國，去到英國的移民型殖民地，而且最初係受淘金熱之吸引而去。前去淘金的華人，當然不是最早橫越這片大洋者——拿下此殊榮者係西元前一千多年前就開始海上遷徙的玻里尼西亞人。十六、十七世紀，西班牙人經營一年一度往返阿卡普爾科（Acapulco）、馬尼拉的大帆船貿易，而這段航程則是把「新世界」的白銀運至中國換取歐洲所需之絲綢、瓷器等奢侈品之航程的漫長中段。到了十九世紀初期，以美國西北部毛皮、獸皮、夏威夷檀香木為商品的初萌美中貿易，已開闢出新的跨太平洋路線。[3]

但淘金熱帶來另一種情況，使近世的太平洋海上世界驟然改觀。熱絡的新路線和貿易網、遷徙網問世，並有先後產自加州、澳洲的黃金予以加持。三個新且久久未衰的跨太平洋節點嶄露頭角：香港、三藩市、雪梨。

金礦區是位於英美白人移民社會之邊區的國際接觸區。淘金熱引來世界各地的淘金客——從美國東部和南部；從不列顛群島和歐陸；從墨西哥、智利、夏威夷；從澳洲和中國過來。淘金客來到白人新拓居地的邊區，隨之參與了消滅原住民和形成新社群、新國家之事，只是參與程度不一。這些有組織體制的新社會群體如何處理背景紛殊的金礦區居民？哪些人會被納入，哪些人會遭排斥？誰來作主，用什麼方法作主？

淘金熱促成華人和歐美人第一次集體接觸。與在亞洲口岸城市和加勒比海種植園的其他相遇不同的，他們在金礦區相遇，而且雙方人數眾多，以相對來說較平等的姿態相遇，亦即以自願外移民和探礦個體戶的身分相遇。種族關係並非總是流於衝突，但競爭意識催生出被說成是「華人問題」的種族主義政治。

十九世紀，美國人和歐洲人常把棘手的社會困擾說成「問題」（Question）：「黑鬼問題」、「猶太人問題」、「女人問題」。「問題」通常指涉新興近代民族國家裡少數族群或次要族群的政治地位。這些亟需解決且棘手的難題，帶來甚大爭議。它們也很複雜，因為涉及多種矛盾和相對立的利益（例如：我們可以運用他們的勞力，但他們沒資格成為公民），尤其必須解決當事社會群體堅不罷休的要求。暴力總是和爭辯相伴而生（私刑處死、集體迫害、暴動）。十九世紀的諸多大「問題」，都與資本主義、近代民族國家的發展密不可分。它們是民主國家所要克服的難題——界定誰能成為本國社會一份子、誰能成為公民、誰有投票權。[4]

「華人問題」正是這樣的問題：華人是對白種英美諸國的種族威脅，應把華人擋在那些國家之外？排華在當時是個激進主張，因為它不只挑戰自由派的平等原則，也致力於在講究自由貿易、自由遷徙的世界裡建立例外情況。

「華人問題」在不同地方呈現不同的樣貌，由諸多不同的在地環境製造出來。因此，從某個意義上說，世上有多個「華人問題」。但在地的政治辯論，不管是在美國、澳洲、南非，還是宗主國英國，都不避談「華人問題」，這意味著整個英美世界有相似之處。而這些地方的在地政治的確相互激蕩、援引。到了十九、二十世紀之交，已冒出一個以華人移民威脅為主題的全球種族理論。

英國的諸移民型殖民地（澳洲、紐西蘭、加拿大、南非）和美國，最終以立法禁止華人移入和取得公民身分，來回應「華人問題」。在美國，排華法（一八七五～一九四三）是最早挑明以某個族群為對象的這類法律（而且是至這時為止的唯一這類法律）。在澳洲，限制移入規定，鎖定華人、南亞人和其他非歐洲人，係毫無歉意之白澳政策（一九〇一～一九七三）的基石。在南非，排華（一八八〇～一九八〇年代）係激進白人至上、種族隔離政策的一環。在上述每個例子裡，「華人問題」都在打造白人移民認同和近代民族國家上扮演了重要角色，與剝奪土著土地、種族隔離的做法相似。這些法律不只攸關新誕生的民族認同，還開啟了新的想像、組織、管理世界的方式。

本書運用了某些主題的歷史研究成果，而且這些主題通常已在個別的研究領域得到深究。研究淘金熱的史學家指出對華人的種族歧視，但通常當成旁枝末節來談。以淘金熱和黃金為題的歷史書被分成兩類，一類是社會史、政治史，另一類是經濟、貨幣研究，兩者涇渭分明，彼此幾無對話，就像夜裡錯身而過的兩艘船。以華人移民、排華政治、中國經濟發展為題的歷史書，只輕觸及淘金熱。本書把這些問題擺在大歷史框架裡思考，亦即思考英美移民種族主義在全球資本主義發展過程裡的位置。這一框架不只使我們得以將各行其是的諸多既有學術研究領域連結在一塊，而且這一框架也思考淘金熱如何既擴大世界、又把世界的諸多部分連得更緊密；誠如黃遵憲所寫的，「天地忽跼蹐」。[5]

此外，在本書中也針對十九世紀所發展出來與種族、金錢有關的觀念和習慣做法，拓展了新的思考領域。種族和金錢長久以來處於共生關係，但雙方關係既非固定，也非永久不變；此關係其實是歷史與政治所造就，其本質已是史學界許多考查、爭辯的主題。例如，蓄奴與資本之間的關係為何？殖民主義、帝國、全球金融與貿易之間的關係為何？資本主義天生就具有種族主義性質？本書檢視其在十九世紀後期「華人問題」裡的具體表現，藉此助我們理解種族和金錢。

黃金到處都有。

它是在五大洲都能找到的金屬之一。一般來講，黃金出現於山脈的山麓丘陵——不在平原上或高山上，而在這兩者之間的區域。黃金是唯一以非合金性質的純金屬形態，存在的金屬；黃金是少數接觸空氣時不氧化（也就是不生鏽）的金屬之一。黃金毀滅不了，而且具可塑性。歷史上，黃金出現於溪床裡，經由數千年山體侵蝕，被沖刷下來，因閃閃發亮而易於發現，且用手或用篩子濾掉河中沙石就可輕易取得。從久遠不復記憶的年代，人類就因黃金的美麗、純淨、稀少而珍愛黃金。近代以前的社會——從古埃及、青銅時代中國至美索不達米亞、中世歐洲——把黃金主要當成裝飾品，尤其作為高社會地位的表徵。

西羅馬帝國解體後，黃金往往作為保值之物，但在歐洲，在近世之前，黃金鮮少被拿來作為交換工具（即鑄造為錢幣）。不過，到了十五世紀，隨著歐洲走出災情慘重的鼠疫疫情，黃金受到的看重或許更甚於以往。十六世紀初期西班牙人征服美洲，突顯了黃金之社會價值的不一致。印加人用黃金製造精美的手工藝品，獻給他們的國王，即他們眼中太陽神的化身。征服美洲的西班牙人於十六世紀初期擄走印加皇帝阿塔瓦爾帕（Atahualpa），藉此索得作為贖金的美洲黃金，隨後將印加手工藝品熔為金銀塊，得到一萬三千英磅的二十二K黃金和兩萬五千磅白銀。對美洲金銀的劫掠未就此停住。劫掠來的白銀，對世界的影響更大，催生出令人驚嘆的全球白銀貿易。在西屬美洲開採出來的白銀，經由歐洲轉運或運過太平洋，在中國以兩倍於在歐洲的價格賣出。[6]

到了十八世紀中期，葡屬巴西所生產的黃金已占美洲所產黃金八成，占全世界黃金供給量一半以上。巴西淘金熱引來四十萬葡萄牙人，還有他們所帶來的許多黑奴。葡萄牙用巴西黃金買英國貨，從而使英國得以轉而走上實質金本位制，並助英國於十九世紀初期崛起為國際債權人。但大部分歐洲國家還是兼用金銀貨幣，銀則變得更普遍、更重要。這不只因為黃金較稀少，還因為白銀是亞洲境內偏愛的交易工具、近世推動世界貿易的引擎。[7]

下一波淘金熱，本書的重點，則規模驚人，影響也驚人。從一八四八年加州淘金熱到一八九六年育空發現黃金，金礦工和金礦公司從地球上挖出四億三千五百萬盎司的黃金——比此前三千年（包括晚近巴西淘金熱）所挖出的黃金總量還要多。全世界黃金產量暴增，源於英美移民殖民主義和資本主義發展。因為黃金雖到處都有，卻非到處都可從開採黃金獲利。位於美國、澳洲移民型殖民地之邊區的原住民，很清楚他們的土地上有含金沖積礦床，但他們不看重黃金，未視之為貨幣與商品。[8]

逐利性質的探索和採掘要能持續不墜，不只需要動機——在版圖日益擴大且把貨幣與商品視為舉世無匹之物的帝國領域裡追求財富的心態——還需要私人產權、資本投入、深採礦技術、大量勞動力遷徙、長距離運輸。淘金熱使英美的邊區改頭換面，加速對原住民土地的剝奪和外地人的移入。採金也嚴重破壞環境，在地上留下深坑、成堆的廢渣、遭砍伐的森林、被沉澱物和有毒殘渣堵塞的河川。企業和金錢投資跟著淘金客腳步過來，使控制土地、財產、原住民領土和殖民地領土一事更加攸關利益。

一八五〇年代後期，英國經濟學家威廉・紐馬奇（William Newmarch）和托馬斯・圖克（Thomas Tooke）表示，加州、澳洲淘金熱僅僅十年就促成「商業世界各大主要區域的金屬流通」增加三成。熱衷於淘金者表示，新金礦的發現，係大自然的贈禮，甚至說不定是上天的贈禮，會促進「國與國間的交往」，提升「人的社會地位」。經濟史家尚－雅克・范赫爾滕（Jean-Jacques Van Helten）有類似的主張，只是措詞較平實。他說十九世紀全球黃金供給的增加，係日益擴增的世界貿易所帶來之諸多貨幣需求無意間同時發力所致。但我們或許也可以把此事視為使該擴增得以有機會成真的推手，尤其使英國和美國得以有機會成為全球最大投資國、債權國的推手，視為資本積累的新階段。黃金供給增加，除了促進投資和貿易，還使更多國家得以採行金本位制。[9]

一九〇四年，全世界黃金產量創下當時歷史新高，而英美兩國掌控該年全世界黃金產量的八成八，價值約七百一十五億英鎊。光是英國人的產量，就占其三分之二。在殖民地發現黃金一事，未打造出大英帝國。但在澳洲、南非找到黃金，使這些殖民地在大英帝國裡的戰略地位驟升，有助於鞏固英國在十九世紀後期、二十世紀初期全球金融霸主的勢力。英國採礦工程師克爾（J. H. Curle）於十九、二十世紀之交測勘了世上的諸多金礦，寫道：「採金其實是我們最大的國家資產之一，不管是精神上、還是物質上，都是。」[10]他此言絕不誇張。

美國境內發現黃金，攸關美國的發展和其對外經濟影響力的提升。內戰使美國得以擁有一體化的全國市場，而黃金則在多個層面上增加了美國的財富——個人的財富，發展加州與美國西部所需的財富，用於鐵路、工業、金融資本的財富，用於對外投資的財富。美國也是白銀生產大國，在內華達等西部州採銀業發展蓬勃。美國採行雙金屬貨幣制，直至一八七三年國會取消白銀的貨幣資格為止。金本位制有利於實業家、銀行家等債權人，不利於倚賴較低利率信貸條件的人，尤其農民。一八九〇年代使美國政局動蕩不安的貨幣問題——要求「自由鑄造銀幣」——也促使了小生產者對工業、金融領域壟斷性企業的日益反感。[11]

淘金熱興起時，中國已陷入歐洲殖民主義魔掌。中國從未被哪個西方列強直接殖民統治；事實上，十八世紀中期時，清朝（一六四四～一九一一）已建立自己的帝國，並往西擴張中國版圖，尤其藉由併吞西藏、新疆擴大版圖。但十九世紀中期，中國苦於歐洲人侵略：鴉片貿易、炮艦外交、被迫開放西方人入境通商、傳教。中國受到的羞辱，與其過去曾擁有的強盛，甚至不久前的強盛，殊若天壤。

從一五五〇至一七五〇年這兩百年裡，中國堪稱世上最重要的經濟體。它不只擁有全球最大的國內經濟，還是全球貿易的中心，既有以中國為中心、遍及東亞和東南亞的朝貢、貿易網，而且是西屬美洲和日本所產之白銀的首要目的地市場。歐洲人把白銀運到中國，並非把它當成「貨幣」，而是當成套利工具：明朝（一三六八～一六四四）財政、商業上的白銀需求，把白銀在中國的價格拱到世上最高，比在歐洲的價格多了一倍。中國是世上最大的「銀壑」，不只把「新世界」的白銀吸過來，還刺激該地的白銀生產。[12]

整個十七世紀，歐洲人拿白銀換取奢侈品，包括黃金。例如，英國東印度公司一六三七年第一次與中國直接交易，拿六萬西班牙銀圓換取了糖、絲、香料、瓷器和「零散的黃金」。中國商人也靠買低賣高大賺其錢，從賣給歐洲人的絲、絲織品賺得一倍至二倍半的暴利。經濟史家丹尼斯·佛林（Dennis Flynn）和阿圖羅·吉拉爾德斯（Arturo Giráldez）把十六世紀後期這些改變全球貿易的活動稱作「多角套利」（multiple arbitrage）。[13]

十八世紀初期歐洲人開始拿白銀換取大量的茶葉。一如絲綢，茶葉在歐洲是奢侈品，但茶葉具有較大的大量消費潛力。茶葉在歐洲有了大眾市場時，對十七世紀後期加勒比海地區種植園奴隸殖民地所產的糖的消費，正好也開始上升。茶葉和糖，還有菸草，其實支撐起提神物——「致癮性食物」——的全球貿易。此一全球貿易建立在兩樣東西上，一是殖民主義與蓄奴的相輔相成，一是歐洲宗主國社會裡，尤其英國社會裡，新的大眾消費經濟體。[14]

到了一八〇〇年，白銀在中國的套利優勢已消失。這時迷上茶葉的英國人，尋找另一種交易工具。東印度公司先前把印度的白銀大量運到中國賣掉；這時則在印度大量生產鴉片供出口中國。

十九世紀初期，鴉片摧殘印度、中國兩地——印度是鴉片生產國，中國則是消費國。

孟加拉境內農民原本就有在冬季作物田、小麥田、菜園、紅扁豆田之間栽種幾叢罌粟的習慣。他們拿罌粟籽榨油，把取自罌粟蒴果的汁液（具麻醉性之生物鹼的來源）純化、曬乾，製成阿卜卡里（abkari）。阿卜卡里又黑又硬，供生病時或婚禮上食用，或賣給貴族。英國東印度公司逼孟加拉農民獨種罌粟，強要他們收下預付的現金和供貨合同，以取得數以噸計來自罌粟蒴果的生鴉片。東印度公司不只摧毀孟加拉自給自足式農業；該公司大工廠大量生產鴉片，奪走印度本地工人的元氣。鴉片煙氣瀰漫工廠，傷害所有在其中工作的人，最悲慘的是那些泡在及腰深的生鴉片液池裡，用身體和腳攪拌、踩踏濃黑鴉片液的工人。[15]

一如在印度，中國人老早就把鴉片當藥草和春藥用，把鴉片叫作「烏香」。中國國內的鴉片貿易從西南諸省和西部邊疆往其他地方擴散。但十九世紀初期，英國東印度公司對華大量出口鴉片，導致中國境內許多人吸食鴉片成癮。美國人也投入這項有利可圖的生意，把產自土耳其的鴉片輸入中國。中國的鴉片進口量從一七二九年約兩百箱，增至一七六七年一千箱，一八二〇至一八三〇年間便增加到每年一萬箱。清廷一再禁止鴉片買賣，例如一八一〇年詔諭：鴉片有害，鴉片有毒，戕害風俗人心，明令禁止其使用。東印度公司無視中國法令，打造出由中國本地走私者、地下商人、貪官構成的事業網。到了一八三八年，該公司一年輸華的鴉片已達四萬箱，使英國對華貿易從逆差轉為順差，滿足中國境內約一千兩百萬鴉片吸食者所需。[16]

眼見上癮者日增和白銀外流，清廷大為驚恐，一八三八年著手積極取締鴉片走私，並派士大夫林則徐赴廣州處理此事。擔任湖廣總督時，林則徐已肅清湘鄂兩省境內鴉片。他掛著欽差大臣的新頭銜，先是向英國國君發出外交照會。在寫給英女王維多利亞的著名信件中，他說，外國商人「貪利之極，不顧害人，試問天良安在？聞該國禁食甚嚴，是固明知之為害也。既不使為害於該國，則他國尚不可移害，況中國乎？」[17]

女王維多利亞是否收到此信，未見諸記載，但林則徐未收到回應後，逮捕了一千七百名本國籍鴉片販子，沒收了七萬桿煙槍。他主動表示願讓洋商以鴉片換茶葉，但無效。接著他扣押廣州十三行兩百六十萬磅鴉片，將其混以石灰和鹽，丟進海裡銷毀。然後，他封鎖珠江，把洋人困在廣州。雙方一連串無效的外交作為和軍事佯攻最終引發戰爭，英國人聲稱擁有財產權和自由貿易權；清廷聲稱有權保護本國領土。

鴉片戰爭（一八三九～一八四二）以粗暴手段讓中國見識到西方人的厲害。清廷調動萬名士兵和水師戰船保衛其港口、河川、城市，但碰上鐵造、蒸汽驅動、架設了威力遠比中國火炮更強許多之火炮的英國炮艇，中方終究不敵。中國人把英國炮艇稱作「鬼子船」。中英簽訂《南京條約》，中國做出諸多大損顏面的讓步，包括割讓香港島、賠償兩千一百萬銀圓、開放五口通商、讓英籍公民在華享有治外法權。法國、美國迅即跟進，要求中國與之簽訂類似條約，承認它們為「最惠國」，享有與英國人一樣進入通商口岸的權利和治外法權。

英法聯手發動第二次鴉片戰爭（一八五六～一八六〇），迫使中國簽訂《天津條約》，而此約其實是同時與英、法、俄、美四國簽訂的四份條約。這些條約讓四國有權利在北京派駐公使、增開十個通商口岸、允許外國商人和傳教士進入內地、鴉片買賣合法化，並賠償英法兩國八百萬銀圓。

淘金熱興起時，歐洲列強，尤其英國，已在長久以來連接中國與東南亞的外交路線、貿易路線上占得一席之地，從而已打入東亞、東南亞經濟裡。鴉片戰爭和不平等條約使歐洲人得以讓其貿易、傳教士活動長驅直入中國。中國不由得被強行帶入新的國際關係體系，而這個新國關體系以西發里亞式主權為基礎，並講求國與國平等、領土完整、不干涉這些原則。儘管有這些崇高的平等原則，交易媒介的變動——在西方從白銀轉變為黃金，在中國從白銀轉變為鴉片——使中國以極弱勢、極不利的姿態進入正在演變的全球經濟、國際關係裡。針對要拒絕還是適應西方外交準則、西方知識和近代工業發展，清廷辯論了數十年。[18]

第二次鴉片戰爭後，清朝成立其第一個涉外機關——總理衙門。總理衙門最初是暫設機關，旨在處理西方人闖入帶來的緊急狀況，卻是重大的建制創新，後來成為清朝官僚體系裡具改革意識者的權力中心。總理衙門處理通商口岸的涉外關係和條約執行，也派了數支官方代表團出洋考察洋務，以實地了解西方。[19]

清朝外交官大多來自中國的文人階層，這些人通過科舉考試入朝為官，從而取得社會地位、財富和權力。黃遵憲就是這樣一個清朝外交官。他來自廣東省北部，父親是家族中第一代士大夫。黃遵憲中舉後，被派去涉外部門，此職卑微，令其雙親失望。但黃遵憲的海外經歷使他得以看出中國不只已跌跌撞撞走進國際大家庭，還走進以不公平和大國強取豪奪為特點的世界。他論道：「波蘭與天竺，後患更誰知？」[20]

派駐各地的清朝外交官也與當地的海外華人有了接觸，從而預示了海外華人與清廷之間的新關係。明朝時，朝廷首度頒行禁止人民外移、違者返國時處死的規定，清廷蕭規曹隨，並且長期以來把那些離開其國境的子民視為叛徒或無關緊要之人。而清朝在海外派駐領事，使外移的華商、華工有了與本國政府接觸，甚至向中央政府直接傳達心聲的前所未有機會，隨之使海外華人生起政府會保衛他們的希望和期許。總理衙門終於認識到外移華人的艱辛和苦難，而黃遵憲在上述長詩中，則將海外華人處境的艱苦和西方所強迫中國簽訂的不平等條約，並列為中國最大的國際恥辱。

總理衙門要外交官寫日記，每個月將日記連同個人見聞，包括外國真有其事和虛張聲勢之事呈報本部。這些日記——其中許多日記同時出版——促使中國人在數十年間思考中國的世界地位，激蕩出必然涉及中國和中國社會之本質之類根本問題的辯論。十九世紀，只有少數中國人準備好揚棄或願意揚棄儒家信條或帝國統治，但許多中國思想家殫精竭慮思考如何調和西方科學、技術與他們對中國根本原則的信奉。有些人，例如外交官薛福成，主張印刷、郵政體系、火藥之類西方新事物其實源於中國。重臣張之洞提出「中學為體西學為用」這個著名主張，以促進並約束改革。黃遵憲欣賞西方技術和治理之道，但最初對民主政體心存懷疑。他的思想循此方向演變，到了一八九〇年代，他已成為中國頭號激進改革者康有為、梁啟超的親密戰友。康梁二人認為要進步，就必定要平等，一八九八年受慈禧太后之迫流亡海外後，也與海外華人往來。[21]

採金風險大，一旦採金無著，虧損會非常高，故常被比擬為賭博。淘金客一心想發財，因為有獲利可能，才願意冒大風險。淘金熱驅使人冒險、辛苦工作，促成技術創新、政治實驗，還有暴力對待人和環境。冷血逐利的商界、銀行界、地緣政治界，利用淘金熱取得獲利和有利地位。就公司和民族國家來說，淘金欲促使其投下龐大資本，以挖掘、營運愈來愈深的金礦。但金礦石所在愈深，黃金愈稀少，黃金品質愈差，於是不得不挖出愈來愈多的礦石，以獲取產量愈來愈少的黃金。例如，南非威特沃特斯蘭德的金礦，一九〇五年平均每二．三噸礦石產出值二〇．六七美元的一盎司黃金。於是，為了使採金事業得以獲利，時時想著引進廉價勞力。[22]

因此，十九、二十世紀之交，南非招募了六萬名華籍契約礦工，到高度資本化、工業化且位於地下深處的金礦工作。契約工性質使他們的經歷大不同於自行前去北美、澳大拉西亞（Australasia，編著：指亞洲南方的地區，大致包含了紐、澳、印尼與太平洋島嶼等）探礦者。但就華工的文化和抵抗模式來說，還是有大略相似之處。本書探查華人淘金客遷徙至加州、至澳洲維多利亞殖民地、至位於地下深處的威特沃特斯蘭德金礦的過程，思索他們的經歷和被接受，如何促成他們「華人」身分認同的演變，如何促成中國的國家認同，如何促成他們在西方被視為全球性種族威脅。

為獲取一盎司黃金所投入之資本、人力的規模，的確令人瞠目結舌，但正是作為貨幣的黃金所被賦予的價值，促使個人、公司、國家有令人瞠目結舌之舉。二十世紀初經濟學家所發展出的近乎宗教般的信念，把黃金視為理想貨幣工具的信念，同樣令人瞠目結舌。他們的信念建立在以下理論上：緊俏的貨幣供給既促成經濟成長，也促成經濟穩定，而以黃金為基礎的國際貨幣體系促進全球貿易收支的平衡——理想成分多於現實的觀點。金本位制隱藏了一個固有的成見，而且這個成見利於債權人（銀行、實業家、富國）甚於債務人（農民和工人、消費者、窮國）。對金本位制深信不移者，在經濟衰退時推動通貨緊縮政策，亦即以高利率、減工資、失業的形態呈現的「重藥」。事實表明，這些政策在加快「大蕭條」發生上，危害特別大。[23]

於是，一九三〇年代期間，凱因斯拒斥被奉為圭臬的金本位制，力主政府採行赤字開支政策，以擴大貨幣供給、刺激經濟。凱因斯寫下他的名言：「如果財政部把舊瓶填滿鈔票，選擇適當的深度，將舊瓶埋在已廢棄的煤礦坑裡，然後用城裡垃圾把礦坑填平，再根據屢試不爽的自由放任原則，讓私人企業把鈔票再挖出來……就不會再有失業問題。」他還說：「蓋房子之類的，的確較明智；但如果有政治、現實難題妨礙此事，上述做法總聊勝於無。」[24]

凱因斯接著論道，「一如戰爭一直是政治家眼中唯一說得過去的大規模借貸支出形式，採金是要人在地上挖洞且讓銀行家覺得合算的唯一藉口」，話中點出財政政策的任意性，並把貨幣與黃金掛鉤。事實上，黃金，一如所有貨幣，其能行之於世，建立在信任上——大家都相信一抽象的交易工具代表某種具有「真實」有形價值的東西。德國社會學家格奧爾格·西默爾（Georg Simmel）把對貨幣的信任稱作「對社會的索償」（a claim upon society）。而信任建立在權力上，尤其發行貨幣、管理貨幣流通之主權政府的權力上。[25]

在華人的外移和中國在世界經濟裡的不平等地位裡，清楚可見淘金熱、採金、十九世紀後期黃金貨幣體系三者的相激相蕩。外移的華人遭遇邊緣化、暴力、歧視，但也適應新環境，挺了過去。他們在世界，在移入國裡，竭力爭取其應有的一席之地，並作為中國的一部分存在於他國。本書思考位在西方的華人如何克服艱難穿過黃金所織出的網——既令人瞠目結舌又殘酷的網——思考種族與金錢這兩股力量所剛想像出、組織出且支配的新世界，如何陷入動蕩。

第一部

Part 1

兩座金山

TWO GOLD MOUNTAINS

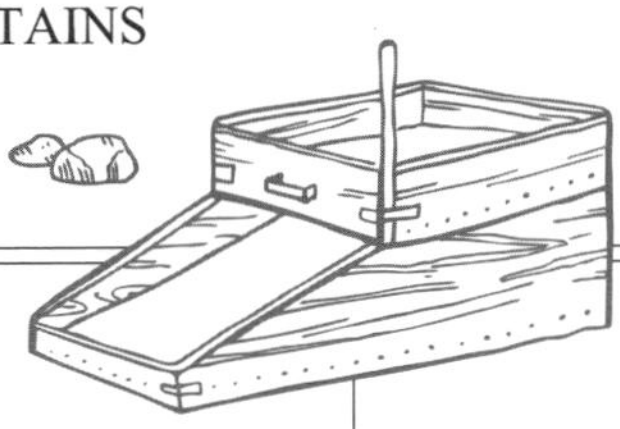

華人渡海初，
無異鑿空鑿。
團焦始蝸廬，
周防漸虎落。
藍縷啟山林，
丘墟變城郭。
金山蟠堁高，
伸手左右攫。
歡呼滿載歸，
群誇國極樂。
招邀盡室行，
後腳踵前腳。
短衣結椎髻，
擔簦躡草屩。
酒人率庖人，
執針偕執斫。
抵掌齊入秦，
諸毛紛繞涿。

黃遵憲，〈逐客篇〉

第一章　兩座金山

加利福尼亞黃金於一八四八年聖誕節那天來到香港。

那是一小袋金砂，係哈德遜灣公司的三藩市代理人喬治·艾倫（Goerge Allen）所寄來。位於夏威夷的公司運了一批貨到三藩市，價值六七二〇美元，艾倫全以金砂支付這批貨的貨款，共約四百二十盎司（可裝滿兩杯半）。艾倫所寄來之信封袋裡的金砂，就是這筆貨款裡的小部分樣品。他寫信給檀香山的對口人士，說「這裡似乎沒人懷疑過金砂的純度」，但他要求將此樣品「盡快轉」送至中國境內的英籍專家手上，供其估值。[1]

把金砂運到香港的那艘船，也帶來最近幾期檀香山報紙《玻里尼西亞人》（*Polynesian*）。香港的英語週報《華西友報》（*Friend of China*）常轉載該報文章供當地人閱讀。在一月六日那一期，香港讀者得知，加利福尼亞發現黃金六個月來，已有六千人從土裡取得價值四百萬美元的黃金。這篇報導預測來年至少會另有兩萬人來到加利福尼亞，預測一八四九年該地黃金產值會達六千兩百萬美元，即相當於一八四六年全世界黃金產值三分之一、全世界白銀產值二分之一。如果此數字（真的只是預測）還不夠挑動人心，《華西友報》還報導，淘金並不難，只需要從溪床裡撈出砂礫，藉助重力和些許水銀，就能從砂礫裡分離出黃金。上述最新消息和實實在在的黃金抵達香港，在這個英國殖民口岸引起轟動。隔週，英籍雙桅橫帆船「理查與威廉號」（Richard and William）把來自香港的第一批淘金客運到加利福尼亞。他們不是華人，而是美國人，包括一名原本從事鴉片走私者、一名酒館老闆、一名代養馬房的老闆。[2]

不久，中國籍淘金客跟進。生意人袁生，連同另兩名乘客和一批中國貨，五月六日搭英籍三桅帆船燕子號（Swallow）離開香港。袁生來自廣東中山地區，生於澳門附近的小離島三灶島，此前就去過美國：一八二〇年他去了紐約，大概搭從事早期中國貿易的快速帆船前去，然後他從紐約去了南卡羅來納州的查爾斯頓，在那裡開始經商。在美時，袁生皈依基督教，入美國籍。何時返華，不得而知，但一八四九年他決定再去美國，這一次去加利福尼亞，很可能不是為了挖金，而是為了在三藩市找商機——另一種大好機會。他已懂英語，大略懂得美國人的生活方式，儘管紐約、南卡羅來納、加利福尼亞三地的生活方式不盡相同。[3]

袁生以英語名諾曼・阿生（Norman Assing）之名赴美。他挑此名的緣由，頗有意思。他的袁姓與元朝的「元」同音，元朝（一二七一～一三六八）係成吉思汗兒子忽必烈所創建。他挑

「諾曼」，或許源於諾曼人是與元朝同時代的中世歐洲人。諾曼人和蒙古人都是當時所向披靡的征戰勢力。他的名「生」，意為「出生」；阿生則是他的名字的粵語慣稱。袁生意為「源於元朝」；諾曼．阿生讓人聯想到「諾曼人出身」。他挑選此英語名，顯露帶有自豪之意的巧思，儘管他的美籍熟人通常看不透這點。[4]

袁生是說英語的商人，係少數前往加利福尼亞且名字見諸船上旅客名單的中國人。比他還早冒險遠渡大洋赴美者，身分不詳。一八四八年只有七名中國人抵三藩市。袁生一八四九年七月抵達加利福尼亞時，該地只有五十名中國人。有些歐美人寫到一八四九年三藩市街頭令人興奮的語言紛呈情景，都在文中論及他們所遇到的中國人，其中既有一身絲質長袍的高文化教養者，也有挑著竹竿的礦工，竹竿上掛著工具、草帽、大靴。[5]

一八四九年抵達的第一大批中國人，係以簽約受僱於上海－英籍商人的身分前去。那年夏天，這個英格蘭人找上名叫祥勝（Tseang Sing）的華人商行，該商行租了一條船，僱了一些中國籍機工和工人，為數或許五十或六十人。每個人簽了印刷版雙語合同，合同載明簽約人「出於自願，願意出海……前去卡拉佛內亞。」這個英格蘭人保證，他們一抵達，就會為他們找到工作；祥勝代墊了每人一百二十五美元的船費，日後由他們以工資抵還。[6]

這群人於十月中旬抵達三藩市。他們往東去到史塔克頓（Stockton），順聖華金河而下。源於內華達山脈的該河許多支流，這時已舟楫繁忙。該公司選中伍茲溪（Woods Creek）畔一處地方，該地位於斯塔尼斯勞斯河（Stanislaus River）南邊，離史塔克頓約五十英里。他們在溪旁覆蓋林木的高坡上紮營，附近有來自索諾拉（Sonora）的一群墨西哥人，這些墨西哥人把自己的營地稱作薩爾瓦多。這家英國華人公司不懂挖金，僱了一名索諾拉人教導、管理這群人。約略同時，另有成群中國人抵達，尤其抵達卡拉韋拉斯（Calaveras）、圖奧勒米（Tuolumne）兩郡，每群人數或多或少。不久，加利福尼亞境內已有五百華人，其中礦工占了三分之二。華人把加利福利亞稱作「金山」（廣東話Gam Saam）。[7]

我們通常不把加州淘金熱視為以太平洋為導向的活動，但最初，在它尚未成為「全國性」（亦即美國）、「國際性」（亦即涉及歐洲人）的活動之時，它大抵上是太平洋區的活動。瑞士籍的約翰・薩特（John Sutter）跟著哈德遜灣公司、俄美公司（Russian-American Company）所包租的運貨快速帆船，經由溫哥華堡、檀香山、錫特卡（Sitak），一八三九年來到當時屬墨西哥的上加利福尼亞省（Alta California）。他說服墨西哥政府贈予四萬八千英畝的土地，他則歸化為墨西哥公民作為回報。他在此蓋了一座堡壘，創建了小型的移民型殖民地，以其故鄉瑞士的海爾維第（Helvetia）一地為該地命名，找當地土生土長者和夏威夷原住民為其幹活，這些人有自願為其幹活者，也有被迫為其幹活者。薩特僱用不久前打過美墨戰爭的約翰・馬歇爾（John

Marshall），要他在亞美利加河（American River）畔蓋一座水力驅動的鋸木廠。一八四八年一月，在鋸木廠發現黃金。馬歇爾聲稱他從水車引水槽抽出一個金塊時，現場只有他一人，但其他說法認為發現黃金者是個名叫印第安人吉姆（Indian Jim）的工人。[8]

薩特鋸木廠發現黃金的消息一傳開，內華達山脈的諸多溪河即引來大批淘金客。將近一年時間，這股淘金熱紅紅火火，但侷限於特定地方、特定地區。第一批淘金客來自上加利福尼亞省境內既有的約十六萬五千名居民（其中十五萬人是當地土生土長），而加利福尼奧人（Californios）——即最早期西班牙移民的後裔——和白種美國人、歐洲人在其中大略各占一半。美墨戰爭就結束於這股淘金熱時：《瓜達盧佩－伊達爾戈條約》（Treaty of Guadalupe Hidalgo）簽訂於一八四八年二月，把加利福尼亞割讓給美國。美國軍管下的加利福尼亞境內，仍有數百名美籍陸軍士兵和水兵駐守，但要阻止他們為了黃金開小差，幾乎辦不到。[9]

到了該年夏天，已有具有金銀礦開採經驗的墨西哥人，從索諾拉循著古道徒步進入上加利福尼亞。然後，從奧勒岡、夏威夷、智利也來了淘金客，經由建立於一八三〇年代的太平洋沿岸商路過來。淘金熱頭一年，在加利福尼亞淘金的人，半數是美國印第安人，尤其位於北加利福尼亞的麥都人（Maidu）和米沃克人（Miwok）。許多印第安人——或許位於金礦區的印第安人的一半——是個體戶，自行在含金砂礦區採金，有時全家人一起投入，並用黃金跟白人換取工具和毯子。但另有許多印第安人為加利福尼奧人和薩特之類白種歐美人工作，工資低或只求溫飽，重現了西班牙傳道所牧場奴役印第安人的體制。[10]

一八四八年中期，發現黃金的消息已慢慢傳到美國東部，但直到總統詹姆斯・波爾克（James K. Polk）於十二月證實此事，直到費城的美國鑄幣廠宣布某樣本「真實不假」，黃金熱才襲捲密西西比河以東的美國人。次年，九萬人長途跋涉去到加利福尼亞。智利人和墨西哥人為數不少，也開始有歐洲人、澳洲人、中國人到來，但白種美國人人數最多。一半的歐洲人和美國人走陸路過來，一半走海路，走海路者，若非繞過合恩角，就是取道巴拿馬。取道巴拿馬，路程較短，但要花一星期以騎騾、乘獨木舟方式穿過太平洋、大西洋之間叢林密布的巴拿馬地峽。一八五四年，已有三十萬淘金客在山區。[11]

一八四九年來到加利福尼亞的數萬歐美人，自稱四九人（forty-niners），強化他們作為加利福尼亞淘金先驅的地位，後來他們也以此稱號流傳於歷史和傳說之中。他們的確是從美東過來的第一波白人；他們所促成的加利福尼亞經濟發展和一八五〇年該地成為美國第三十一州，使淘金熱成為全國現象——和國家建造現象。但四九人人物形象所體現的美國人國家認同，也掩蓋了一八四八年淘金熱開始那年的真實情況。那時，加利福尼亞的居民仍大多是印第安人和加利福尼奧籍牧場主，該地仍經由墨西哥、太平洋與世界其他地方往來，進入該地的第一批「外籍」礦工來自墨西哥、智利、夏威夷。

就在四九人從美東大量湧入時，加利福尼亞與太平洋的連結更為密切。誰來為大批淘金客提供食物等必需品？有些四九人出身的企業家，例如羅伯特．勒莫特（Robert LeMott），迅即賣掉他從賓州帶來的長褲和釘子。但來自美東的移民所能帶來的貨物不多，而且加利福尼亞境內農業不發達，不足以養活四九人，尤以山區為然。淘金熱期間販售食物等必需品和生活便利品的美籍商人，大多經銷進口貨——魚乾和牛肉乾、帆布和衣物、工具、木材、蠟燭、咖啡、家畜，乃至組合屋——來自檀香山、瓦爾帕萊索（Valparaiso）、奧勒岡；來自香港和雪梨。大搞投機生意的勒莫特，買進衣物，尤其「厚重、做工考究、深色」衣物。他寫道，商人所賣的東西，每樣獲利率都達五成。或者更高：一八五一年，三十多萬桶外地麵粉——大多來自智利——進入三藩市，每桶平均售價十三美元，而在新英格蘭地區，一桶只要一美元。[12]

以縱帆船茱莉亞號（Julia）為例，可看出此時期太平洋貿易的變化。這是墨西哥戰爭期間遭美方捕獲的敵船，一八四七年十二月被一美國人在拍賣場買下，登記於檀香山。停靠夏威夷港口的太平洋捕鯨船減少，導致一八四八年春該地經濟衰退，但淘金熱帶來新機會，據《玻里尼西亞人》報導，「我們的產品（有機會）大賣」。從一八四八年六月至十月，將近三十艘船從檀香山出發前往三藩市，載去各式貨物和食物。那年夏天茱莉亞號跑一趟三藩市，從租下此船的斯金納公司（Skinner and Company）那兒，拿到替該公司運送貨物的貨款三萬美元，以及從收貨人那兒拿到大筆款項，包括史塔基賈尼恩公司（Starkey Janion and Company）的五萬美元和哈德遜灣公司的六千七百美元——全都以黃金支付。不久，茱莉亞號把其橫越太平洋的航程增闢檀香山－廣州段。[13]

茱莉亞號的跨太平洋航行，連結加利福尼亞與中國境內存在更久的英美業者，從而將「新」、「舊」世界連在一塊。把黃金樣本送到香港鑑定品質的哈德遜灣公司駐三藩市代理人，知道從三藩市到香港，比從三藩市到倫敦快上許多。往來於三藩市－檀香山－香港的船，也是香港、加利福尼亞兩地境內之人掌握對方情況的主要憑藉之一。一如香港報紙《華西友報》轉載檀香山《玻里尼西亞人》報所報導的加利福尼亞消息，三藩市報《加利福尼亞人》轉載經檀香山轉來之《華西友報》的報導。[14]

淘金熱大大改變了美中貿易的性質。廣州、香港一地從事經印度洋、大西洋往波士頓、紐約之傳統美中貿易的美國商人，一八三〇、四〇年代已開始建立跨太平洋路線。他們把中國連上夏威夷，再連上加利福尼亞，而加利福尼亞的主要角色，不是終點站，而是運往阿卡普爾科、瓦爾帕萊索之貨物或經由合恩角運往紐約之貨物的轉運點。對香港境內商人——包括歐美人和中國人——來說，淘金熱代表了將多種貨物運往加利福尼亞的新機會。[15]

香港是英國殖民地和自由港——也就是進口貨可在此卸下再轉出口他地，不需要繳關稅——隨之迅即成為前往金山之貨物、外移民的亞洲首要轉口港。光是一八四九這一年，就有二十三艘船把將近五千噸的貨物從香港運到三藩市，包括糖、米、茶葉；啤酒、咖啡、雪茄、巧克力；帽子與衣物；家具和帆布；原木和厚木板、窗框、磚、大理石板。一八四九年，華人進口材料，蓋了約七十五至一百座建築。它們都是以預製構架和相互扣合的樟腦木鑲板建造的組合屋，其中大多蓋於三藩市——包括約翰·佛雷蒙（John Frémont）的家——但有些蓋於內陸。在卡拉韋拉斯郡的達布爾斯普林斯（Double Springs），就蓋了一座這樣的「中式房子」，先是充當郡政府大樓，然後充當郵局，再來充當雞舍。一八五〇年代初，香港商人運來數千塊花崗岩，還有華工，以建造三藩市新菁英的家宅和公司。[16]

隨著一八五〇年將近八千名中國人來到香港，該地的華人人口增加，其中許多人打算生產以加利福尼亞為市場的貨物、從事航運業或這個急速發展之口岸裡的其他工作。香港的華人商行，規模或勢力不如英國人的怡和洋行或美國人的旗昌洋行，但在加利福尼亞貿易和華僑經濟裡所占的份量變大。他們以船東身分，以客運、貨運經紀人的身分，進入此貿易，運去甚受四九人喜愛、被他們視為異國風紀念品的「別致中國貨」（絲綢、披巾、漆器、扇子），也為人數日增的海外華人金礦工運去米、食物原料、草藥、衣物、鴉片。[17]

《玻里尼西亞人》也經由太平洋捕鯨船流通至澳洲雪梨，把加利福尼亞黃金的消息帶去該地。一八四九年四月至一八五〇年五月，約一萬一千人從澳洲前往加利福尼亞。他們大多來自雪梨，其中既有想發財者，也有罪犯出身者。金礦區的白種美國人不喜歡澳洲人，認為他們是愛逞凶鬥狠、品行不端的罪犯、強奪他人採礦權者、「死性不改的小偷和劫匪」。這一刻板印象，放在三藩市一街頭幫派身上，倒有幾分道理。這個幫派，人稱雪梨鴨（Sydney Ducks），因這些罪犯多年戴腳鐐，雙腿呈弓形，步態奇特，因此得名。但大部分澳洲籍淘金客並非罪犯出身；一八五二年加利福尼亞人口普查顯示，雪梨籍男子結婚生小孩、有工作、非罪犯的比例，高於美國人。[18]

愛德華・哈蒙德・哈爾格雷夫斯（Edward Hammond Hargraves）就是來到加利福尼亞淘金的這樣一個澳洲人。他愛冒險，有點心術不正，生於英格蘭，一八三一年去到澳洲，在那裡先後試了三門行業，在托雷斯海峽採過海參，在巴瑟斯特（Bathurst）、伍龍貢（Wollongong）務過農，在曼寧河（Manning River）畔開過一家店。他結了婚，但一八四九年拋下妻子，賣掉名下所有東西，去加利福尼亞。在加利福尼亞，哈爾格雷夫斯沒能發財，兩年後回澳洲。但加利福尼亞和新南威爾斯兩地地貌的相似，使他相信他會在澳洲找到黃金。事後的發展表明，他回澳洲回對了，因為殖民地總督查爾斯・費茨羅伊（Charles FitzRoy）爵士剛懸賞一萬英鎊給第一位提出可獲利之金礦地點的人。[19]

新南威爾斯的拓殖者至少在一八四〇年代就注意到境內有黃金，但當局未鼓勵探勘。一八四四年，總督費茨羅伊壓下在雪梨西邊藍山山脈（Blue Mountains）發現黃金的消息，認為此消息若傳出，會導致境內人數眾多的罪犯和前罪犯造反、作亂；一八四九年，菲利浦港（Port Phillip）區主管查爾斯·拉措布（Charles LaTrobe）以擅入國王土地為由，打掉墨爾本附近的小淘金熱。但加利福尼亞發現黃金的消息使殖民地領導人相信，澳洲日後的繁榮或許繫於黃金上，尤其黃金可促成「有益社會的（礦工、工人的）移入」，降低罪犯和靠救濟度日者的影響力。費茨羅伊於一八五〇年任命一名地理測量員，發布其懸賞通告。[20]

哈爾格雷夫斯動身找黃金，寫道「我知道我置身於綿延達七十英里的產金區」，然後在一八五一年二月，找到水來淘洗在巴瑟斯特（Bathurst）附近的奧羅亞戈陽（Auroya Goyong）挖出的土。他找了三個年輕人幫忙，根據他在加利福尼亞學到的技術，教他們使用淘洗盤、建淘金搖動槽。哈爾格雷夫斯領到賞金（未讓他的三個助手分一杯羹），把該地改名為奧佛（Ophir），大方公布其發現的黃金。才幾個月，就有數百人前來淘金，有來自鄉村的農民和牧民，也有來自雪梨的辦事員和機工。[21]

澳洲淘金熱開始。有目睹此事者論道，隨著木匠丟下工具，商人關店，家僕逃離主人家，雪梨幾乎變成空城。許多人從菲利浦港（墨爾本）徒步北上至巴瑟斯特，但探勘金礦潮往西蔓延。一八五一年七月，菲利浦港區域脫離新南威爾斯，成立新殖民地維多利亞。一個月後，淘金客在吉隆（Geelong）北邊發現黃金，發了大財。到了十月中旬，已有萬餘人長途跋涉至維多利亞的中部；許多淘金客一天淘到一盎司黃金（三英鎊）。或許更重要的，哈爾格雷夫斯把「加利福尼亞淘金搖動槽」引進澳洲，比起用錫鍋和盤子淘洗，用此工具淘洗更有效率。接下來十年間，十七萬殖民地移民（占所有非原住民籍居民將近一半）遷至金礦區，另有五十七萬三千名淘金客從海外過來，主要來自不列顛群島，以及歐陸、加利福尼亞、中國。中國人把維多利亞稱作新金山，把加利福尼亞改名舊金山。此後，華人一直把三藩市稱作舊金山。[22]

一八五二年秋的墨爾本是狠敲竹槓、詐騙、偷竊橫行之地，混亂之地。由於飯店和寄宿舍供不應求，許多新來者睡在碼頭，或睡在海灘與城區間灌木林裡的克難棲身所。殖民地政府花了數月時間，才敲定蓋簡陋「移民之家」和帳篷區的地點。七千人棲身於帳篷區，每個星期繳五先令，換取在濕地區搭帳的特權。一八五三年，帳篷區關閉。

他們大多徒步前往礦區，因為買得起馬和板車者少之又少，途中要走若非有深及膝蓋的爛泥就是塵土漫天的土路（路況因季節而異）。史學家傑佛里・塞勒（Geoffrey Serle）如此描述道：「第一眼看到一個公認的金礦區，景象很有意思——遍布各地像礫石坑的洞和帳篷、擁擠奔忙的一群人，及從數百個搖動洗礦槽所不斷發出、讓人猶如置身一座大工廠的轟轟聲。」這個情景與一八四九年時的加利福尼亞沒有兩樣。但在淘金熱初期，加利福尼亞幾乎沒有政府，而維多利亞的殖民地當局急忙把專員、警察、治安官派去金礦區。他們以嚴厲手段治理所轄區域，發出許可證，要境內居民聽話；登錄採金者所立界據有的土地；保護黃金和將黃金輸出至墨爾本（政府從中索取回扣）；調解糾紛；維持秩序。[23]

一如在加利福尼亞，維多利亞的淘金熱迅速提振商業、貿易。身為英籍拓殖者，澳洲人的進口品大多來自英格蘭，但也存在行之已久的澳洲、印度、中國之間的亞洲內部貿易。十八世紀後期、十九世紀初期，罪犯運送船取道中國或孟買返英，在中國入手茶葉，在孟買則為東印度公司裝上棉花。十九世紀初期，殖民地菁英從孟加拉、廣州輸入家具和絲。淘金熱期間，英格蘭對維多利亞的出口大增，出口額從一八五二年三百萬英鎊增為一八五三年七百萬英鎊。一八五七年，澳洲已占英國出口額七分之一。從香港、廈門至維多利亞的航運也成長，在中國籍淘金客和商人遠赴這個新金山時尤然。一八五〇年代，澳洲成為中國茶葉的第四大出口地，而其消費者不只華人移民，還有英籍拓殖者。美國人也進場搶市，從紐約、加利福尼亞運來投機性貨物。一八五三年，喬治・法蘭西斯・全恩（George Francis Train）寫到三十至四十艘船從紐約前往墨爾本，一抵墨爾本，即看到海灣裡密密麻麻六百至七百艘船，「船桅林立」。澳洲出口也劇增，從一八五一年九百萬英鎊，增為一八五二年兩千九百萬英鎊，再增為一八五七年四千五百萬英鎊。[24]

維多利亞和加利福尼亞都具有移民型殖民地社會的典型特點，也就是都位處邊陲，被白人出於領土擴張的野心據為己有和定居，並透過奪走土著土地來達成。與歐洲人接觸前，澳洲原住民人口據估計高達七十五萬，分成五百多個語群。到了一八五〇年，在維多利亞，原住民已少了九成，原因出於歐洲疾病（尤其天花）奪命、暴力、牧場主侵入和奪走土地、原住民被遷移至英國人所稱之為「受保護地」的保護區（但此計畫因未能控制、同化原住民而中止）。[25]

淘金熱頭幾年，澳洲原住民，尤其賈賈武倫人（Djadjawurrung）和瓦塔武倫人（Wathawurrung），以嚮導身分，以野味、魚、（用於蓋屋之）樹皮的供應者身分，和歐洲人往來，也在文化交流中互動。他們也以「個體戶、斷斷續續」的方式探勘黃金，往往頗有所成。如果說有些歐洲人受惠於澳洲原住民的知識和貿易，另有些歐洲人則鄙視、不信任他們，暴力攻擊他們。更普遍來講，十年裡約數十萬非原住民籍的移民來到中維多利亞，無異於大舉剝奪原住民的生存權：淘金客橫行原住民土地，挖掘露天礦場，摧毀狩獵區和漁場，砍掉森林。當時的批評家米爾恩（R. L. Milne）寫道：「原住民，擁有上天所賦予的所有權，卻遭劫掠、剝奪所有物、殺害……不要告訴我你們大部分人無辜，因為你們親手幹了此事。靠社會關係進入且參與分贓者……既是此惡行的真凶，也是殺人凶手。」[26]

後來，一八七〇年代，昆士蘭北部開始開採金礦時，歐洲籍、中國籍探礦者會在內陸碰到更多原住民。灌木地帶的原住民以燒掉村莊、偷走牲畜、用矛刺殺移民的方式抵抗歐洲人侵犯，但他們的矛終究敵不過歐洲人的步槍。殖民地巡邏隊執行官方的邊區「驅散」政策，私下施暴原住民，在十九世紀下半葉殺害六萬多名原住民，歐洲人藉以定居於此的暴力，由此可見一斑。有些歐洲人認為基督教要人「生養眾多、遍滿地面」的訓示，未必代表他們「有道德權利強行將野蠻人所居住的地方據為己有」，但大部分歐洲人篤定認為「重點只在於要不要強行占領」。[27]

在加利福尼亞，印第安人於淘金熱頭十年期間在金礦區工作。但從奧勒岡過來的美籍淘金客不久就把矛頭對準他們。隨著黃金熱加劇種族猜疑，他們攻擊金礦區的印第安人、強暴女人、殺掉男人。印第安人先後反擊奧勒岡人、四九人，不久四九人就橫行傳統獵場和漁場。暴力充斥山區。一八四九、一八五〇年間，在沙加緬度北邊探勘金礦的奧古斯丁·海爾（Augustin Hale），在日記裡多處提到與印第安人接觸、起小衝突之事。他寫道，在比佛河谷（Beaver Valley），「印第安人在高山上最重要的制高點放哨，靠喊叫、放煙火互相告知白人進逼的消息。」他寫到經過「數個陷入火海的印第安人村子，放火者是被偷走騾子的前頭隊伍」，以及「夜裡遭大批印第安人攻擊」的白人，這些印第安人「開了幾槍，放了好多箭，然後拿著棍棒衝（進）來。」有一隊人三個月後下山，說他們「沒找到黃金，一番辛苦幹活和打印第安人都白費。」[28]

移民施暴不斷，一八五〇年時美國陸軍和州、地方民兵已先後加入，屠殺更多印第安人。米沃克、麥都人、波莫人（Pomo）、瓦波人（Wappo）等原住民族群退出金礦區，撤到山區，接著退到更高山區，在那裡勉強活命。州、聯邦議員也拒絕與加利福尼亞的印第安人簽訂條約，若然，將承認一小塊印第安人土地具有獨立主權。誠如加利福尼亞準州的首任州長彼得·伯內特（Peter Burnett）所承諾的，未來會有一場不折不扣的「滅絕戰爭……直打到印第安人滅絕為止。」[29]

澳洲諸殖民地和加利福尼亞境內的白人都日益相信殺光原住民是白人安然定居的必要條件，而所謂的定居，意指以歐美人的所有權取代原住民的主權，根據私人財產法和市場法則重整土地和經濟關係。維多利亞和加利福尼亞也以自由勞動原則為基礎。一八五一年維多利亞脫離新南威爾斯，自成一殖民地時，就立法禁止運送罪犯、使用契約工。[30]

加利福尼亞淘金熱頭幾年，諸金礦區都有許多不自由的勞動者——被美國南部白人帶來的黑奴、被加利福尼奧人和歐美人奴役的加利福尼亞印第安人、被智利和索諾拉採礦公司帶來的抵債苦工，以及被帶來此地的華籍契約工，例如在伍茲溪工作的那些華人。[31]

但在金礦區，幾乎不可能執行契約，因為要離開主人，逕行前往山區找發財機會並不難。有個英格蘭籍船長一八四九年寫道：「我從中國帶來（到舊金山）且與僱用他們的一方有兩年契約關係的十五名苦力，一上岸就不願照契約行事，全部鳥獸散。」某智利公司找來工人，但這些工人抵達舊金山才幾天，該公司的老闆拉蒙・吉爾・納瓦羅（Ramón Gil Navarro），就失去其一半工人，乃至其經理。開小差盛行，投資者不久就不再找契約工幹活。[32]

水手開小差也很盛行，十九世紀時水手的工作呈現另一種不自由勞動形態。早在一八四八年三月，舊金山商人就抱怨船員開小差，危及公司榮景。而且這個問題毫無改善，日益惡化。哈德遜灣公司在舊金山的代理人費了好一番工夫才找到水手，甚至開出高工資，短短跑一趟檀香山就可拿到兩百美元。蘇格蘭籍觀察家伯思韋克（J. D. Borthwick）指出，一八五一年數百艘船因為缺船員停在海灣裡，出不了海。同樣的，在墨爾本的菲利浦港灣，水手成群離船而去。一八五二年，三十五艘外籍船，只有三艘能找齊船員。有些船長把所有船員關起來，他們願意出海才放出來；還有些船長帶其船員到金礦區待上數星期，藉由該地艱苦的環境和未必有回報的幹活，斷了大部分船員的淘金夢。[33]

因此，維多利亞和加利福尼亞，作為移民型殖民地社會，有許多相似之處。在這兩個地方，淘金熱都加速原住民喪失家園和外人大量移入，使某些人虧損，也使某些人暴富，並引進資本主義採礦技術。但兩地也在幾個重要方面不同。澳洲已受殖民統治數十年，最初作為罪犯流放地，後來成為罪犯、前罪犯、自由之身的移入民共居之地。人數愈來愈多的自由民，從建立大牧羊場、發展羊毛貿易的有錢牧場主，到靠補助旅費前來的愛爾蘭籍窮人，形形色色，而這些愛爾蘭窮人包含許多來此當幫傭的女人。一八五〇年代殖民時期澳洲的公權力，強過剛於一八四八年成為美國領土的加利福尼亞。維多利亞位於大英帝國的亞洲區，受帝國法律規範，而美國雖在多個方面行事如帝國，卻是具有獨立主權的共和國。兩地的淘金熱都發生在政府所擁有的土地上，但只有在維多利亞，政府真的以警察執行從課稅到衛生的許多規定，藉此控制金礦區。這些差異會對兩社會的發展，包括華人－白人種族關係，影響重大。

加利福尼亞、維多利亞境內的華籍淘金客，大部分不是來自上海，而是來自中國南部，尤其來自四邑，即廣東珠江三角洲西側的四縣。值得注意的，大部分來自其中一縣，即新寧。新寧境內多山，土壤含岩石，乾旱和洪水週期性發生，相對來講與市場較無聯繫，因而是個窮地方。此地所產稻米只夠滿足境內人民半年所需，因此農民在山坡地種甘薯和花生以增添收成。英國經濟勢力打入此地和當地政治暴力導致收入不穩，使情況惡化。家庭在特定季節把子弟送到附近城市，從事粗活、沿街叫賣、工廠工人這些短期工作。最早從新寧冒險遠赴加利福尼亞的中國人是誰，不得而知，但這些人大概已從老家遷徙到廣州或其周邊地區。可以確定的是，他們建立了典型的連續遷徙模式，先遷至加利福尼亞和維多利亞，不久後轉至加拿大、紐西蘭的金礦區。來自四邑的淘金客在北美洲和澳大拉西亞創建了華人僑社。[34]

他們並非最早移至海外的中國人。中國東南沿海的人民，至少自十三世紀起，就在從泰國至占婆、爪哇的南洋（即東南亞）貿易、定居。但十九世紀，隨著更多人因家鄉求生不易而赴海外找工作，大量外移的中國人去到比南洋更遠許多的地方。中國南部受苦於周期性旱澇，還受苦於西方商品侵入市場和漫長太平天國之亂期間（一八五〇～一八六四）的劇烈動蕩所導致的經濟性失所（economic displacement）——太平天國是帶有救世性質的農民運動團體，追求推翻滿清。十九世紀中期兩股新的長期華人遷徙潮，源於兩種歐美殖民主義：一股涉及赴加勒比海、南美洲的種植園殖民地工作的契約工，另一股由自願外移到北美洲、澳大拉西亞境內英美移民型殖民地的邊區者構成。[35]

一八三〇年代至七〇年代，將近二十五萬契約華工搭船到英屬圭亞那、英屬西印度群島、古巴、秘魯的種植園，其中大部分人在古巴甘蔗園與黑奴一起工作，在秘魯沿海鳥糞島工作。他們共同構成所謂的苦力貿易，即以不自由的勞工為買賣對象的惡名昭彰的貿易。這一貿易把亞洲最貧困的人民送到「新世界」諸殖民地幹粗活。中國人把買賣這些不幸之人的苦力貿易叫作「賣豬仔」。[36]

第二股中國人外移潮始於赴北美、澳大拉西亞之英美移民型殖民地淘金的全球淘金熱，一八五〇至一九〇〇年間約有三十二萬五千個中國人外移至這些地方。他們先是去加利福尼亞，然後，一八五〇年代中期，隨著加利福尼亞開始對他們不友善，他們愈來愈多人去澳大利亞。一八五三年從香港出洋的一萬五千名中國人，只有三千人要去加利福尼亞，一萬多人去維多利亞。[37]

去這兩座金山的中國人，既未像種植園契約華工那麼窮，也未像他們那樣走投無路。他們是農民、城市工人、手藝人、機工、商人，從許多方面來看，他們和從世界各地前來淘金的其他人差不多。當時香港境內的觀察家常指出，與被送至種植園殖民地的契約工不同的，外移至加利福尼亞、澳洲的中國人「清一色且真的是自由外移」。也和歐美淘金客一樣的，這些中國人絕大部分是男人。金礦區的少許女人，不管是美國人、智利人、法國人或中國人，係商人的妻子、表演者、酒吧女侍或妓女。久而久之，歐美人裡女性占比有所提升，但華人依舊絕大部分是男人，原因之一在於中國習俗要求妻子留在家中侍奉公婆。[38]

大部分華籍淘金客用家裡的錢或借自宗族或同鄉會的錢支付船費。周里（Lee Chew）憶道，他父親給了他一百美元，其中一半用於付前往舊金山的船費。他的父親是普通農民，在廣州附近有十英畝地，種稻米、甘薯、豌豆、甘蔗、香蕉。他原在父親的土地上工作，但十六歲那年，他看到一個從加利福尼亞返鄉之人，對那人的富有驚嘆不已，從此有了到外闖蕩的念頭。在各自父親支持下，他和另外五個男孩一起離村去香港，再轉去舊金山。[39]

手頭較緊的家庭，數戶集資送一或兩個年輕男子出去。地不多或儲蓄不多的人則借錢。在清朝中國各地，包括在與地方、地區市場網絡有連結的農村，借款、簽合同很常見。借錢利息很高，尤以淘金熱頭幾年為然。一八五六年，廣東西隴黃家，從西隴協會抵押借了十八兩銀子（約二十英鎊），以把兒子黃光義（音譯）送到金山，一年利息達五成。如果未如期還款，會追加利息一倍半。這份借款合同也讓放款人有權利在黃家未如期還債或賴債時扣下黃光義匯回老家的錢。這些條件甚為嚴苛，但有個條款還算有人情味：他遠渡大洋期間或在金山時有三長兩短，此合同即作廢。借錢成本高昂，既表示需求多於供給，也表示外移者認為到了金山會發大財。[40]

第一波外移民寄回的家書或衣錦還鄉，以及報紙報導、廣告，助長這股樂觀的期望。香港的英籍外移事務官員一八五三年寫道，「已有八百多名中國人從加利福尼亞回來……似乎都很有錢，而且表示打算回加利福尼亞……中國人如此光彩體面返鄉，當然助長往該地的外移。」香港第一份中文報紙《遐邇貫珍》（*Chinese Serial*，傳教士辦的報紙），早在一八五三年就刊載談外移的文章和實用的海外闖蕩須知，以及對中國人散播到世界諸地一事的精闢評論。航運公司散發廣告，吹噓金山的富裕，進一步助長中國人外移。移民服務業興起，在廣東村鎮、香港、加利福尼亞、澳洲之間經營業務，處理船費預墊和從海外寄回家書、匯回錢款之事。[41]

淘金熱使許多中國人和歐美人碰在一塊，規模之大前所未見，遠非中國口岸城市裡歐洲人殖民飛地中有限的接觸經驗或十八世紀後期、十九世紀初期偶有中國人造訪美國、英格蘭之事所能及。舊金山海關記載，一八四九年從中國來了三百二十五人，一八五〇年四百五十人；一八五〇年，華人只占加利福尼亞採礦人口百分之一。但一八五一年來了兩千七百名華人，一八五二年兩萬人。到了一八五〇年代後期，華人占加利福尼亞總人口的比例已達約一成，在採礦區則超過四分之一。在澳洲出現類似模式。一八五九年，維多利亞已有四萬至五萬華人，約占採礦人口兩成至兩成五。研究澳洲淘金熱的史家論道，許多英國人從未「如此不受拘束的和外人，尤其和華人，接觸交談。」[42]

英人－華人－索諾拉人採礦隊在伍茲溪不久就拆夥。他們據說採到黃金，因此，有可能是眼紅心理促使一群白人把他們趕離他們所立界據有的土地。暴力和暴力威脅在金礦區很常見，在族群背景多樣的礦工為土地所有權爭吵、打鬥的超競爭性環境裡，這在所難免。白種美國人對外人尤其不友善，不管外人屬哪個民族。

伍茲溪的華籍淘金客轉到山坡另一邊，來到名叫華盛頓營地（Camp Washington）的小採礦營地。不久，其他華人也來到此地，但白人往往略過此區，因為這裡是「乾」金礦區，亦即必須把沙土搬到水源以便淘洗。這裡後來被稱作中國佬（Chinee）、中國佬金礦區（Chinee Diggings），最後被稱作中國人營地（Chinese Camp）。一八五四年四月，在某雜貨店開設了加州中國人營地郵局，中國人營地自此成為此地的正式名稱。

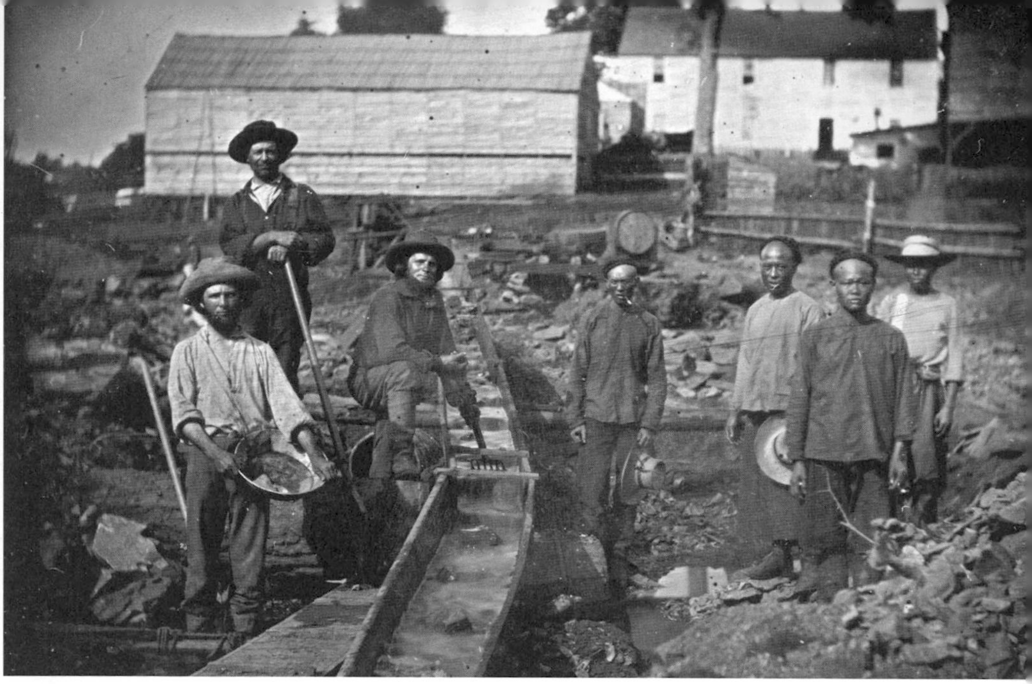

圖 1　一八五二年，加州沙加緬度北邊，奧本谷（Auburn Ravine），受僱於一家流槽淘洗金礦公司的華人和白人。

圖 2　一八五三年，華人淘金客搭四輪馬車前往維多利亞的凱斯爾梅恩。

圖 3　在賈賈武倫人土地上，原住民勘探黃金，以嚮導和食物供應者的身分和白人淘金客打交道。但淘金熱使原住民更快失去其世居的土地。一八五六年從維多利亞的鋸木坑谷（Saw Pit Gully）所見到的亞歷山大山（Mount Alexander）。

圖 4　淘金搖動槽是美國西部、澳大拉西亞境內華人金礦工所偏愛的含金沖積礦床開採工具，便宜、易造且易攜帶。加州，約一八七五年。

第二章 金礦區

一八五六年，已有一千名華人住在中國人營地，另有數百華人住在北邊的砂礦平地。中國人營地和其周邊區域最多時供養了五千華人。中國人營地成為欣欣向榮的城鎮，因為它地處從史塔克頓過來的主驛道轉東朝向優勝美地之處，因而是旅人停下補給、休息、問路的好地方。有個規模不小的白人商業區兼為華人、白人提供服務，包括富國銀行（Wells Fargo）辦事處、一家打鐵店、一家黃金檢驗店，但華人占人口過半。華人商鋪也服務白人，尤其倉庫和咖啡館。阿奇（Ah Chi）在華盛頓街的簡陋木屋經營一家餐館，爐灶用溪石加鐵片蓋頂搭成。據說他的菜色包括四九人野鴿派、烤熊排、蘋果派。[1]

華人店鋪和住所——簡單的木屋——成排挨在一塊，集中於此新興鎮西區。住在中國人營地裡和周邊地區的華人，大多是金礦工，但此鎮擁有能撐起一個商業、社交中心的多元人口：商人、洗衣工、妓女，以及裁縫師、草藥醫生、烘焙師傅、屠夫、賭館老闆、一名樂師。此鎮邊緣有一處華人菜園、一個魚池，代表華人能有新鮮蔬菜、魚可食用，甚至有甲魚這道美食可用。蔬菜和魚都是華人特別看重的料理材料。阿森（Ah Sam）、奮隆（Fin Lung）各擁有價值五百美元的不動產和兩千美元的個人財產。一八六〇年代中期，華人商行一年所賺的錢據說已達五萬至十萬美元。中國人營地有四個同鄉會館、三座廟，廟甚大，有不惜巨資貼上金箔的雕刻和神像。大型建築可能是佛寺或多宗教混合的寺廟，或者致公堂的會館。致公堂是中國南部的祕密會社，源於天地會。這個城鎮也有數家賭館，主要以靠運氣賭輸贏的「番攤」招徠賭客。中國人營地的居民竭力美化其環境，種柿樹，柿子甚受他們喜愛。農曆新年，他們種早春開花的水仙。他們也種氣味嗆鼻的一種漆樹「天樹」。這種樹原生於中國，因樹皮、樹葉可供藥用而受看重。有人說高大的綠蔭樹令華人想起家鄉。2

中國人營地女人甚少——女縫工、妓女、礦工與商人的妻子；成家的人不多。白種美國人把一個養家禽的女人叫作「養鴨瑪麗」（Duck Mary），把種菜人叫作「中國莉娜」（China Lena）。有件極難得保存至今的結婚證書，上寫二十五歲阿森（Ah Sam）和二十歲尤氏（Yo Sup）於一八六〇年一月二十四日成親，證婚人是中國人營地的治安官柯林韋奇（J. Collingwedge）。這對年輕夫婦是誰？從檔案資料找不到多少線索。一八六〇年圖奧勒米郡的人口普查檔案記載了九個阿森，一個在中國人營地叫阿尤（Ah Yow）的女人。七個女人住在阿蘇

（Ah Sow）所開的酒館，阿尤是其中之一。但她們未見諸後來圖奧勒米或加州其他地方的人口普查檔案。阿森帶著他的妻子，還有他所賺的黃金，回去中國。[3]

在加州內陸，另有少許幾個城鎮有如此多華人居住其中。馬里斯維爾（Marysville），通往北內華達山脈金礦區的門戶，境內有個大型華人居住區，位在第一街，就在尤巴河（Yuba River）上方。加州華人把馬里斯維爾稱作三埠，意為規模次於大埠（舊金山）和二埠（沙加緬度）的第三大城。馬里斯維爾華人為周邊華人提供店鋪和服務，一八五四年蓋了一座廟，因位在尤巴河北，取名北溪廟。此廟如今仍在，最初是道教廟宇，後來也供奉佛教神祇、儒家先賢。此廟最多信眾膜拜的神是道教神玄武大帝。玄武大帝控制水，而水是淘金客最好的朋友。[4]

一八六〇年，沙加緬度北邊奧羅維爾（Oroville），境內華人將近千人，占該鎮人口近四成。一半是礦工或受僱建造此區域引水槽、水溝的工人，後者或許是勘礦無著而轉行。另一半由城鎮中常見的行業人士構成：商人、屠夫、草藥醫生、妓女、木工。鎮上有一名珠寶商、一名書店老闆，可見華人的有錢和文化程度。[5]

大部分淘金華人不住在這些大鎮裡，而是住在他們所立界據有之土地附近的聚落。早期，這些聚落往往只是搭在一塊的帳篷。蘇格蘭籍旅人伯斯韋克（J. D. Borthwick）說，威弗溪（Weaver's Creek）邊的華籍礦工住在「約十二個小帳篷和就地取材搭建的臨時棲身之所」，而在天使營地（Angels Camp）附近的某峽谷裡——天使營地是後來因布雷特．哈特（Bret Harte）和馬克吐溫小說而聞名的採金鎮——「約百名華人在他們金礦區旁邊的岩石高地上搭帳」。在卡拉韋拉斯河的北分流處，約兩百名華人與白種美國人、一些法國、墨西哥礦工一起工作，但住在自成一區的營地裡，白人把該營地稱作中國人城（Chinese Town）。[6]

住在金礦區的華人，走路到最近的鎮買食物、找消遣，若非向白人店家買，就是（如果有華人商鋪的話）向華人買。不必走到中國人營地或奧羅維爾之類大鎮就能買到所要的東西；在加州，數十個小採金鎮有一或兩個華籍商人或小型華人聚居區，華人聚居區約一個街區長，有一些生活便利設施和居民。天使營地附近的華人離鎮上不遠，鎮上有一個小型華人區。在卡拉韋拉斯河沿岸工作的華人，會向丹尼爾．拉蒂默（Daniel Latimer）買基本民生必需品。拉蒂默是牧場主，在金礦區近旁開了一家雜貨店。或者，這些華人可能會走小段路到最近的鎮——彼得堡（Petersburg），這個鎮上住了許多墨西哥人、智利人，因而有個渾名「拉丁美洲佬的鎮」（Greasertown）。在那裡，他們大概會找到更多樣的商品，在餐館吃一餐，或到酒館消遣。偶爾他們會走更遠，多走約五英里路，到安德烈亞斯（San Andreas），那裡有一些華商。[7]

最早的華人店鋪很簡陋，用帆布搭成，石煙囪，土地板。淘金熱早期的建築，一般都是如此粗陋的結構物，包括店鋪、乃至「客棧」皆然。漸漸的它們被「普通民房」（folk house）取代，那是有一或兩間房間的簡單房子，用直立的木板搭成，有三角牆、土地板。華人店鋪遲遲才改善到比這還好，而白人店鋪已開始有磚石結構的正面、鐵製爐門、百葉窗。馬里波薩郡庫爾特維爾（Coulterville）的胡申新（Sun Sun Wo）店是少有的堅實結構。它建於一八五一年，土磚牆，土地板，一八九九年大火將該鎮夷平，但它逃過一劫。這家店從一八五一年一直營業至一九二六年；結構體屹立至今。[8]

華籍、白種商人都賣給礦工多種商品——糖、威士忌、蠟燭；帆布和棉製品；繩、釘、大錘；火腿、牡蠣罐頭、鱒魚、蛋。在山區，蛋是昂貴奢侈品。美國人常提到華籍礦工願意用高價買高品質食物。南部礦場一屠夫說：「我一天就賣掉多達十四頭豬，每頭平均七十五磅重。他們願意用一磅一美元的高價買上等乾臘腸。他們很喜歡吃家禽肉，買了很多……我以三塊半美元的價錢賣了一隻肥雞，供拿去辦筵席。」華籍商人賣一般商品和食物，以及中國食品原料（黑豆、鹹魚、荔枝）、草藥、鴉片、綠豆、祭祖和喪禮用的禮器。華人、白人店家老闆都給客人賒帳，一個月結一次帳，不收利息。這是普見於金礦區的做生意方法。華人用現金，用金砂，或以抵扣工資的方式買東西，或提供洗衣服之類服務換東西。[9]

華人以上述方式在商界打出自己的一片天，同時也參與較大型的金礦區經濟。就實際的採金工作來說亦然。淘金熱頭幾年，淘金客在大小溪流尋寶，可在溪流裡淘篩出黃金。這種採金方式叫沖積礦床開採或砂礦開採，華人則稱之為「屑金」開採。沖積礦床開採法係所有淘金客都採用的方法，其技法源於諸多不同文化，但後來經過改造，以供一體適用。例如，淘洗盤源於西班牙人的「batea」，那是以編籃子的手法編成的碗，始於十七世紀西班牙人在中美洲開採沖積礦床時。索諾拉人在加利福尼亞教歐洲人和美國人如何使用。用淘洗盤淘洗出黃金時，人站在溪中，在盤子裡洗掉來自溪床的土，晃轉盤子，以將黃金與沙分離。黃金比在溪床裡找到的其他東西都重，把其他東西都淘洗掉後，就只剩黃金還在盤裡。[10]

接下來問世的更先進淘洗工具是淘金搖動槽。這種工具結構簡單，有個斜斜架設的板子，板子上有用來篩金的格條。沙土跟著水沖下板子，在格條裡留下黃金。淘金搖動槽一人就能操作，但數人分工合作更有效率——一人搬沙石，一人搬水，一人從格條取出黃金。在溪河砂礦採金的華人，偏愛用淘金搖動槽，它便宜、易造，而且對華人來說很重要的，可隨身帶著走，一旦被趕離他們所立界據有的土地，這就很方便。[11]

澳洲人愛德華·哈爾格雷夫斯去了加利福尼亞，回澳後自稱是在新南威爾斯找到沖積礦床金的第一人，而他回澳時，也把淘金搖動槽的操作法帶回來。但即使澳洲人採用了這項工具，還需要其他工具，才得以分解維多利亞一地之溪谷的土壤，因為該地土壤質密、富含黏土。攪拌去土機靠人力或馬力拉耙，耙繞一個圓形槽轉，槽中布滿水，藉此把黏土裂解成一塊塊。然後，能從含有黃金的爛泥裡淘洗出黃金。維多利亞的華籍礦工買得起攪拌去土機時就買下此機器，往往數人集資買下一匹馬。[12]

華人所用方法和歐美人一樣，但他們也從廣東帶來農用水力管理技術，予以改造以適合現地需要，其中許多技術被他人跟著採用。華人建流槽和堤壩，引進鏈泵。鏈泵是笨重難操作的設備，使用腳踏板、水輪、重力來抽水，使水流轉向。博斯韋克認為鏈泵結構太複雜且效率差，但其他人卻很佩服：「看著河上的礦工，或打量他們從我們的中國友人那兒取得的水輪和泵，約翰憑藉最勤勞的踩踏式操作工具，最符合科學精神的工具，用雙腳轉動它們。」博斯韋克佩服一家華人公司在密西西比礫石灘（Mississippi Bar）的成就，該公司建了一座兩百碼長的丁字壩——往河面延伸一段，未完全橫跨河道，用以控制流向和流速的人工障礙——巧妙運用機械力處理巨大的松樹原木。在維多利亞，小型華人公司偏愛運用流槽，在山坡順著山勢往下蓋一座長木槽，運作原理和淘金搖動槽一樣。《本迪戈廣告人報》（*Bendigo Advertiser*）一八七八年十二月報導，華人的流槽團隊實行三班工作制，二十四小時運作不停，每週用掉三百萬加侖的水。[13]

後人對探礦者粗獷、陽剛的刻板印象，讓人覺得採金者通常自己一個人幹，但上述形形色色的做法表明並非如此，而是以合夥等群體方式進行。在水深及膝的溪水裡淘金，又冷、又累人，還花時間，遠不如群體合力完成來得好。在加利福尼亞和維多利亞從事砂礦開採，不管是哪個族群，都以合作開採為常態。礦工很快就體會到，找幾個人合力開採，工作更有效率，能輪流擔下較吃力的活，能分攤成本、分享收益；於是，澳洲籍歷史學家傑佛里・塞勒說：「初期，（維多利亞黃金）業幾乎全靠數千個小型合作群體運行。」美國的四九人離家淘金時，往往和合夥人結伴同行，而且儘管其中許多人抵達目的地後即拆夥，都在金礦區找到新合夥人。[14]

就淘金華人來說，合夥人往往是近親或同村人或同宗族的人，因為親戚關係是信任的保證。儘管信任，華籍礦工有時共同登記其立界據有的土地，以將合夥關係明文化。例如，在加州卡拉韋拉斯郡，約兩百名華人在卡拉韋拉斯河北分流處的礫石灘、河床裡一起工作。有份難得保存至今的「下原木屋」（Lower Log Cabin）區採礦地登記簿，記載了從一八五四至一八五七年六十一個由華籍礦工立界據有的土地。其中二十七塊地的申請方，係兩或三人所組成的隊伍，占四成四。在圖奧勒米郡，華籍合夥砂礦開採人的採礦成果，和在類似土地上採礦的白種合夥人差不多（或者說差不多一樣糟）——在估值為五百至六百美元的土地上每月每人賺約七十五美元。[15]

在維多利亞產金區採礦地登記簿上，可見到同樣的情況。例如，阿平（Ah Ping）和刑樂（Low Ying）一八六八年登記了他們所立界據有的一百碼長的本迪戈溪段，「從白山（White Hills）公墓算起五十碼」。有份地圖呈現卡斯爾梅恩（Castlemaine）區森林溪（Forest Creek）的「金點」（Golden Point）段，圖上可看到沿溪分布的一個個已被人立界據有的地，華人和歐洲人的採礦地點彼此緊挨在一塊。地圖上記載了莫利、張樂（Lo Cheung）、默菲、阿彰（Ah Cheung）、阿庫特（A'Kut）、伯恩斯所立界據有，緊挨著分布於溪谷裡的土地。[16]

美國的採礦調查報告提到取了約翰中國砂礦開採公司（John China Placer Mining Company）、香港中國丁字壩公司（Hong Kong China Wing Dam Company）之類名字的華人採礦公司，說它們若非某人所有，就是某人所租下，有十至二十名工人用流槽和引水管道、丁字壩、水輪工作。在這些公司裡，有個當地商人買下或租下已被人立界據有的土地，提供設備，僱來礦工。這些公司不付工資，而是根據成果共享制運作，那個商人兼投資者拿下開採成果一部分，其餘由礦工分掉。商人也提供礦工所需食物，這讓礦工省事不少，但也可能使礦工沒他們不行。[17]

另一種普見的擁有形式是平分制合作性組織。這些組織通常有五至十人以簡陋的設備（例如淘金搖動槽）在已被人立界據有的較小塊土地上開採，也根據共享成果制工作，但以均分獲利、均攤開銷為原則。埃爾多拉多（El Dorado）、尤巴（Yuba）兩郡的當地採礦地登記簿也顯示，華籍淘金客往往以搶先占有的方式取得一地的採礦權。也就是說，他們是最早申明其金礦區為其所有的非本地人，未花錢，就以擅自占地者的身分登記土地所有權。而在當時，這是礦工據有無主之地的慣見做法，不管是尚未有人利用或已遭拋棄的土地皆然。這一模式意義重大，因為打破了華籍礦工只在白人所拋棄或賣給他們且黃金藏量已大減的土地上採金的傳統看法。[18]

合作性採金組織奉行強烈的平等主義精神。阿福（Ah Fock）是在加州謝拉（Sierra）郡採金的七名合夥人之一，堅稱他的團體沒有老大；他自稱「只是個管財務的人，掌管淘到的（金）砂，未要求在那裡工作者付錢。」有個盛傳於華人之間的故事，可能是杜撰的故事，說一群人把一塊四十磅重的金塊敲成數小塊以便分給所有成員。[19]

在澳洲諸殖民地，存在同樣的合作性組織。根據牧師威廉·楊（William Young）一八五八年對維多利亞產金區華人所做的非正式人口普查，本迪戈兩千兩百名華籍礦工中，超過一半在小公司裡工作。三百人在擁有攪拌去土機的公司工作，九百左右的人在淘洗尾料的小公司——可能是合作性組織——工作（尾料係已被人立界據有且徹底開採過的土地所廢棄的岩渣、泥沙、土）。也有人組成小群體以取得規模經濟。根據塞勒的說法，華人「最典型」的工作形式是「圍場式」（paddocking），「由百人或更多人組成的團體，把溪谷裡的土壤徹底挖出，然後淘洗，若非以合作性組織的方式工作，就是以成立公司僱請員工的方式工作。」。[20]

在維多利亞的採礦地登記簿裡，個人所擁有、具有頗大面積或可觀設備的已被人立界據有的土地，以小公司的形態運作，例如阿林（Ah Ling）在戴爾斯福德（Daylesford）附近舊賽馬場泉（Old Race Course Spring）一地所立界據有，以流槽淘洗礦石的三英畝地。在已被四至八人立界據有且這些人持股均等的小土地上，可見到平分制合作性組織。有個合作性組織，位在克雷西克

（Creswick）附近的葡萄牙人平地（Portuguese Flat），由八個「夥伴」組成，包括至少兩名有堂表關係的人。礦工睡在不同的帳篷裡，但一起吃早餐，分攤炊煮、撿柴之類的工作。每人所持股份相等，每個股份值三至四英鎊。有個叫阿勇（Ah Yung）的成員負責管此群人的黃金和書籍，每週發放約三十先令的週收益給諸成員。[21]

公司和合作性組織都類似在中國、東南亞境內的採礦組織。在中國南部，含錫砂礦開採地的礦主有時於農閒時節僱用本地農民，但也存在由全職礦工組成的小公司，這些礦工往往是無地的社會邊緣人，在一名經理人暨投資者底下幹活以分享利潤。這些公司內部不大講究等級，股份分享豐厚，反映了不易留住礦工的事實。股份分享制也類似來自晚清商業組織的合夥制傳統。[22]

加州和維多利亞兩地的合作性組織，類似十八世紀、十九世紀初期西加里曼丹（西婆羅洲）金礦場的著名華人公司。這些公司，顧名思義，最初是平分制小型合夥企業——十五份（十五個股份）、新八份（新八個股份）。隨著採礦事業成長，這些合作性組織有一些合成聯合會；有一些則變得權勢極大，行事如同主權國家。西加里曼丹公司的權力，來自華人在本土居民和荷蘭拓殖者之間的地位。這些情況當然不存在於美國或澳洲，因此，華人合作性組織依舊簡陋，但其內部平等、休戚與共的精神未失。值得注意的，這些組織——中國南部的採礦公司、西婆羅洲的合作性組織、加州和澳洲的同類組織——都與天地會有密切關係。天地會是中國南部最大的歃盟會社，十九世紀中期太平天國之亂遭平定後，隨著流亡分子逃到國外，天地會跟著散播到海外。[23]

華人礦工也為白人雇主工作，領取工資。來自廣東的華人對於僱傭勞動不會感到陌生。珠江三角洲地區至少自十七世紀起商業化程度就頗高，紡織業和冶金業僱工幹活，發放工資或現金。在加州的南部礦場，華人和康沃爾裔礦工「一起」在約翰．佛雷蒙特（John C. Frémont）位於馬里波薩（Mariposa）的礦場工作。美國礦業專員羅西特．雷蒙（Rossiter W. Raymond）說，從一八五〇年代後期起，有「完全輪班的留辮子壯漢」在馬里波薩、默塞德（Merced）、圖奧勒米的深礦場工作，工作期長達十至十五年。到了一八七〇年，華人礦工每月收入已達三十九至五十美元，幾乎和白人礦工的薪資水平一樣。華人也在流槽淘洗礦石公司和石英開採廠從事不需專門技能的工作，把從地裡挖出的數噸石塊餵進巨大的搗礦機裡，以從石塊的礦脈分離出黃金。[24]

更普遍的現象，係華人受僱於水力採礦公司和水公司。水力採礦公司用高壓水管炸開山壁，以從其中深處的古老河床開採出含金礫石；水公司則從山中湖泊和水庫將水輸送至水力採礦系統。這些是加州最早的資本密集大規模採礦作業，旨在欲排除不可預料的降雨所帶來的困擾和大量開採出黃金。這些作業規模驚人。至一八六〇年代後期，加州水公司已耗資兩億美元建造了六千英里長的引水槽和水溝，每年將數十億立方碼的水輸送給採礦公司。華人在營造和水力採礦業工作賺取工資。馬里波薩和默塞德南岔運河（Mariposa and Merced South Fork Canal）公司一八五七年僱用了多達兩千華人鑿水溝。加州最大的水力採礦公司，內華達郡的北布魯姆菲爾德採礦與礫石公司（North Bloomfield Mining and Gravel Company），僱用了八百名華人和三百名白人在其水溝裡作業。一八六〇年代後期起，負擔不起水力作業之初期資本開銷的華人商人暨投資者，從白人老闆那兒買下或租下企業，經營得有聲有色，獲利甚豐。[25]

水力採礦引發爭議，因為把數百萬噸的水、土、化學廢料倒入山中溪河。沉積物和泥沙堵住河川，引發水災，毀掉沙加緬度谷裡數千英畝農地。一八八四年，位於舊金山的聯邦法院終於禁止水力採礦，為美國第一件與環境有關的法庭裁決。法官洛倫索．索伊爾（Lorenzo Sawyer）說水力採礦「給官方、民間帶來困擾」，禁止在可航行之溪河的支流區域從事此類作業。索伊爾作出此裁決後，加州境內水力採礦大多停止，但華人繼續採用此法採礦。有時他們無視此法律，有時則遵守此法，用木材、燈心草築壩，以防尾料流入溪河。[26]

華人也以個人身分為白人效力，賺取現金。例如，在科洛瑪（Coloma），希蘭．賀貝特（Hiram Hurlbet）、他兒子杜安（Duane）、其他兩名合夥人，僱用了兩或三名華人工作二十一天，付給他們五十二．五〇美元。支付華工報酬且扣掉物資、伙食開銷後，每個合夥人獲利十二美元，比他們所付給華工的錢還少。除了白人僱用華人，也有可能是白人受僱於華人。在聖安德烈亞斯和莫凱勒米希爾（Mokelumne Hill）工作的年輕美國礦工蘭辛（H. B. Lansing），有時僱用華人（和德國人、法國人）礦工在他所立界據有的土地上工作，有時他們和他一起幹活，有時他休息，靠他們幹活。蘭辛也受僱於人，有一次為一群華人勘探一塊被立界據有的土地，另有幾次受僱建造水壩和引水槽。蘭辛的經歷表明，各種族群出身的個體戶礦工，從事按日計酬的工作，且視需要打零工。[27]

在一八六〇年代後期和一八七〇年代的維多利亞，華人也在石英開採公司找到工作，其中某些公司的老闆其實是當過礦工、投資石英開採的華人。根據威廉・楊一八六八年的人口普查，約有七百華人在歐文斯區（Ovens District）為白人工作賺取工資。在巴拉臘特（Ballarat），歐洲人所立界據有的土地，有較少的華人受僱幹活。有些華人在地下工作，但更多華人在工廠裡工作，為搗礦機餵送礦石和操作搗礦機。還有些華人則搞「承包」（tributing）——不是僱傭勞動，而是與採礦公司簽合同，幫忙處理、堆放尾料。小公司或合作性組織可能承包這類業務。例如，在本迪戈，阿華（Ah Wah）的公司承包了修特（Short）、默特爾（Myrtle）兩街之間五十碼長的溪床，負責將該地尾料運到附近的攪拌機淘洗。據某史學家的說法，尾料處理並非「在碎石堆上扒找東西，而是一套複雜精細之過程的一個階段」，而華人把資本和專門技術用在這作業上。華人也花錢取得重新淘洗尾料以淘出黃金的權利——產量低，但若耐心幹，還是有賺頭。[28]

於是，華人採礦方式靈活變通且多元，從許多方面來看類似歐美人的採礦組織。誠如塞勒所指出的，各種民族、族群都盛行合作採礦。白人礦工把合作譽為自由民兄弟關係的典範，但未能認識到華人也盛行此道。但華人的合作習慣歷久不衰。合作建立在同鄉同族的情誼上，或許可視為免於陷入——乃至抵抗——資本主義僱傭關係的法寶。歐洲人和美國人未有類似的文化資源來維繫住獨立自主的採礦方式。於是，當石英開採公司獨大於業界，白種美國人犧牲掉自己的自主地位，換取較安穩的一份工作——或者從此轉行不採礦。

華人採礦做法的紛殊多樣，也突顯一個問題，即根據「自由」、「不自由」這兩個南轅北轍的範疇去思考勞動是否合宜。根據這個範疇把人分類，以區隔獨立自主、賺取工資的勞動和奴隸、奴隸般的勞動，盛行於十九世紀。我的重點不在於只是把華人礦工從一類轉歸另一類。從某種程度上來講，華人礦工當然並非「不自由」。他們未被當成動產，勞動有報酬可拿，或可如願離職或遷徙——不自由的勞動者無此福惠。個體戶礦工、與人合夥的礦工、或屬於平等制合作性組織的礦工，有相當大甚至完全的自主權，儘管獨立採礦的經濟報酬隨著含金砂礦減少而愈來愈微薄。與人合股或受僱賺工資，不管是從事需要專門技能的地下工作，還是在營造隊裡工作，都既擺脫不掉強制性，也涉及自主決定。[29]

在加州採礦有成的華人，往往搞起貿易或頂進一家小商店。有些華人移居城市，移到舊金山、沙加緬度或馬里斯維爾這些可過上比在礦區舒適生活的地方。但許多華商留在金礦區，僱人在他們所立界據有的土地上採礦，自己則經營一家店或跨行搞起別的事業，或許開家餐館或洗衣店。例如，黃吉（Wong Kee）最初在加州當砂礦礦工，後來搬到內華達州的亞美利加峽谷（American Canyon）。他與眾不同之處在於帶著妻子移民，意味著有意在美安身落戶。在亞美利加峽谷，他把他所立界據有的土地再分租給其他華人，另僱人挖溝以把山上的水引下來，並以桶計賣水給礦工，以便他們操作自己的淘金搖動槽。此區域共七英里長的水溝，最後全歸他所有，亞美利加峽谷的砂礦採金則因這些水溝得以全面展開。[30]

黃吉之類人事業昌旺，在當地的華人礦工群體裡甚有影響力，往往擔任華工代表或充當華工與當地白人企業家之間的聯絡人。但最有勢力的華商位在大城裡，尤其舊金山。袁生（諾曼·阿生），最早來到舊金山的華人之一，在舊金山的襟美慎街（Commercial Street）開了家餐館澳門吳淞（Macao Wosung），還以本人姓名開了家貿易公司袁生號——供給華僑日用民生所需的兩大商業支柱。另一位早早就來美的陳樂（Chan Lock），也以其商行濟隆號（Chy Lung）之名為人所知。濟隆號後來成為舊金山市區最大、最有名的華人商號。一八五二年，陳樂一度能進口價值高達一萬美元的中國貨，幾天就將其賣光，然後再回中國運來另一批貨。陳樂是不折不扣的跨太平洋商人，其以舊金山為總部的商號陸續在香港、上海、橫濱設立分號。有些商人自行買下船或成為船舶業務代理人。一八五二年時舊金山新興的華人區已有約二十家由華人經營的店鋪。這些商人有自己的地，蓋了自己的建築。[31]

袁生、陳樂之類人係淘金熱的產物，舊金山則是他們發家致富、取得影響力的地方。他們以舊金山為基地，從中國買進貨物，在美國內陸脫手。他們的社會影響力表現在兩個人際網絡裡：首先，他們與舊金山美國政商界領導人（從而美國政府）的人脈；再來，更為重要的，他們身居會館高層的地位。

舊金山華人從初抵之時就理解到必須與美國人打好關係，而且不只與個人，還要與有權有勢者，打好關係。他們首先需要的是個顧問，即能充當文化經紀人的美國人。一八四九年十一月十九日，三百名華人在昃臣街（Jackson Street）的廣東酒樓聚會，議定「我們身為外地人，身處異鄉，不懂我們所決意安身之此地的語言和風俗，於是決定找個公認的律師和顧問……以防碰上不測的困難時不知所措。」[32]

他們找了塞利姆・伍德沃思（Selim E. Woodworth）為顧問。伍德沃思是紐約人，曾任海軍軍官，一八三〇、四〇年代遊歷世界，從馬達加斯加到地中海到太平洋，墨西哥戰爭期間在加利福尼亞的蒙特利服役。他於一八四九年獲選為領地議會議員，本身也是某傭金商行的合夥人。華人怎麼認識他，不得而知，但可能是經由對華貿易裡的商業交易認識。或許伍德沃思的廢奴背景，促使他去結交舊金山最顯著的少數族群。[33]

幾天後，華人辦了慶祝會，以講話、敬酒、歌唱表達對這位新律師的敬意。市長約翰・吉爾里（John W. Geary）、前港務官員愛德華・哈里遜（Edward Harrison）等要人也出席。報紙報導這些聚會時未提到袁生，那時他初來乍到，來舊金山才一個月。但他很快就闖出名號，成為公認的領導人和文化經紀人，而這無疑因為他會說英語且懂美國政治和社會規範。一八五〇年十月，他帶領五十名華人組成的代表團，參與慶祝加利福尼亞成為美國一州的遊行。《上加利福尼亞日報》（*Daily Alta California*）報導，「他們穿上最貴氣的衣服」，舉著一面「深紅緞」橫幅，橫幅上「有一些漢字和『China Boys』文字」。[34]

袁生更重要的社會身分係陽和會館的創始會員和第一任主席。陽和會館創立於一八五二年，代表來自今中山縣的移民。中山縣位於珠江下游東邊，珠江入海處。四邑人為加州境內最大的粵省僑民群體，但有許多早期移民來自鄰近澳門、廣州、香港的中山地區。一八六〇年代時，陽和會館會眾已超過兩萬人。[35]

幾乎所有移民群體都根據共同的地域出身組成互助組織，就東歐人來說，這類組織稱作「Landsmannschaften」，就墨西哥人來說叫作「mutualistas」，就華人來說，則稱作「會館」。在中國，至少明朝時就有會館，當時大城市裡的商人和旅居者成立客棧和行會，供他們在那裡與同鄉交誼，講自己的方言。華人不管外移至何處，包括北美和澳大拉西亞，都在該地成立同鄉會館。[36]

在美的華人把會館英譯為「company」，並非把會館視為公司行號，而是當成法人實體。加州境內最早的會館是四邑會館和三邑會館，都創立於一八五一年。四邑人人數最多，但三邑會館匯聚了來自廣州和廣州周邊三縣見過世面的商人，因而影響力特別大。一八八二年，加州諸會館成立名叫中華會館的統籌性團體，正式英文名為「Chinese Consolidated Benevolent Association」，但一般稱作「Six Chinese Companies」。在維多利亞，四邑人、三邑人也成立會館，還有為福建廈門同鄉會。[37]

會館既有照顧同鄉的功能，也發揮社會控制的作用。初抵舊金山或墨爾本的新移民，會在碼頭找到一名同鄉代表，由那人帶他至華人區的會館總部。在那裡他會有安身之處，吃上一頓熱飯菜，了解採礦等工作的前景，或許會找到他的堂表親和同村友人。替移民預墊船費的個別商人，透過會館收債。會館調解會員間的紛爭，照顧生病或貧困的會員，埋葬不幸客死異鄉者，日後把他們的遺骨送回家鄉。有些會館為觸法的會員提供翻譯員，付訴訟費。

在公共對話、正式會議和打民權官司方面，會館領導人代表會眾向白人社會發聲。較大、較有錢的會館在舊金山、墨爾本買地蓋房子，作為會館總部。會館辦公室有全職幹部和職員，包括一名祕書、一名司庫、數名辦事員、一名通譯、數個廚子、數個僕人、數名祠堂管理員。只要是有華人聚居的金礦區城鎮，往往都有會館的代表。[38]

在儒家的社會等級體系裡，商人歷來地位最低，位列農民、工人、軍人之後。但透過在僑社裡扮演領導角色，華商取得威望和權力。回到中國，他們的社會地位也跟著提高。但歐美人把會館想像成仲介奴工、徹底控制其會眾的專制組織。熟悉華人僑社的白種美國人、澳洲人，知道會館是互助協會，與其他移民群體組成的協會大同小異。華人本身認為自己會館成員的身分，並非形同奴隸，而是透過同鄉、宗親關係打造之信任網絡不可或缺的一部分。他們也認為還債無損於顏面，大部分華人很快就還清債務，在澳洲不到一年就還清。[39]

但商界領袖透過會館規範一般工人的行為。在加州，會館向返華的移民發放還清債款的憑條，移民向船公司出示憑條才能上船，商界領袖藉此確保收回放款。出示憑條才能上船並非法律規定，而是船公司所認同的習俗，船公司藉此維繫住與商人的良好關係。華人有時氣憤於為了保住正格會員身分而不得不繳的會費，或氣憤於會館領袖解決紛爭時所祭出的嚴厲懲戒。有些華人指控會館領袖貪汙，此事表明對華人商界菁英來說，會館可用來提升個人的社會權力。歐洲人把重點擺在會館的這些方面並予以誇大，未能看到它們與其他移民群體之社會組織的相似之處。他們愛把會館誇大描述為專制組織，具體而微反映了西方人認為中華文明落後的看法。[40]

祕密會社截然不同於會館，係超乎宗親或同鄉情誼的結拜兄弟團體。在整個海外華人圈，一如在中國，祕密會社熱情接納失去父母、脫離家庭或與家鄉村子失去聯繫的社會邊緣人。在中國，祕密會社內部講求平等，為會員提供相互支持，但有時也具有掠奪性，對一般百姓幹起盜竊之事。十九世紀中，太平天國之亂期間，中國南部最大的祕密會社——天地會，擔起反清角色，隨著激烈反清人士逃離政治壓迫，天地會擴散到整個海外華人社群。這個分布遼闊且去中心化的組織，在東南亞、北美洲、澳大拉西亞，名稱各異：致公堂、洪門或義興會。它們都以同一本載有誓詞、暗語、詩文、儀式的祕密會簿為本。此書本身是天地會據以散播的媒介，因為擁有此書者，即有權設立分會。祕密會社發揮的功能類似會館，為會眾提供互助和葬儀。[41]

祕密會社也裁定會眾之間的衝突。開堂審理之事，往往是涉及紛爭（例如偷竊）的較次要案件。傳喚證人和要相關各方「斬雞頭發誓清白」之事，都有明確規定，一如本迪戈義興會的會規。同樣的規則被用於加州。有時，糾紛隔著遙遠距離處理。例如，阿崔（Ah Tre）（大概是舊金山的阿崔）發了封電報給位於謝拉（Sierra）郡的阿羽・迪克（Ah Yu Dick）：「阿齊發了封快信給我，說你拿了他的錢。把錢全還他，不要再惹麻煩。回個信。」但就較嚴重的事情來說，例如房地產糾紛或與向會館領袖索賠有關的案件，華人找民事法庭仲裁。[42]

在加州，致公堂和其他「堂」控制有違善良風俗的行業（賭博、鴉片、賣淫）。但在澳洲，義興會竭力搏取人們的尊敬，與三邑會館、四邑會館直接爭奪華人僑社的領導地位。義興會堪稱澳洲最顯赫的華人組織，向白人說其組織是共濟會。一八七〇年代，有個英國觀察家把會館說成只是「茶店」，已失去其慈善性質，但義興會繼續「對社會各階層（發揮）廣大且明智的影響力」。[43]

在澳洲華人心目中，義興會具有傳奇般的地位。據某傳說，太平軍平南王黃德茲（Huang Deci）逃避清朝壓迫，帶著戰友搭小船抵達澳洲北海岸，今日達爾文處，然後徒步走到金礦區。此事不大可能，因為即使他們如願穿過南海，還得步行兩千多英里穿過熱帶叢林和澳洲內地沙漠，才能從達爾文抵達維多利亞金礦區。但此傳說給了澳洲華人引以為傲的身分認同，直至二十世紀未消。周成貴（Vivian Chow）於一九三二年寫作時，認為義興會送出「大批華人」，「把所有華人居民組織起來，以使此攻勢銳不可擋。」這些出於想像的描述，談到義興會和其在澳洲的主要商人成員促進頭幾批華人淘金客遷徙這個核心事實時流於誇大。[44]

除了會館和結拜性質的會社，海外華人也建立機構和網絡，以便將錢匯回家鄉。這些網絡也建立在宗族、同鄉關係上，但形式、功能上有其獨特之處。淘金熱初期，華人金礦工把自己的金末交給已發了財要返鄉或只是短暫造訪而後返鄉的親戚或同村熟人，或者交給出差且受信任的商人，藉此把自己的部分收入帶回給家人。[45]

澳洲諸殖民地課徵黃金出口稅，但並非所有匯出的黃金都有申報。例如，一八五七年，十七名華人礦工在雪梨搭上要駛往香港的乙太號（Ethereal），身上帶了要幫三百七十名華人帶回家鄉的金末，價值九千四百八十英鎊。其中一名要返鄉的移民，名叫生曉（Sang Hyo），帶了一袋一百七十五盎司的黃金，並將黃金分裝成數小包，用「大條亞麻布」包裹。這些黃金係他本人和另外七十一人所有，這七十一人的老家大多與他同村。其他人則用手帕裹住金末，藏在衣服底下。[46]

淘金熱最盛時，維多利亞海關報告，在十八個月期間，華人經由墨爾本港把將近二十一萬六千盎司的黃金送到香港，價值約八十三萬英鎊（超過四百萬美元）。這份資料未區分個人匯款和商業交易，但墨爾本商人劉光明（Lowe Kong Meng）估計，在這期間，維多利亞每個華人一年把八至三十英鎊送回中國老家，而在中國，生活開銷是一年十英鎊（約三十兩銀子）。但到了一八七〇年代後期，海關估計，華人一年匯出的款項約五萬英鎊，也就是每人只一英鎊，這既反映了金礦業風光不再，也反映了華人很可能繼續把黃金送回鄉，但未申報。一八七〇年代，加州的華工一般來講每人一年匯回家鄉三十美元，相當於十八至二十五兩銀子，足夠一個小家庭買下一年份的米和其他必需品。如果一八七八年住在加州的十四萬八千華人，只有四分之一匯出這樣的金額，一年總數會是約百萬美元。[47]

匯款維持住使外移者不致與老家斷了聯繫的跨國文化。匯錢回鄉履行了家庭義務，提升村鎮中外移家庭的生活水平、社會地位。移民匯回的錢，讓老家蓋起了房子，也讓村鎮蓋起建築和基礎設施——校舍、圖書館、醫院、道路，乃至鐵路。廣東開平的人在通往開平縣的道路旁蓋了一座座有防禦工事的瞭望塔，以便擊退欲前來打劫收到匯款之家庭的土匪。[48]

海外匯款數量之大，催生出一門大產業，並以香港作為中心節點，據此將海外華人和其在中國南部的老家村子連結起來。在香港，金山莊這類商行，原為便利海外華人進出口生意而創建，後來增添了送信、匯款的服務。這類商行的代理人定期前去香港，外移民可透過他們送回「銀信」。在香港，黃金轉換成銀子，靠僱來的跑腿人把銀子送到中國內地村子。這些跑腿人有不同稱呼：「腳」、「水客」、「巡城馬」。匯款機構靠經手大量金錢，從中收取（頗低廉的）費用賺錢，也靠操縱匯率賺錢。有些商行也以預墊方式賣跨洋船票，助長海外招工。二十世紀初期，外移民已可透過銀行和郵局將錢直接匯回中國，但有些老式匯款機構仍在營業。[49]

劉光明是義興會領導人之一，維多利亞一地最有權勢的華人。陳樂等舊金山華商所從事的貿易，係加州與香港的雙邊貿易，而劉光明，與他們不同，看重華人、英國人在亞洲彼此部分重疊的更大商業網。劉光明出身英國海峽殖民地（馬來西亞）檳榔嶼的粵商家庭，因而是英國子民。劉家在那裡做生意已百餘年，在英國人於十八世紀後期來到那裡之前，就定居在該地。劉光明成年時，他家已牢牢打入中國、東南亞、印度洋之間的殖民地連結裡。劉光明小時候上檳城大英義學（Penang Free School，東南亞第一所英語學校），在那裡學英語、法語、馬來語。十五至十七歲間，他去了模里西斯——位於印度洋的島嶼殖民地，原屬法國，一八一〇年遭英國人奪走——以擴大家族生意網。一八五三年，劉光明從模里西斯去維多利亞。經過幾個月並無所成的勘探後，他去加爾各答，把一批船貨帶回墨爾本。他創辦從事進口生意的光明公司（Kong Meng and Co.），不久旗下就有六艘貨船。[50]

劉光明主要從加爾各答、檳榔嶼／新加坡進口貨物，從事米、茶葉、鴉片、糖等食品原料的批發生意。一八五七年，他運來的一船貨就值一萬多英鎊。墨爾本《阿耳戈斯報》（*Argus*）說他貿易「規模巨大」。劉光明說他只賣貨給華人，因為他的貨物量「未大到足以賣給歐洲人」，但他對澳洲華人的投資，大過其稻米、茶葉貿易。他是賒單（賒欠船票）招工業務的主要代理人之一，而賒欠船票係華人賴以搭船前往澳洲的主要方式。有些外移民搭劉光明的船，連同他的貨物，一起離開香港。一如其他勞務代理人，劉光明僱用客頭管理出海航行和前往金礦區途中的移民，監督他們工作，收取債款。客頭通常來自四邑的同樣區域，靠其在地方的名聲、年紀或懂英語，贏得尊敬。劉光明的賒單業務，未有保存下來的紀錄可茲了解，但肯定規模不小，因為華人很少拖欠債務。劉光明身兼義興會、三邑會館的重要成員，承擔了墨爾本華人區小柏克街（Little Bourke Street）三邑會館總部建築的興建費用。[51]

最後，劉光明是至少六家公司的投資人和創始董事，其中包括一家釀酒廠、幾家金銀礦開採公司。光明金礦開採公司（Kong Meng Gold Mining Company），在馬里斯博羅（Marysborough）南邊開採深層富金砂礦，據說是此地區最成功的礦業公司之一。劉光明也投身金融，在保險公司和銀行有持股；在其中某些公司，他與著名的英裔澳洲資本家同為創辦人。例如，一八六六年，他是澳洲商業銀行（Commercial Bank of Australia）的創始股東和董事，他身居此職，意味著此銀行有心吸引華人前來存款。此銀行發行雙語並陳的鈔票，便於金礦區華人使用。劉光明的經商活動最終擴及新南威爾斯、昆士蘭、北領地、紐西蘭境內的採礦、商業性質風險事業。52

從劉光明的商業交易，可看到華人在加州、維多利亞所碰上之機會的一個重要特點。加州的銀行，尤其富國銀行，也與華人做生意，華商是舊金山商人協會「商業交易所」（Merchant Exchange）的成員，但美國企業不歡迎華人資本。美、華資本家不大可能建立這樣的關係。相對的，劉光明是東南亞華人菁英的一份子，這些華人菁英對自己既是大英帝國子民、又是海外華人的身分感到自負，深信英國子民的身分使他們有資格享有同等的政治、經濟權利（儘管這往往只是奢望）；嚴格來講他們是清帝國子民，但他們的中國人認同，屬於文化認同甚於政治認同。

一如舊金山那些最大的華商，劉光明未住在金礦區。他和妻子安妮（英格蘭裔澳洲女子）同住，一家人住在墨爾本富裕的白人郊區——有錢華人在澳洲可以躋身上流社會的另一個表徵，而在加州幾乎不可能有這樣的事。光明公司，劉光明的主要事業體，位在小柏克街的墨爾本華人區。墨爾本另一個聲名顯赫的華商，雷亞枚（Louis Ah Mouy），也是澳洲商業銀行的創始人、董事之一。與同業劉光明不同的，雷亞枚一八五〇年代初期就從四邑直接來到澳洲，最初在墨爾本以木工為業，然後去金礦區。採金有成，使他得以從商。雷亞枚投身賒單工的經紀業務，在墨爾本蓋了一家米廠，在維多利亞擁有數家金礦開採公司（其中某些公司與劉光明合夥），還入股銀行。與劉光明相同的，雷亞枚娶了白人女子，年輕的愛爾蘭裔女人瑪麗·羅傑斯（Mary Rogers），兩人生了兩個小孩。[53]

一八五六年，小柏克街已有約二十至三十家商行和出租屋，人口約兩百，但其中許多人是短暫居留，從金礦區過來，等搭船回中國。一如在加利福尼亞，大部分華人礦工住在與大鎮有段距離的金礦區或其附近。例如一八五七年，只有三百六十名華人住在巴拉臘特鎮上，但有七千五百三十二人住在周邊金礦區。本迪戈鎮（又名桑赫斯特〔Sandhurst〕）例外，鎮上有將近兩千華人，占了此區域華人三分之二。[54]本迪戈華人大多是金礦工，其他華人的職業則是店家老闆、醫生、裁縫師、理髮師、屠夫、菜農、魚販、木工和鐵匠、書商和抄寫員還有妓女。也有不少華人為歐洲人幹活，在特定季節幫歐洲人收割和剪羊毛。[55]

在金礦區，華人往往與同縣老鄉住在村裡。在本迪戈，占人口最多數的四邑人集中於艾恩巴克（Ironbark），三邑人則集中於傑卡斯弗拉特（Jackpass Flat）。廈門人住在小本迪戈（Little Bendigo）和巴拉臘特的金點（Golden Point）。在畢奇沃思（Beechworth），四邑人和客家人各成一村，不混住。有些維多利亞華人村人數頗多，其中某些村居民逾千，帳篷沿著棋盤狀巷道布設，村內有店鋪和娛樂場所，除了賭館，還有戲班，據說甚至有個馬戲團。[56]

許多村子最初是「受保護地」（protectorate），即一八五三年殖民地政府所批准成立的種族隔離營地，據官方說法，此舉意在降低歐洲人和華人之間的種族衝突。這些受保護地最終沒搞成，因為許多華人根本不願住進去，就連住進去的華人都不願照規定繳交保護稅。但有些受保護的村子依舊興旺。例如本迪戈郊區的艾恩巴克村，打掃乾淨的中心街道旁，林立著木造的店鋪、廚房、肉鋪、酒吧、賭館，還有義興會所建的一座大會堂。有個一八七七年來過此村的英國人，描述入口處掛著捲軸，上書「日月生輝，天地育物」（Light is rendered by sun and moon; Life reproduced by earth and heaven）。中央的會堂用於開會和舉行儀式。會堂一側的房間供了祖先牌位；另一側的某個房間則充當某種停屍間，死者遺體在此淨身，作好下葬前的準備。[57]

超過七百五十名華人住在巴拉臘特北邊約十英里處的克雷西克，一八五〇年代後期占該鎮人口一成六。大部分華人住在離鎮上不遠的黑砂礦（Black Lead）村，村中全是木屋，官方的不動產稅簿將這些木屋稱作供多戶分租的房屋（tenements）。《阿耳戈斯報》把黑砂礦村形容為「大、糟糕、不牢靠。」一如艾恩巴克，黑砂礦村裡有住房、作坊、店鋪、酒吧、出租房。除了礦工，村中還有數名鐵匠、數名廚子、一名金匠、一名理髮師、一個裁縫師、數個醫生、數個藥劑師、數個草藥醫生、數個鴉片販子、一名水果商人和魚販。村子周邊有數個以供應市場為目的的菜園。如果說來過此村的人覺得此村「糟糕」，那不是因為村民未努力改善其環境。村民繳不動產稅給克雷西克，一再要求該鎮替該村建造、修補馬路和步道，清除從附近礦區流來的受汙染水和汙泥，把該鎮的供水設施延伸至該村，但徒勞無功。[58]

克雷西克最著名的華人居民是美珍（Ping Que / Mei Zhen），他於一八五四年從香港來到維多利亞，當時十七歲。美珍追隨淘金熱來到克雷西克，那一年該地發現含金豐富的沖積礦床，引來兩萬礦工，包括約四千華人。他勘探有成，把獲利投入更大規模的採礦事業。他承包礦區，從一家歐洲人的公司租了地，僱用華人在該地採礦。一八七〇年代他已是基金礦開採公司（Key Gold Mining Company）的主管，替該公司管理在沖積礦床平地和平峒礦場工作的華人。他也已在黑砂礦村入手不動產和供多戶分租的房屋，一年繳稅十八先令，一八七三年歸化澳洲。但美珍是在一八七五年離開維多利亞前往北領地時才真的賺大錢，他是該地區最早的採金企業家之一。他最初承包採礦，後來自行採礦，在松溪（Pine Crfeek）地區率先開採金礦（此地區至今仍產金），旗下有數百名他從廣東、新加坡帶來，並簽了兩年工作約的華工。隨著事業野心變大，他找了歐洲人共同投資，找了華人監工採礦，而且日益倚賴華人監工，本人則把心力擺在經營位於聯合礦脈（Union Reef）的一家店和位於松溪的一家旅館。在達爾文港初期，他是受敬重的市民。[59]

在維多利亞掘金的華人受到來自白人的不公平課稅和暴力，但殖民地政府要華人、歐洲人淘金客都接受同樣的基本權利和義務，使華人得到某些基本的保護和特權。華人可以買下同樣的採礦權（執照）；在同樣的金礦區登記簿登記其所立界據有的土地；有權利上法庭調解糾紛。他們同樣有權利使用與其所立界據有之土地相接的土地，可以在那裡蓋一間房子，開闢一處菜園。美珍、詹姆斯·倪甘（James Ni Gan）之類人擁有不動產，在地方稅納稅人名冊上登記了名字。在金礦區，許多華人種菜供應市場，不只因為他們務農出身，還因為他們較易取得土地。[60]美珍事業特別成功，主要因為他是最早到北領地邊區採金的人士之一。由於欠缺確切的資料，無法比較澳洲、北美洲兩地的採礦華人資本家，但在維多利亞（更別提在北領地）自行採礦的華人，其事業的性質和規模，讓人覺得在澳洲諸殖民地的華人，比起在加州的華人，享有更有利的法律、社會待遇。

維多利亞也不禁止華人、白人通婚。但娶白人女子的金礦工甚少，意味著海外華人男子通常在中國有家室。根據威廉·楊一八六八年對金礦區華人的人口普查，只有五十椿華人、白人婚姻，育有一百三十個小孩。娶白人女子的華人，往往是年輕單身出來闖蕩，然後在某個時候決定在新金山安身落戶。許多華人最初是淘金客，後來，（特別高比例的）成為商人、地方稅納稅人、礦業公司老闆。這些人人數不多，但成為接合華人、白人族群的重要社會階層。他們未必是像劉光明、雷亞枚之類的墨爾本大商人。較常見的情況，係類似詹姆斯·倪甘。詹姆斯·倪甘生於廣州，大概在一八五〇年代或一八六〇年代初期來到本迪戈，當時二十幾歲。他娶了鄧迪（Dundee）的瑪麗·安·穆尼（Mary Ann Mooney），然後受洗，歸化。他在艾恩巴克當肉販，與妻子一起經營埃姆角（Emu Point）旅館；一八七〇年代後期他僱用華人在白山（White Hills）用流槽淘洗礦石。他也組織華人參加本迪戈一年一度的復活節義賣會（Easter Fair）。在維多利亞採礦地登記簿裡，與白人合夥採礦的華人不多，他是其中之一。美珍與他有許多類似之處，但未在澳洲娶妻。一八七〇年代他回中國待了頗長時間，或許在那期間娶了本國女子，從這點來看，他的作風比較像一般外移男子。無論如何，由於在維多利亞沒有白人妻子，他得以沒有羈絆的轉去北領地闖蕩。[61]

澳洲白人社會尊敬娶白人女子為妻的華商，因為他們的結合體現了白人資產階級眼中應有的男女關係和家庭關係。這些華人也大多皈依基督教，此舉表明他們有心同化於主流社會，從而加固他們在白人社會裡的地位。但在加州，法律禁止不同種族的人通婚。華人基督徒娶白人女子或許可以為社會所接受，但必須小心處理，因為妻子通常是被基督教傳教士救出或逃出娼館投奔傳教士的妓女。白人讚許華人皈依基督教，讚許這些婚姻，但妓女出身的汙名始終無法完全抹除。最可能從中國帶妻子一同過來的華人是華商，但這些人也無法贏得尊敬，因為他們的妻子通常裹小腳且幾乎足不出戶，她們的顧家被誤認為是家奴。在奧羅維爾（Oroville）、中國人營地之類金礦區城鎮，第一代華人夫婦也得不到尊敬，因為妻子在裁縫店或旨在供應市場的菜園幹活，往往與丈夫一同幹活。此舉違反了白人中產階級的另一個規範：女人結了婚就不該出外工作。她們有時因吃苦耐勞、工作勤奮而贏得勉為其難的尊敬，但這些表現顯然是男人才應有的特質，從而也違反了女性該有的行為模式。[62]

當金礦區白種女人稀少而且家務工作在華人看來或許危險性低於採金時，華人男子主宰了炊煮、洗衣、家務活之類職業，白種美國人隨之也認為華人男子欠缺男子氣概。不管是哪個族群，都是陽盛陰衰：在金礦區，歐洲裔、拉丁美洲裔女人從事酒吧女侍、歌舞表演、賣淫的工作，偶爾會成為商人妻子。露西．布萊森（Lucy Bryson）是特例，離婚後前往西部開啟新人生，靠替礦工烘焙派為生。但如果說同性互動文化盛行於金礦區，歐美男子認為他們自己的處境係淘金熱下例外且暫時的情況，儘管他們擔心自行炊煮洗衣有損他們的陽剛之性。但在他們眼中，華人「有悖常理」，不是從同性關係的角度有悖常理，而是因為認為他們是某種「第三性」，既非男性，也非女性。白種男人其實不懂華人；他們想像出對華人的刻板印象，把這些印象投射在華人身上，以堅定他們在淘金熱時期社會劇變中不失男子氣概的決心。[63]

對於華人的家庭結構和兩性關係，歐美人再怎麼樣都是如同霧裡看花。許多西方觀察家（包括帶有同情心的觀察家），認為儒家父系家庭和其看重孝道（祭祖），係中國封建專制文化的最重要部分，尤以父系家庭壓迫女人一事為然。西方人把被賣去當苦力的華人男子想像成「奴隸」，也把納妾、賣女當奴婢的作為視為「蓄奴」。他們把苦力和女人想像成「東方專制主義」的最大受害者。

事實上，華人的家庭關係存在著財產利益與親情間的緊張。地位較低的男女——次子和三子、妻和妾——在不逾越身分地位的情況下，行事以自己的利益為依歸。晚清時，父權制家庭受到多重壓力，包括人口失衡（女人短缺）、農民極窮（使某些農家賣女為婢或賣入娼館）、菁英階層與西方傳教士有接觸（包括讓女兒上學受教育）。兩性關係並非如人們對儒家的刻板印象那般僵固不變。[64]

但家庭仍是華人社會的最重要組成部分；牢牢扎根於家鄉的宗族，其內聚力非常強，為出國淘金的族人提供支持與救助，於是祕密會社之類的結拜性組織吸引人們加入。晚清時，結拜兄弟和其他種純男性的生活安排、工作安排，利用集資、相互支持、性關係之類求生策略，使弱勢男子得以在不關心漂泊無依之個人死活的社會裡闖出一番天地。沒有證據顯示在加州、澳洲的華人淘金客和祕密會社成員的群體裡，存在或盛行同性關係（非同性戀關係），但絕對有可能存在這類關係。無論如何，兄弟會不只是合作性的經濟組織，還是金礦區男人友誼與相互照顧的支柱。[65]

但兄弟會成員間的相互扶持，未必擴及到非成員身上。在中國和海外，兄弟會對會外之人可能具掠奪性，不管是藉由盜竊當地人的財物，還是在某些海外社群裡，藉由控制鴉片販賣、賣淫、賭博業。暴力不只發生在華人與白人之間。白人之間暴力相向，華人亦然。兄弟會不同派系間偶發衝突——所謂的堂口戰爭——通常是賭、色、毒行業裡爭奪地盤而起。一如在所有社群裡，個別華人為了大大小小事情的爭端動粗打架。

在加州，一華人攻擊或殺死另一華人，報紙通常只簡短提及。或許會馬馬虎虎開庭審理，被告會很快被裁定有罪並判刑。在刑事庭，受委屈的華人很少能討回公道。檢察官未仔細檢視證詞，既因為不關心，也因為個人偏見——尤其無法區別華人長相這一說法。即使檢察官、法官用心審理，也因為翻譯問題，難以理個水落石出。大部分華人移民不會講英語，大部分歐美人不會講中國話，而稱職的譯員甚少。於是有了在加州法庭上中國佬討公道「機會渺茫」（Chinaman's chance）一說，尤以華人被控對白人犯了刑事罪時為然，但就華人彼此間的衝突來說亦然。

失業的華人淘金客阿傑（Ah Jake），就碰上這樣的情況。他因殺害另一個淘金客鍾華（Wah Chuck），一八八七年在加州謝拉郡受審。兩人在前往郡治所在地唐尼維爾（Downieville）途中，在公共馬車幹道上相遇，為了二十美元借款未還一事起了爭執。在爭吵中，阿傑開槍打死鍾華，然後逃離現場，在約十英里外森林城（Forest City）附近華人礦工小木屋的閣樓裡躲了兩天，然後被捕。接下來他因謀殺罪受審一事，既揭露了使華人討公道機會渺茫的某些意料之外的因素，也揭露了某些意料之外影響華人、白人關係的因素。[66]

圖 5　華人礦工分工合作，有時結成群體，一起翻動、淘洗整條峽谷的土。約一八六一年，維多利亞，亞歷山大山金礦區。（Richard Daintree 攝）

圖 6　移民海外的華人成立同鄉會以照顧同鄉的需要和利益。一八九〇年，舊金山中華會館的職員。

圖7　加州內華達郡北布魯姆菲爾德砂金開採公司（North Bloomfield Gravel Mining Co.），一八七〇年代僱用了八百名華人和三百名白人。一八八四年聯邦法院以傷害環境為由禁止水力採礦。

圖8　加州境內華人建造引水槽，把山頂的水引下來給水力採礦公司。一八七〇年代加州內華達郡馬根達引水槽（Magenta Flume）。（Carleton Watkins 攝）

圖9　至一八六〇年代，進出口公司濟隆（Chy Lung）已是舊金山最大的華人商行，在香港、上海、橫濱有合夥人。（Carleton Watkins 攝）

圖 10-11　十九世紀後期維多利亞的兩大華商和民權領袖：劉光明（左）來自檳城的商人家庭；雷亞枚（右）以木工身分從廣州過來。

圖 12　一八六八年，維多利亞巴拉臘特的華人區。

第三章　和白人交談

郡法官就是否該對阿傑控以謀殺罪開庭審理時，庭上要唐尼維爾雜貨店老闆啟樂（Lo Kay）保證忠誠履行其譯員之職。

在加州內陸的小鎮和城市，法庭官員要本地懂中英雙語的華商協助刑事訴訟司空見慣。就阿傑的案子來說，啟樂幫地方檢察官訊問一個叫阿丁（Ah Ting）的人。事發時，阿丁與受害者同行，係這場據稱的謀殺案唯一的證人。[1] 啟樂懂英語且與當地掌權集團有往來，很可能因為其主要顧客是白人居民。但啟樂英語講得不好，講的是洋涇濱英語，即中式英語，亦即採金區華人與白人間用於基本溝通的不純正英語。更有趣的是地方檢察官和法官，對證人和譯員說話時也講洋涇濱英語。難得保存至今的一份法庭文字紀錄，包含以下對話：

問方（地方檢察官史密）：When Ah Jake shoot Wah Chuck, what Wah Chuck do?（阿傑

何時對鍾華開槍，鍾華做了什麼？）

答方（為證人阿丁翻譯的啟樂）：You mean Ah Jake shoot, what Wah Chuck do?（你是說阿傑開槍，鍾華做了什麼？）

問方：Yes.（對。）

答方：No say anything at all.（什麼都沒說。）

問方：What he do after he get shot? After he get shot what he do?（他在中槍後做了什麼？他中槍後做了什麼？）

答方：You mean Wah Chuck?（你是說鍾華？）

問方：Yes.（對。）

答方：He say he fell down; no do nothing; no do anything.（他說他倒下，什麼都沒做，什麼都沒做。）

問方：He bleed any? ... Did he got back to where Wah Chuck was?（他有流血嗎？……他有回去鍾華原來在的地方嗎？）

答方：No...（沒有……）

問方：Did he see him dead afterwards?（後來他看到他死了？）

答方：He see him down here, no see him dead that place... He say he see him Funk Kee store; outside door; take him down buggy; see him that time.（他看到他倒在這裡，沒在那裡看到他死掉……他說他在芬記店看到他；把他搬下馬車；那時才看到他。）

被告：He no see him dead; he lie.（他沒看到他死掉。他說謊。）[2]

阿傑打斷阿丁證詞兩次，用中國話打斷（啟樂）：「他說他不知道他說的事」，然後用洋涇濱英語質疑證人，但法官要啟樂和阿丁不要理他。不過，由於阿傑沒有請律師，法官紹爾德（F. D. Soward）給他機會反詰問證人：

庭上問被告：you want to ask him some questions?（你想問他問題？）

被告：Me askum him.（我要問他。）

庭上：you want to ask him some questions?（你想問他問題？）

被告：He lie; he lie too much.（他說謊，瞞天大謊。）

庭上：You don't want to ask him any questions?（你不想問他問題？）

被告：Wah Chuck give him my money.（鍾華把我的錢給他。）

庭上：You don’t want to ask him any questions? You like to ask him some questions this man. You don’t want to ask any question this man.（你不想問他問題？你想問他這個人問題，你不想問這個人問題。）

史密斯先生：That is all I want to question this witness.（我要向證人問的問題就只有這些）

被告：He talk lie.（他說謊。）[3]

阿傑的確向下一個證人，警長斯圖爾特（S. C. Stewart），發出激烈的反詰問，證明他出於自衛射殺鍾華有理。他用洋涇濱英語向庭上直接發言，而非靠譯員轉達他的意思，在他看來譯員似乎與阿丁串通說謊。

被告：You see up here hole me fall? You see hole that stage road?（你在這裡整個看到我倒下？你在那條馬路上整個看到？）

斯圖爾特：I see two places.（我在兩個地方看到。）

被告：One place down river; one place down river; up road; two places, one place down river me fall down; you no see that time; you see up here two time?（一個地方在下面河邊；一個地方在下面河邊；一個在路上；兩個地方，一個地方在下面河邊我倒下；你那時沒看到；你在這裡看到兩次？）

斯圖爾特：There were two places; two marks in the road。（兩個地方；路上兩個痕跡。）

被告（當場示範當時情況）：He lay me down that way; he hold my queue that way; me tell him let me up; he no let me up.（他那個樣子把我壓倒；他那個樣子抓住我的辮子；我要他讓我起來；他不讓我起來。〔證人躺在地上做動作之類，他說的話有許多地方讓人聽不懂……〕）

斯圖爾特：All I know about it there were two marks in the road there.（我只知道那裡的路上有兩個痕跡。）

被告：One mark in the road down side river; one mark down side; one mark up side—I catch him that side; he catch me that side. He shoot me I no know—I burn my coat—I no see him; he fight me back side; he catch my queue that way…he make me scare—I no kill him, he kill me; he strong me…（一個痕跡在路邊下面河邊；一個痕跡在下面；一個痕跡在上面——我抓住他那邊；他抓住我那邊。他朝我開槍，我不知道——我

的外套燒掉——我沒看到他；他從後面打我；他那個樣子抓住我的辮子……他使我害怕；我沒有要殺他，他要殺我；他比我壯……）

庭上：You want to ask him some question... You got any witness. You want some man swear?（你想問他話……你有證人。你想找人出庭作證？）

被告：I no got man swear. Everybody help him. He talk lie（指著 Ah Ting）. He talk lie; he no say take my queue; put on floor; he no talk... He no hold my foot I no fall down at all; first time he take my bag money; I get scare... He no rob my money I no shoot him... He say killum me; make me scare... I think make him scare let me up; he say "You shoot me I no care G—d—s—b—."（我沒有找人出庭作證。人人都幫他。他說謊〔指著阿丁〕。他說謊；他沒說抓住我的辮子；把我按在地上；他沒說……他沒抓住我的腳，我根本沒倒下；最初他拿走我袋子裡的錢；我害怕……他沒搶我錢，我沒對他開槍……他說要殺了我；我害怕……我想讓他害怕，讓我起來；他說「你對我開槍看看，我不在乎，王八蛋」。）[4]

我們可以頗有把握的假定，阿傑和鍾華以家鄉話對談，即粵語的次方言四邑話。有個問題很有意思，即鍾華是否如法庭文字紀錄那樣——亦即用中式英語——說出英語「You shoot me I no care G—d—s—b—」——還是用中國話講，但用英語說出「G—d—s—b—」這個髒話（語言學家所謂的語碼轉換），或者全部用中國話講，阿傑將他罵人的中國話翻譯成常見的美式英語表述詞。上述每一種可能情況，都表示不同形態的語言翻譯或語言混合。在語言混合情況下，說話者雜糅中國話、英語的短語，或不照字面意思直譯習語，而是透過盛行的文化語言譯出習語。

人們不由得會把法官、地方檢察官使用洋涇濱英語一事，解讀為他們將阿傑、啟樂的話當成小孩子講的話，也就是以高高在上的姿態對待他們二人。阿傑懂「Have you got lawyer man?」的意思，但不懂「Do you have a lawyer?」的意思？法官、檢察官等人可能認為阿傑不懂英語意味著大體上什麼都不懂，而當時美國人對非歐洲裔、不講英語者普遍這麼認為。上述對法庭文字紀錄的分析，照著我們對印在紙上的洋涇濱英語的接觸經驗展開，白人書寫者用此種英語來表述受到種族歧視之人所說的話。今日的讀者碰到用方言寫的對話會退避三舍。但法庭是口頭對話的地方，口頭語當下即起作用。在這樣的環境下，法官和地方檢察官使用洋涇濱英語一事，似乎不在嘲笑，而是代表其真心想要和被告溝通。他們碰到本地華人，即用那華人所說的語言，那華人或許是家僕，或者菜農。

無論如何，洋涇濱（pidgin）英語是訴訟通用語。洋涇濱英語源自中式混雜英語（又被當時人稱作「Canton Jargon」），即廣州、澳門、香港三地用於和外人作基本溝通的不純正英語，發展於殖民地時期中國貿易期間。「pidgin」一詞係「business」的漢語訛音（本身是「pidginess」一詞的縮略）：「pidgin English」意為「business English」（商業英語）。中式混雜英語以較簡略的文法結構（缺係詞、複數、動詞時態、定冠詞等）和語音上的某些創新（以 [l] 取代 [r]，例如「tomollow」；以及插入母音 [i] 或 [u] 作尾音，例如「lookee」）為特點。它的詞彙來自英語、葡語、印地語、粵語；指稱政府官員的「mandarin」一詞來自葡語動詞「mandar」（「指揮」）；「joss」（佛像、神像）一詞來自「deös」。「lac」（十萬）一詞來自印第語數詞十萬。「chop」一詞來自印第語「chhap」（「官印、圖章」），指任何文件——發票、上諭、收據、提貨單（chop boat意指船上貨物已經清關的船）。派僕人出去辦急事時，告訴對方「go chop chop」（快去）——很巧妙的結合，既指涉出去可能要辦的事（取或送文件），又兼顧中文的重複語法，讓人想起「快快」。中式混雜英語用於華洋之間茶葉、絲、鴉片、大麻纖維、白銀（殖民地時期初期中國貿易的貨物）的交易場合，就語言學來講富創意且生猛有力。[5]

但出了商行，洋涇濱英語用途不大。它使用於有僱用僕人的殖民地家庭裡，但未擴大運用於司法或外交場合，在這兩種場合很講究意思的精確和細微差異。在殖民地時期治外法權規範下，住在中國通商口岸的洋人不受中國法律管轄，但他們需要以原告或證人身分至中國法庭應訊時，就需要譯員。在外交和條約撰寫上，英國遣詞用字極謹慎。英國外交官只透過自己的譯員講話，在《天津條約》（第二次鴉片戰爭後一八五八年所簽條約）中，寫進以下條文：官方往來文書的確切意義，以英文版而非中文版為準。[6]

加州華人移民所講的洋涇濱英語，類似在廣州、香港所講者，但有幾個重大差異。語法類似，但不足為奇的，美國華人的洋涇濱英語受了美式英語和美國社會習俗影響，包含當地的詞形和來自其他語言的詞語，例如「askum」、「sarvie」（即「savvy」）。更重要的，美國華人洋涇濱英語，生命力不如其在殖民地的前身那麼強健有力。它並非如在中國那般演化自華洋持續不斷的互動，而主要是華人移民為了應對新環境而產生出來。誠如某觀察家所說，華人移民學會「少許必要的詞和句，以利於採礦、旅行、物物交易、行銷及覓得多種工作。」[7]

與華人打交道的美國白人可能偶爾如在中國通商口岸的白人那樣略懂洋涇濱英語，但非常常如此或長時間如此。審理阿傑案時，法官和地方檢察官講起洋涇濱英語非常蹩腳。他們模仿此種英語的語法，但仿得不道地，靠拙劣的重複來充數：「You don't want to ask him any questions? You like to ask him some questions this man. You don't want to ask any question this man.」他們所講的可以說根本不是洋涇濱英語。語言學家主張，洋涇濱英語，一如任何語言，必須學才會上手，「無法靠一時隨興簡化自己的語言就得出」。[8]

十九世紀後期謝拉郡的洋涇濱英語，表明華人作為與社會主流有定期但有限之接觸的外來族群的社會處境。該地的洋涇濱英語是為便於基本溝通而產生的不純正英語，行於社會邊緣，而非像在廣州、香港那樣係在各方以競爭者，但非平起平坐者身分，相遇之活絡市場裡，推動該市場的主要力量之一。美國華人洋涇濱英語的侷限，清楚可見於加州法庭裡：它太粗略簡單，無法表達複雜的看法或因應法庭反詰問時的可能情況。審理阿傑案時，語言上的混淆和誤解，有時令當事各方無法順利溝通。如果說英國人認為洋涇濱英語在中國的訴訟程序裡不管用，洋涇濱英語出現於謝拉郡法庭一事，則間接表明該郡華人居民處於社會極邊緣的位置。

謝拉郡法庭的確提供了一名譯員——說洋涇濱英語的啟樂——但法庭文字紀錄未記載以中國話口述的第一手證詞，只記載譯員以洋涇濱英語翻譯出的內容。這些原音永遠佚失，上訴法庭和更高法庭無法取得。第一手證詞以書面呈現，據此翻成英文，可以拿來核對、核實其譯文；反之，口譯時，譯出的東西篡奪原表達內容的權威性。難怪非講英語的移民常覺得自己任由法庭譯員擺布。[9]

阿傑的英語／中式英語水平和啟樂相當，知道從啟樂的翻譯，他得不到什麼好處，於是用中式英語為自己辯護。但阿傑懂的英語不多，而未精通另一種語言——法律，法庭語言——使他的處境雪上加霜。他想要說明鍾華和阿丁如何攻擊、搶劫他，但不懂如何透過刑事訴訟提出有利於自己的理由。他拒絕了阿丁反詰問的機會，把他斥為說謊者，卻不懂必須透過反詰問揭穿其謊言。

或許因為啟樂的語言能力有限，加上阿傑所被控的罪名嚴重，法庭為此案聘了一名專業譯員。這位譯員是傑羅姆・米拉德（Jerome Millard），為舊金山刑事法庭工作的歐美人。米拉德於淘金熱時就來到加利福尼亞，從密西根搭牛車走「早期道路」過來。他說他結交了華人礦工，與他們一起工作，喜歡他們甚於白人，因為他們不喝酒，而且他學會中國話。一八六〇年代他當查爾斯・克羅克公司（Charles Crocker and Company）的監工，管理該公司為建造橫貫大陸鐵路所僱的頭幾批華工。一八八〇年代時他已是舊金山刑事法庭的全職譯員。但加州內陸的金礦區城鎮沒有米拉德這麼有本事的譯員。偶爾碰到要其去「鄉下」為「重要案子」翻譯的差事，米拉德欣然接下。[10]

米拉德身高將近六英尺，留著大大的翹八字鬍，在法庭裡想必很顯眼。透過他作證的證人，其證詞以標準英語表述，可能沾了他偉岸身軀的光，跟著帶有幾分權威性。透過他的翻譯所呈現出的阿傑，似乎和先前法庭文字紀錄裡那個說中式英語的人不同人：「只要能找到替白人炊煮的工作，我就從事此工作，不然，就以採礦為業。」「一如我在這裡所演的，他抓住我的辮子，把我扯倒在地，再度動手打我。然後我起身，他再度打我，把我打傷，我倒在路上……那時我很生氣，說：『你拿了我的錢，不願還我，還打我』，他說：『我就是喜歡打你』。」[11]

阿傑也有法律代表：兩名律師，一是法庭所指派的本地退休法官豪（A. J. Howe），一是阿傑的宗親會所聘請、來唐尼維爾不久的年輕律師伯特·施勒辛格（Bert Schlessinger）。他們主張被告遭兩名男子壓制、攻擊、搶劫，行事出於自衛。令人遺憾的，此事的唯一證人阿丁不支持此說。檢方主張阿傑搶劫、殺害鍾華，然後回犯罪現場，在那裡的路上故布疑陣，以讓人覺得那裡發生過扭打。地方檢察官提出兩名白人證人以支持此說，這兩人證稱他們於此事發生後不久看到阿傑，說他的衣服上或頭髮上或臉上沒有塵土，還說他在假哭。[12]

陪審團裁定阿傑犯了一級謀殺罪，顯然根據阿丁和兩名白人證人的反面證詞，認為被告的證詞無法令人相信。陪審員似乎也注意到法官在陪審團作出裁決前發出的以下法律要點說明：即使想法和行動之間相隔僅幾秒，一級謀殺罪，仍需要有「意志、蓄意、預謀」諸條件，才能成立。法庭判定對阿傑處以絞刑；更審的提議遭拒。看來，有了職業譯員和律師相助，阿傑的境遇還是和他用洋涇濱英語替自己辯護時一樣糟。此一定罪和判刑讓我們覺得阿傑要在此案中勝訴「機會渺茫」，這樣的審判結果不讓人意外。[13]

從華人初抵新舊金山，翻譯問題就大大影響華人與歐美人的互動。就最早的外移華人來說，具備雙語能力者，通常在中國或東南亞就已習得語言本事。舊金山商人袁生在澳門的教會學校上過學，澳洲著名華人劉光明在檳城上過私立英語學校；兩人來到金礦區之前，都有和歐洲人、美國人做生意的經驗。加州、維多利亞境內的第一批歐美傳教士，此前都有在中國或東南亞傳過教。[14]

成群前去金礦區的華人，往往有一人會講英語。伴隨外移華人前去澳洲的客頭，英語能力都足以把他們的人順利帶到金礦區安身落戶。同樣模式存在於加州。例如，美國礦工提摩西・奧斯本（Timothy Osborn）在日記裡寫道，有群華人礦工紮營於他附近，其中有個人會講英語且和善，為這個好奇的美國人寫下數個漢字，用英語解釋它們的意思。會起心動念學中國話的美國人不多，像傑羅姆・米拉德那樣的人很罕見。[15]

許多華商的英語程度足以和當地白人做生意，或者僱用一名英語程度足堪此任務的年輕辦事員。大部分華商英語不夠溜，懂得一些關鍵字和片語，但文法大多很差。他們往往把英語詞插進粵語句子結構裡。例如在維多利亞掘金的莊阿成（Jung Ah Sing），因持刀打架入獄時寫了日記。此日記其實是欲自證清白的辯護狀，因此以英語寫成：「My buy that hatchet that day months of January 1867 Cochran Diggings Chinamen gone away sell the my, my buy that hatchet that time my been Chinaman tent go home.」（我在一八六七年一月從科克蘭金礦區的中國人那兒買了那把短柄小斧。他們要遷走，把小斧賣給我。然後我離開中國人的帳篷回家。）[16]

加州境內的傳教士開班教英語，以使華人皈依基督教，此做法招來許多學生，但因此成為基督徒者甚少。牧師施惠廉（William Speer）承認，來上英語課的年輕人待的時間不短，足夠學會一些詞和片語。較持平的說，除開袁生、劉光明之類受過良好教育的人，大部分華人用洋涇濱英語，而非用英語，和歐美人溝通。華人欲在法庭裡和其他法律事務上表達自己想法，通常無法如願，洋涇濱英語的侷限這時最是表露無遺。[17]

因此，碰上重大事情時，有必要使用譯員。較大的會館，僱用了「精通外語者」，以協助個別會員和代表會館向主流社會發聲。舊金山的治安法庭不只臨時僱用華裔譯員，也臨時僱用法裔、德裔、俄裔、西班牙裔譯員，反映了該市人口的多民族特點。但即使在舊金山，英語程度能符合警方、法庭需要的華人都不多；直到一八七〇年代第二代華裔美國人成年，此情況才改善。[18]

一八五〇、六〇年代，舊金山的譯員包含歐美傳教士和受過教育的華商。華人遭控刑事罪時，袁生常出現於法庭，既充當譯員，也充當辯護人。例如，在某樁竊盜官司中，袁生成功說服法官釋放因為是個「瘋子」而被控偷了十美元的阿和（A-He）。袁生承諾將他送回中國。[19]

在澳洲，每個區域的金礦區專員（goldfield commissioner）都僱用華人譯員和「抄寫員」，輔助其發放採礦執照、督導遵守金礦區規定的繁重工作。何亞樂（Ho A Low）、何亞美（Ho A Mei）兩兄弟，是維多利亞第一批華人譯員的典型例子。他們在倫敦傳道會（London Missionary

Society）麻六甲布道站的英華學校受過教育，一八五七年何亞樂以傳教工作者的身分先來維多利亞，很快就被畢奇沃思（Beechworth）金礦區特派區長（resident warden）找去當譯員。兩兄弟都當上譯員，但都未長久以此為業。他們都發覺投資金礦開採公司或在墨爾本經商、代理船舶業務，能賺更多錢。他們的上司也批評他們執業不夠公正。何亞美擔任被告「顧問」，因此在一八六〇年於阿拉拉特（Ararat）被革職，但他還是在一八六六年在巴拉臘特覓得另一個職務。兩兄弟最終返回中國，何亞樂回通商口岸汕頭，在那裡為大清皇家海關總稅務司署工作；何亞美回香港，在那裡成為華人商界、政治界具影響力的領袖人物。但如果說金礦區第一代華人譯員包括何氏兄弟之類精通英語者，到了一八六〇年代後期和一八七〇年代，許多譯員英語程度卻很差。觀察家說有時他們甚至靠比手畫腳和治安官溝通。牧師威廉．楊論道：「幾乎每個略懂英語的華人，都自認能勝任譯員一職。」[20]

受過教育且通雙語的人有較多賺錢機會，而且，同樣重要的一點，有其他路子可選的人或許無意從事政府雇員這個令人頭痛的工作。譯員位居殖民地官員和華人大眾之間，因此雙方都質疑其忠誠。就華人來說，許多人不信任譯員，認為譯員站在政府當局那一邊；此外，有些譯員濫用職權，向華人強索莫須有的稅，或向賭館索要「保護」費。與此同時，當局常懷疑譯員為了保護涉入治安問題的華人，未全盤托出事實或翻譯時有所選擇。在這方面，何亞美的遭遇並不稀奇。

墨爾本《阿耳戈斯報》抱怨：「我們完全受（華人官員）擺布」。[21]

沒譯員可求助的淘金華人和華商，可借助流通於加州、維多利亞的漢英片語書。一八七五年，富國銀行出版《英漢片語書，以及貿易、法律等領域用語》（*An English-Chinese Phrase Book, Together with Vocabulary of Trade, Law, etc.*），編纂者是「黃森（Wong Sam）和其助手」。黃森是富國銀行的首席華人譯員，督導一批華人辦事員將往返於舊金山與內陸、以中文書寫姓名地址的信件包裹順利送達目的地。這本片語書設想華人所會需要向白人說明自身需求的情況，以此為編纂方針。就商業場合來說，設想身為買家、賣家：

"I want to get a pair of your best pants."（我要一雙你們最好的襪子。）

"Have you any other kind better than these?"（你有其他種比這些還好的？）

"Will you sell on credit?"（可以賒賬嗎？）

"Well sir, it costs us $10, and besides we have to pay every heavy duty on our best goods."（先生，這個東西要價十美元，而且我們最好的貨得付每項重稅。）

"Don't fear I am cheating you."（別擔心我騙你。）

"Why don't you buy them?"（何不買下它們？）

就餐廳來說，設想身為老闆與顧客：

"Please take a seat."（請坐。）

"Which do you desire?"（你想點什麼？）

"Will you have something more?"（還要嗎？）

"Your food is very nice."（你們的食物很好吃。）

"You also have a good cook."（你們的廚藝也很棒。）

就衝突情況來說：

"I struck him accidentally."（我無意間打到他。）

"I have made an apology, but still he wants to strike me."（我道了歉，他還是想打我。）

"He assaulted me without provocation."（他沒來由攻擊我。）

"He insult me first."（他先侮辱我。）

"The men are striking for wages."（這些人為了工資而罷工。）

"The House was set on fire by an incendiary."（這房子被人縱火。）

"He claimed my mine."（他說我的礦場是他的。）

"He squatted on my lot."（他擅自占用我的地。）

"I will expel him if he don't leave the place."（他如果不離開，我會把他趕走。）

"He perjured himself in Court."（他在法庭上作了偽證。）[22]

朱瑞生（Zhu Rui-sheng）針對澳洲生活所需編了一本片語書，裡面有許多類似的片語。另有一本書增列了維多利亞、加州金礦區的城鎮，提高了華人往來這兩地的可能性。此書可能出版於中國，供用於新舊金山。[23]

比起富國銀行那本書，這本澳洲片語書編得更用心。前書只是把粵語與英語片語並列對照，而澳洲片語書針對每個英語片語，搭配上三行中文，其中一行是此片語的中譯，夾雜白話文和文言文；另兩行是音譯，分別使用粵語、四邑腔拼出。這使不會講英語的人能用中國語音講出英語片語。與此同時，可以從講述字母表、詞彙（顏色、一週七日等）、書寫練習的幾章，學會基礎英語。

澳洲片語書包含商業、工作、法律方面的片語：

"Can you employ me?"（能僱用我嗎？）

"He is skillful."（他很有本事。）

"How many people are in the new diggings?"（新金礦區有多少人？）

"How much do you charge?"（收費多少？）

"I want a cup of tea."（我想來杯茶。）

"I will go to take tiffin (lunch)."（我要去吃午飯。）

"He has done wrong."（他做錯了。）

"Help me catch a thief."（幫我抓小偷。）

"He impels me to run away."（他逼我逃走。）

"He owes me a great deal of money."（他欠我大筆錢。）

"Why do you abuse me?"（你為何辱罵我？）

"I have four pegs marked on [my claim]."（我〔所立界據有的土地上〕有四根界樁。）

"Who saw him take your claim?"（誰看到他奪走你所立界據有的土地？）

"My mates saw him take it."（我的夥伴看到他取走。）

"Why did you strike me?"（你為什麼打我？）

有一頁列出四個句子，四句連著講，能引導說者免於身陷衝突：

"If you touch me a little bit first..."（如果你先碰我……）

"You may see whether I strike you or not."（看我敢不敢打你。）

"If I cannot overcome you by fighting..."（如果打不贏你……）

"I will go to accuse you."（我會去告你。）

也有供女人，可能供妓女，使用的片語：

"Put a tortoise comb in my hair."（把龜甲梳放進我頭髮裡。）

"Is my cosmetic well applied?"（我的妝有化好嗎？）

"Have you any perfumery for me?"（有適合我用的香水？）

此書也列了交談用的片語：

'How old are you?"（你年紀多大？）

"They are wise."（他們很聰明。）

"I have not seen you in a long time."（好久不見。）

"Come to dine with me today."（今天來一起吃飯。）

"What your heart wishes may your hand obtain."（願你心想事成。）

最後幾則片語間接表明金礦區的華人不只從交易的角度看待與其白人鄰居的交流，還冀望透過交流打好與他們的關係。在這方面，華人似乎成果不大。種族關係並非總是敵對或暴力相向，在許多村鎮白人和華人相處融洽，做生意，甚至好心幫助對方。但華人和白人結為朋友，甚為少見，結為戀人更少見。大部分白人抱怨語言隔閡使他們無法了解華人。就某個層面上說的確如此，但用心去了解華人的白人甚少，用心去學華人語言的白人更少。語言差異之說也是不信任的藉口，以及更糟的，產生負面刻板印象的托詞，從而把歧視、暴力對待華人視為合理正當。

第四章　畢格勒的計策

約翰．畢格勒（John Bigler）不是金礦工，而是四九人那一代的一員。淘金熱時期許多美國人去加利福尼亞靠做金礦工生意發財，他是其中之一。從這個意義上講，他也是個尋金客。

畢格勒一八〇五年生於美國賓州卡萊爾（Carlisle），父母親是德裔移民。他早早就投身印刷業，一八三一年他和弟弟買下與安德魯．傑克遜（Andrew Jackson）有關係的報紙《中央民主人》（*Centre Democrat*），但幾年後就賣掉，決定攻讀法律。接著他定居於伊利諾州，結婚成家。一八四八年中期發現黃金的消息傳到美東，他決定去加利福尼亞。那時他四十三歲，已不年輕，但他始終定不下來。在加利福尼亞，他嗅到機會。畢格勒一家人搭上牛車隊往西走。

一八四九年他們來到沙加緬度時，那裡沒有與法律相關的工作可做。畢格勒砍柴，在河邊的碼頭卸貨——找工作不能太挑剔，因為他有老婆要養——然後決定往政壇闖闖。有何不可？一切都是新的，任人摸索。在領地政府剛要組成之際，他的法律專業背景是投身政治的一大利器。但

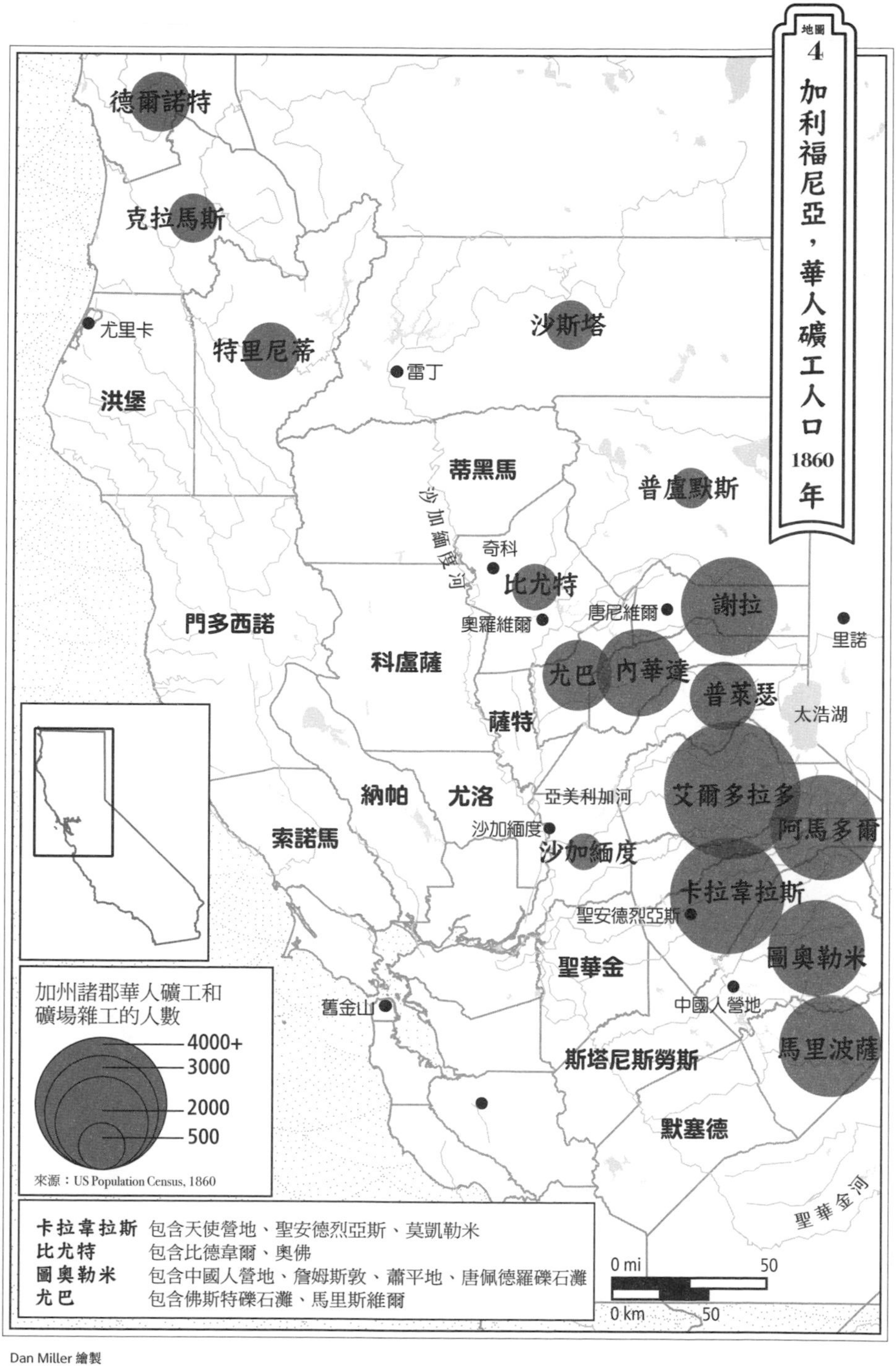
地圖 4
加利福尼亞，華人礦工人口 1860年
德爾諾特
克拉馬斯
尤里卡
特里尼蒂
洪堡
沙斯塔
雷丁
蒂黑馬
普盧默斯
沙加緬度河
奇科
比尤特
奧羅維爾
唐尼維爾
謝拉
里諾
門多西諾
科盧薩
尤巴
內華達
普萊瑟
太浩湖
薩特
納帕
尤洛
亞美利加河
艾爾多拉多
索諾馬
沙加緬度
沙加緬度
阿馬多爾
卡拉韋拉斯
聖安德烈亞斯
聖華金
圖奧勒米
中國人營地
舊金山
馬里波薩
斯塔尼斯勞斯
默塞德
聖華金河
加州諸郡華人礦工和礦場雜工的人數
4000+
3000
2000
500
來源：US Population Census, 1860
卡拉韋拉斯 包含天使營地、聖安德烈亞斯、莫凱勒米
比尤特 包含比德韋爾、奧佛
圖奧勒米 包含中國人營地、詹姆斯敦、蕭平地、唐佩德羅礫石灘
尤巴 包含佛斯特礫石灘、馬里斯維爾
0 mi 50
0 km 50

Dan Miller 繪製

他也體格結實，脾氣壞，有助於營造他貼近人民且為人民所喜的表面形象，尤其令粗獷的四九人覺得契合。畢格勒以民主黨籍候選人身分出馬角逐加利福尼亞領地第一次大選時的領地議員席位，如願拿下。在議會裡青雲直上，一八五〇年成為議長，一八五一年獲黨提名角逐州長寶座，選上州長，成為加州這個新州的第一任州長。[1]

一八五二年畢格勒就職時，加州正熱烈辯論該如何才能最有效利用淘金熱的衝勁發展該州經濟。這時，能從河床砂礫層輕易淘出的黃金已幾乎淘光。從特里尼蒂河（Trinity River）到聖華金（San Joaquin）河，長六百英里、寬三十英里的一塊地區，「所有峽谷、沖溝、溪流，許多平地，某些山丘，都已挖遍。」但人們知道在地下岩石的礦脈裡也存在黃金，採礦企業家正往山體更深處挖掘，試著從硬石英裡挖掘出黃金。[2]

除了依舊相信加州蘊藏黃金，許多人也相信加州的農業潛力無可匹敵，有人估計此州的可耕地多達兩千萬英畝。看好加州前景者，自發現黃金起，一直在誇耀加州的繁榮遠景，而畢格勒把此美好憧憬煽得更旺。加州的宜人氣候會讓個人的辛勤勞動得到回報，「遼闊、安全、美麗的舊金山灣」則注定使此城市「不久就會成為製造業中心和美西的商業中心。」有些人認為加州會支撐起一個太平洋沿岸帝國，甚至從「阿拉斯加（綿延）至智利」的帝國。[3]

威廉·格溫（William Gwin）是如此看好加州前景者之一，和約翰·佛雷蒙特同是加州最早的美國聯邦參議員。格溫是來自田納西州的醫生，先是遷至密西西比州，在那裡選上美國聯邦眾議員，然後移至加利福尼亞。一如畢格勒，格溫無意站在溪流裡彎著腰淘金，但他對黃金感興趣：一八五一年他在卡拉韋拉斯郡取得地產，不久該地就成為極有賺頭的石英礦場。但格溫真正鍾愛的東西是政治。他參與加州制憲會議，一八五〇年選上美國聯邦參議員。格溫大力鼓吹發展太平洋沿岸地區。加州以禁奴州的身分成為美國一州，但身為南方民主黨人的格溫依舊支持蓄奴。隨著南北衝突危機加劇，南方脫離自立似乎就要成真，格溫提倡另一種脫離主張，即從洛磯山脈到太平洋岸成立獨立的太平洋共和國（Pacific Republic），由黑人和夏威夷土著奴隸提供勞力。[4]

其他人則設想運用華人勞力。用華人開發太平洋沿岸地區之議，看法不一。長老會牧師施惠廉，曾赴中國傳教，在舊金山剛出現的華人區成立了第一個基督教傳教團，把加州境內的華人勞力看成中美一體這個宏大遠景的一部分。施惠廉提倡中美相互提攜，並以友誼、商貿、文化交流為其本。在《最老帝國和最新帝國》（*The Oldest and the Newest Empire*）中，施惠廉致力於糾正美國人對中國和中國人的錯誤看法。在談華人勞力的一章中，他駁斥以下說法：「華人是為不足以讓勞動者過上舒服日子的工資工作且靠便宜、沒人要的食物勉強填飽肚子的一類人。」施惠廉解釋道，華工積極肯幹、誠實正直而且勤勞。此外他們懂得如何種植棉花、茶葉、養蠶繅絲，而施惠廉認為在加州從事這些農業可以獲利。[5]

其他人主張運用契約工。一八五二年二月，有人在州議會提出兩項「苦力法案」，其中一案由來自俄亥俄州的輝格黨黨員喬治．亭利（George Tingley）在加州參議院提出，另一案由阿奇博爾德．皮奇（Archibald Peachy）在加州眾議院提出。皮奇來自維吉尼亞州，一如格溫，是主張蓄奴的民主黨人。兩法案都設想引進原則上自願的外籍契約工；皮奇的法案會把簽約對象侷限在華人和夏威夷人，挑明不找自由的黑人當契約工。亭利和皮奇無疑清楚廢奴後正向加勒比海種植園供應來自中國、印度之契約工的「苦力貿易」。在南北對立日益嚴重的美國，種植園苦力成激辯的議題：它是新一類奴隸？或者以自願簽約為基礎，從而以自由勞動為基礎？[6]

淘金熱已打開跨太平洋貿易，於是華人也以甘蔗園契約工的身分前去夏威夷工作。此一情況使格溫、亭利、皮奇之類人更加熱衷於引進外籍契約工。這兩個苦力法案，都提議加州保證讓美國公民或美國公司與外籍工人在國外所簽在美國境內工作的勞動合同得到遵行。皮奇的法案為簽約期訂了五年的最低門檻，亭利的法案則訂在十年（超過在加勒比海或其他地方的最低門檻）和一年五十美元的最低工資（低得可憐的工資）。工人違約，可處以囚禁和罰鍰，這樣的罰則讓人想起一八二〇年代起就已不再施行於美國白人身上的主僕法（master-servant laws）。[7]

亭利和皮奇無意招契約工開採黃金。皮奇挑明不將採礦納入其法案裡；亭利則代表康特拉科斯塔（Contra Costa）、聖塔克拉拉（Santa Clara）兩地正迅速壯大的農業區的利益發聲，這兩個地方的大地主正迫切需要勞動力。一八五一年十二月，來自新英格蘭且甚有事業心的船長萊斯利·布萊森（Leslie Byson），乘著「羅伯特·布朗號」（Robert Browne）離開舊金山，事先知道在新的一年會有議員在議會裡提出苦力法案。布萊森打算去中國，六個月後回來，帶回「簽了合同要在加州工作五年的中國人。我已和聖荷西的農民和政府官員談定僱用其中約一百五十人，」他於離開舊金山前寫信告訴其友人。[8]

苦力法案最初得到輝格黨、民主黨兩黨議員支持，眾議院於三月二十日通過皮奇的法案。但參議院裡反對苦力法案者，得到反對蓄奴的自由土壤黨（Free Soilers）助陣，亭利不敵自由土壤黨的運作，在參院落居下風。為挽救此法案，亭利作出最後一搏，發表了一場奇怪的演說，在其中說加州堅決歡迎所有外人到來（他原本反對的一項政策），因此外籍勞工出現在加州無法避免。他說此刻要釐清的問題，係美國或外國公司會不會得益於外籍勞工。亭利搬出本地利益至上論招來反彈，或許因為此主張意味著會有大公司前來開採石英，而這是許多四九人所不樂見的事，在他們眼中那威脅到他們的獨立自主。四月十三日，加州參議院以十六比二的表決結果否決此法案。沒有參議院苦力法案，眾議院苦力法案隨之夭折。[9]

船長萊斯利·布萊森欲為加州農業引進華人契約工的計畫無緣成真，但並非因為苦力法案遭封殺。一八五二年三月，布萊森的確在廈門載了約四百名中國人上船，但羅伯特·布朗號出海十天後，中國人受不了船上不衛生的環境，加上有人生病、有人死亡，還有傳言說他們要去的地方不是金山而是秘魯的鳥糞島，隨之造反。布萊森、他的大副和二副、四名船員於造反中遇害。美國人奪回此船的控制權，但在琉球群島（沖繩）小島石垣島附近遇上暴風雨，船隻擱淺，船員把大部分造反的中國人丟在島上，然後羅伯特・布朗號緩緩駛回廈門。經過長達一年且有美國、清朝、日本、英國官員參與的調查，琉球政府派人去石垣島拯救（或捉）中國人，把他們送回中國。最後，清廷判定這些苦力並未造反，而是抵抗非法的賣豬仔行為（中國人口中的苦力貿易）。[10]

反對加州苦力法案者不必然反對華人移入。《上加利福尼亞日報》支持不設限的外人移入，原則上認為不管哪種出身都可移入。據該報，黃金把多國之人帶來加州，久而久之這些人會從事起多種職業，使加州得到發展。該報指出，華人在其美籍代理人伍德沃思協助下，已在莫凱勒米河畔取得一大塊農地，而且他們已在那裡「開始耕種，迅速安頓下來。」該報稱讚華人是「我們身邊最勤奮、安靜、有耐心的人之一」，「生活在我們的法律之下，猶如本來就在我們的法律之下出生長大。」《上加利福尼亞日報》樂觀認為移入加州的外人會同化，會「在同樣的投票所投票，在同樣的學校上課，和我們同胞一樣向同一個聖壇鞠躬」——包括「中國小夥子」、「來自聖塔菲的西班牙人和來自夏威夷的土人。」[11]

《上加利福尼亞日報》的心胸寬大，反映了來自內戰前美國北方的「自由土壤」政治主張，而就加州來說，此主張具有多種族的太平洋地區觀點。該報反對將任何奴役制度帶到加州，因此反對議會正在審議中的苦力法案。該報提醒，晚近「英國殖民地（牙買加、圭亞那、模里西斯等）境內的勞動契約制」實施經驗，顯示「這些卑下之人所從事的（工作），雖屬自願性質，卻很艱難且有時令人極痛苦。」該報提醒讀者，「這一人身束縛已被我國新聞界列為最惡劣的奴隸制」。[12]

《上加利福尼亞日報》把享有自由之身的華人移民和受契約束縛的華人移民分得清清楚楚，但這一區別很快就變得模糊，而這主要得歸咎於畢格勒。苦力法案胎死腹中——據此報說法，「最終死掉，死得很徹底」——但這位州長還是不由得再踢它一下，以確認它真的死掉。四月二十三日，畢格勒向議會發出「一特別咨文」。這是本會期結束前他在議會的最後一次講話，華人問題（Chinese Question）是其中唯一主題。畢格勒要人們勿對「目前亞洲人民大量移入我國」一事掉以輕心，尤其要提防「被稱作『苦力』的那類亞洲人」。他說目前有超過兩萬華人要離開中國前來加州，示警說不久後加州境內就會有十萬華人。他嚴正表示，這些華人幾乎全是「華人老闆」所僱，要來開採黃金，賺取低得可憐的工資，他們在中國的家人則被押為人質，以防他們不履行合約。畢格勒說華人挖掘黃金，搬走我國的黃金；他們無意成為公民，沒想要「好好利用自由政府的加持來造福自己」；他們可能嚴重危害公共安全。或許最糟糕的，係使華人老闆得以綁住華工的那些合同，在美國法院可能被認定為有效且可施行。畢格勒要求議會對華人課以重稅，以「抑制目前不加選擇且不受限制的亞洲人移入體制」，要求立法阻止華人契約工到加州礦場工作。[13]

畢格勒的講話具煽動性，既有含糊之處（採礦合同的性質或華人是否受到「自願或非自願的奴役」，「不詳」），也有明明白白的事實（航抵舊金山的船名和每艘船上的華人數目），又有無事實根據的胡謅（家人遭押為人質、月工資三至四美元）。他用意何在？苦力法案已被封殺。加州境內華人既非有工資可領的契約工，也非形同賣身還債的契約工。但畢格勒知道白人對境內華人愈來愈多感到不安，一八五一年間華人數目從四千一百八十增至七千五百二十人，增加了將近一倍，一八五二年說不定再增一倍。[14]畢格勒一路走來靠著掌握機會飛黃騰達，在華人問題上看到政治潛力。一八五一年他以不到五百張票數之差贏得其第一次選舉。一八五三年能否競選連任成功仍在未定之天，尤其加州民主黨，一如全國政治走向，為支持蓄奴、反對蓄奴陷入分裂對立，使連任局勢更為混沌。畢格勒利用華人問題來拉攏人口眾多的採礦區。四九人煩惱不安，因為含金砂礦很快就枯竭，如今勤勞的礦工一天所得僅能有五美元。許多人已在替他人工作賺取工資，而工資和自己幹差不多。[15]

畢格勒把所有華人礦工抹黑為「苦力」，藉此偷天換日般把華人視同黑奴，亦即違反自由勞動理念的人，從而把他們說成對白人礦工之獨立自主地位的威脅。對華人苦力不放心，其實和對非裔美國人的種族歧視政策如出一轍。一八五二年加州議會通過一道法律，明令一八五〇年前進入該州的所有非裔美國人——包括獲釋的黑人——都是逃亡的奴隸，理當予以逮捕，送回其前主人。鑑於加州以禁奴州的身分成為美國一州，通過此法，著實甚為離譜。此事洩漏了民主黨把所有「有色」人種都當成天生不自由之人的看法。[16]

畢格勒的咨文迅即全文刊登於《上加利福尼亞日報》上；這位州長也要人將其印在「小張紙上，分發到礦場各地。」有個參議院委員會發表了一篇報告呼應同樣的說法，將其當成宣傳小冊分發於內陸各地。一如畢格勒所盤算的，他挑動起白人礦工。白人礦工聚集於本地議會，通過禁止華人在其區域裡採礦的決議。五月，在圖奧勒米郡哥倫比亞一地的會議裡，礦工呼應畢格勒的說法，痛斥那些要「讓低級亞洲人大舉湧入本州且要在未經法律許可下把勞役抵債制綁在我們的社會組織上」的人，表決通過禁止華人在他們的區域採礦。其他集會未交待理由，逕自命令華人離開，或要華人「迅速離開牧場」。有時他們動粗，以把華人趕離他們所立界據有的土地。[17]

畢格勒是第一個乘著華人問題的勢頭選上公職的政治人物。他於一八五三年九月競選連任成功，以僅僅五成一的得票率打敗輝格黨的改革派候選人。華人問題使畢格勒得以在採礦郡拿下過半甚多的選票。他連任成功令某些觀察家大吃一驚。經過一連串貪汙醜聞，包括與在舊金山的土地投機客合謀未成一事，這些觀察家原認為他是政治票房毒藥。但選舉結果宣告民主黨在加州的勢力更加穩固，而其賴以達成此成就的做法，在批評家眼中，類似坦慕尼協會（Tammany Hall，紐約市民主黨實力派組織）的做法——使用威脅或暴力、選舉灌票、蠱惑人心的宣傳。華人問題或「苦力」問題是「畢格勒主義」的核心要素之一，成為加州民主黨的基本原則之一。[18]

畢格勒如願將華人抹黑為「苦力種族」，給了加州政治人物一個每當需要找個種族來當代罪羔羊時就可搬出來用的好用說詞。但反苦力，不只是政治工具，還成為盛行於太平洋沿岸地區白人之間的某種種族主義，而且是能一再變身的種族主義。久而久之，反苦力會被以更加複雜詳盡的理論予以美化，尤其被政治經濟學家亨利．喬治（Henry George）予以美化，喬治首度發表其對壟斷和勞動的看法時，就從華人問題切入。

喬治於一八五七年十八歲時來到金礦區，是個定不下來的年輕人，在此數年前離開位於費城的老家，搭船至印度、南美洲，然後來到奧勒岡。佛雷澤河（Fraser River）淘金熱期間他從舊金山來到不列顛哥倫比亞，後來他憶道，當時「我從未用心思考什麼社會問題」，但，他接著說道，「在縱帆船甲板上，礦工談起華人，我大膽問道，如果他們，如同這些礦工所說的，只是在沒什麼價值的金礦區工作，他們在這裡帶來什麼傷害？其中一個老礦工說：『目前沒有傷害，但未來工資不會始終和現今加州境內工資一樣高。隨著國家發展，隨著人們進來，工資會下跌，總有一天白人會慶幸自己得到中國佬如今在開採的那些金礦區。』我清楚記得那時聽到的看法深印我腦海：隨著國家在各方面如我們所希望的成長，那些必須工作才能活下去的人，境遇必然變得更糟，而非更好。」[19]

喬治未以採金為業，而是在《舊金山時報》（*San Francisco Times*）幹排字工人。後來他會成為記者，一八七〇年代成為《奧克蘭日報》（*Oakland Daily Transcript*）發行人。他會成為十九世紀後期主要的政治經濟學家之一，在勞動、土地、壟斷這些主題方面著作甚豐。在縱帆船上聽到礦工那番交談後過了十二年，他才會撰文談華工，要再過更久，他才會寫下他最著名的著作《進步與貧窮》（*Progress and Poverty*, 1879）。但他的許多看法源自他在金礦區所碰到、盛行於該地的刻板種族觀念。

畢格勒的反苦力策略，進入二十世紀許久，依舊管用。美國勞工聯合會（American Federation of Labor）的領導人撒繆爾·龔帕斯（Samuel Gompers），一九〇二年出版了《肉對米：美國男子氣概對決亞洲苦力主義，誰會倖存？》（*Meat vs. Rice: American Manhood Against Asiatic Coolieism, Which Shall Survive?*）。他從種族、階級、性別的角度發展出一套理論，以一舉說明華人問題，把自由勞動觀與反苦力主義掛鉤。

袁生和唐廷桂（Tong K. Achick）無懼於約翰·畢格勒。一如畢格勒等白人菁英，他們不是礦工，而是企業家和政治領袖。兩人是陽和會館的領袖，陽和會館則是加州頗多華人的代表。除了身為陽和會館的領袖，他們兩人還是受過教育者，英語流利。要力抗州長的咨文，他們絕對有能力。

袁生和唐廷桂是小同鄉，都來自今廣東省的中山縣。兩人都在澳門上過學。唐廷桂讀過在華的第一位新教傳教士馬禮遜（Robert Morrison）所創辦的英語名校。他在馬禮遜學堂的同學，包括李根和容閎。李根成為傳教士在舊金山所發行之報紙《東涯新錄》（*Oriental*）的中文主編，容閎則是中國第一位美國大學畢業生（耶魯大學一八五四年屆）和幼童留美計畫的創辦人。十九世紀後期，根據該計畫，清政府派了百餘名幼童赴哈特福德（Hartford）、紐黑文（New Haven）留學。誠如大家已知道的，袁生是最早來到舊金山的華人之一（一八四九年）。唐廷桂一八五〇年來到加州，迅即經商有成，在舊金山闖出名號，主持通和公司（Tong Wo and Company），是舊金山最大的華人商行之一。袁生患病返華後，唐廷桂於一八五四年成為陽和會館的第二任主席。[20]

畢格勒發表其特別咨文後才幾天，唐廷桂就致函這位州長。簽署此信者，除了他，還有三和公司（Sam Wo and Company）商人合華（Hab Wa）。合華也是包船業務經紀人，不久前搭挑戰號（Challenge）來到舊金山，挑戰號則是當時美國最大的快速帆船之一，係為中國（上海、香港）和舊金山之間的跨洋貿易而迅速建成。在致州長信中，唐廷桂和合華證明挑戰號上五百名華人乘客，無一人是苦力，與畢格勒的說法完全不符。[21]

信開頭道：「華人得知你發表了一篇不利於他們的咨文，甚為難過。我們雖是亞洲人，但我們之中有些人讀過美國學校，已學會你們的語言，我們因此能看懂報紙上你的咨文，然後向我們的其他同胞說明……我們決意寫一封信給你，用詞盡可能得體恭敬，向閣下指出你對我們的某些錯誤看法。」此信的確寫得「得體恭敬」，但字裡行間可察覺到憤怒和抵拒之意。此信說加州境內華人，包括工人和商人、機工、紳士、教師，「無一人是『苦力』，如果你所謂的苦力意指受到束縛的人或受制於契約的奴隸的話。」信中強調，「可憐的華人並非以奴隸身分來此，來是因為渴求獨立自主。」

畢格勒說華人來美幹活，賺取每月三至四美元的工資，比他們在中國所賺的還少。合華和唐廷桂將此說法斥為荒誕不稽。他們寫道：「蠢人才會相信他們會為了微不足道的好處離（家）」。至於畢格勒所謂華人可能給社會帶來嚴重危害一說，他們指出，「你們的街上沒有華人醉鬼，你們的監獄裡沒有華人罪犯，你們的醫院裡沒有華人瘋子，或者需要靠你們國家贍養的其他華人……在重要事情上，我們很正派；我們尊敬父母，照顧小孩，勤勞且不鬧事；做很多買賣；大錢和小錢，我們都受信任；我們有借有還，做人正直；我們當然不說假話。」

除了捍衛華人移民的正派作風，合華和唐廷桂還掌握到有利的論點，主張移民有助於貿易。

人口遷徙帶來商貿，從而有助於「世界的全面富裕」。畢格勒只看到幾百名苦力從挑戰號等船上下來，合華和唐廷桂卻在其中看到人和貨。他們說畢格勒可能不知道美中貿易規模有多大，「成長有多快，如今有多少人原本過來採礦，如今以商人身分重返加州。」舊金山的華商不只賣中國貨——米、絲、茶葉——還賣「許多美國貨，尤其靴子，中國人一上岸人人立即買一雙或更多雙。然後，有美國人的店大量經銷中國貨，其中有些店經營得非常成功。」中國人外移過來，「隨之打開這一面向中國人的貿易，而這……終會是本市和本州的驕傲和財富。」

他們知道「貴國想與中國」通商，主張通商「不可能完全是單方……我們獲准在你們礦場裡挖掘的黃金，一如貴國的其他每樣東西，係使對華貿易成長如此快的東西。如果你們想抑制亞洲人移入，就得藉由抑制對亞洲的貿易才能辦到。」

合華和唐廷桂談到所有講道理的觀察家都知道的事：遷徙和貿易是與外界接觸、交流所必然，而且兩者相輔相成。加州境內有意從事對外貿易的美國、歐洲商行，不願接受出於本土利益至上論、要求限制外人移入的主張。加州議會先前封殺只准美國公民開採金礦的提議，這是主要理由之一。加州企業家大力稱許華人，不是因為華人是溫順的苦力，而是因為華商是好商人，以誠實交易著稱。十一個著名企業家聯合寫信回應畢格勒的咨文，預言不久整個美中貿易就會「通過舊金山的金門和加州的金山，使本州富裕到今日所想像不到的程度。」他們懇請議會勿「訂定無知或草率的法律和限制規定，（以免）我們反受其害（或許是無可挽回的傷害），從而抑制或傷害這個剛開始發展的體制。」[22]

《紐約時報》表達了同樣的看法，叱責在所有商業國家都追求與中國「通商，自由、不受限制的貿易」時，畢格勒的種族主義使就要實現此目標的「加州進程」陷入險境。事實上，接下來幾十年間，反華人的本土利益至上論者會遭遇與對華貿易有利害關係之外交界、商界人士反對。他們想要徹底打斷連接人貨移動的紐帶，藉此解決華人問題，但得在限制外人移入的同時保住貿易，而這並非易事。[23]

袁生也直言反駁畢格勒的咨文。五月上旬他以「諾曼·阿生」（Norman Assing）之名致函州長，並發了副本給《上加利福尼亞日報》。他自稱是「中國人、共和黨人、熱愛自由體制者；極欣賞美國的治國原則。」此信語帶憤怒且直言無隱：「自你最近發表那篇咨文，其所起的作用一直都是使廣大民眾對我的同胞產生偏見，使那些一有機會就要去追捕他們、奪走他們辛苦勞動成果的人得以如願。」一如合華和唐廷桂，袁生認為畢格勒「把某些人拒於本國之外，國家會更加富裕」一說沒有道理。「我始終認為人民是財富；尤其是從事生產的人。」[24]

袁生針鋒相對的提醒畢格勒勿忘其移民後裔身分，說「外來移民造就了現今的你——現今的你的國家……我敢說如果閣下想阻止他人稱你為移民後裔，閣下辦不到，因為我確信你不會吹噓自己是紅人的後代」，這番話抓住美國人遺忘歷史這個要害。畢格勒斷言憲法「只庇護白臉孔的人」，而袁生認為此說「虛妄」，甚至「應受斥責」。他坦言，「你們貶低黑人，因為你們讓他們受到非自願的奴役，因為在你們的某些州，為了團結融洽，這樣的事受到容忍」；更切合袁生主旨的是，袁生寫道，「你們要把我們歸為這類人；把奴役的印記烙在我們身上，肯定會讓某些所謂的自由人高興不已。」他強調，「你們想要使我們成為較低級的種族，但我們不是那樣的人。我們以機工或商人的身分來到你們這兒，從事各種正派職業……至於我們種族的膚色，我們十足清楚我們的膚色只是比你們深一些。但閣下會發現，我們和非洲人或紅人的相似程度，就和你們與他們的相似程度一樣少，就較高一等的膚色來說，我們的膚色或許和許多歐洲人種的膚色相仿。」[25]

袁生從身分地位（自由而非受奴役）和膚色（比黑人或紅人更接近白人）的角度切入，與其說是質疑美國的種族等級制，不如說是質疑華人在該體制裡的地位。他堅決認為美國歡迎且公平對待所有人，未獨厚白人，此說有點搞不清楚狀況，但他搞不清楚狀況可以理解，因為當時的政策和實際做法並不一致。一七九〇年歸化法載明只給「品行良好的自由白人」公民身分，但十九世紀許多時候，的確有一些華人歸化，包括容閎和袁生本人。在北部諸州，自由黑人有投票權，直到一八二〇年代才失去此權利；還要再過五年，聯邦最高法院才會在椎德·史考特（Dred

Scott）案裡，作出凡是黑人，不管是自由之身還是奴隸，都不是或不可能是公民的裁決。直到一八八二年，美國才挑明不讓華人取得公民身分。

袁生以自己歸化為美國公民為例，駁斥畢格勒從沒有華人在美國定居或申請歸化的說法。合華和唐廷桂同樣主張：「如果你們讓我們享有你們法律的特權，我們之中某些人肯定會養成你們的習慣、講你們的語言，具有你們的看法、你們的情感、你們的道德觀、你們的常規，成為貴國的公民；已有許多人信你們的宗教；而且我們會是好公民。如今貴國境內有非常優秀的中國人；如果情況許可，此後會過來更優秀的一類人——攜家帶眷過來，有學問且有錢的人。」

這些投書刊登於舊金山報紙上，使同情華人的白人開始鼓勵華人繼續申明其主張，在傳出白人礦工攻擊山區華人之事後，尤其鼓勵華人這麼做。華人領袖派唐廷桂至沙加緬度面見州長畢格勒，希望「軟化其對我們的看法」，請他說服白人礦工守法。如有必要，唐廷桂也打算表示華人願意付外籍礦工稅。

在沙加緬度，唐廷桂得到州長和其「陸海軍上校」「非常體面的招待」。畢格勒請他再寫一封信，說他收到後會回覆，然後會把這兩份陳述印出來，傳告美國人民。華人相信他們的「不幸就快結束」，寫了另一封信寄出，但畢格勒拒收。這個州長派人送去一封替代信，要他們簽署。這一無禮之舉令華人領袖怒不可遏。他們抗議道，「這些話不是我們要說的話，基於老實人的正直不欺，我們不能說這些話，而且這些話與我們已說的背道而馳。」他們接著把他們自己的信，連同畢格勒的演說文、他們的第一封信、來自加州商界的一份力挺華人的請願書，編為一本小冊子出版，題為〈華人問題剖析〉（An Analysis of the Chinese Question）。舊金山報紙《信使報》（*Herald*）印製並發送了此小冊子。[26]

第二封信，由唐廷桂、秦阿清（Chun Aching，廣州公司，亦即三邑會館的領導人）聯名，傷痛之情溢於言表。他們寫道，「我們那時所擔心的許多惡事，如今已降臨在我們在礦場的同胞身上」，「在許多地方，他們被驅離工作地點，被奪走他們所已立界據有的土地……其中有些土地係他們以高價從美國人那兒買下。」他們具體指出中尤巴河（Middle Yuba River）、鹿溪（Deer Creek）、佛斯特礫石灘（Foster's Bar）、亞美利加河（American River）南、北分流處、韋佛溪（Weaver's Creek）諸地的華人礦工已被白人趕走。在韋佛溪，白人用長繩橫掃過去，拖走華人的帳篷，把帶著食物等必需品過來的華商擋在外頭。唐廷桂和秦阿清寫道，「數百華人因此處境淒涼，如今在山區四處遊蕩。」其中有些人「甚至苦於沒東西吃……已徹底絕望。有人告訴我們，有時可看到大人獨自坐在最蠻荒的地方，哭得像小孩似的。」[27]

被驅離立界據有地和營地的華人，包括晚近剛來到金礦區的華人移民。他們把所有資金投在食物和設備上——鏟、鎬、盤、靴——損失甚大，更別提受羞辱。他們迅即回舊金山，搭上下一班要出航的船。唐廷桂預測，他們一回到中國，就會把他們受的苦告訴人，要也有意外移者打消念頭。事實上，華人領袖已寫信回家鄉，要華人不要再來美國，除非再度歡迎他們過去。但他們知道住在加州的華人，會有許多人，甚至大部分人，留下來。其實，畢格勒發表那篇咨文和白人受煽動施暴、驅逐採金區華人後，只有約五千華人回中國。唐廷桂和秦阿清懇請畢格勒保護留在該州的華人，希望州長會「拯救我們的人」，希望他「很有人性，不會希望我們受害於那些打著你的名號惡待我們、自認自己的所作所為會讓你高興的暴徒，而在山區遭殺害或餓死或淪為乞丐。」[28]

在致州長信中，唐廷桂和秦阿清保證華人會「開心」且「毫無怨言」的遵照議會剛在畢格勒力促下通過的規定，繳交每月三美元的外籍礦工稅。照道理，繳了此稅，就表示取得採礦許可，所有非公民採礦，都必須繳交此稅。唐廷桂知道，比起繳稅，採礦許可更清楚表明政府願意信守「我們買了此（採礦）權利，就會擁有此權利」的保證。他們問道，「你會吩咐（收稅員）告訴所有人，我們從此受你保護，他們不得打擾我們？」[29]

一八五二年施行的外籍礦工稅是加州的第二個這類稅。第一個稅，通過於一八五〇年五月，明訂每月二十美元。這個稅額高得離譜，超乎許多人一月所得。施行此稅旨在懲罰外籍礦工，尤其墨西哥人和華人（本事甚好，因而是最有競爭力的礦工之一），以及歐洲人（當時矛頭並非鎖定華人，因為那時來到金礦區的華人還不多）。此稅激起激烈反對。在聖華金谷的索諾拉鎮，四千外籍礦工（墨西哥、智利、秘魯、法國、德國、英國礦工）集體對抗收稅員，誓言拒繳。外籍礦工與警長起了暴力衝突。數千外籍礦工辭職不幹，回家，或就某些人來說，在城鎮裡轉行。在索諾拉，商人苦於居民大舉出走導致的生意損失，到加州最高法院質疑此稅的合法性，結果輸掉官司，但騷動不止，領地行政長官彼得·伯內特（Peter Burnett）不得不降稅為每月五美元。一八五一年三月，議會撤銷此稅。但那時已有兩萬外籍礦工受迫於此稅而離開金礦區。[30]

許多加州人認為第一個外籍礦工稅有害無益，但議會還是再度動用其課稅權攻擊華人。新的外籍礦工稅訂在每月三美元，和畢格勒所認定華人苦力的工作所得差不多，因而其用意在於使採礦沒賺頭，從而把華人趕走。新稅法未挑明針對哪個群體施行，但議會裡大家都知道「此法案的矛頭尤其指向中國人、南海島人（夏威夷人）等，無意用在歐洲人身上。」[31]

華人礦工乖乖繳稅，但施加於他們的暴力、騷擾未停。似乎至少有些白人不甘於只是用重稅懲罰華人，而是想要他們完全離開金礦區和加州，把他們全部拒於金礦區和加州之外。畢格勒已根據「蓄奴」、「廉價勞力」之說發出很有影響力的種族主義政治主張，而對本土利益至上論者，尤其對那些煩惱自己前途的礦工來說，這兩個說法是方便好用的理由。含金砂礦很快就要採光，許多人憂心資本雄厚、可能使此產業改頭換面的公司到來——會帶來水但要價甚高的溝渠公司、可能使獨立勘探者淪為工資工人的石英開採公司。一八五三年一月議會下個會期開議時，有議員提出旨在修改外籍礦工稅法的數個法案。提議的內容從增稅至每月四美元、給收稅員更大權力，到不准華人採礦，形形色色。[32]

華人僑社領袖緊盯著這些情勢演變。他們的白人美籍法律顧問在加州首府有人脈，袁生、唐廷桂之類會說雙語的華人肯定看了報紙。他們積極且直接宣揚他們所追求的目標，請求會晤議會裡負責審議此稅法修正之事的礦場和礦業委員會。該委員會委員二月前去舊金山會晤已在加州成立的四個華人同鄉會的領袖。唐廷桂，陽和會館的代表之一，擔任這群人的發言人和譯員。[33]

雙方會晤時，議員未把華人當成與其社會地位相當者，但也未表現出不友善或不敬之意。委員會委員大多反對排斥特定種族的激進政治主張，擁護中國與加州、與美國的貿易利益。他們想要找出一個辦法，讓華人，尤其讓與他們有生意往來的華商，在美國有「一席」之地，讓其他人在邊陲地區有一席之地，使礦工得以在那裡已被人開採過的產礦地勉強餬口又不致對白人構成經濟或社會威脅，藉此讓貿易有機會發展。他們深信歐美人身為「較高等的種族」，不會因為劣等亞洲人的存在而受到汙染或損及身分，反倒（久而久之）可能會提升亞洲人的素質。[34]

華人領袖則向此委員會訴苦，亦即表示雖然繳了稅，他們依舊苦於騷擾和干擾，表示州政府未保護他們，表示他們因為膚色而不准在法庭上作出不利於白人的證詞。與此同時，華人領袖想要讓議員放寬心，告訴他們華人是自由的外移民，非「苦力」。他解釋道，淘金熱初期，有些華人根據與華人或歐美人資本家所簽的合同來到加州，但這樣的安排終究無利可圖，華人已不採此方式過來。如今，絕大多數外移華人自費前來，至於其他人，他們說是靠賒賬買到船票，並以家產為擔保。華人領袖也趁此機會向議員說明了會館作為互助會的角色，說他們身為這些組織的領袖，對其會眾有影響力，但無控制力。[35]

與會者接著討論關於外籍礦工稅如何施行的提議。雙方同意收稅方式應予以改善。中方建議由州政府僱用一名中國話譯員陪同收稅員，協助收稅。議員不同意。委員會希望會館完全攬下此稅的徵收、上繳事宜。唐廷桂回道，華人領袖願竭盡所能鼓勵華人乖乖繳稅，但會館無法擔下這麼大的責任，因為會館終究管不住會眾。與收稅有關的提議未得到採納，但中方的稅收分配提議得到議員認可。唐廷桂建議將稅收分配給州政府和徵收此稅的諸郡，說這樣的安排或許能鼓勵本地居民容忍並接受華人，久而久之雙方說不定會結為朋友。華人其實願意繳更多的稅，以彌補州政府少收到的錢。[36]

唐廷桂和其所屬會館的其他領導人深諳外籍礦工稅所牽動的利害關係。他們大力贊同課稅，甚至贊同課較高的稅，並且願意協助收稅，並非屈服於種族主義。他們知道反華的種族主義熱潮還燒得很旺，他們想要藉由共享稅收，以經濟利益打動本地居民，藉以反制反華熱。華人已在加州境內的商業、不動產投資高達兩百萬美元。[37]如果華人能阻止徹底排華之事，能建立並保住地盤，即使地盤位在邊緣，他們就能在金山活下來，安身落戶，最終說不定過上好日子。他們放眼長遠未來，經過深思熟慮的盤算。

此次協商的要點，清楚表現在對一八五三年議會所通過的外籍礦工稅的修正上。採礦許可費增至每月四美元。法律明文規定收稅員要遵守的規定，大概為確保其與華人打交道時廉潔公正；但也給予收稅員追捕藐視法律者、沒收其財產拍賣的權力。法律也如華商所建議的，載明將一半稅收撥給課徵此稅的郡。外籍礦工稅的稅收頗為可觀：一八五四年十萬美元歸州政府，八萬五千美元歸各大採礦郡；一八五六年歸州政府的稅收高達十八萬五千美元，歸諸郡者也幾乎相當。[38]

誠如唐廷桂所料，來自外籍礦工稅的收入使白人勉為其難容忍華人存在於金礦區。許多原被趕跑的華人也返回其所立界據有的土地，而白人礦工也沒那個力氣不斷和華人鬥。還有一點值得一提，即白人的確和華人有生意往來，把他們所已立界據有但已不想要的地賣給華人，在小鎮，則向華人洗衣店、餐館、菜販買食物和服務。這不表示對華人的騷擾和暴力就此消失。肆無忌憚的白人裝成收稅員向華人收錢；有一群「惡棍」謊稱能替華人在議會疏通降稅，騙走華人四萬美元。一八六一年華商領袖說一八五〇年代期間白人殺害至少八十八名華人，包括死於收稅員之手的十一人；只有兩名行凶白人遭定罪吊死。較不易察覺的變化，係主流報紙的立場不如以往寬厚。《上加利福尼亞日報》一八五〇、一八五一年把華人到來當成新奇之事報導，稱他們為「中國小夥子」，語氣雖然帶優越感，但不具敵意。到了一八五〇年代中期，報紙不再把華人當奇聞報導，「中國小夥子」被「中國佬」（Chinamen）取代，而「中國佬」一詞並無親愛之意。[39]

但在金礦區，華人與白人還是走上不穩定的共存關係，大體來講以既猜疑又互動、偶有暴力又偶有合作為特點。例如，在尤巴郡，白人礦工想把已取得河中採礦權的華人趕走，未能如願。在佛斯特礫石灘，白人礦工大會一八五二年五月通過一決議，要華人在四天內離開，但至七月時已有約兩百名華人回來，在尤巴河兩岸採金。個體戶形態的華人礦工，繼續在尤巴、中尤巴、北尤巴三河採金，直至一八六〇年代。一八六〇年在佛斯特礫石灘，仍能見到數百名華人，其中有些人獲利可觀，身家達一百至九百美元。為取得一地的採礦權，華人付給白人高達七百美元，有時把工具和設備投入交易；另有華人繼續以搶先占有的方式爭取優先採礦權。馬里斯維爾的華人區繼續向在河中採金的礦工提供貨物和服務。至一八六〇年，已有十九名華人靠種菜販售為生，還有廚子、僕人和一些洗衣店，其中有些洗衣店由女人經營，位在白人居住區，意味著華人和白人有生意往來。[40]

一八五二年危機後，在南部礦場，華人也堅守不退。圖奧勒米郡的哥倫比亞採礦區是加州境內第一個明訂不准華人採礦的地方，但該郡其他採礦區未通過這樣的規定。華人繼續在該郡的砂礦區採金。畢格勒發表咨文時，在離中國人營地不遠的伍茲溪，華人平均一天賺八至十六美元。白人認為華人勤勞加上運氣好，才有此成就；沒有驅逐華人的紀錄。大體來講，在這個隱沒於岩山（Rocky Hill）山腰上的產金小角落裡，白人未干擾華人，可能因為那裡的金礦區屬「乾」礦區，意即旁邊沒有水可供透過流槽淘洗出黃金。華人把含金的砂土運到位於辛牧場（Sim's Ranch）、七角五分谷（Six Bit Gulch）的附近小溪，收穫甚豐。白人礦工看出有利可圖時，在這些金礦區站穩腳跟的華人已多到趕不走。白人跟著進來，與華人一同採金，似乎相安無事，而且同心協力挖了用以從伍茲溪引來水的水溝。但白人礦工在其所立界據有的土地上採礦「輕輕掠過，又準又快」，然後轉移陣地。41

在加州淘金熱歷史裡，有個流傳已久的說法，說白人開採過其所立界據有的土地後，將這些「沒有價值」的土地賣給甘於一天勉強賺個一二美元的華人。但經過實際歷練，華人與白人礦工打交道時變得較精明。在卡拉韋拉斯郡的聖安德烈亞斯、莫凱勒米周邊採礦的蘭辛（H. B. Lansing）常把他所立界據有的土地賣給或試圖賣給華人。一八五五年，他在日記裡嘆道：「想把一塊立界據有的地賣給華人，未能如願。他們全都變得很精明，不容易談成。」靠自己的水力工程知識和眾人合作，華人淘金客能有很好的收穫。可想而知他們面對礦業、人口普查員，低報收益，或完全不報。光是一八六一年，加州境內有約三萬華人礦工時，華人用於買進採礦權的錢，據估計就達一百三十萬美元。至於繳稅和採礦許可費，他們也付出兩百多萬美元，這意味著他們的生活，平均來講，可能還過得去，甚至過得很好。[42]

一八五〇年代後期和一八六〇年代，隨著含金砂礦開始耗竭，許多原在溪河採金的華人改行，幹起領工資的工作，為水公司和水力採礦公司蓋水溝和引水槽，在深礦坑裡工作。一八六九年六月起，白人礦工聯合會針對地下石英開採公司，發動長達二十個月的罷工，並把驅逐深礦場的華人列為其罷工訴求之一。在金礦區工資普遍下跌的大勢所趨下，採礦公司已於一八六九年調降地下礦工的工資。這個礦工聯合會希望其工資回到原有水平，也希望地下、地上採礦作業同酬，儘管地下採礦較危險，而且需要較高技能。傳言採礦公司會把華人，連同「巨大火藥」（炸藥）和單手鑽機，引進礦場。單手鑽機節省成本，正被漸漸引進礦場。大批華人在馬里波薩、約瑟芬（Josephine）、松樹（Pine-Tree）這三家採礦公司的深礦場工作已有十年或更久，此事表明他們能力好，而且賺取的工資幾乎和白人相當。礦工聯合會這場罷工最終失敗，除了驅逐華人這一項，其他要求都未能如願。[43]

轉向資本化採礦和金礦區工資、收入普遍降低，使許多金礦工於一八六〇年代中後期離開加州金礦區，其中既有白人也有華人。華人開始當農場主、農場工人，開墾聖華金河三角洲，清除比尤特（Butte）郡河谷裡的灌木、樹木，闢為農地。建造橫貫大陸鐵路西段的龐大華工，為數達兩萬，其中有許多人原是金礦工，還有些是在中國招募來。還有華人去舊金山，在那裡的羊毛廠、雪茄廠、鞋廠工作。[44]

但他們最初以採金為業，許多人未改行。一八六一年，加州華人六成留在礦業。有些華人轉到奧勒岡、不列顛哥倫比亞、內華達境內較新的金礦區。但許多華人留在加州金礦區，例如謝拉郡古德依爾兄弟礫石灘（Goodyears Bar）的阿傑（Ah Jake），靠其所立界據有的河段餬口，而且從事其他工作，例如為白人炊煮，貼補家用。其他華人從白人那兒租下或買下水力穿孔採礦地，其中有些採礦地數年來獲利穩定。[45]

難得的好運，加上很有眼光的創業精神，使一八七二年在比尤特郡奧羅維爾南邊數英里處發現的一個新金礦區得到開採。有個叫克萊恩（Kline）的年輕白人男子在此區域找到含金砂礦後，當地大牧場主向華人兜售或招租數小塊地。對白人來說，比起掘金，靠這做法獲利似乎更可靠；對不得搶占採礦地的華人來說，這是取巧辦法。不久，數百華人，然後數千華人，出現在此地。因此區域住著名叫莫多克族（Modoc）的原住民，故此地最初名叫莫多克採礦地，後來，根據莫多克人在北加州著名的藏身地和堡壘，被稱作熔岩床（Lava Beds）。[46]

黃金產量甚大，但熔岩床非多山地形，不利於水力採礦或流槽淘洗礦石。於是，礦工往地下鑿了十二至十八英尺深的礦井，用絞盤吊出含金砂的礫石，然後用淘金搖動槽淘洗出黃金，所需的水也來自礦井。這些粗陋的辦法始於淘金熱初期，但在熔岩床賺了錢的華人也買進蒸汽泵之類資本設備，以從礦井抽出水。熔岩床一地的作業，大多採行華人小採礦公司的模式，亦即由一名商人兼投資者領導，僱用十至六十名結隊工作的礦工。一八七二至一八七三年那一季，華人據說日賺十至二十美元，這樣的收入此前只在淘金熱初期出現過。繼續有華人過來；馬里斯維爾－奧羅維爾線增設了驛站以滿足需求，包括位於金礦區附近名叫「中國站」（China Stop）的特別停靠站。到了一八七三年十一月，已有多達八千華人在熔岩床工作。這股小淘金熱使已被人立界據有之地的價格水漲船高，最初才四百美元，那一年還未結束，已漲至兩千美元或更多。為買下已被人立界據有的地，華人靠歐美掮客、律師和一個華人銀行家幫忙。這個銀行家叫葉洗（Sin Yet），帶著一袋袋金幣穿梭於奧羅維爾街頭，每袋有金幣二十枚。[47]

一八七四年春爆發致命熱病，奪走七百條性命，但熔岩床的採金業大體上始終不衰，一八七八年才沒落。當地某報估計，華人礦場一年產值七十二萬美元，其中許多錢花在食物和生活便利設施上（使當地白人、華人商人都受惠）；餘錢則賣給位於奧羅維爾的金店。有時，富國銀行一星期從奧羅維爾運到舊金山的黃金，其價值高達兩萬美元。有些華人新拓居地冒出；主營地建於這股淘金熱興起後的幾個月裡，有平行的巷子、一百五十間住所（大多是簡陋小屋）、十二頂帆布帳篷、一間磚造店鋪。不久，又蓋了一間廟，然後一座中國戲台、更多店鋪。[48]

煽動反華者聲稱華人對加州毫無貢獻，只會把所挖到的黃金都帶回中國，他們在美國的花費都花在華人的商家上。其實華人為加州經濟挹注了數百萬美元。例如，一八六一年，華人除了繳外籍礦工稅，還付出一千四百萬美元，其中包括進口關稅；購買美國貨的花費；汽船、公共馬車的人、貨運費；水費和購買已被人立界據有之地的費用。[49]

有些採金事業有成的華人移民，把獲利投入其他事業，通常成為商人或投資更大型採礦事業。還有些華人的確把黃金送回家鄉——而不管是美籍礦工，還是來自歐洲、澳洲或智利的礦工，所有礦工都這麼做。例如，一八七四年從舊金山港運回中國的「財寶」（金銀塊），總值六百二十萬美元，占金銀塊出口總值將近三分之一（輸往紐約者為最大宗，占超過一半）。但此數字不只包含直接採得的黃金，因為商人（華人和非華人）運送金銀以支付商業、銀行交易。與此同時，可能有為數不少的黃金被運送出海卻未登錄，因為有人把金砂夾藏在其小背包的底層暗袋裡或大衣的襯裡裡。[50]

在採礦區，華人、白人的種族關係並非總是以衝突或暴力為特點。有些華人和白人相安無事，甚至友善，尤以在產金區小鎮這兩個群體交易未斷的情況下為然。數種交往形式在這些「老加利福尼亞人」（包括華人和白人）裡發展出來且未中斷：賣菜、買食物、把金砂換為錢幣、炊煮和家務服務、傳教工作。這類接觸未使（而且無法使）白人對自己周遭的華人有深入了解，但白人也未把華人一律視為如同路人甲的中國佬。

白人這一心態令那些極力鼓吹對華人設限者大為失望，他們痛斥白人為了眼前小我的經濟利益不顧白人大我的整體利益。「有人提議加州人民不再僱用華人或不再與僱用華人的加州人打交道，藉此自行解決華人問題，」《沙加緬度聯合日報》（*Sacramento Daily Union*）報導。該報接著說道，「試圖落實此提議之事已不只一樁」，但「人人都知道有數千人在意錢甚於原則」。[51]但如果說有些白人得利於華人勞動為真，白人不願抵制華人並非完全出於經濟動機也不假。

再拿阿傑（Ah Jake）案來談談，他被判犯了謀殺罪，要在謝拉郡吊死，但最終未死於絞刑。唐尼維爾的知名白人鎮民出手搶救，使他免於被送上絞刑台。重要鎮民籲請州長羅伯特・沃特曼（Robert Waterman）減刑為無期徒刑。《山區信使報》（*Mountain Messenger*）主編暨郡參事（county supervisor）傑羅姆・沃恩（Jerome A. Vaughn）、循道宗牧師查爾斯・刻克布萊德（Charles Kirkbride）寫了信；另有約五十人簽了兩份請願書，提到對阿傑的罪「深感懷疑」。聯署者包括商人、律師、礦工各不只一人，教育廳長、公證人、細木工人、珠寶商、土地測量員、電報暨快運業務代理人、法院書記官各一人。六名陪審員，包括陪審團團長，要求減刑。兩名在事發不久身在犯罪現場，且在庭上以檢方證人身分作證的當地鎮民寫信給州長，說他們相信阿傑、鍾華在那裡有過扭打。[52]

影響最大者係警長斯圖爾特（S. C. Stewart）所提交的書面陳述。斯圖爾特住在古德依爾兄弟礫石灘已久，曾在該地的鋸木廠當伐木工。他在法庭上證稱，他認識阿傑已數年。法官在判定阿傑有罪且判處死刑後，發出死刑執刑令，「命令且要求你（斯圖爾特）執行上述判決……把上述阿傑吊至斷氣為止」。那時，斯圖爾特可能很遺憾他關於唐尼維爾公共馬車路上足跡的證詞未得到充分的闡釋。謝拉郡成立以來，只有四人被官方處決——三人處決於一八五〇年代（包括殺害兩名華人礦工的印第安人皮久〔Pijo〕），最後一人，詹姆斯·歐尼爾（James O'Neill），因殺害其雇主遭判死處決。身為警長，斯圖爾特必須執法，歐尼爾就是被他吊死。但阿傑案似乎不一樣：斯圖爾特認識阿傑，知道阿傑未犯了一級謀殺罪。或許，想到要吊死他，斯圖爾特就害怕。斯圖爾特把他所憂心之事告訴法官紹爾德和《山區信使報》主編傑羅姆·沃恩。[53]

斯圖爾特的書面陳述詳細說明了他對犯罪現場的檢查結果，以及他的以下意見：該路上的痕跡，不只表明那裡有過打鬥，還表明阿傑的足跡（他遭攻擊者搶走靴子後就赤腳）並未回到犯罪現場。法官紹爾德寫了封信支持警長的觀點，說阿傑的律師辯護不力，因為他們未從出庭作證的警長那兒問出完整的證詞，而且在公開的法庭上彼此爭執。[54]

唐尼維爾某些白人鎮民無疑站在阿傑那一邊，因為他們認識他；他曾當過短時間的廚子，為包括報人沃恩在內的白人服務。他與白人的關係似乎友善。例如，出事那天，古德依爾兄弟礫石灘的農場主維克多・布澤（Victor Bouther）在進城途中碰到阿傑，用他的馬車順道載了阿傑一程，主動表示願把他的食物載回古德依爾兄弟礫石灘。至少有一些當地白人鎮民認為阿傑是好人，為他求情，但沒有白人說死者鍾華是好人，沒人要替他討公道。比起阿傑，鍾華與白人社會更脫節。不同於阿傑，他未曾為白人工作過。他住在離鎮上更遠的地方，即南尤巴河旁中國平地（China Flat）上的華人採礦小營地，約略位於唐尼維爾、謝拉市的中途。他偶爾到唐尼維爾為其「同伴」買食物，到華人賭館試手氣。可能因光顧賭場一事，《山區信使報》表示「阿傑人品很好，死者的人品則是壞得出名。」[55]

的確有有力華人為鍾華講話：為了讓阿傑被捕並定罪，有人祭出豐厚報酬。當地白人說，鍾華所屬的同鄉會，比阿傑所屬者更大、更有勢力，但其實他們兩人都是合和會館的成員，該館則是來自四邑地區的會館之一。兩人甚至可能同宗，因為 Jake、Chuck 係同一姓的音譯。但鍾華也可能是致公堂這個結拜兄弟會的一員。他屬於一個小型採礦合作性組織，而該組織一般來講與這個兄弟會關係密切。此外，他嗜賭成癮，大概常去致公堂在唐尼維爾的分堂。[56]

十一月，州長沃特曼把阿傑的刑罰改為終身監禁。沃特曼提到未在審判時被舉出的證據，提到他缺乏稱職的律師為他辯護，提到有名鎮民為他說情，推斷阿傑行事「出於某種程度的自衛」，認為在他是否犯了一級謀殺罪上有「合理懷疑」的餘地。十一月二十八日阿傑入監佛爾森監獄（Folsom Prison）。[57]

約一年後，臨時譯員啟樂告訴警長斯圖爾特，當時與死者鍾華同行（且早已回中國）的阿丁，對此樁殺人案給了不同於他在法庭上所講的版本。唐尼維爾也謠傳，當時有人向啟樂保證，只要讓阿傑定罪，就給他大筆錢。由於這一消息，法官紹爾德請州長完全赦免阿傑。[58]

阿傑也直接寫信給州長。他的信以正規英語寫成，字跡工整，可能係獄中抄寫員或牧師所代筆。「我因為保衛自己生命財產而被送去佛爾森監獄終身監禁，」他寫道。「我的友人斯博汀先生從唐尼維爾寫信告訴我，我的信你都已收到，希望先生你放我出去，因為我已用人所能發揮的最大堅忍承受我受到的懲罰。」他還說他身體不好，並呈上典獄長所寫、證實其在獄中表現良好的信。[59]

一八九〇年十二月三十日，阿傑終於得到完全赦免。沃特曼在聲明中說，他「相信阿傑清白，應讓他恢復自由。」一八九一年一月一日，阿傑步出監獄，重獲自由。他回到古德依爾兄弟礫石灘，在那裡度過餘生。他繼續採金，勉強餬口，一個月去唐尼維爾一次賣他所積攢的少許金砂。[60]

在十九世紀加州得到州長赦免的華人不只阿傑。一八五四至一八八五年，至少十五名加州華人囚犯獲赦。華人囚犯獲赦的理由，係表現良好、重病在身，以及如阿傑的情況所見，當初定罪被認為以不夠充分的證據或偽證為本，又以第三個理由最為常見。檢察官常沒有多少證據可將被告定罪，而且白人一般來講表示難以區分華人，尤以努力回想有華人聚集之場合的細節時為然。當時人常提到語言、文化障礙是審訊與華人有關之刑事案時的主要難題。[61]

有些地方檢察官以缺乏證據駁回對華人的指控，但有些檢察官決意「捉來慣犯」，力促定罪，即使證據薄弱、證詞不可信亦然。這位州長給予赦免時常提到「他的罪有疑點」、「華人證人的陰謀」、「有助於確立其清白的情事已明朗」之類。[62]

當時司法界普遍認為不能指望華人說實話，而說來諷刺的，以偽證為理由赦免被定罪的華人一事，其實是此一心態所致。十九世紀期間，在西部諸領地、諸州，出現一組法律，載明在刑事、民事案上限制或不採納華人證人與被告的證詞。在加州，一八五四年加州「人民訴霍爾」（People v. Hall）一案，只以種族較低等為理由，就裁定華人沒有權利作證——一如黑人和印第安人，華人受害者和華人證人不能作不利於白人被告的證詞。[63]

法庭也認為不給華人作證之舉正當合理，即使被告和受害者係同一族群亦然，理由是華人不懂基督教誓言的神聖性。有些法庭不讓華人作證，係因為法庭無法讓華人證人照規定發誓證詞絕無虛假。偶爾，法官承認並非只有基督徒看重「說實話」，允許非基督徒按照自己不說謊的戒律發誓絕不說假話。但更常見的情況，係認為動不動就說謊是華人的種族特性——華人據認未開化的一個重要指標。在加州，無法在法庭上作證，使華人，一如年輕華商潘志（Pun Chi）在給國會的請願書裡所寫的，易受到「目無法紀之壞蛋」的施暴、殺害。他還說，「此犯罪活動明明有華人證人，但他們的證詞不受採納。於是，我們只能任人殺害，我們的事業毀掉。這樣的折磨，要多堅強的人才受得住！」[64]

在十九世紀加州和其他西部管轄區域，華人和印第安人於刑事體系裡受到種族歧視的不公待遇，而不採納其證詞是維持此不公待遇的支柱之一。[65]這個盛行的種族主義觀念到頭來竟讓被誤判死刑的華人無罪獲釋，真應了福禍相倚這句老話。

第五章　保護範圍

一八五七年八月十日星期一，在卡斯爾梅恩的群眾大會上，年輕的華人淘金客潘沙（Pon Sa）走上前講話，害羞得紅了臉。為了抗議加諸維多利亞華人居民的最新稅負，一千三百名華人聚集於機工山（Mechanic's Hill）上，而要在一大群激動的同胞面前講話，他很緊張，但他一開口就停不下來。在「流利且激昂的演說」中，潘沙痛斥英國人對待金礦區華人的方式。凡是華人所立界據有且很有賺頭的地，英國人都把那裡的華人趕走。華人淘金客入手的黃金甚少，有時少到一個月只有值十先令的黃金，因而許多人只夠填飽肚子或購買工具，別提把什麼東西寄回給妻子和老家。無法照規定繳稅的華人遭關押、罰鍰，若非同胞集資幫忙繳付罰金，許多人會在獄中憔悴而死。潘沙說最新的課稅提議——每月離譜的一英鎊——若施行，必會使華人一貧如洗、餓死。華人想要遵守英國人的法律，但稅太重、傷害很大、不公平。聽眾頻頻大聲叫好、低聲附和，打斷潘沙講話。

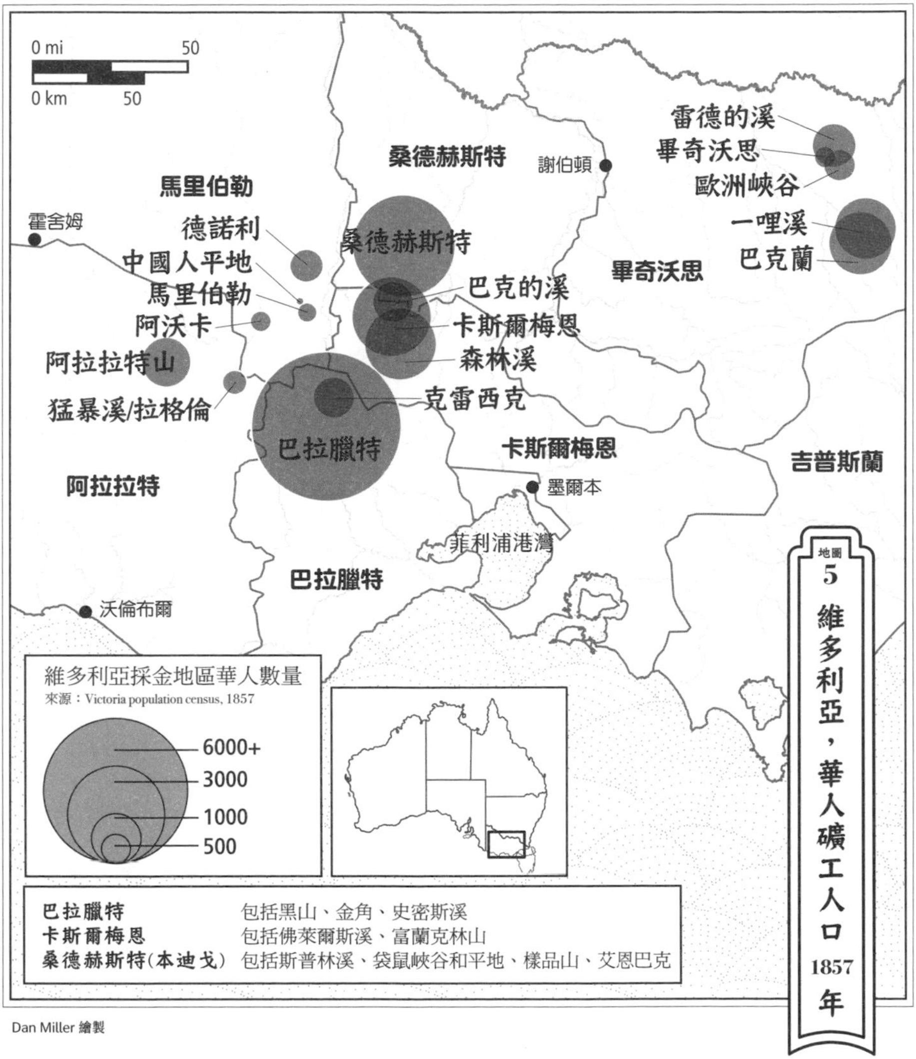

0 mi
50
0 km
50
雷德的溪
畢奇沃思
歐洲峽谷
桑德赫斯特
謝伯頓
馬里伯勒
霍舍姆
德諾利
桑德赫斯特
一哩溪
巴克蘭
中國人平地
畢奇沃思
馬里伯勒
巴克的溪
阿沃卡
卡斯爾梅恩
阿拉拉特山
森林溪
猛暴溪/拉格倫
克雷西克
巴拉臘特
卡斯爾梅恩
吉普斯蘭
阿拉拉特
墨爾本
菲利浦港灣
巴拉臘特
沃倫布爾
維多利亞採金地區華人數量
來源：Victoria population census, 1857
6000+
3000
1000
500
巴拉臘特　包括黑山、金角、史密斯溪
卡斯爾梅恩　包括佛萊爾斯溪、富蘭克林山
桑德赫斯特(本迪戈)　包括斯普林溪、袋鼠峽谷和平地、樣品山、艾恩巴克
地圖
5
維多利亞，華人礦工人口
1857年

Dan Miller 繪製

亞歷山大山（Mount Alexander）金礦區的華人，那天幾乎全去了卡斯爾梅恩。那天整個早上，他們去傳教士朱阿六（Chu-a-Luk）的禮拜堂，在那裡簽署抗稅請願書。然後他們「遊街」，直到下午兩點朱阿六在山上宣布群眾大會開始為止。朱阿六和潘沙講話之後，宣讀請願書，眾人喝彩。大會決定募款，以支持這個「運動」和聘請律師為他們向「英國人殖民地總督」申辯。然後群眾向國王歡呼致意，休會。[1]

居住稅並非維多利亞華人所必須繳的第一個稅。他們還得繳入境費和「保護」稅，以及標準採礦許可費。一如加州境內的外籍礦工稅，維多利亞種族稅旨在抑制華人移入，使移入的華人窮困，冀望藉此把他們趕出境，以及使那些堅持留下來者感到孤立卑微，同時充實政府公庫。唐廷桂等加州華人會館領袖接受外籍礦工稅以換取官方保護。這樣的期望很合理，卻總是期望落空。但與加州華商和華人礦工不同的，維多利亞的華商、華人礦工以群眾大會、請願、派代表、不順從、公民不服從諸手段，抗議該殖民地不公平的課稅。

一如在加州，維多利亞對金礦區華人的政策，係為回應白人認為華人可能危害社會的看法而推出。但在加州，反華心態迅即形成某種反苦力說，而在維多利亞，種族主義較無定形。在該地的金礦區，未出現把華人當成「苦力種族」的最高理論。澳洲的白人對華人心存懷疑，對華人的多神教信仰、據稱的不愛乾淨和道德敗壞，普遍難以理解，存有沒道理的反感。如果說澳洲人的種族主義、種族政策有個一以貫之的主軸，那就是擔心他們位於大英帝國邊陲的小小根據地會被即將從中國過來的數百萬人淹沒的心理。在澳洲，華人問題係在亞洲兩帝國——大英帝國、中華帝國——據認衝突的大環境下出現。

一八四〇年代後期開始有華人來到澳洲諸殖民地，而這些最早的華人其實是契約工，簽了合同到新南威爾斯的大牧羊場工作。隨著遭流放至澳洲的罪犯變少，被「指派」去為私人地主牧羊和從事其他農活的罪犯跟著變少，牧場主——澳洲最早的大資本家——轉而找上來自印度、中國的亞洲契約工。一八三〇年代後期和一八四〇年代初期，牧場主從西孟加拉輸入數百名契約工；一八四七至一八五三年，澳洲人另帶進五百名印度人和三千六百零八名華人，後者絕大部分招募自福建廈門。澳洲人在廈門招工，可能因為廈門這個口岸是外移新加坡（另一個英國殖民地）之華工的重要來源。華人契約工去澳洲牧羊、看管牧場工人的棚屋、當農場工人、當家僕，務工契約一簽四至五年。他們一年賺約十英鎊（不到歐洲人平均工資一半），受殖民地的主僕法約束，依據該法可對潛逃或不從的契約工處以刑罰。[2]

澳洲白人拓殖者從一開始就對使用亞洲契約工一事心存疑慮。許多人認為應找自由之身的英國外移民定居澳洲，而非找不自由的勞工，不管那人是罪犯還是苦力皆然。在加勒比海的英國種植園殖民地，使用印度契約工取代非洲奴隸，似乎還是未能減少蓄奴之惡，而他們擔心澳洲會變得類似這些殖民地。一八四三年，新南威爾斯自稱工人的四千人聯名請願，宣稱輸入「有色人種工人」會「嚴重侵犯來此改善生活之自由人的權利」。當時有人警告，英國外移民的工資會降為一年二十盧比或本身會「淪為乞丐、一文不名」。反對將罪犯流放澳洲的團體，仿英國反蓄奴組織而成立，認為輸入契約苦力比輸入罪犯更要不得，認為罪犯至少還有可能重新做人。但倫敦的殖民地事務部坦承，「真正合格的外移民，也就是年齡合適且具備必要的健康狀況、嫻熟某種有用之勞動的外移民，供應量有限……要找到符合所需的人數恐怕辦不到。」[3]

牧羊場主對使用契約工心存抗拒，但又堅決認為除了契約工，他們找不到別的勞動力。一如在其他的白人移民殖民地，原住民不願為白人幹活。菲利浦港牧場主查爾斯·尼可森（Charles Nicholson）嚴正表示，「事實上我們得有某種勞動力——如果能找到自由勞動力最好；如果不行，就囚工；如果這兩者都找不到，就苦力。」《墨爾本時代》（*Melbourne Age*）呼應道，輸入亞洲人是「最不得已的辦法」。[4]

到了一八五〇年代初期，由於把苦力和罪犯工扯上關係，加上殖民地的建立肇始於罪犯流放，而正格移民想要揚棄這一不體面的出身形象，反對輸入契約工者已大體上占上風。許多白人移民主張，以亞洲契約工取代罪犯工會創造出許多不平等，從而會使民主制度無緣實現。有個批評羊毛資本家的人斷言：「華工的出現源於對廉價罪犯工的病態追求，不能既要滿足這一追求，同時仍希望這類勞動力得到供給。華人外移只是奴隸貿易的延伸。」一八五一年菲利浦港區脫離新南威爾斯，成為維多利亞這個新殖民地時，該殖民地以自由殖民地的身分問世，禁止所有契約工，不管何種出身的契約工皆在禁絕之列。在境內牧場主擁有相當大政治影響力的新南威爾斯，繼續使用華人契約工，但未大量使用而且未能免於公眾批評。[5]

但一八五〇年代初期淘金熱開始，白種澳洲人對華人問題的看法隨之有了根本上的改變。澳洲人追求自由勞動力，而淘金熱給了此追求一個意想不到的回應，而且是大大超乎其所需的回應。淘金熱給了人此前所想像不到的富裕憧憬，把數萬人引來澳洲。一般來講，他們是自由之身的外移民，社會背景分殊，大多來自不列顛群島，但也有來自歐陸（尤其德意志）、美國、中國者。[6]

華人於一八五三年來到維多利亞金礦區，即淘金熱初起約一年半後。到了一八五四年，該殖民地已有一萬華人，相對來講這人數不算多，但他們的存在引發爭議。史學家講述了白人對華人的敵意，有些史學家把此敵意與加州金礦區的種族主義相提並論。但在澳洲，華人問題不同於在加州者。[7]

在維多利亞金礦區，許多白人認為華人「令人困擾」，尤其因為他們認為華人的沖積礦床採金法浪費水或汙染水。在卡斯爾梅恩開店做生意的亨利．梅爾維爾（Henry Melville）說，那是白人「最抱怨的事；他們（華人）從一個洞取出水，讓他們的『尾料』（碎石）落入另一洞裡，於是毀掉兩個洞的水。」據在桑德赫斯特採礦的威廉・霍普金斯（William Hopkins）所述，「他們毀掉我們的水；他們和我們無法溝通，我們無法和他們講道理。」[8]

除了水的問題，有時為了開採權問題起衝突。華人在白人所立界據有但後來放棄的土地上採礦司空見慣，或許因為比起必須勘探新區域，這較省事，儘管淘洗尾料費事又收穫不大。但得悉別處有含金砂礦時，白人離開他們所立界據有的地，然後在那些含金砂礦令他們失望或礦藏耗盡之後，往往回去原據有的地。在他們看來，他們並未放棄先前的礦區，只是「備」而不用，但依法一人一時只能據有一塊採礦地。白人把華人說得醜陋不堪，以合理化其將華人趕出其所立界據有之地的舉動，例如，政治人物威廉・韋斯特嘉特（William Westgarth）把華人說成「貪婪的蝗蟲」，「跟在其他人後面，重新淘洗、撿拾所有東西。」[9]

種族緊張和衝突頻發於金礦區，但非無所不在。華人和白人往往在峽谷裡一起工作；或相處融洽，或吵架，就和在充滿競爭的淘金熱環境裡的所有淘金客沒有兩樣。白人對華人的看法也非人人一樣：有些白人認為華人是「很安詳隨和的一類人」，「完全無害」，不「傲慢」，乃至「體力和腦袋都很好」。但有些白人把華人稱作「一票小偷」、「惡名遠播的賭徒」。[10]

隨著維多利亞境內華人變多——一八五四年達兩千人，一八五九年達四萬兩千人，占所有成年男性將近兩成——華人變多變成白人最關切的事，成為白人眼中大量湧入殖民地的異教徒種族。為實際採礦活動而起的衝突，染上隱而不顯的種族對立色彩，而且這種對立相激相蕩，加劇金礦區的種族緊張。在本迪戈這個一八五四年時已有三千華人定居的地方，千餘名白人淘金客開了一場「大會」，決意將華人強行趕離金礦區。金礦區專員約翰．潘頓（John Panton）請上級增援警力並答應白人調查他們的委屈，藉此化解掉群眾暴力。[11]

在此時的維多利亞，白人反華人淘金客的理由，不同於在加州或在契約工辯論時期的維多利亞所出現的理由。維多利亞人未把華人淘金客說成苦力或非自由人；正由於華人是自由遷徙者，白人才感到不安，因為自由遷徙理論上不受限制且無法控制。英國移民清楚——且不敢質疑——英國自由主義的一大原則，即自由移入、自由定居的原則，適用於整個大英帝國的原則。但他們開始主張不該讓華人享有此自由，因為他們可能像「蝗蟲」一樣大量出沒於澳洲；他們無法同化；他們所帶給澳洲的，「既非有益風俗人心、具體可感的好處，也非政治好處。」有份報紙表示：「認為英國的土地任由全世界人進出，認為英國的政府和人民會容許黑壓壓一大群劣等種族定居於這塊土地，造成本國的退化，實在愚蠢可笑。」「留在國內者」（Home-Stayer）向《帝國報》（*Empire*）發表了類似的投書：「英國的法律誕生於英國土地上，適合不列顛群島的環境。那裡的種族差異沒這麼大……我們處於或許從沒有哪個民族曾處過的境地——一個有著自由、開明體制、向廣大多神教徒世界敞開大門的國家。」[12]

這個認為華人不適用於自由主義原則的論點，把重點擺在宗教差異上。而且此差異似乎大到無可彌合，被認為無法兼容並蓄，從而使華人永遠不可能是正格的移民。儘管有基督教傳教士在金礦區傳教，大部分白人，甚至那些認為華人隨和無害的人，都認為「我們教不會他們」。[13]

異教信仰不只意味著不信基督教，還意味著欠缺基督教徒的道德規範。從華人用水方式帶來所謂的危害，到（最重要的）華人身邊沒有女人和家人，種種讓白人對華人心存懷疑的事物，都肇因於上述的欠缺。白人認為只有基督徒看重中產核心家庭，認為家庭是條理井然且風俗良好之社會的基石。沒有穩定的家庭，社會可能步上道德敗壞之境。事實上，人數眾多的白人單身漢淘金客也令許多觀察家困擾，但一般認為他們終會成家，安頓下來。有些批評家從另一個角度出發，擔心殖民地裡缺乏華人女子，會使華人男子娶白人女子，從而創造出一個退化的「混種」。[14]

公共辯論數次提到華人「奴隸」，但其中大多誇大其詞。有個典型的說法聲稱，「比起讓來自充斥謊言、殺嬰、異教信仰之國度的五百個這些黃種奴隸來，從母國接納兩千名罪犯」，「會好上許多」。維多利亞總督查爾斯·霍瑟姆（Charles Hotham）爵士私下表示，以代墊船費的方式資助華人出國，「非常近似奴隸買賣」。霍瑟姆把「東方專制主義」說放進賒單移民現象裡，但十九世紀、二十世紀初幾乎所有民族和族群都利用借款一償遠赴異地的心願。雪梨的貪腐官員利用同樣的刻板觀念，合理化一八五六年沒收一艘出境船上華人的九千四百八十英鎊黃金之舉：「這些華人鬱鬱不樂，」海關官員約翰・德庫西・布雷默（John De Courcey Bremer）說，「為了還債，這些黃金只會落入他們的有錢主子手裡。」[15]

但一般來講，澳洲人未隨便使用「奴隸」一詞。在加州，苦力一說之所以深入人心，係因為華人處境類似美國南方的非洲奴隸。但在澳洲，沒有現成類似的種族歧視現象，在那裡，不自由的過往，不是發生在淪為奴隸的特定種族上，而是表現在罪犯流放、指派罪犯為大地主幹活，以及更晚近，亞洲人簽約務工上。澳洲人最擔心的事，毋寧是華人「淹沒」他們。這一看法流於誇大，但在澳洲境內白人人數（一八五〇年約四十萬人）相較於其亞洲鄰人微不足道的背景下，這看法深入人心。《阿耳戈斯報》說：「地理上，我們比白人所占據的其他任何大塊土地更接近中國受壓抑的數百萬人……我們仍只是一小撮男女老少。」[16]

憂心「華人入侵」的心態無所不在，而且往往流於歇斯底里。有份官方報告寫道，華人「數量之多」「已幾乎令人難以置信……而且似乎還在快速增加。」維多利亞面臨一個「令人不樂見的可能情況……即相對來講為數不多的白人拓殖者可能埋沒在數不勝數的中國人海裡。」尤里卡（Eureka）金礦區專員談到「像貪婪的蝗蟲在（歐洲人）周邊打轉」的「中國人」。在反華人大會上，講話者鼓其如簧之舌，讓聽者不禁擔心不久後「深膚色的黃種人」會是白人十倍之多。有人預言會來「一兩百萬人」。報紙社論和投書痛批「令人極反感的外國多神教群眾」和「劣等種族大量湧入所引發的嚴重社會問題。這一種族住在別人的土地上，與別人格格不入，而且來了之後，又從簡直消耗不完的一國人口裡招來多不勝數的一票票人。」[17]

有些維多利亞人注意到晚近中英在廣州的衝突，亦即鴉片戰爭；有些維多利亞人論及與新加坡、爪哇境內華人有關的騷亂。澳洲的白人拓殖者擺脫不掉大英帝國在亞洲的更大地緣政治得失對其的影響。澳洲的前一代英國人拓殖者懷抱著由他們，而非由中國，向太平洋地區全境擴張的夢想，而中國人的淘金熱外移潮其實打破了這個夢想。要求限制華人移入的主張，在某種程度上是種信心危機，坦承拓殖者無法在自由、平等的基礎上僱用華人。[18]

金礦區出現反華人聲浪，正值白人對殖民地政府日益不滿之際。有些白人指責華人「拿走」他們所放棄的金礦區，但大部分白人未把華人當成他們自身困境或不幸的代罪羊。淘金客的憤怒矛頭主要指向殖民地政府，尤其其要求取得許可才可在公有土地採礦的規定和其執行手段的嚴厲。許可費甚貴，最初一個月三十先令，而且規定每人立界據有的土地不得超過八平方英尺。金礦區的治安由專員、收稅員、檢查員、治安官、警察共同維持，而負責發放許可證的採金事務專員是這個治安團隊的一員。在加州，當局任由礦工在聯邦土地上採掘、占用，完全不予阻止，而在維多利亞，情況與此大不相同。

許可證規定所引發的民怨和抗議有增無減。反對此稅、反對政府專斷獨行的金礦區民意，催生出對選舉權和土地改革的更廣泛政治要求，這兩者都被視為英國子民依憲法應享有的權利。以本迪戈為中心，隨之擴及整個維多利亞殖民地，礦工繫上紅絲帶，誓言拒繳此稅，舉行群眾大會，組織請願活動。一八五三年議會將許可費減為一個月約十三先令（一年八英鎊），但還是叫礦工吃不消。

到了一八五四年秋，面對逃稅依舊盛行，政府的因應之道係在金礦區每週檢查許可證兩次，從而引發更大民怨和抵抗，並在十二月巴拉臘特的尤里卡叛亂（Eureka Uprising）中來到最高點。經過數個月的人民抗議（包括燒掉尤里卡飯店），數百名帶有武器的英國、歐洲淘金客用柵欄圍起一塊地方，呼籲向殖民地政府造反，結果遭民兵擊潰，數百人被捕，約三十名礦工遇害。這場危機促使殖民地總督查爾斯・霍瑟姆召開金礦區調查委員會，該委員會判定礦工對金礦區行政機關暴虐腐敗的不滿大體上有憑有據。議會通過數項改革，包括以一年一英鎊費用的「礦工採礦權」取代許可制、金礦區地方自治、金礦區選出代表參加擴大員額的立法會、黃金出口稅。[19]

該委員會針對如何處理華人問題提出了建議，未挑明建議將華人「完全禁止入境」，但認為「眼下有必要採取某個措施，即使不是為了阻止華人流入，至少為了抑制、減少華人流入。」該委員會提議，從英國口岸（香港、新加坡）出發的船隻，每艘船所載的華人人數應設限，或許限制在十五至三十人，每多載一人就該繳高額罰款。同年更晚，議會果然立法回應，把每艘船所載華人人數限制在每十噸位一人；還規定每個來到維多利亞的移民繳交十英鎊的入境費。此法也授權殖民地總督制定「規則和規定」以「管理和好好治理」華人。根據此法的授權，殖民地總督規定華人繳交一年一英鎊的「保護」稅。十八個月後，議會規定所有華人每月繳交一英鎊的居住稅。這些稅加總起來負擔沉重，尤其華人還得花錢買正規礦工的採礦權。[20]

華人回應以久久不斷的抵抗，既有積極的抗議，也有消極的不順從，明顯類似歐洲的反許可證運動，但當時只有少許白人認識到兩者的相似。五千一百六十八名住在本迪戈的經商、採礦華人和其他華人聯名提出一份「卑微的請願書」，抗議十英鎊入境費。華人稱它是人頭稅，因此「原則上不公平，違反了英國憲法的基本法，有辱向你們請願者的人格。」五千多人聯名，占了本迪戈區域華人人口的頗大一部分，間接表明高度的組織性。大概透過四邑會館和義興會，透過它們在村子的會所，透過在金礦區的口耳相傳，達成聯署。「維多利亞華人」的第二份請願書，可能在巴拉臘特華人保護員威廉・亨利・佛斯特（William Henry Foster）協助下完成聯署，署名者達三千零八十九人。[21]

集體避繳入境費，也頗有組織性。從香港、廈門過來的船，不停靠菲利浦港（墨爾本），而是多走三百英里，在南澳大利亞（South Australia）殖民地的吉尚灣（Guichen Bay）羅布港（Port

Robe）上岸，在該港上岸不用繳入境費。有些華人跟著能講英語、一身英國人打扮的客頭一起抵達。華人從羅布港步行兩百二十英里到維多利亞金礦區，途中得穿越艱難地形和危險叢林，包括高山、沼澤、沙漠，有時靠指南針帶路，然後一次數百人出現在阿沃卡（Avoca）、巴拉臘特，乃至墨爾本。據估計一八五七年上半年有一萬四千名華人抵達羅布港，這個出口羊毛的小鎮（人口兩百）因此成為熱鬧的口岸鎮。白人過來，鎮上人口迅即增加了兩倍，並且從販售食物、補給品、資訊、嚮導服務給入境的華人淘金客中得利。[22]

華人行走隊成員有時多達六百人，人龍綿延達兩英里。每個人挑著一根竹竿，竿兩頭各掛著一個簍子，每群人有數輛車隨行，車上載運食物和路上生病的人。一天行走二十英里，途中挖井取淡水，買綿羊以取得鮮肉，在城鎮留下信息給後續會抵達的人。為防無良嚮導搞鬼，他們在樹皮刻痕以標示路徑。[23]

維多利亞政府懇請相鄰的殖民地政府制定類似的入境費，以遏止華人走陸路抵金礦區。一八五七年南澳大利亞照辦。但還是有華人來到金礦區，因為船隻改在新南威爾斯停靠。一八五八年一萬兩千華人在雪梨上岸，其中九千人越過墨累河（Murray River）進入維多利亞。維多利亞議會增設四英鎊陸路入境稅，以抑制從相鄰殖民地入境者，但要孤零零的陸上守邊人員收取此費幾乎不可能，因為華人走過他們身邊時喃喃唸著「no savvee」（「不懂」）。[24]

一八五七年開始課徵的每月一英鎊居住稅，引發新一輪請願活動。卡斯爾梅恩的集體抗議活動，就發生在議會通過此稅後才幾星期，再度展現高度的組織性。傳教士朱阿六主辦請願和開會，也是卡斯爾梅恩的官方指定中國話譯員。因此職務之故，他與這整個區域的華人和由會館、會社組成的華人社會網絡搭上線。朱阿六為殖民地金礦區行政機關做事，但把自己同胞的權益擺在第一位。金礦區特派區長所僱用的工頭亦然，諷刺的是他們的職責係協助收取許可費和保護費。工頭阿洛（A-Luo）向卡斯爾梅恩華人大會報告，他會和其他區的華人聯絡以建立此「運動」。

一八五六、一八五七年維多利亞諸金礦區數千華人簽署了至少九份請願書，提交殖民地政府。除了聯名人數眾多，這些請願書的論點和理由也值得注意。請願者提到付不出錢、因先前的課稅而陷入貧窮，以及自己的礦區落入眼紅的白人之手之事；提到違反英國憲法平等原則、令人反感的差別待遇；提到華人光顧本地商人、在遭棄的礦區採礦所產生的經濟貢獻。他們往往以權利語言寫請願書，搬出形諸英國憲法的自由傳統。墨爾本《阿耳戈斯報》寫道：「約翰說，沒代表而予以課稅是『暴政』，誰能反駁他的說法？」本迪戈請願華人呼應加州華商的論點，也指出移民入境對貿易、商業的貢獻，「有向你們請願者這樣的大批人存在於這裡和其他金礦區，大大促進了貿易，讓此殖民地的商界獲益甚大。」[25]

請願者也駁斥針對他們的怨言和刻板觀念，尤其他們未帶女人過來、因而是有害的移民一說。數份請願書提到把妻子留在家鄉的文化理由、現實因素。在卡斯爾梅恩群眾大會上講話的潘沙特別著意於此問題，說「華人的妻子（在澳洲）會不安全。有時華人女子在路上被攔住，覺得丟臉，她們擔心如果來這裡會遭羞辱。」另有人解釋道，維多利亞前景不明，華人無法做長久打算。劉光明向殖民地當局證稱，如果華人受歡迎，如果法令很清楚，華人會定居澳洲，會把家人帶過來，一如在新加坡、檳榔嶼那樣。從某個意義上說，華人的意思是華人不願定居澳洲，癥結出在白人，而非華人身上。[26]

一八五七年十一月，議會通過一條修正過的法律，把居住稅減半，減為一年六英鎊。刑事條款移除，但此法規定，凡是沒有居住許可證者，都無權向奪走其所立界據有之土地的人發起訴訟。巴拉臘特一千四百名華人提出的新請願書，抗議此法使那些無法「符合這一不合理要求」的人，失去他們依據礦工許可證所已保有之所有權的法定權利，從而使這些人成為「亡命之徒」。白人霸占華人立界據有之地，隨之愈來愈多，因為已有許多華人不再從事淺沖積礦床開採，轉而開採深層含金砂礦，而後一開採需要花較多錢買下開採權和設備。只有幾百華人繳交六鎊居住稅，而在人數超過四萬的華人礦工群體裡，只有幾千人取得開採許可權和保護證。傳教士、捍衛原住民權利者、其他較明確支持英國之公平、人道主義傳統者，對官方之華人政策的批評也日益高漲。墨爾本商會引用「時代精神」，兩度在決議中表明反對通過「專門用於阻止華人登陸此殖民地的法律」。[27]

政府於一八五九年二月再度修訂法令，把居住稅進一步降為一年四英鎊，並把開採許可權和保護證納入其中，表示希望這樣一來「華人的困擾（會）減少」，會「更有效促使他們貢獻稅收」。政府這麼做，其實並非出於人道主義的好心；政府其實正與華人協商，欲談出華人願意繳的稅金（華人說他們願意一年繳兩英鎊）。這條修訂過的法律也增加了刑罰規定（高昂的罰金、囚禁、公共工程義務勞動），還有新的行政規定，要華人時時隨身帶著繳稅收據，得到書面許可才可遷離此區。[28]

那年春天，政府決意嚴格執行收稅和檢查，把拿不出居住許可證者入獄，抗議活動隨之升高。五月，七百名本迪戈華人抵抗收稅員和陪同收稅員過來的警察，從警方手中救出因拒繳被捕的數名華人。騎警衝上前驅散群眾。華人還是不從，自首就逮，使監獄人滿為患，做法就和後來使甘地、小馬丁·路德·金恩出名的做法一樣。四千名本迪戈華人聯署請願書，譴責警方的做法，警方逮捕沒有許可證者，「押著（他們）遊街示眾……猶如重罪犯」，把他們丟進獄囚勞動隊，要他們「和最無恥的罪犯一起掃人行道和從事其他類似的丟臉工作，警察上刺刀站崗，守著他們。」[29]

警方以發送提倡不繳稅的「煽動性」海報為由逮捕畢奇沃思的華人頭人後，該地華人與警方起衝突。三千名華人群集於卡斯爾梅恩，步行至該地特派區長的營地，在那裡表示他們每年只繳得起兩英鎊，如果他們的提議被拒，他們會「自首供官府依法處治」。一個叫華人聯盟（United Confederacy of Chinese）的團體，由本迪戈、卡斯爾梅恩、巴拉臘特、歐文斯（Ovens）區的華人組成，呼籲「所有淘金者和攪拌工暫停手上工作，所有店家老闆歇業，不與歐洲人打交道。」他們也宣告，如果警方欲強行收稅，華人要前進至特派區長的總部，舉行「聲討大會」。[30]

劉光明等墨爾本華商也反對居住稅。一八五九年五月，他連同另兩個華商領袖約翰・陸（John A. Luk）和阿金（A. Kim），與殖民地總督公署官員討論此稅。三個頗有名望的白人與他們同去：立法會成員詹姆斯・格蘭特（James Grant）、商人馬克・金恩（Mark King）、金礦區傳教士威廉・楊牧師。三位華商只是申明自己的論點，亦即要礦工繳的稅，卻要墨爾本的商人也跟著繳。他們也指出，他們每次帶著一批來自海外的貨過來，不管那批貨來自中國，還是來自其他地方，他們都繳十英鎊入境費。三華商進一步與礦工的公民不服從行徑撇清關係，表示當總督的祕書長約翰・歐夏納西（John O'Shanassy）告訴他們，華人聯盟在煽動暴力滋事時，他們很震驚。兩天後，劉光明等一百五十一名商人去財政部，乖乖繳了稅。[31]

墨爾本商人不願支持礦工，大罷工和公民不服從運動氣勢大衰。政府繼續厲行收稅和檢查；

至一八六〇年，已有約四千人遭罰款，兩千人因拒繳稅入獄。此運動撐不下去，但雖然再無群眾示威，繳交居住稅者仍只占華人少數：一八五九年一萬兩千人，一八六〇年八千人，一八六一年五千人。[32]

白種澳洲人把尤里卡叛亂視為他們民主體制的源泉之一，而從許多方面來看，華人的抵抗類似尤里卡叛亂。華人請願書的用語，類似白人的請願書，搬出英國立憲主義和平等觀，而且舉辦群眾大會時展現英國的政治象徵物，例如掛英國國旗、以向國王歡呼致意三次結束大會。與此同時，華人的抵抗，係從強調公平和為政者有義務以仁心治國的道理出發，而非以英美人有代表才繳稅的觀念為本。值得指出的，從諸多重要方面來看，華人的抵抗超越尤里卡叛亂的範圍：更多人和更多地方捲入，而且時間更長。史學家傑佛里·塞勒寫道，華人的抵抗「可能使任何輕易就能明辨是非的老淘金客都覺得汗顏」。[33]

除了持續以有計畫的活動反抗不公平的種族稅，華人淘金客也不願屈服於殖民地政府的強逼，住進以「保護」為名的種族隔離村。華人根本不願住在這些將他們與他人隔離的聚居區，也不願花錢買下住在（或不住在）那裡的特權。華人的抵抗最終促使政府捨棄此方案。

華人保護區的構想意在藉由將白人、華人隔開，降低兩種族的衝突。一八五四年，本迪戈黃金事務專員約翰·潘頓（John Panton）向殖民地總督霍瑟姆建議，針對華人任命特別「保護官」

和把華人安置在與白人隔開的營地裡，可確保他們安全並促進華人、白人相安無事。軍官出身的潘頓也致力於阻止搞煽動的白人利用華人問題挑動民心反殖民地政府。[34]

潘頓的提議讓人想起一八三〇、四〇年代政府為了防止原住民遭白人移民暴力傷害而施行類似的「保護」策略。原住民以殺死或偷竊牛羊的方式抵抗白人侵犯，白人即以暴力手段保衛自己財產，自認此舉正當合理。新南威爾斯、南澳大利亞兩殖民地的政府鼓勵白人拓殖，但反對暴力攻擊、殺害原住民。一八三八年成立了菲利浦港原住民保護地，以免原住民遭受「殘酷、壓迫或不義行徑」和白人「拓殖惡行」的傷害，以「把基督教的真諦和文明開化生活之道教給他們，藉此彌補那些惡行。」此政策邀原住民住在由政府派人管理的原住民「保留區」（station），在那裡他們做「少許工作」，就會得到安全的庇護，而且衣食無缺。接受政府這項協議的原住民不多；保護官也未察覺到原住民「社會處境」的改變。白人拓殖者自負的認為他們會使原住民傾心於白人的規範，但不久就轉而認為原住民族會滅絕，他們原始且幼稚的本質會使他們敵不過歐洲文明的進逼而瓦解、消亡。於是，「保護」被視為替消滅原住民之舉披上文明外衣的暫時措施。[35]

如果說殖民地政府表示華人一如澳洲原住民需要保護，以免遭白人暴力傷害，華人保護地其實大不同於先前的原住民保護地。華人保護地的構想，主要借鑑自東南亞境內白人殖民地裡的種族管理策略。維多利亞殖民地的拓殖者舉出在菲律賓、爪哇、馬來亞的做法供澳洲效法。一八五五年五月，墨爾本商會派出的特別代表團拜訪霍瑟姆，力促其針對華人推出特別的管理規定。他們告訴霍瑟姆，在新加坡，殖民地政府「從新拓居地裡年紀最大、最有錢的華商中挑選兩人代表不同群體（宗親會），充當治安官，解決華人之間的糾紛。」他們提到在巴達維亞要頭人負責「收稅、督促華人守規矩」之事，提到在香港針對華人施行的特別管理規定。英國人在新加坡也針對華人所食用的品項（豬肉和鴉片），課稅。[36]

潘頓和霍瑟姆同意成立華人保護地，「由華人自己管自己」，管理權則交給「頭人」。殖民地官員雖然想要找地方領導人當頭人，以便向華人收稅、裁定華人間的糾紛，卻未像在海峽殖民地那樣成立多頭治理制度。在海峽殖民地，英國人、華人、馬來人（穆斯林）三族群的法律並行。[37]

頭人的運用必須配合英國在澳洲之殖民地屬移民型殖民地這個事實而有所變通。在東南亞殖民地，白人是人數不多的少數族群，而在澳洲，白人打算成為多數族群。原住民被認為大勢已去，終將滅絕，華人則尚未成氣候，還未成為富裕且有影響力的族群。弔詭的是，在澳洲的白人移民殖民地，華人移民的存在，令白人想要施行比在東南亞殖民地所見更為有力的措施來控制華人。在南洋，華人或土著都未被強行隔離在「保護地」裡。

維多利亞官員對華人和其社會組織所知甚少，但的確知道透過華人群體裡的高地位人士，他們有可能接觸到華人礦工。巴拉臘特專員羅伯特・雷德（Robert Rede）認為華人礦工只會尊敬「在其本國身為官員或重要人士」的頭人，如果可能的話，最好是由中國皇帝直接任命的頭人，但「遺憾的是在此區域沒有地位重要的華人」。其實華人的社會組織很先進，但要霍瑟姆、潘頓弄清楚並不容易，更別提予以利用。[38]

最初華人對殖民地政府的保護主張並不反感。金礦區的華人，為了採礦權、用水的問題，與白人衝突不斷。華人往往主張，在已被人立界據有且已被開採過的礦場採礦，與白人井水不犯河水，而且對社會有益，因為他們找到原本不會有人挖掘的礦。在他們看來，連這樣的礦場都保不住，顯然太沒天理。一八五五年初期潘頓代表霍瑟姆巡視採礦區，爭取「四大宗親會領頭人物」支持保護地時，他說他們一般來講支持此議，尤以如果保護地會使他們免遭「不義且眼紅的歐洲人」傷害時為然。[39]

華人也想像東南亞殖民地裡的華人一樣，有自己的法院和警察。但霍瑟姆不願給予如此程度的自我治理。華人、白人利益不一致，使殖民地官員難以找到華人頭人參與他們的計畫。尤其，華人會館的規章要求其頭人為會館收費，而非為了取得採礦許可權收費。在保護關係下，頭人的角色類似英國人的下屬，甚至走狗。尚未當上華人領袖者知道頭人這個職位有其風險。例如，本迪戈官員想任命為區專員擔任譯員的阿昌（O Cheong）為頭人，阿昌不願接。他說他在華人僑界地位不夠高，不夠格擔任此職，而且語帶憂心指出祕密會社的影響力。其實阿昌在當地華人圈子似乎堪稱外人；他旅居倫敦十年期間學會英語，在那裡受培訓為基督教牧師。他不會是義興會成員，大概不是四邑人。[40]

一八五五年五月，在本迪戈設立了試點性質的保護地，陸軍上尉佛雷德里克．史坦迪什（Frederick Standish）獲任命為華人的保護官，華人居民被編入七個「村」。十月，霍瑟姆正式定案此體制並予以擴大，任命巴拉臘特、阿沃卡、卡斯爾梅恩三地的華人保護官，開始把華人遷入「村子」。一段時間後，針對馬里斯伯勒、畢奇沃思兩地任命了華人保護官。立法會針對成立華人營地、任命頭人、解決糾紛、禁止把水「特別留給」淘洗含金沙土之用，發布了規定。立法會也容許（但未規定）對因病陷入赤貧的華人施予救濟。[41]

但「保護」的念頭，很快，甚至立即，就被設限、管制的衝動壓過去。維多利亞為原住民設立的保護官是傳教士和教師，而最初四個華人保護官，有三個是軍人或警察出身。保護官裁決華人與白人之間的紛爭，但把大部分時間花在發授、檢查許可證、保護證上。巴拉臘特保護官威廉．佛斯特的工作日誌顯示，一八五六年二月的兩個星期，他花了九天走訪華人營地，在那裡尋找沒有保護證的華人和解決華人礦工之間的紛爭，有一整天審理華人、英國人礦工間的一樁官司（並作出有利於英國人的判決）。在金礦區時，他也尋找一名從阿沃卡監獄逃脫的華人謀殺嫌疑犯。剩下的時間則代行治安官的職務和待在他辦公室裡。[42]

華人保護地本身是個頗大的政府機關，有保護官、抄寫員各一名，書記、譯員、頭人、警察各不只一人。但華人領袖，誠如先前所指出的，往往不願當頭人為殖民地政府效力；本迪戈保護官佛雷德里克·史坦迪什報告，華人覺得頭人這個職務，「對金礦區的治理來說，困擾甚於協助。」他還說，頭人的收入少於經商或採礦有成的華人的收入，使這個差事更不討喜。到了一八五五年十二月，還未找到人擔任阿沃卡一地的頭人，在巴拉臘特設立保護地六個月後，仍只有三個頭人管理住在十二個營地將近四千華人。[43]

接下頭人之職的華人，執行其職責時往往有所揀擇。卡斯特梅恩的保護官約翰·漢彌爾頓（John Hamilton）向其上司抱怨，頭人能力差或根本「不願管會給自己招來同胞討厭的事」。佛雷德里克·史坦迪什也「覺得諸多村子的首領（頭人）十足無能……他們對自己的職務幾乎毫無興趣，除開一個例外，完全不把我偶爾傳達供他們依循的指示當一回事。」[44]

沒有可靠的頭人，保護官收費不易。佛雷德里克·史坦迪什一八五六年七月報告：「自開採許可證在這個金礦區發行以來，經申請取得許可證的華人少之又少。」史坦迪什發布譯成中文的布告，以向他們告知種種規定，包括「未經批准占用公有土地」可能招來的刑罰，「我覺得若不採取一些最嚴厲措施，從大部分華人那兒收不到這兩個費用（開採許可費、保護費）。」整個一八五〇年代，保護官只向其轄下華人的一半發出保護證。但收入超過保護官所編列的預算。一八五六年，此殖民地所收到的華人入境費和保護費為一萬兩千兩百四十二英鎊，但華人事務只支出九千四百八十一英鎊。來自華人的收入其實不止於此，因為華人還得繳各種額外規費，包括華人營地檢疫費、食物進口特別稅，乃至向白人礦工提出控告時必須向保護官繳交的兩英鎊費用。[45]

如果說找稱職頭人和收費問題困擾華人保護官，把劃歸他們管轄的保護村裡的華人組織起來並要華人待在保護村裡，更令他們頭大。最初，保護官宣布既有的華人營地為官村，但予以重大改造。他們以棋盤狀的筆直街道取代營地裡曲折的小巷，並發布新衛生規定，取代華人會館所訂定、頗能符合需要的規則。在本迪戈區，保護官告訴華人未經書面批准絕不可離開所屬村子，並派人巡邏該區域以找回「走失者」和「逃跑者」。這些作為使華人村猶如軍營或犯人營。

同樣重要的，住在村子不利於華人礦工工作。華人原本通常紮營在其所立界據有的土地附近，這時卻必須每天夜裡帶著他們的設備——挖掘工具、木盆、淘金槽，乃至靠馬驅動的笨重攪拌機——來往村子，不然就得把設備留在金礦區，無人看顧，冒著遭偷走的風險。在離村遙遠的據有地幹活的華人或與白人住在同一地的華人，照規定也得遷居村子，不然會被罰五英鎊或關兩個月。[46]

從一開始，保護官就氣惱於華人不聽話。史坦迪什呈文維多利亞輔政司（colonial secretary），說他覺得要阻止許多華人住在村外「辦不到」。他的兩個警察每天忙著把不肯住進村子的華人趕離原地，拆掉他們的帳篷，但無效，「因為警察前腳一走，他們就再搭起帳篷。」阿沃卡保護官格雷厄姆·韋伯斯特（Graham Webster）坦承，要華人住在村裡，「並非總是明智之舉，碰到那些想住在自己所據有之地附近的人，而且該地本身不容許許多人同住，才嚴格執行這些規定。」[47]

卡斯爾梅恩保護官伯恩哈德·史密斯（Bernhard Smith）一八五五年十月呈文該地特派區長，說「由於此地居民分布零散且居無定所……常出現我花了幾天搞定一個營地，沒多久居民就捨棄該營地改住他處的情況。」九個月後史密斯推斷：「我認為把華人安置在一個定點，從而往往妨礙他們採礦，毫無益處。」他指出，華人往往自行聚居一地，不與其他族群混居，建議只要不帶來什麼麻煩，就允許他們自行闢設營地。他還說，對於那些與歐洲人同居一地且同化於歐洲人習俗的華人，他不予干涉。[48]

到了一八五八年，本迪戈區已有整整一半的華人，在前後兩任特派區長默許下，住在村外。這位特派區長建議維多利亞殖民地布政司（chief secretary），由於種族緊張降低，這些村子已無必要。他接著說道，其實它們的作用適得其反，毀掉華人礦工的自信和自負，使他們受不該受的苦，助長他們對當局的反抗心理。它們也使沒有合法文件的華人得以藏身於群眾裡，使華人無從學習英國人的語言和習俗。他建議廢除此制。但此政策未廢，主要因為殖民地官員認為保護地是把規費合理化所不可或缺。[49]

墨爾本頒行了日益嚴格的規定，華人保護地還是瓦解。地方的保護官常批准華人住在規定的營地外，而在政府免掉華人頭人和大部分譯員的職務且重新指派保護地的警察後，規費開始收不到。華人繳給政府的許可費從一八五九年的五萬五千四百四十二英鎊減為一八六一年的兩萬四千五百零二英鎊，一八六二年更只剩兩千七百四十三英鎊，但那時華人人口也已在減少。由於華人消極積極的抵抗、由於地方的保護官執行政策意興闌珊、由於議會出爾反爾，保護地形同虛設。一八六二、一八六三年，新法廢除華人入境費、居住稅，正式廢除保護地。[50]

十年後，維多利亞金礦區的華人，仍有少數人住在先前根據華人保護地制度設立的村子。華人礦工社群並不繁榮，卻是以採礦、種菜販賣、互助、純男性娛樂為核心組織起來而生機勃勃的族群聚居地。四邑會館、義興會之類的華人會社，一旦不再受制於強加其上且格格不入的保護地體系，可以說更加興旺。華人會社領袖重拾其代表華人向維多利亞當局表達心聲的角色。[51]

維多利亞政府的政策，其用意其實不在保護，而在遏制和規範，最終目的則是合理化該殖民地的財政政策。「保護」一詞帶有家父長式管理心態，但它是為了便於管理而擬出的政策，建立在只有把華人與一般居民隔開才能免於種族衝突這一理由上。根據此理由，必須受到管治者是華人，而非白人。

華人保護地失敗收場，說明了白人移民遏制華人的意願其實不強。在墨爾本和在產金區的殖民地當局，都把華人視為種族問題，但他們既無政治意志、也無資源執行保護地政策；要遂行此政策，他們得持續不斷以暴力對付華人。而這樣的做法會招來倫敦方面的批評，或許也會招來澳洲社會某些領域之人的批評。

華人保護地失敗收場，也反映了維多利亞更大政治路線的轉變，從干涉主義性質的殖民地統治轉為自由放任、民主的治理方式。如果說這股趨勢係民心和人員流動所推動，就華人來說亦是如此，儘管他們從民主得到的好處甚少。在維多利亞金礦區，華人表現出正盛行之自由主義意識形態的特質，即史學家大衛・古德曼（David Goodman）用來描述白人礦工的那些特質：「追逐私利、自我控制、道德自主和情感自主、超越國家界限。」華人礦工當然表現出追求更高度自治的不列顛群島裔澳洲人和澳洲出生之民主主義者所讚揚的許多特性，因為華人礦工自組自治社群，抗拒官方的強力管轄，動員眾人討公道。但種族主義者據以將保護地合理化的理由——華人無法自己管好自己，無法同化於殖民地的安居準則——依舊存在於白種澳洲人的腦海裡，依舊把華人視為不討人喜歡的外人。[52]

華人未因受「保護」從此免於白人騷擾。一八五七年，維多利亞東北部歐文斯區一連串騷亂為期數個月，並在七月四日巴克蘭河暴動（Buckland River Riot）時達到最高點。這是維多利亞殖民地歷史上針對華人淘金客所發動的最大規模種族暴動。該年初期大批華人從吉尚灣走陸路來到維多利亞，但那時維多利亞的採礦業已蕭條。新加坡、砂勞越華人向白人抗議的消息，也點燃澳洲境內的反華人焦慮。五月，一隊華人，從羅布港至本迪戈途中，在阿拉拉特附近發現黃金——不久被稱作廣州礦脈（Canton Lead）——經開採發現，這裡是維多利亞蘊藏最豐的含金沖積礦床之一。白人湧至阿拉拉特，但搶先抵達者是華人，人數將近兩千五百，遠超過較晚來的五百名白人，而且據有最佳的地段。華人、白人打架之事，出現於金礦區各地。五月，一群把臉抹黑的白人攻擊一處小營地，住在該營地約三十名華人礦工，那時已開始在「良地」上安頓下來。白人拆掉華人的小木屋，朝華人丟石頭，放火燒此營地。[53]

六月，一群白人逼華人離開他們在阿拉拉特所立界據有的土地，燒掉他們的帳篷和四家店鋪。店老闆阿泰（A Tai）說五個男子進他店裡，「把我打倒，用小刀割斷我的腰帶」，奪走腰帶裡的八十英鎊。他接著說道，「搶了我的錢之後，他們把我趕出店，然後放火燒了店」，店裡的東西——米、油、糖、茶葉、鴉片，他估計值兩百三十英鎊——全付之一炬。另一個店家老闆阿榮（Ah Wing）遭白人用一根燒著的大樹枝燒掉他的店鋪——搭在木造平台上、十六英尺乘二十五英尺的印花棉布帳篷。店鋪和店裡的東西燒了一整夜。[54]

不到一個月後，在畢奇沃思附近巴克蘭河區的金礦區出現規模甚大的同樣行徑。七月四日，約八十名白人在坦斯韋爾飯店（Tanswell's Hotel）開會，決定把華人趕出此區，因為他們「搶走我們的金礦區」，因為他們「做法下流且凶殘」。開過此會之後，一票白人找上華人，要他們離開。現場唯一的警察想制止，未果。不久，百名白人礦工，拿著鎬和斧柄當武器，有計畫的往巴克蘭河更下游兩岸掃蕩。他們把華人往下游趕了八英里，燒掉他們的帳篷，搶走他們店裡和廟裡的東西，然後放火燒掉店鋪、廟。他們毆打每個膽敢反抗的人，包括前來幫助華人的白人。《阿耳戈斯報》報導了「往鎮上的道路上最駭人的景象；中國人頂不住飢餓和嚴寒，死在路上。有個可憐的傢伙被人發現躺在灌木地帶，旁邊有火，一隻腳燒掉，另有人餓得快死掉，許多人被趕進河裡……有人認為其中有些人溺死。」另有數人傷重不治或凍死。[55]

畢奇沃思的殖民地當局增派警力過去，逮捕數名白人。區長估計超過七百五十頂帳篷、三十家店鋪、當地唯一的廟被毀，此廟是「大型建築，此區域最好的這類建築。」被告不認罪。歐文斯區的白人淘金客支持他們——同時發出譴責暴力的警告——在法庭上，願意作出不利於他們之證詞的白人淘金客不多。陪審團宣告加諸他們的嚴重指控不成立，只判定三人犯了非法集會、暴動之罪。[56]

殖民地警察保證保護回到巴克蘭金礦區的華人，有些華人的確回來，但才幾星期，白人就逼其中大部分人離開此區。政府賠償華人店家損失，給了阿拉拉特四名在六月時遭燒掉店鋪的華人店家老闆一千三百四十七美元，給了巴克蘭河畔華人營地上的二十名華人店家老闆和一家茶館老闆一萬一千零三十二美元，賠償七月四日暴動時他們蒙受的損失。會計列出遭毀的財產，「遭搶走的錢」、「遺失的黃金」。店家老闆提交書面陳述時，強調他們規規矩矩行得正，指出他們持有官府所發放的營業執照和保護證。[57]

加利福尼亞、維多利亞淘金熱期間，華人問題因華人、白人首度集體接觸而出現，但華人問題本身具有兩地各自特有的種族主義特點。接下來幾十年，華人問題會擴及到金礦區之外，一路改頭換面、配合客觀情勢而變。到了十九世紀最後二十五年間，美、澳境內的辯論已讓人覺得愈來愈相似，好似反苦力說和入侵說已合併為單一的種族陷入險境說。在這兩個地方，華人問題最終都走上立法全面排華之路——但立法排華的政治路，兩地走的依舊不盡相同。在美國，華人問題辯論發生於內戰後政治重建的時空環境裡。在澳洲，華人問題揭開了大英帝國裡在地白人移民利益和大英帝國對中國之外交利益、商業利益間的扞格不入。華人問題最終會是既頑固又能輕易被改造，因而能兼顧上述兩方的利益。

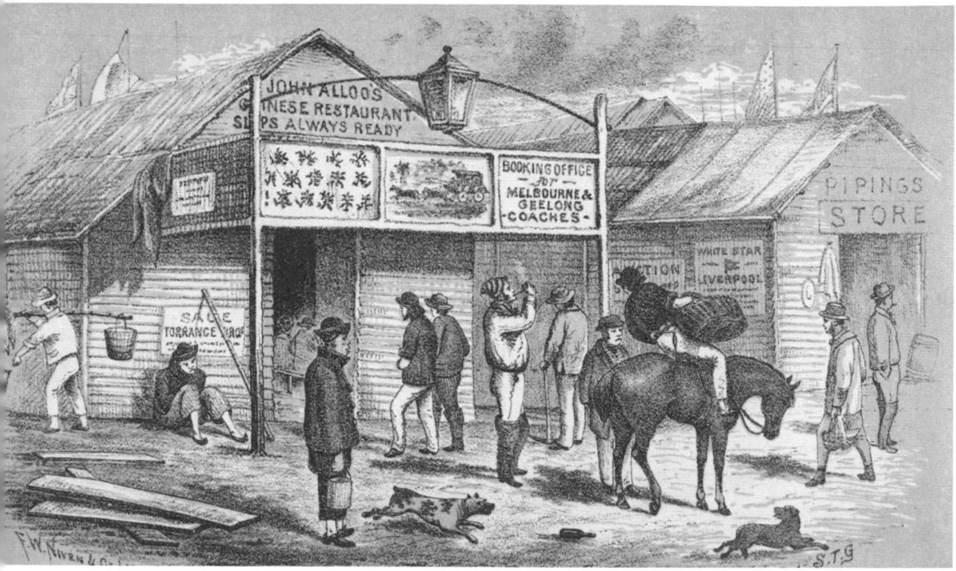

圖 13　華人企業家，例如維多利亞殖民地巴拉臘特的約翰·阿盧（John Alloo），開餐館服務華人、白人礦工。

圖 14　華人僑社捐資於金礦區城鎮建基礎設施，包括醫院和救濟院，在募款遊行中驕傲行進。圖為替巴拉臘特救濟院籌募資金而舉行的慈善遊樂會，一八七五年。

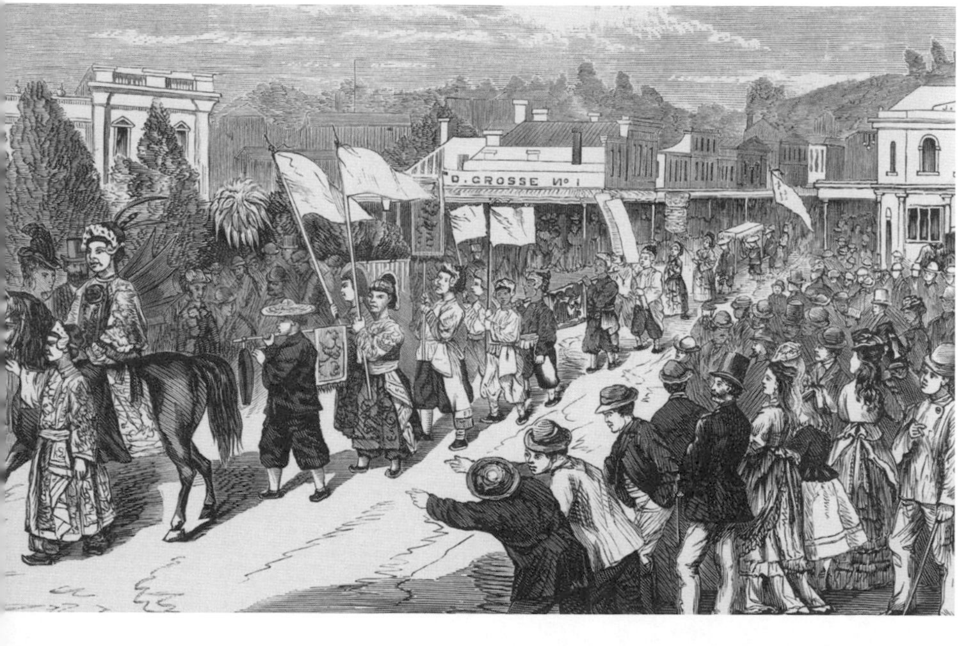

圖15　政治漫畫家托馬斯・奈斯特（Thomas Nast）認為一八七〇年代加州境內的反華人種族主義，與一八六三年紐約市愛爾蘭裔反對為打內戰徵兵而暴動一事有關係。「哥倫比亞（美國化身）──『各位，把手放開！只要是美國人，就該讓所有人公平較量。』」《哈潑周刊》，一八七一年二月十八日。

圖16　一八八五年懷俄明州石泉鎮種族暴亂，暴民橫行礦場，燒掉鎮上的華人房子，造成二十八名華人死去，四百人無家可歸。《哈潑周刊》插圖，一八八五年九月二十六日，圖爾・德圖爾斯特魯普（Thure de Thulstrup）繪。

第二部

Part 2

打造白人國家

MAKING WHITE MEN'S COUNTRIES

今非大同世；
祇挾智勇角。
芒碭紅番地；
知汝重開拓。
飛鷹倚天立；
半球悉在握。
華人雖後至；
豈不容一勺？

黃遵憲，〈逐客篇〉

第六章　激昂的空地演說

加州州長約翰．畢格勒把華人問題當成武器來使，不只助他在一八五三年連任成功，也立下加州境內華工並不自由這個經久不衰的迷思。這種「大謊」會繼續盛行於此後的十九世紀期間和進入二十世紀許久以後。畢格勒當上州長後，繼續致力於清除加州境內華人，頒行數道外籍礦工稅法，每一道新法所課的稅都比前法更加重。一八五四年他人氣最盛時，加州議會把加州東北部一座山中湖命名為畢格勒湖，以表彰他的貢獻。

一八五五年，畢格勒第三度角逐州長寶座失利，此後他步上遊走各地的政治路，擔任過為期不長的美國駐智利大使。一八六三年，內戰期間，角逐聯邦議員席位未成。這時，這位前「自由土壤黨黨員」已公開支持南方邦聯。一八六二年，加州境內支持南北統一的地圖繪製員，根據本地某印第安部族的族名，把畢格勒湖改名為太浩湖（Lake Tahoe），但此後數十年此湖名並未定於一尊。

一八六七年，畢格勒被任命為中太平洋鐵路公司（Central Pacific Railroad）的鐵路專員，屬聯邦政府所任命的職位。那時，此公司僱用了一萬名華工——既有原本採金者，也有從廣東新招來者——投入這項穿越內華達山脈的橫貫大陸鐵路大工程。如果說畢格勒對此做法存有疑慮，他並未宣之於口。[1]

畢格勒雖銷聲匿跡於政壇，加州境內的華人問題，卻使採礦區——和加州民主黨——開始採取種族主義政治立場，主張天定命運論（譯按：鼓吹美國對外侵略擴張為天命所定的理論）和自由勞動，而且把經濟問題莫須有怪罪於移民。這是合於當下需求的高明主張，以單一理論（苦力論）為基礎，矛頭指向單一目標（華工）。但一八五〇年代，即使在加州針對華人等有色人種施行種族主義法令時，民主黨在加州的發展並不順利。加州民主黨因其臭名遠播的貪腐而名譽掃地；而且該黨跟著國家分裂危機而分崩離析。加州民主黨內有支持蓄奴的成員（最知名者是前美國參議員威廉·格溫），但大部分加州民主黨員認同紐約、費城之類北方城市的傑克遜式民主或「工人」民主。整個一八五〇年代，畢格勒公開支持這股趨勢。內戰期間，儘管畢格勒轉而支持南方，加州依舊堅定站在聯邦政府這一方。輝格黨這時成了共和黨，民主黨則改名聯邦民主黨（Union Democrats），以表明其忠於國家之意。共和黨員勒蘭·史丹佛（Leland Stanford）一八六一年選上州長，共和黨在加州上下議院都占多數。[2]

有一段時間，華人問題呈現不同面貌，但為期不長。共和黨利用其對加州議會的主導權，重新推出對華貿易與華工攸關加州經濟發展的主張，尤以在製造業、農業、葡萄栽培業為然。一八六二年加州議會一聯合特別委員會報告，「奴隸制或苦力制未見於本州境內華人身上」。該委員會把舊金山華人商界領袖譽為「有腦子、有能力、有文化素養之人」，把華人譽為「不鬧事、勤奮、有用」之人。此報告說，再訂定壓迫華人的法律有損加州的經濟前景。[3]

與此同時，一八六〇年代期間，採礦區的情況不同於以往。華人與白人的激烈衝突變得較少，主要因為兩族群都往金礦區之外找工作。尤其，含金砂礦的枯竭，加上階級不平等的新現實清楚呈現眼前，特別令白人氣餒。在礦業界，資本投入和資本所有開始走上大型化，大資本家控制供水公司；掘溝、鑿地道、水力採礦事業和地下石英開採。不少白人和一些華人為這些公司工作賺取工資，但更多人離開金礦區，到他處找機會。有些歐美人湧至孔斯托克礦床（Comstock Lode），其他人則轉至城鎮。孔斯托克礦床是大型金銀礦床，一八五九年發現於內華達州。許多失業的華人礦工改行去當橫貫大陸鐵路的建設工人。[4]

一八五〇年代後期和整個內戰期間，加州經濟成長，尤以農業和製造業為然。加州不受東部市場波動影響而且遠離戰禍，因此工資、物價仍高。但戰後經濟衰退於一八六七年波及西部，隨之出現大量失業，尤以舊金山為然。在經濟轉變和衰退的背景下，新的反苦力運動出現於舊金山，為首者是有專門手藝的白人工人——造船木匠、石匠、金工工人等有專門技能的工人。這些工人未面臨華工競爭，但挑起白人工人的恐懼，尤其挑起無專技愛爾蘭人的恐懼。只有在雪茄製造這門行業，其運用華工大量製造的模式，已取代白人同業工會。但具有專門手藝的舊金山工人把這視為不祥之兆，他們的不安擴及整個白人勞動階層。他們在華人問題上找到一個可怪罪的種族和一個現成的種族主義理論。[5]

一八六七年二月，一幫白人共四百人，以年輕愛爾蘭人居多，用石頭、磚塊攻擊在波特雷羅街（Potrero Street）鐵路工作的華人，數名華人受重傷。他們燒掉華工的臨時工房，然後遊走市區，燒掉窮人的陋屋，揚言對僱用華人的製繩工場和教會羊毛廠不利。警方鎮壓暴民，逮捕帶頭者；十人遭定罪入監。舊金山參事委員會（board of supervisors）禁不住工會群眾大會施壓，表決通過對此定罪提出上訴。兩個月後，加州最高法院以「技術性疏失」為由釋放全部十人。此事促成一全州性常設「反苦力協會」的成立，使反苦力運動就此成為一股不容小覷的「工人階級」政治勢力。此事也表明白人，甚至鬧事的白人暴民，若暴力攻擊華人，不會招來嚴重後果。[6]

一八六〇年代後期的說詞類似一八五二年。加州議會一八六八年的一份備忘錄暨決議重拾已是陳詞濫調的以下說法：「我們身邊的華人是多神教徒……他們根本不可能成為公民……我們的華人人口全是奴隸和其主子，或其主子的代理人。」但有個新論點也清楚浮現，把苦力說和壟斷性利益集團扯在一塊。反苦力協會的中加州分會宣布：「僱用提供廉價勞力的華人，不管眼前能從中得到什麼好處，那好處主要都落入一些資本家之手——其帶給本州的任何實際好處，都因為據以引進他們的勞役抵債制度……因為那些受歡迎的公民被他們排擠掉，以及那些本會以自由之身移入且會成為公民的人因他們而無緣踏上本州海岸，而被抵消掉。」[7]

哲學家暨政治經濟學家亨利．喬治（Henry George）闡述了上述看法，賦予它們鏗鏘有力的理論，使它們受到全國人民關注。一八五七年年輕的喬治前來西部淘金，但在舊金山灣區找到他自認特別勝任的職業——記者。一八六九年三十歲時，透過思考華人問題，發展出他的工資理論；日後他會寫下《進步與貧窮》一書（一八七九），在其中提出一著名主張：對土地課以單一稅，視此為打破資本家壟斷勢力的法門。他在霍勒斯．格里利（Horace Greeley）的《紐約論壇報》（*New York Tribune*）發表了長文〈加州華人〉（The Chinese in California），文中致力於說明為何來自華人的競爭必會壓低工資，為何工資降低有利於資方，不利於勞方。

這主張在某些人看來簡單易懂，卻未得到所有人認同。支持華人移入者提出多個論點辯護，喬治一一仔細反駁，但有點流於簡單。針對工資降低導致物價降低一說，喬治指出消費者始終多於工人，於是工人從較低物價之所得，會少於其從較低工資之所失。針對華工因僱用成本低而會支持經濟快速發展，為身為專技工人和經理人的白人創造出較高薪工作機會這個廣被信持的說法，喬治回應道，這些職缺會遠少於被華人排擠掉的白人。8

喬治主張，工資降低百分之百會帶來的結果係獲利增加。他寫道：「顯而易見的，如果從普遍且長遠的角度談工資降低，我們所要表達的意思，就只是在勞動與資本的聯合生產分工中，勞動的占比會變得更小，資本的占比會變得更大。」此外，他主張，即使運用華工一事導致生產總額提高，此一繁榮所產生的社會、政治成本太高：「在太平洋地區，或許此大陸，共和制整個遭顛覆。」

喬治的分析把華工與其他移民工分別看待，而其他移民工的工資往往也低於本地土生土長的白種美國人。他認為歐裔移民遲早會同化為美國工人階級的一部分，認為他們目前的低工資只是暫時現象。喬治認為僱用華人會造成工資「普遍且長遠」的降低。這一觀點建立在華人絕不可能被同化這個種族主義前提上。他再度搬出對華人的普遍刻板印象：髒、狡詐、完全不懂基督教價值觀和美國政治制度，在中華會館的「契約體制」下來到美國，處境如同奴隸。此外，華工未組成工會或未爭取「權利」。喬治主張，這些特點使華人成為大資本家的理想勞動力。他把僱用華人者和晚近遭擊敗的南方邦聯、其講究種族階層化的社會觀相提並論，藉此使人憂心奴隸制不久會重出江湖。在南方邦聯所設想的社會裡，「勞動階級屬一種族，統治、僱用階級屬另一種族。」

最後，喬治示警道，中國龐大的五億人口構成用之不竭的勞力供應來源，政府若不予以設限，移入的華人不只會充斥太平洋沿岸地區，還會擴及全國，使美國變成類似英屬印度，而非類似新英格蘭。

《紐約論壇報》此文廣受矚目。加州報紙轉載此文，反苦力協會據此要求政府正視此問題。更為廣為周知，喬治把他的文章寄給英國政治經濟學家約翰·穆勒（John Stuart Mill）。但穆勒的回信客氣表示喬治的觀點不符自由主義精神。穆勒寫道，華人問題涉及「兩個最困難、最令人難堪的政治道德問題——搶先據有地表上無主之地者，其使其他人不得居住其上之權利的適用範圍和界限，以及較高度發展的人類分支，為保護自己，使不受較低等文明者惡意侵犯，所能正當使用的方法。」

穆勒承認，從純經濟的觀點看，移入的勞工壓低了本土勞工的工資。但一如喬治，他認為此現象只是暫時。穆勒認為外人移入可矯正世界上不平等的人口分布（從而矯正不平等的財富分布）。他切入重點，質疑喬治所謂華人不可能被同化一說。「另一方面，華人也有許多值得肯定之處。認為華人的本質和習性不可能有改善空間，說得過去嗎？」他認為「義務教育」和其他民主機構或許可以把華人的水平「提升」到和美國人一樣。穆勒完全反對使勞工離不開特定雇主的務工契約，但把受契約約束的外移和自願外移分別看待。他從傳統自由主義觀點出發提出其主張，亦即認為華人是有著和其他任何人一樣之權利的自由個體。[9]

時任《奧克蘭日報》（*Oakland Daily Transcript*）主編的喬治，把穆勒的回信和回應該信的社論一起刊登。他以令人作嘔的美言盛讚這位「了不起的英國人」，以篤定口吻說穆勒支持排華。他說九成華人是「契約工」——反苦力說所虛構的主要論點——然後搬出穆勒關於契約勞動的看法，藉此證明穆勒支持排華。他因此有了穆勒的權威性認可——但建立在不實的理由上——並在加州政界嶄露頭角。[10]

二十多年後，喬治寫道，他一八六九年表達的看法「不夠周全」，但他所表達的係對政治經濟學的看法，而非他的種族主義主張。喬治後來的確會揚棄其所謂勞動和資本會陷入零和博奕一說，轉而認為問題癥結在於壟斷，而非在於資本本身，認為他的單一稅理論提議不同階級的合作，甚至和諧。他所會留給後人者係此說，而非他對華人移入的看法。但亨利．喬治對華人問題的剖析，帶來立即而且久久不衰的影響。他從理論出發把苦力說與壟斷扯在一塊，從而為排外主義者增添了一項利器：標舉工人階級利益，藉此將種族主義、本土利益至上論合理化的一種看法。他主張，勞動者對低成本移民工的因應之道，應是把這類移民工拒於門外，而非提倡平等工資，從而使工人階級沿著種族、國籍的藩籬（他眼中本就固有的藩籬）分裂，而且因他之故，這一主張成為明理之人所應抱持的看法。這一觀點，作為「階級」立場，其實大有問題，因為它把種族、國家的利益置於階級的利益之上。喬治忽略了一個事實，即華工在礦場、鐵路工地和其他地方其實常索求較高的工資，儘管所求未必都能如願。喬治會在整個一八七〇、八〇年代繼續就華人問題演說、撰文。隨著他作為反壟斷思想家和改革者的形象更趨穩固，本土利益掛帥的反華人主張也更加為人所相信。[11]

加州反華人運動於一八七〇年代中期再度攀上頂峰，而其緣由則是一八六九年橫貫大陸鐵路完工所帶來的改變。這條橫跨國土的鐵路，把許多人從東岸帶到舊金山，也把東部工廠的製成品帶到西岸，從而使先前在供給不足的情況下大行其道的高物價、高工資難以繼續下去。這條鐵路未給太平洋沿岸地區帶來不可勝數的財富和發展，反倒帶來失業和貧窮——一八七三至一八七七年全國性蕭條的長尾效應（long tail）。至一八七六年，據報導舊金山一地已有一萬五千名工人失業，占勞動力將近四分之一。[12]

小生產商同業公會和代表勞動界菁英的都市專技工人工會再度領導此運動。反苦力協會以拒買展現其經濟實力，以讓製造業界正視他們勿讓華人從事製造業工作的要求。這些拒買行動是最早利用品牌認同來實現自己要求的作為：例如，呼籲消費者只買包裝盒上有標籤註明「白人勞工製」的雪茄和靴子。白人製標籤是日後工會標籤（union label，表明商品由工會會員製造的標籤）的可恥先驅。[13]

這些協會編了傳唱於抗議大會的小曲。以下的歌詞，來自一首以〈偉哉哈利路亞〉（Glory Hallelujah）的曲子配上新詞寫成的長歌，把反苦力說與陽剛愛國精神連在一塊：

我們身邊沒有苦力或奴隸容身之地。
只容陽剛、開明、勇敢之人與我們為伍。
在我們的國旗向前邁進之際，
低工資勞動之於自由人，就是傳染病院和墳墓。
合唱——偉哉，偉哉！[14]

施暴華人之事變得司空見慣。這些協會在供小孩打球遊戲的空地舉行了群眾造勢大會，上台講話者痛批墮落、道德敗壞的苦力階層。這些演說使群眾情緒高昂，群眾開始在市區遊走，攻擊碰上的每個華人；打破窗子，燒掉有華人居住或工作的地方。全城各地的華人「洗衣店」，面對成群結隊的「惡棍」攻擊，任人宰割。在舊金山街上，華人「遭不分青紅皂白丟石頭、施暴。」長老會牧師剛德（Ira Condit）抨擊迫害華人的行徑：「他們遭丟石頭、吐口水、毆打、成群襲擊、破壞財產，他們本身遭沒道理的囚禁和殺害。」[15]

並非每個加州人都跟著本土利益至上的種族主義論調起舞。相當多的歐美人反對反苦力運動的排華要求，包括商界人士、專業人士、傳教士。商人、製造業者、農業專家、航運業者和其他經商人士，在政府聽證會上說明華人在務工、經商方面的過人之處。舊金山商行派洛特公司（Parrott and Company）的經理威廉・巴布卡克（William Babcock），如此描述在工廠做工的華人：「如果你願意看看他們的手腳脖子，會看到他們和你在世界上所曾見過的人一樣乾淨整齊。他們不同於下層白人。」商業交易所（Merchants Exchange）的理查・史尼思（Richard Sneath）稱讚華商誠實可靠。他說，「我從未碰上哪個華商違反其所簽的合約」，而對於白人，他不會給這麼高的讚譽。[16]

其他企業家駁斥華人被華人客頭當成奴隸之說；有些人更且讚揚他們捍衛自身利益。沿海低地填土造地公司（Tidewater Reclamation Company）的喬治・羅伯茨（George Roberts）證稱，「根本沒有那回事（苦力契約）。我覺得我底下的華人完全不受（華人）頭兒擺布。頭兒沒付工資給他們，他們就來找我。如果頭兒不付他們工資，他們把頭兒綁起來，然後來找我們……我覺得每個人都會為自己想，而且不讓頭兒胡作非為。」這些做法表明透過自由勞動來同化不無可能。有些企業家指出在美國南部向黑人傳播基督教的進展。詹姆斯・拉斯靈（James Rusling）預測，美國學校和教會會「接納並同化……森波（Sambo）和約翰」，「甚至把這些人塑造成優秀的美國公民。」[17]

基督教傳教士對華人問題的立場與商界的立場一致，但也反映了本身所關注的重點。傳教士早早就認識到跨太平洋貿易、外人移入、福音傳播之間的關聯，知道對華人移入設限會助長華人對歐美人的怨恨，使華人更不易皈依基督教。早在一八五〇年代，牧師施惠廉就從政治經濟學和基督教道德觀的角度主張讓華人移入。一八七〇年代，循道宗牧師基順（Otis Gibson）、長老會牧師盧美仕（Augustus Loomis）、剛德之類的傳教士，積極為華人說話，致力於透過演說和撰寫小冊子消除對華人的負面刻板印象，尤其致力於打消苦力說和不設限移入所引發的憂心。基順不只引用基督教教義，還引用美國憲法第十四條修正案；他主張採行「真正的中國政策」，此政策會是「寬容開通、具政治家的高度」，以「門戶開放和人人權利平等」的基本原則為本……這一觀點理解與亞洲通商對我們全體國人的重要性。」[18]

但談到同化，傳教士的立場和排外主義者一樣反對。傳教士有心招募本土（亦即華人）基督徒在中國傳福音，而同化其實妨礙這一目標的實現。牧師基順解釋道，「傳教士比報紙執筆人更清楚他們的業務，知道真正信教有賴於心態的改變甚於髮式的改變。」他還說，「有一些遠遠談不上是基督徒的華人」，出於「極世俗、極現實」的理由，「也已改變其穿著，剪掉其辮子。」傳教士不是文化相對論者：他們相信西方文明更勝一籌，只要華人「不信教」，就非文明開化。

但他們把矛頭指向偶像崇拜和迷信，而非衣著、髮式。[19]

內戰後重建時期那一代的公民領袖、律師、外交官，也對華人問題發表了看法。衛三畏（Samuel Wells Williams）是傳教士出身的老中國通，曾任職於美國駐北京公使館，指出美國政策裡權力與公義兩者的不對稱：「中國人在我們所強行闖入他們國家裡對待我們的方式，以及我們邀他們進來我國後我們對待他們的方式，兩者間的差異讓人不得不感到氣憤且羞愧……是我們的基督教文明不夠強，因而未能善待他們嗎？」[20]

反對反華運動的公民領袖，還包括丹尼爾・克利夫蘭（Daniel Cleveland）、勞文羅斯（J. Ross Browne）。克利夫蘭是律師，在舊金山待過一段時間，然後搬到聖地牙哥，成為該市最重要的市民之一；勞文羅斯是四處遊走的作家，曾擔任過聯邦政府的數項職務——西部礦物資源調查員、加州立憲會議的官方報導員、土地管理局（Land Office）的調查員——然後於一八六九年出任美國駐華公使。這些人把華人問題當一回事，主張行事以美國民主原則（獨立宣言、憲法第十四條修正案）、條約義務、貿易益處為本。[21]托馬斯・奈斯特（Thomas Nast）一八七一年刊登在《哈潑週刊》（*Harper's Weekly*）的一幀漫畫，取名〈華人問題〉，扼要點出內戰後重建時期的辯論情況，呈現哥倫比亞（美國化身）保衛一名絕望無助的華人，使不受種族主義敵意和愛爾蘭裔暴民傷害。

華人繼續自衛，抵禦反苦力派的意識形態攻擊和肢體攻擊。一八七〇年代，會館和商界領袖在官方聽證會上作證，重述他們自一八五〇年代以來一直在講的話，華人不是奴隸，華人對經濟有貢獻，華人不鬧事。他們偶爾搬出獨立宣言和公正、平等、正義諸原則——美國作為民主、基督教國家的特點。商人黃阿昌（Wong Ar Chong）寫了封信（英文信）給威廉·洛伊德·蓋里森（William Lloyd Garrison）。這位年紀已大的廢奴主義者晚近指責來自緬因州的美國聯邦參議員詹姆斯·布萊恩（James Blaine），布萊恩競選總統的政見之一係要求排華。黃阿昌稱讚蓋里森，指出，「你們的獨立宣言倡言人人生而平等，文明世界認為美利堅合眾國是自由國度，但我擔心美國政府正在往後走。」[22]

一八七七年，工會和反苦力協會組成工人黨（Workingmen's Party），提倡反壟斷、反苦力的黨綱。該黨的主要口號係「華人必須離開！」黨領導人丹尼斯·卡尼（Denis Kearney）是晚近歸化美國的板車車伕，以煽動性的空地演說而廣為人知。群眾集會、街頭造勢大會、請願——以拒買為後盾而且因暴力行動而使氣氛更為緊張——使此黨成為舊金山市和加州不可小覷的一股政治勢力。工人黨拿下加州一八八〇年制憲會議將近四成的代表席次，此會議所制定的加州憲法，則有一節將華人斥為可能傷害加州福祉者。工人黨存世不久，因為該黨諸領導人不久就被民主黨邀請入黨。加州共和黨不久也跟著要求排華，儘管該黨的選民裡有從事對華貿易的商人。但隨著製造業者能以白人工人取代華人工人，工業界不再那麼支持華人移入。由於有來自美國東部的新移工，白人工人不再短缺。在加州，兩黨在反苦力上變得意見一致。

加州境內反華人運動聲勢更大，隨之逼美國國會通過禁止華人移入的法律。國會議員並不關心華人移民死活，但在內戰結束不久的當兒，要針對特定種族挑明施以不公平待遇，很難說得過去。國會也把美國與中國的外交、貿易關係看得比太平洋岸地區性政治利益來得重要。最重要的，一八六八年《中美天津條約續增條款》，有一條款承認「兩國公民和子民自由遷徙、外移，兩國互蒙其利。」

此約很不尋常，係美國反蓄奴政治、內戰後重建時期政治的產物。代表中方談成此約者是蒲安臣（Anson Burlingame），此人是自由土壤黨黨員、來自麻塞諸塞州的國會議員，一八六〇年林肯任命他為美國駐華公使。蒲安臣看不慣英國人對中國的態度（「掐住他們的脖子」），致力於改造中歐關係，使其遠離炮艦外交和不平等條約，轉向合作和平等關係，致力於「喚醒西方國家（對中國）寄以沒有偏見的關注……如此一來，會使中國人的情感和想法跟著改變，使他們……感受到世上存在基督教精神。」他對外交使團的歐洲人外交官大力遊說而且尊敬中國大臣，清廷因此任命他——美國人——為派往西方列強的特命全權公使。總理衙門滿人大臣文祥告訴蒲安臣：「你要當我們在外國的友人，在外國我們被嚴重誤解。」[23]

一八六七至一八六八年，蒲安臣率領使團赴華府，使團成員包括英國籍、法國籍、中國籍的代表。由蒲安臣與美國國務卿西華德（William Seaward）談成的《中美天津條約續增條款》，明確保障中國的主權和中國對內陸航行和內部改善事項的控制權。此約明訂人部分權利為對等權利，包括中美互派領事、中美兩國國民有權移入對方國內（但不含歸化）、兩國國內禁止宗教歧視。此約未消除中美關係的不平等——尤其，美國人在中國依舊享有治外法權——但還是代表美國對華心態有所改善，不再是「掐住他們脖子」那種帝國主義作風。一八六八年七月二十八日雙方簽訂此約，正好是憲法第十四條修正案獲批准那天。[24]

一八七〇年代，《中美天津條約續增條款》擋下制訂全國排華法案的勢頭，但欲訂定此法者不死心。諸多全國性工會聯合會站在反對華人移入那一方，民主黨、共和黨都在其一八七六年全國性黨綱中，把華人移入一事視為需要解決的問題。就共和黨（林肯所屬政黨）來說，對華人移入設限，代表從其所信奉的種族平等原則倒退。在全國各地兩黨都支持排華的同時，出現了一八七七年妥協方案（Compromise of 1877），絕非巧合。這個妥協方案解決了相持不下的總統大選紛爭，由共和黨籍候選人拉瑟福德・海耶斯（Rutherford Hayes）當上總統，條件是共和黨政府得把聯邦部隊撤出南部諸州。這一妥協方案實際上結束了重建時期，為剝奪黑人自由民的選舉權和讓種植園主重拾大權鋪下了坦途。重建時期的結束，反映了廢奴派之影響力的式微——廢奴派要求禁絕奴隸，根據宗教、道德原則讓人人享有平等權利——與此同時，基督教傳教士也發覺自己在關於華人問題的辯論上變得無足輕重。[25]

一八七五年國會通過第一道排華法。這道被稱作佩吉法（Page Act）的法律，欲藉由禁止犯罪分子、契約工、「黃種」妓女移入來把大部分華人拒於門外。佩吉法鎖定不自由的「苦力」和「女奴」，因而未違反《中美天津條約續增條款》的「自由遷徙」條款。佩吉法施行後，移入的女性華人驟減——並非因為華人女子全是妓女，而是因為她們被當成妓女般盤問、檢查，願意接受這種難堪待遇者很少。但此法未擋住華人男子移入，因為他們非契約工。

反華人運動不死心，加大其政治作為。加州參議院一八七六年以華人移人「對社會、道德、政治的影響」為題辦了聽證會，美國國會一八七七年舉辦了類似的聽證會。數十名證人就華人在加州的狀況和他們對美國社會的衝擊出席作證。證人的出身背景和所屬的利益團體不一——地方民選領袖、海關官員、前外交官、企業家、勞工領袖、傳教士、警察、學界人士、華人。他們的證詞反映了此前三十年人們對華人問題的種種看法。指稱華人是不自由之「苦力」的人，除了把「廉價勞動」和「蓄奴」隨意扯在一塊，其所提出的證據，來自經驗者甚少。一如過去的聽證會，企業家、傳教士、前外交官、華人領袖證稱，華人是自由人和自願外移者，非奴隸。儘管聽證會上提出的看法形形色色，這些聽證會卻帶來負面衝擊，而這肯定因為排華的政治風已開始猛吹。[26]

一八八〇年，禁不住兩黨要求排華的壓力，總統切斯特・亞瑟（Chester Arthur）主導修訂《中美天津條約續增條款》，以便禁止中美間的人口移入。清廷應允，同意「暫時中止」華工外移。此條約是排華的絆腳石，除掉此約，排華主義者即力促國會通過排華法。一八八二年三月有人在國會提出排華法案時，此法案並非必然能通過。來自中西部和東北部的國會議員質疑，相較於愛爾蘭移民、德意志移民，華人移民是否真的壓低白人勞工的工資，而且擔心此法案會違反促進美中商貿關係的條約規定。有些人甚至嚴正表示此法案帶有種族主義性質，有違美國理想。主張排華者，以加州議員為首而且得到南部強力支持，重新搬出太平洋沿岸地區的以下說法：「苦力制是奴隸制」；把「無法同化」的華人和歐裔移民相提並論太荒謬；排華攸關國家自衛和自保。[27]

與此同時，清廷總理衙門與美國外交官在北京會晤。清廷已同意修改《中美天津條約續增條款》；這時則欲縮小這道排華法的適用範圍。他們欲把工匠排除在勞工類之外，欲把禁止入境的華工侷限在美國公民所僱用的華工上——未能如願。但他們讓亞瑟總統相信，二十年——將近一個世代——中止華人移入違反了此約的用意。亞瑟於四月四日否決此法案，送回參議院，參議院又辯論該法案一個月。[28]

國會在華府就排華法案辯論時，清朝駐舊金山總領事黃遵憲來到舊金山履職。他原在橫濱擔任中國駐日本公使館祕書，這次從橫濱搭船直接過來，抵達時，國會正在辯論排華法案。當地某記者報導了他三月二十六日抵達之事，說他年輕（三十三歲）、聰穎，有信心、有禮貌，經驗老到。最重要的，這位記者指出，黃遵憲「以權威性的口吻」說，排華法案得到中國政府「贊同」。這位記者的遣詞用字可能誇大了黃遵憲的意思——清廷默許修改《中美天津條約續增條款》，但也反對此法案目前的條文。黃遵憲無疑已清楚美國國會裡對華人問題的討論內容。清廷和中文報紙老早就密切注意美國的華人問題辯論。例如，《新報》和《萬國公報》這兩份具影響力的上海報紙，已把《上加利福尼亞日報》報導一八七七年聽證會的文章翻譯轉載，包括證詞摘錄。《新報》明確表示，希望將美國人的觀點翻成中文刊出，有助於清廷日後的外交努力。[29]

黃遵憲並非派駐舊金山的第一位清朝官員；清帝國舊金山領事館一八七八年就設立，受華府的中國公使館管轄。此領事館的成立，表明在清廷仍明令禁止人民外移且不承認定居其領土外之華人為其人民之際，已承認有必要保護住在海外之華人的利益。事實上，中國人要求得到領事保護已有一段時間。香港報紙《中外新聞七日報》一八七一年論道：皇上應保護其人民，把此視為其施政要務……豈可任由華人散落世界各地，卻不助他們得到保護？……他們雖身居中國疆域之外，仍是我們的兄弟。不該以他們已住在外國，就認為該棄他們於不顧。[30]

黃遵憲正忙著適應新環境且密切注意華府的辯論之時，加州北部爆發的種族暴力事件吸引他的注意。暴亂發生於卡奎內斯海峽（Carquinez Strait）邊的捕魚小鎮馬提內斯（Martinez），此海峽西側出口與舊金山灣相接。四月二十七日，一群白人暴民，聲稱痛恨受僱於當地某魚罐頭工廠的華人，聚集於某華人宿舍外，要住在裡面的華人離開。華人拒絕，暴民即衝進宿舍攻擊，把數人丟出二樓窗子，放火燒屋。然後暴民攻擊鎮上的華人洗衣店。華人據說抵抗，有些人持有火器——自淘金熱時代起，華人即帶槍自衛——但寡不敵眾，落敗。許多華人男子受傷，其中有些人重傷，一人傷重不治。[31]

報界的反應，隨黨派立場不同而涇渭分明。《沙加緬度聯合日報》報導，馬提內斯大部分居民「譴責……一票不負責任、目無法紀的凶殘白人所犯下的殘忍且懦弱的駭人暴行……我們想要把華人拒於門外，但無意亂砍、殺害他們。」與民主黨同陣線的報紙，則利用馬提內斯暴亂，力促通過排華法案。《索諾馬民主黨人》（*Sonoma Democrat*）刊出的一篇文章，點出此類心態的一應特點：「共和黨國會和政府處理華人問題拖沓笨拙，等著解決此問題的馬提內斯鎮民不想再等下去，於是前幾天自己動手處理，把他們周遭的黃種人強行趕走……我們的人受苦已久，有些人認為克制已不是美德。」《洛杉磯信使報》（*Los Angeles Herald*）論道，共和黨主導的國會和總統未能「積極處理華人禍害」，係馬提內斯暴亂的肇因，並且警告道，「我們認為美國還會發生許多暴亂」。[32]

馬提內斯暴亂讓黃遵憲清楚認識到，美國境內的華人問題是在議會和街頭大行其道之菁英種族主義、平民種族主義所共同促成。他立即呈報清廷駐華府公使鄭藻如，鄭藻如隨之向美國國務院發出外交抗議，並為馬提內斯華人索賠兩萬美元。國務院將此事交加州州長處理，加州州長轉交康特拉科斯塔郡的地方檢察官處理，然後層層往下，交由馬提內斯當局處理。一些白人遭捕，然後在當地法庭無罪獲釋。儘管此結果令人失望，黃遵憲的外交努力表示清廷的外交人員在涉外事務上更加積極有為。其實黃遵憲的作為只是個開端。[33]

太平洋沿岸地區極力鼓吹禁止華工入境過了約十五年後，總統切斯特．亞瑟於一八八二年五月六日簽署了中止華工入境十年的法律。商人、外交官、學生、條約商人（treaty trader）、牧師不在禁止入境之列，已在美國居住的華工亦然。這類華工會獲准短暫離開美國，然後回來時出示出境前已領到的「返回證」，即可入境。[34]

這是第一個以種族無法同化為理由指名不讓特定族群入境的移民法。此法有效期十年而且把非勞工納入豁免之列，但此法的種族主義性質卻是確切無疑。此法適用於所有華人，不論來自哪個國家，不論來自中國、香港（英國殖民地）或古巴皆然；此法禁止所有華人歸化美國，不論其階級出身。讓某些華人豁免此法規範，係為配合美國商界、傳教士的利益和外交對等規定。但負責執行排華法的官員，會利用行政手段限制、禁止這些豁免者和華工，甚至那些有美國公民身分者入境，從而使排華而起的衝突未就此停歇。[35]

排華法通過，令太平洋岸反華人運動歡欣鼓舞。《上加利福尼亞日報》頭版頭條宣告「終於獲勝！」並有一道長長的肩題，讚許「我們代表的不懈努力」。華人當然驚愕、氣憤、害怕。[36]八月四日排華法生效時，黃遵憲在碼頭迎接每艘到港的船，觀察海關官員檢查從中國過來之上岸乘客的情況。他帶了領事館職員傅烈秘（Frederick Bee）同來。傅烈秘是白人企業家，自淘金熱時期初到加州吊死鎮（Hangtown）時，就致力於維護華人的權利。他裁決金礦區白人與華人的衝突，後來在一八七七年國會就華人移入問題辦聽證會期間代表華人六大會館的利益發聲。一八七八年清廷於舊金山開設其第一個領事館時，他成為清廷顧問，一八八二年黃遵憲來到舊金山時，他協助黃遵憲。黃遵憲把傅烈秘稱作「同官金山領事」，曾作詩緬懷他云：「膽大於身氣自豪……笑中常備插靴刀。」[37]

黃遵憲不信任執行排華法的海關官員，絕非杞人憂天。八月八日，即此法生效才幾天，花了四個月往返澳洲的美國汽輪雪梨城號（City of Sydney）回到舊金山後，船上的華籍船員被拒絕上岸，羈留在船上：阿生（Ah Sing）、阿鐵（Ah Tie）等人，都老早就是加州居民，此次在舊金山受僱於出境船擔任船廚工人和房艙侍者。在另一個案例裡，來自巴拿馬的商人周樂音（Low Yam Chow）來到舊金山，以為其中美洲事業採辦貨物。海關官員不讓他上岸，理由是他沒有所謂的「第六條」（Section 6）證明。他得有此文件證明其商人身分，才得以豁免於排華法規範。[38]

黃遵憲和傅烈秘積極維護抵港時被禁止入境之華人的權益，聘律師發出人身保護令，以便上聯邦法院打官司，並且如願為船員和這位商人打贏官司。在兩椿與雪梨城號船員有關的官司中，法院裁定他們先前就住在加州，因此不受排華法規範，他們受僱於美國船出海，意味著他們在整個航行期間依舊受美國管轄。就商人周樂音的案子來說，法院認定排華法第六條適用於中國境內商人，不適用於從其他地方過來的華商。法院表示，要巴拿馬境內的人去中國請領入境美國的執照，「有是理乎？」[39]

黃遵憲出席了審訊庭。法庭氣氛緊張；地方檢察官、律師、法官激烈交鋒。審理商人周樂音的案子時，有一大群嘈雜的旁聽者在場。值得注意的，美國最高法院法官費魯（Stephen Field），主持巡迴法院的案件審理，指出解釋排華法時必須謹慎，若有疏失，危害甚大。費魯令黃遵憲甚為佩服。這位領事呈報清廷駐華公使鄭藻如時，說他認為法官費魯「為人剛強公正，當辯駁時仍謂美國地大人眾，何以不容為數無多之華人！當道巨公，不避嫌怨，倡言於眾，其膽識甚是欽佩。」費魯會在其關於「華人艙房侍者案」（Case of the Chinese Cabin Waiter）的判決文中，表現這樣的情操：「國會立此法的目的……不是要驅逐已在這裡（的華人）……我們並不認為如今在這裡的寥寥幾千（華人）……會明顯擾亂我們的安寧或影響我們的文明。」[40]

在商人周樂音一案中，費魯搬出《中美天津條約續增條款》（和其一八八〇年修正條款），以捍衛華商「自由隨意來去」的權利。此約載明不得「不讓華人過來，或對華商的過來施以沒必要且令人難堪的限制」，若如此，會擾亂「中國與我國的商貿關係。與中國的商業往來至為重要，而且有增無減。」[41]

接下來幾個月裡，由於有周樂音案的裁決作為判例，黃遵憲成功讓約三十名初抵時被拒入境的華商上岸，包括來自秘魯、智利、巴拿馬的華商。他考慮根據其作為清廷領事的權限，向從中國以外地方過來的華商發予第六條證書，但海關官員不同意。十月下旬時這些官司都已解決，黃遵憲打消此念頭。[42]

這些早期官司讓黃遵憲樂觀認為排華法不會被離譜濫用。他知道美國人對華人問題的看法分成兩派，而法官費魯表示支持美中貿易、中美條約關係、排華法的公平執行，令黃遵憲特別信心大增。但黃遵憲對費魯的評斷不盡正確。法官費魯對華人無特別的惡感，但也非特別友好。他在華人官司裡看到藉以擴大聯邦管轄範圍的機會，尤其是商業、經濟事務的管理方面。他的影響力會在幾年後的「益和訴霍普金斯」（Yick Wo v. Hopkins，一八八六年）一案中有最為人知的表現。此案涉及舊金山要所有洗衣店用磚建屋的防火法令。既有的木造洗衣店不受此法約束，前提是店主必須從市府拿到營業執照。當局讓兩百多個白人洗衣店老闆豁免，但華人洗衣店老闆無一人得到此豁免。黃遵憲和其律師故意安排人以身試法，以讓此法有機會因被裁定違憲而撤銷。他們要益和洗衣店老闆違反此法而被捕，然後利用人身保護令，迫使法庭裁決其受拘禁是否符合法律程序。最高法院裁定，表面上不偏袒特定種族、但以帶偏見的方式執行的法律，違反了憲法第十四條修正案的平等保護條款。「益和訴霍普金斯」案的裁決，係美國憲法史上的重大裁決，因為它把憲法第十四條修正案的保護範圍擴及經濟活動，確認所有人，而非只是美國公民，都該享有不受侵犯的平等權利和正當程序。[43]

黃遵憲於一八八五年九月離開舊金山，那時最高法院尚未就「益和訴霍普金斯」案作出裁決。他調任加州三年期間，為維護海外華人權益努力不懈。他要舊金山華人宗親會和會館正式統合在一個統一的架構下，要他們提供更好的社會服務，要他們在向會眾報告收支帳目時更加透明。除了在入境案和益和案上幫忙打官司，他還提供法律援助，以推翻不讓華人孩童就讀舊金山公立學校的做法。得知母親已在家鄉過世，他請求休假返鄉——以便照禮俗守喪，而守喪期間他會被暫時停職——但上司不允。這一不尋常的決定，反映了清廷體認到美國境內華人處境的岌岌可危。一八八五年終於離開時，黃遵憲疲累不堪。他搭乘汽輪北京城號（City of Peking），船上還有位在統艙的一千華人，以及麵粉、人參、乳酪、銀塊、金幣、金砂等船貨。他橫渡太平洋時正值中秋節。他在甲板上，欄杆邊，過了無眠的一夜，望著月亮，想著下方統艙裡華工所受的苦和中西文化間的巨大鴻溝。[44]

黃遵憲離開加州時，華人問題並未底定。反而，一八八〇年代中期或許會是美西華人處境最慘淡的時候。排華法彷彿已確立華人問題的種族主義依據，認可對華人的進一步施暴。自淘金熱時期華人初抵加州，偷竊、人身攻擊、謀殺、縱火就如影隨形跟著華人，但一八八〇年代中期，新一波暴力襲捲整個太平洋岸地區。「趕走」（drive out）運動表明，「華人必須離開！」這個口號，不只是要把華人拒於境外，而且要把華人趕出去。據史學家貝絲・劉－威廉斯（Beth Lew-Williams）統計，一八八五至一八八七年西部諸州發生了四百三十九起把華人趕出城鎮或欲把華人趕出城鎮未果之事。辦法包括騷擾、丟炸彈、縱火、人身攻擊、搜捕、謀殺、私刑處死。至少八十七名華人因此喪命。[45]

許多驅逐行動源於有計畫且持續的作為。一八八五年九月，在華盛頓州的塔科馬（Tacoma），由勞動騎士團（Knights of Labor）和市府官員領導的驅逐團體通過決議，限期華人居民於十一月一日前離開。他們宣布驅逐行動會守秩序且不動用暴力，以群眾集會和遊行支持其訴求，但也挨家挨戶造訪，揚言不從就對華人不利。華人居民不肯照辦，最後，白人自發成立的治安維持會成員，押著華人冒著滂沱大雨走八英里路離開；兩人因此凍死。治安維持會成員接著放火燒掉華人居住區。[46]

其他的攻擊行動，類似積壓已久的憤恨突然自行爆發。在奧勒岡州斯內克河（Snake River）的地獄峽谷（Hells Canyon），白人農場主和學童聚眾鬧事，搶劫、殺害三十四名華人礦工，將屍體丟入河裡。一八八五年九月發生於懷俄明領地石泉鎮（Rock Springs）的暴亂，或許最為人知。暴亂發生於聯合太平洋鐵路公司所經營的一個大煤礦場，該礦場的華人、白人礦工領一樣的工資，但反華人的種族主義心態，自一八七五年聯合太平洋鐵路公司利用華人破壞罷工起，就深植於白人心裡。十年後，華人不願響應勞動騎士團所發起的罷工，白人誓言趕走華人。一群武裝暴民，共一百五十名白人礦工，攻擊城裡的華人居住區，放火燒掉約八十間房子，朝逃走的華人居民開槍。凶狠的暴民在礦工營地橫衝直撞，趕走四百名華人礦工。有些華人死於槍下，有些華人死於著火的屋裡，還有些華人逃到附近山區後凍死。聯合太平洋鐵路公司把難民運到較安全之地，請聯邦政府派兵前來將他們護送回石泉鎮。但動用警力或士兵保護華人之事很少見。大部分官員——包括懷俄明領地的官員——完全未出手制止暴力或為遇害、受傷、遭搶走財物的華人討公道。[47]

清朝公使鄭藻如指示紐約領事黃錫銓、舊金山領事傅烈秘赴石泉鎮實地調查。兩位領事提出三份文件，讓後人得以一窺來自華人視角的難得細節。第一份文件講述了駭人情事，有石泉鎮五百五十九名華人倖存者簽名。這份致美國政府的文件描述了兩天裡的恐怖遭遇，其中一部分寫道：

有些華人遇害於畢特溪界，有些遇害於鐵路橋附近，有些遇害於「唐人街」裡。有些人遇害後，屍體被搬到著火的建築處，丟進火裡。有些藏身於屋裡的華人遇害，屍體遭焚；有些華人因有病在身跑不掉，遭活活燒死於屋裡。有個華人遇害於「白人城」的一家洗衣店裡，他的房子被拆掉。華人遇害共二十八人，傷者十五人。

這份文件也透露，暴民裡有白人女子和小孩，包括教華人居民英語的女人。[48]

黃錫銓領事提出的第二份報告，列出二十八名死者：名字、死狀、在中國是否有家人。黃錫銓一一列出每個受害者的名字，藉此表明他們都是有血有肉之人。例如：

三、易錫顏（Yi See Yen）的屍體發現於溪附近。左太陽穴中彈，頭顱破裂。死者三十六歲，家鄉（中國）有母親……

七、劉隆洪（Leo Lung Hong）屍體殘部發現於第二十七號營地旁某小屋裡的灰燼堆中，剩頭、頸、胸。雙手，連同腰部以下的身體其他部位，都已完全燒掉。我也查明死者四十五歲，在家鄉有妻子和三個兒子。[49]

出自傅烈秘之手的第三份報告，以和白人居民的訪談所得為本，受訪者包括驛站長、一名鐵路員工、幾名當地商人。這些人證實華人不鬧事、守法，這場光天化日下無故發動的攻擊，係愛爾蘭裔、康沃爾裔、斯堪的那維亞裔礦工所為。傅烈秘把這稱作「所有基督教國家裡所幹下最殘忍、凶狠、沒來由的暴行之一。」石泉鎮當局任由暴亂橫行，完全未出手制止。事後，驗屍官驗屍，但未傳喚證人；後來讓那些因謀殺和縱火遭逮捕的人「低價保釋」、迅速獲釋的官員，也是這個驗屍官。大陪審團不願起訴。整件事讓傅烈秘覺得「可笑」。他推斷，「在石泉鎮殺害華人、燒死、搶劫華人的這些罪犯，沒有一個會被或可能被所謂的領地當局或地方當局懲罰。」[50]

公使鄭藻如向國務卿托馬斯·貝爾德（Thomas Bayard）發出長長的正式抗議書——他在此期間所寫的諸多抗議書之一——並附上傅烈秘的報告和來自石泉鎮白人居民的六份書面陳述。鄭大使要求「將犯下此謀殺、搶劫、縱火罪者捉拿懲治；對華人因此目無法紀的行為蒙受的所有損失和傷害，予以完整的賠償；採取適切措施保護懷俄明領地和美國其他地方的華人居民，使不致受到類似的攻擊。」他估算華人居民在此暴亂期間遭毀或遭搶的財物價值，要求賠償十四萬七七

四八．七四美元。鄭藻如也提醒貝爾德，基於兩國所簽條約，必須保護住在本國境內之對方國家的僑民，還提到中國政府為美國人在華蒙受損失賠償的先例（這樣的事不少）。[51]

國務卿貝爾德回道，石泉鎮之事令人遺憾，卻是民間個人所為，因此不能要美國政府負責。但美國駐華外交官回報了廣州民心為石泉屠殺慘案大為「激憤」。香港報紙的報導文章和在美華人所發回的電報，張貼在廣州城各地，更助長公憤。美國駐華公使田貝（Charles Denby）擔心「惱人」的廣州人會攻擊中國境內的美籍企業家和傳教士。田貝甚至命令將第二艘美國炮艇駛來廣州。[52]

美國國會憂心中國境內美國人遭以暴力報復，通過法律，撥款十四萬七七五八美元賠償石泉華人，另撥十三萬美元賠償「美國境內華人子民蒙受自本地居民的其他所有損失和傷害」。後來國會又另外撥款賠償華盛頓州塔科馬、西雅圖種族暴亂期間和加州雷丁（Redding）種族暴亂期間華人的損失，總共四十二萬四千三百六十七美元。賠償金直接交給中國政府；受害者或其家人是否有收到賠償金，不得而知。[53]

加州和美國境內的反苦力心態，使華人非自由之人這個重要論點得以久久不墜。但這是個能不斷變身的意識形態，能調整其側重的方向，以符合加州和美國政治的發展需要。一八五〇年代，它把華人說成「苦力」和「奴隸」，以把華人和受奴役的美國黑人扯在一塊，從而使華人成為對自由勞動的威脅。內戰後和通過憲法第十三條修正案後，蓄奴和各種奴役行為為法律所禁，反苦力者的論點轉而側重於「賒單制」加諸華工的「債務束縛」和販運「女奴」為妓上。這一說法多了一個好處，即把華人說成既是奴隸又是奴隸主子，從而把所有罪過都怪在華人頭上。憲法第十四條修正案的平等權利原則，給主張排華者帶來另一個麻煩。一八六九年，亨利・喬治在著作中藉由民族主義和種族例外說，化解自由主義包容和非自由主義排外之間的矛盾。他把壟斷問題帶進這個複雜狀況裡，藉此使種族主義論點可以拿階級利益當擋箭牌，在十九世紀後期幾十年間，利益變成愈來愈舉足輕重的考量因素。隨著內戰後重建時期的結束和對黑人種族歧視的興起，反苦力說不再需要回應廢奴派的質疑。

這在亨利・喬治和反蓄奴健將之子小威廉・洛伊德・蓋里森（William Lloyd Garrison, Jr.）一八九三年往返的書信裡，可以非常清楚看到。蓋里森是波士頓企業家，批評主張單一稅制者支持吉爾里法（Geary Act）。吉爾里法把排華法的實施期延長十年，規定華人居民得時時攜帶身分證，違者遣送出境。蓋里森支持平等權利原則。對此，喬治回應道，「使用地球的權利不限於美國的居民，這我衷心同意。但……最卑賤的華人擁有和你一樣使用加州土地的天賦權利……這點我要強力駁斥。人就只是個體？沒有家庭、民族、種族這類東西？」喬治拿內戰過往來說事，以辯護排華主張。「你把那些支持蓄奴的人和那些反對華人移入的人歸為一類，根本說不通，」他寫道。「美國境內蓄養黑奴帶來的第一個禍害，係把大量黑人帶來美國，儘管已不再蓄奴，這個禍害如今仍是虛弱和危險的根源。容我問你一句：如果今天可能有大量非洲黑人會過來，就和如果拿掉所有限制，華人過來的可能性一樣大，你還會認為在目前的情況下那是明智之舉？」[54]

把華裔美國人和非裔美國人相提並論者，不只喬治；利用這兩個族群的相似之處來合理化對待其中一族群或另一族群的方式，司空見慣。美國最高法院在十九世紀最後幾十年裡必須釐清平等對非裔美國人所代表的意義，並在普萊西訴佛格森（Plessy v. Ferguson，一八九六）一案中提出「隔離但平等」（separate but equal）原則，作為最後的定論，同樣的，最高法院也針對排華提出影響深遠的理由。內戰後，聯邦對移民入境的管制，被視為商業事務。但排華使最高法院轉而以主權，也就是以國家安全，作為聯邦管制移民入境的理由。[55]

這一理由使國會得以在移民入境事務上享有充分或絕對的權力。在排華案（Chinese Exclusion Case，一八八九）中，最高法院認為外移的華人是境外勢力的代表，因而可以基於國家安全因素不讓其入境，即使兩國未出現「真正的交戰」亦然。最高法院也裁定，議會制定的法律，位階高於條約，因此，對移民入境的管制，從此屬美國可自行決定之事。一八八二至一九〇一年，國會會接連通過嚴厲的排華法，同時駁回清廷欲透過條約協商修正排華措施的努力。

一八九三年，最高法院把國家安全原則擴大適用於遣送出境的事務上，宣布「只有在國會特許、許可、容忍下，（外國人）才得以待在和繼續待在我國。」最高法院宣布，入境管制，連同宣戰、締約，是國會管理對外關係的權責之一，裁定外國人在移民入境和遣送出境上不享有憲法所規定的權利。移民入境是國家安全事務一說，如今仍是美國移民法的基本原則。[56]

第七章　黃禍

澳洲的華人和白人都密切注意美國境內的情勢演變。一八七〇年代後期起，澳洲報紙相當關注加州政局。報紙報導美國排華法的立法進度和空地演說王丹尼斯・卡尼的演說。加州的苦力論越過太平洋，進入澳洲的流行論述裡。例如，雪梨的民族主義週刊《公告》（*Bulletin*）照搬加州苦力論的主要內容：「他把同胞輸入到這裡，並使他們擺脫不掉奴隸處境……他有時輸入華人女子賣掉……靠他自己的法庭，他能掌管一切。」有幅橫跨兩頁的插圖，把一名醜惡的華人男子畫成八爪章魚，其觸手上標上「廉價勞力」、「天花」、「番攤」、「鴉片」、「不道德」（暗示與白人性交）諸惡行。此週刊還說，澳洲應借鑑華人移入加州的經驗，不讓華人進入澳洲諸殖民地。[1]

維多利亞殖民地備受敬重的華商和華人權益維護者劉光明和雷亞枚，看著這些情勢演變，感到驚恐。他們也很清楚美國的排華運動，欲從在美華人的抵抗吸取教訓。他們兩人，連同年輕的華人基督教改革者暨墨爾本商人張卓雄，一八七九年出版名叫《澳洲華人問題》（*The Chinese Question in Australia*）的小冊子。該書附上美國的國會調查結果、傳教士對華人可取之處的陳述、舊金山諸會館領導人的著作，以突顯貿易和人口遷徙相輔相成之類的共同主題。他們也提到國際法和條約義務，就華人問題來說，就是指一八六〇年《中英北京條約》。該條約讓中國人有權利在英國所屬各處旅行、工作。[2]

他們寫道，「如果你們想要把華人拒於大英帝國的這個區域之外，基於法律和公正原則的要求，你們該以正當且合法的方式去做此事」，也就是要「請求廢除既有的條約。你們不能向（中國皇帝）說，『你必須允許英國子民在中國任何地方貿易、定居，但我們不會容許中國子民在大英帝國的任何地方貿易、定居。』」這一立場自甘墮落於「野蠻人的作為，無視國際法和條約中的對等原則。」[3]

如果說澳洲的華人問題看來愈來愈似美國的華人問題，它卻是循著不同的路徑走到這一點。一八五〇年代維多利亞淘金熱期間，當地的反華種族主義，相較於加州，尚未成氣候，而且未提出綱領性的「苦力論」。就立法限制來說，走的也是不同道路。維多利亞、新南威爾斯、南澳大利亞三地已施行幾種旨在對華人移至金礦區一事設限的措施——船隻噸位規定、入境費和保護費、居住稅。這些不公平的要求，給華人帶來沉重負擔且易引發逃漏稅費、衝突，但未挑明限制華人或排華，符合大英帝國的自由遷徙政策和其與中國的外交關係。維多利亞和新南威爾斯，甚至在一八六〇年代，淘金熱退去且這些殖民地境內華人人口少了四成時，撤銷它們的某些限制，英國殖民地事務部對此甚為滿意。[4]

但到了一八七〇年代後期，白種澳洲人已日益要求採行明確排華的政策，從而加劇這些殖民地與英國之間的緊張。對英國來說，處理華人問題時該考量的重點是大英帝國與中國的正式關係和大英帝國在亞洲的商業利害、地緣政治利害。倫敦《泰晤士報》認為澳洲的華人移入問題，連同第二次鴉片戰爭（一八五六～一八六〇）、印度大叛亂（一八五七），都是大英帝國在亞洲之一連串「直接鬥爭」中所面臨的問題。英國的帝國利益似乎與澳洲殖民地移民的利益相牴觸，或至少處於緊張關係。[5]

華人問題在澳洲復燃，並非起於維多利亞的老金礦區，而是在白人對北領地與昆士蘭北部境內華人日增憂心忡忡的情況下開始出現。所謂的「最北端」（Top End）地區——墨爾本北邊約兩千英里處——位於全然不同的生態系裡，屬熱帶氣候而且密布多個雨林。這裡的居民仍以原住民居多。上述情況阻卻歐洲人開發此地。而華人在澳洲最北邊的拓殖——華人既有從維多利亞轉過來者，也有來自華南的新移民——有助於礦業、農業、航運業、商業打入此區域。這些新遷徙使人更清楚看出澳洲拓殖活動本身固有的緊張局面：歐洲人把新南威爾斯、維多利亞、南澳大利亞視為白人拓殖的溫帶氣候區，以自由勞動和民主政體為基礎。相對的，在北邊熱帶氣候區，從事甘蔗、水果種植、黃金、錫礦開採、海上珍珠貝養殖，獲利潛力甚大，而這些經濟活動都想利用有色人種的廉價契約工。澳洲情況很特別，那裡的白人移民殖民地和種植園殖民地接壤。政治經濟形態相異的區域比鄰而居，令白人移民憂心華人「入侵」，反對「廉價」有色人種勞力進入。

美珍一八七五年遷居北領地，是最早定居該地的華人之一。此前二十年，他在維多利亞的克雷西克以採礦為業，闖出一片天。他最初從事探礦，後來自有幾家小型採金公司；一八七三年他歸化為英國子民。美珍是最早在「最北端」開業採礦的少數族群出身者之一，靠著採金和其他風險事業發大財，成為達爾文港和松溪（Pine Creek）地區有頭有臉的公民之一。

最早來到「最北端」的外地人，不只美珍和一八七〇年代的其他淘金客。印尼群島東部的地區性貿易網，包含澳洲北海岸和島嶼，在此地區與歐洲人接觸前就存在，至少在十七世紀初期就存在。印尼的航海人把澳洲此區域稱作馬雷格（Marege），即馬來語「蠻荒之地」。至十八世紀初期，已發展出一年一次的活絡貿易，貿易品為海參。海參由澳洲原住民在馬雷格捕獲、加工處理，由望加錫人用船運出，經蘇拉威西島運至中國。在中國，這道珍饈是盛宴的主菜之一（至今仍是）。6

華人商船船東參與了現代初期海參貿易，但十九世紀後期華人出現於北領地，緣於一八七二年有人為了勘探金礦開發阿納姆地（Arnhem Land）。美珍最初在聯合礦脈（Union Reefs）作業，騎馬帶著六名步行的華工，從帕默斯頓（Palmerston，今達爾文），經一百一十英里的灌木林小徑，來到這裡。他一開始搞承包（tributing），即承包他人所立界據有的土地，把採礦所得一部分繳給該地的所有人。一八七四年殖民地政府從新加坡帶來一百七十三名簽了務工合同的華人，以分配給諸多金礦業主和用於建設電報線；美珍的六名工人，就來自這批人。一八八〇年代，為了建造松溪－達爾文鐵路，會再招募數千華工。美珍擴增其承包業務，然後取得自己的採礦地，其中有些地與白人合資。至一八七七年，他已在從事搗碎石英石採金的事業（每噸石英石總至少能產生一盎斯多或更多的黃金），開始從香港、新加坡直接輸入華工。聯合礦脈另一個早期礦業大亨亞當・瓊斯（Adam Johns），稱美珍是「北領地最有錢的人」。[7]

美珍的業務規模遠大於維多利亞境內，或甚至加州境內，華人所擁有的採金事業。美珍在封閉的體系裡身兼多種角色：礦主或承租人、商人、勞力供應商。他所持有的土地非常廣，因而把租來的土地轉包給較小的華商。他也往其他領域擴大其事業版圖，圈養綿羊，蓋屠牛場，在松溪買下一間飯店。他也是模範鎮民，慷慨捐資興建醫院和其他慈善事業，根據一八七三年北領地採礦法被選入礦業理事會。[8]

當時人把遷至北領地的華人稱作「苦力」。政府輸入的第一批華人，可能簽了務工合同；美珍從香港、新加坡直接招募工人時，預墊他們的船費，抵達後再償還。他似乎未和他們簽長期約，或者似乎未苛待他們（至少未有抱怨受惡待的記載）。一如在其他採金邊區，勞工若不滿意處境，可輕易棄約逃走。美珍是北領地僱用最多華人的老闆，但金礦區也養活一些小型華商合股公司和合作性組織，從而可能為華工提供別的受僱機會。[9]

非原住民占北領地人口不到四分之一，一八八八年華人占此地移民人口將近八成。達爾文人口華人居多，居民多達一千三百，另有從事鐵路建造、採礦、僕人的流動人口數千名。但人口還是不多：該年政府統計北領地有華人六千一百二十二人，白人只有兩千人。這一人口統計數據表示白人拓殖腳步緩慢，白人倚賴華人來做工、生產糧食、提供服務。北領地類似種植園殖民地，由為數甚少的上層白人經理、官員和大批非白人構成，非白人包括華工和華人移居者，以及受僱於海參、珍珠貝產業的多種原住民、亞裔海上工人。[10]

白種澳洲人一方面倚賴亞洲人，一方面又對非白人人口增加和原住民、亞洲人打成一片感到不安。一八八一年，管轄北領地的南澳大利亞，在達爾文南邊兩百英里處畫了一條界線，宣布華人得繳費才能往北越過該線。西澳大利亞禁止亞洲人取得採珍珠執照、出海執照；昆士蘭、南澳大利亞決定，亞洲人可以當採珍珠工人，但不能當採珠業老闆。一八九〇年代，諸殖民地不讓原住民繼續受僱採珍珠，並把他們移出村鎮，以把他們與華人、馬來人隔離開，並「保護」他們，使不受華人、馬來人欺負。在澳洲最北邊，原住民和亞洲人接觸、混居、四處移動已有很長歷史，但此時，在日益僵固的種族主義體制下，兩者被分開，不相往來。[11]

與北領地情況相反的，來到昆士蘭的白人，人數較多而且更具侵略性。雪梨北邊六百英里處，莫頓灣（Moreton Bay）邊的布里斯班，最初是罪犯流放地，一八四〇年代才開放白人移居。牧場主、農場主、礦工從布里斯班沿著海岸往北，還有往內陸，不斷推進。在這過程中遭遇原住民頗大的抵抗。白人移民和名叫「本土警力」（Native Police）的準軍事武力，在直至十九世紀結束為止的一場「從不停歇的戰爭」中，殺害多達六萬五千原住民，使昆士蘭境內剝奪原住民土地的行動，血腥程度甚於在澳洲其他任何殖民地所見。華人淘金客、商人、農民進入昆士蘭，隨之捲入原住民和白人移民間的戰爭。白人把華人安置在白人新拓居地邊緣的營地和村子，因此，原住民抵抗時，華人往往首當其衝。與北領地不同的，昆士蘭並非混居和共享的理想地方。[12]

白人拓殖者一八五〇、六〇年代探索昆士蘭內陸，發現黃金，隨之引發幾次小型淘金熱。江誠勇（Kong Shing Yung）是早期的華人移民之一，在皮克當斯（Peak Downs）發現黃金之後，一八六五年遷至昆士蘭。他是商人，其在維多利亞的店鋪毀於一八五七年巴克蘭河暴亂期間；他遷至本迪戈，再遷至新南威爾斯，說在那裡，「洋人」因為是罪犯出身，「很壞」。他受不了藏在森林裡的逃犯和公路響馬的搶劫、騷擾，再度搬遷。這時北昆士蘭尚未開發，綿羊比人多上許多。江誠勇抱著和英國人一樣的夢想，認為一段時日之後昆士蘭會成為「世上的大商業中心之一，因為這裡含有成就偉大國家的基礎」，有礦物、木材資源、無盡的牧草地，還有能支持稻米、咖啡、茶葉、糖、菸草、棉花、石油生產的熱帶、溫帶氣候區。[13]

昆士蘭規模最大且影響也最大的淘金熱，出現於布里斯班北邊一千兩百英里處的帕爾默河（Palmer River），始於一八七三年。帕爾默河淘金熱把維多利亞、新南威爾斯兩地較老的金礦區和北領地的白人和華人都引來。這是個大金礦區，面積約六百平方公里；其豐富的含金沖積礦床，催生出在當地的峽谷「用鏟的就能鏟出黃金」的說法。金塊「外觀迷人，都經過水的沖刷，奇形怪狀到了極點。」有些金塊重將近一磅。但這裡地處熱帶且偏遠，熱病猖獗，不斷受到抵抗外人侵犯的原住民攻擊。據說灌木林小徑上遍布屍體。當時的英國籍觀察家克勞佛（J. Dundas Crawford）寫道，「如果澳洲礦工倒下數以十計，華人倒下想必數以百計。」荒誕的傳言盛行，說有黑人揮舞十英尺長的矛，矛的倒鉤上有抹毒。但一如以往，黃金的魅力讓人無視邊區的危險。[14]

昆士蘭的華人人口，一八六一年只有五百四十人，到了一八七一年已增至三千三百人，然後，隨著帕爾默河淘金熱興起，又劇增。一八七五年，有汽輪往返香港和昆士蘭北部最大港庫克敦（Cooktown），更多華人從中國南部直接過來這裡，又以來自廣東中山的人居多。至一八七六年，庫克敦鎮上和周邊已有兩萬多華人，比帕爾默金礦區的白人還要多。[15]

觀察家注意到這裡出現的模式，與盛行於維多利亞境內自願移入之華人間的模式相似。在帕爾默金礦區，華人礦工使用已知很管用的辦法，即講究合作無間、縝密周全、能自由走動的辦法；他們用淘金搖動槽作業，一組十人，兩兩合作，挖掘、運水、淘洗沙子、包裝黃金和金砂。[16]

在此地區各處的小鎮，都有華人開店營生和種菜販賣為生。一如在維多利亞（和加州），他們往往原是金礦工。在梅菲爾德（Mayfield）鎮，帕爾默產金區的行政中心，大部分店鋪、酒館、服務性事業，由華人經營；華人也蓋了數間鍛造場、一間廟、一處墓地。華人根據風水原則蓋房子，以石板鋪成地板，屋旁有梯田狀的菜園。[17]

這麼多華人來到帕爾默河地區，令白人很反感；誠如金礦區區長威廉·希爾（William Hill）所抱怨的，「若非華人湧入，帕爾默河地區會讓數千歐洲人找到有賺頭的工作。」一八七七年，白人礦工組成反華人協會，開始祭出卑鄙的威脅——有張貼在樹上的條子寫道：「只要在此溪更上游發現華人，一律抓起來吊死」——但華人人多勢眾，白人想動粗，不易得逞。帕爾默河地區的礦業主管限制華人所能立界據有的土地面積，阻止他們開採石英，以免白人眼紅。[18]

昆士蘭北部的民意並不盡然反華人。一如在達爾文所見，華人在北部海岸的新口岸庫克敦、道格拉斯港（Port Douglas）鎮上和周邊地區提供農產品和服務。在偏遠區域，他們為華人、白人、原住民供應商品；原住民有時充當華人店家的嚮導。華人移民也協助建立了昆士蘭第一座甘蔗園，在凱恩斯（Cairns）區開墾出玉米田、稻田、果園，尤其香蕉園。最大的華人農場主從中國南部自行引進契約工；華人企業家維持住與新加坡、香港、整個東南亞的商業關係。昆士蘭北部華人遍布，反映了兩個事實，即此地區較接近中國，以及白人認為熱帶地區不適合白人定居或勞動。[19]

白人放棄帕爾默河地區時，籲請殖民地政府對華人設下限制。一八七六年，昆士蘭議會提議調漲來自非洲、亞洲的外國人採礦、經商的許可費，對來自香港、停靠庫克敦的船隻施行新的管理規定。但殖民地總督凱恩斯擱置此議，擔心此舉會違反中英條約、損害來自新加坡和香港之華人的權利，畢竟這些華人是英國子民。後來，一八七八年昆士蘭議會立法不准來自亞洲的外國人（非英國子民）進入「新」金礦區，藉此處理大英帝國所關心之事，此舉形同規定亞洲人只准進入已開採過的礦區。[20]

眼見昆士蘭北部境內不只華人日增，而且亞洲人、太平洋島民日增，白人日益驚恐。甘蔗田、棉花田利用來自西南太平洋美拉尼西亞群島的勞工一事（白人把在澳洲做工的太平洋島民貶稱為卡納卡人〔Kanaka〕），爭議尤其大。麥凱（Mackay）區的反亞洲人請願者宣告，「每引進一個太平洋島民，就有一個歐裔勞工被趕走」，種植園主則申明其「作為英國子民」，輸入契約工的「權利」，並搬出與印度的協議和作為大原則的自由放任說來支持自己的論點。昆士蘭議會立法管制勞工輸入，但「以誆騙或綁架方式將太平洋島民帶至澳洲做工」（blackbirding）和駭人的工作環境依舊未消。[21]

白人族群更普遍的憂心，係新永久拓居地的前景、自由勞力市場裡和小本生意領域的競爭、人口的自然增長。這三個因素似乎注定白人社會不會有未來。有個住在最北邊沿海城市的白人寫道：「唐斯維爾（Downsville）因匱乏、不幸、賣淫而拔得頭籌。華人、卡納卡人、爪哇人、僧伽羅人、日本人、世上其他所有會帶來痲瘋病的族類，都已來到唐斯維爾。」《電訊報》（*Telegraph*）問道，白種工人「會不吭一聲站在旁邊，看著這些黑人推著嬰兒車；駕著雙輪單馬輕便馬車；整理菜園；去馬鈴薯皮、擦洗地板；洗盤子，而他們自己，或他們的年輕女兒，根據性別或體力的勝任程度，想要從事同樣的工作，但工資較低，這樣的事會發生？……由（太平洋島民）履約期滿後留在我國，可清楚看出他們喜歡我國。」卡納克人問題和華人問題合流為「黑禍和黃禍」（black and yellow agony）。[22]

就在華人問題於昆士蘭挑起爭議的同時，此問題在南部諸殖民地重新浮上檯面，但不是出現於金礦區，而是在墨爾本和雪梨。住在城市的華人其實很少，而且都從事最適合華人從事的行業——種菜販賣、兜售、家具製造。華人只在家具製造上與白人工匠有競爭關係。一八七〇年代後期，維多利亞的製造商和受僱者組成貿易協會，以「用各種正當手段讓歐洲人繼續掌控家具業」。在墨爾本國際博覽會即將舉行之際，該協會與該博覽會的主事者談定，只向未僱用華人的維多利亞製造商買椅子。但此協議遭撤銷，或許係顧忌英中關係的殖民地官員施壓所致。椅商找其他行業的白人勞工壯聲勢，示警他們所遭遇的「少許」不幸，只是華人全面入侵此殖民地的開端。數千白人出席「大型集會」（群眾示威），有個反華人聯盟成立，城裡和郊區的中產階級、小商家加入戰場——這三者全是針對華人問題所發動之跨階級政治運動的新興模式的主要元素。[23]

約略與此同時，在雪梨，澳洲船員工會與澳洲輪船公司（Australian Steam Navigation Company）交手，該公司決定針對其行駛斐濟、新喀里多尼亞貿易路線的船隻，裁掉白人船員，改僱用華人船員，則是引發此對抗的緣由。自一八六〇年代起，走亞太航線（包括赴加州的橫越太平洋航線）的輪船公司，在新加坡、香港僱用華人在船上工作，就已日漸普及。澳洲輪船公司一八七八年的舉動，旨在使自己面對以香港為總部的公司的競爭，不致屈居下風。船員工會發動長達一年的群眾運動，以逼議會立法限制澳洲船僱用華人，但新南威爾斯議會和殖民地輔政司麥可．費茨派翠克（Michael Fitzpatrick）不同意，搬出帝國義務支持其立場。船員工會回應以激烈罷工，贏得工會聯合會和大眾支持。昆士蘭政府揚言，澳洲輪船公司若繼續僱用華人，會撤銷對其的郵遞業務補貼。該公司要從香港輸入華工來破壞罷工之事傳出時，萬人聚集於雪梨的海德公園抗議。太平洋的種族抗爭來到最白熱化的階段。[24]

這場罷工引發政治危機，因為儘管新南威爾斯議會裡支持對華人設限者頗多，商會和總理亨利・法內爾（Henry Farnell）不願讓工會主導殖民地政策——儘管他心裡未必不支持此議。法內爾的內閣最終於一八七八年十二月垮台；亨利・帕克斯（Henry Parkes）爵士，在新南威爾斯政壇打滾多年的激進自由派人士，組成聯合政府，承諾立法限制華人移入。此事會花更久時間才達成，但一八七九年一月，勞資雙方談定澳洲輪船公司會減少其僱用的華人人數，罷工隨之落幕。[25]

一如在墨爾本，船員工會、雪梨手藝工會和勞動工會聯合會（Sydney Trades and Labour Council）贏得中產階級、小生產者、改革派支持，這些人為該市華人據說道德蕩然、不講衛生，感到惶惶不安。華人人口相對較少——一八七八年九百六十名華人住在雪梨，其中大多是男性——但有將近三分之一與白人女子成家，共生下五百八十六名小孩。這股趨勢本可視為華人安居且同化的證據，但白人把這視為種族汙染和「傷風敗俗之事」。[26]

諸殖民地裡各具特點的反華人運動，就此殊途同歸，在澳洲民族主義的大論述上理念一致，而澳洲民族主義的核心主張，就是建立「白人澳洲」。批評有色人種契約勞動的昆士蘭人，修正帶種族主義性質的氣候理論，表示如果給予白人充分的補償，白人能在熱帶地區幹活。《布里斯班信使報》（*Brisbane Courier*）嚴正表示，「我們的目標係把昆士蘭全境打造為英國殖民地，有朝一日成為盎格魯－澳大利亞國家的一部分……我們不想要有奴性的族類廁身於我們之間，我們和他們不會融為一體。」[27]

此外，華人等亞洲人湧入北領地、昆士蘭的問題，對新南威爾斯、維多利亞的白人來說，似乎攸關切身利益，這些白人認為北部的苦力會成群南移進入溫帶地區。政府派駐達爾文港的特派代表約翰·帕森斯（John Parsons），要人們提防中國南部商人的「強大聯合會」隨時會把「中國人倒進」達爾文。他說，「他們一旦踏上澳洲中央」，會「遍及諸殖民地」。新南威爾斯總理亨利·帕克斯寫道，清廷正密謀於澳洲建立一中國人「殖民地」。[28]

於是，憂心中國人入侵的心態，初現於淘金熱時期，這時猛然重出江湖。一八五〇年代期間，白人擔心華人可能使他們對此大陸本就不牢固的掌控就此失去；至一八八〇年代後期，他們自認已建立一個以自由勞動和民主為基礎，本身漸趨成熟、甚至已經成熟的繁榮社會，而且認為華人不可能領會自由勞動和民主這兩個價值觀。其實，自淘金熱時期，澳洲華人，身為企業家、地方稅納稅人、靠工資為生者，已表現出對近代價值觀的認同。至於入侵一說，諸殖民地的華人人口依舊不多——一八九一年，少者，在維多利亞占不到百分之一，多者，在昆士蘭占幾乎百分之五。但政治人物在華人身上找到可據以打造民族主義觀的「非我族類」。[29]

劉光明、雷亞枚、張卓雄力拒白人進一步限制華人移入之舉。他們一八七九年推出的小冊子——《澳洲華人問題》——發出早已為人熟悉的所有論點：尊重國際法和中英條約、華人對澳洲社會的貢獻、華人受惡待和施暴已久、呼籲還華人公道。這本小冊子的內容，有兩個新意值得注意。首先，他們三人援引約翰·穆勒的看法，駁斥亨利·喬治對廉價亞洲勞力問題的觀點，把華人比擬為澳洲境內的愛爾蘭移民。愛爾蘭移民在愛爾蘭時一星期只賺少少的四先令，但來到維多利亞後，不願接受低於其他農場工人的工資。他們寫道：

人性者，放眼世界各地皆然；華人愛錢，拚命賺錢，就和與華人競爭的最貪心之人沒有兩樣……因此，我們在這裡的同胞，很快就會變成這樣的人。亞洲人廁身於已創造出數千個人為需求和數千種滿足需求的辦法的人群裡，其花費很快就會和歐洲人一樣高，因為其習慣和生活方式會近似於其鄰居。[30]

他們還說，維多利亞華人的飲食，「隨著其生活條件改善，（變得）更花錢、更願意花錢。」此外，定居的華人「遵守英國人的持家方法」，與白人「一樣慷慨、好客。」[31]

劉光明、雷亞枚、張卓雄三人駁斥亞洲人的生活水平處於原始狀態一說——亦即擺脫不掉本身種族的侷限。事實上，華人的工資，除了改變華人消費習慣，甚至某些華人的工資逼近白人，尤以在勞力缺稀的區域為然。一八六〇年代中期從昆士蘭北部寫了封家書的江誠勇，在其中說華人羊倌工資優渥。在昆士蘭礦場，華籍「搗礦機工人」索要和白人一樣的工資。做細木工的白人不斷把矛頭指向華人「廉價勞工」和「吃米奴隸」，但白人、華人細木工人的平均工資其實一樣高。[32]

隨著反華聲勢於一八八〇年代後期更為高漲，殖民地官員，以及報界，請求英國外交部與中國談定新條約，以便對華人移入設限，並舉出美國的做法供借鏡。澳洲人的請求，承認澳洲外交歸帝國掌管，只請求英國的對外政策保護諸殖民地。與此同時，他們揚言若女王陛下的政府辜負他們的期望，他們會在本地自行動手。

但英國也承受了來自他方的壓力，亦即來自清廷的壓力。清廷收到在海外居住、工作之華人的訴苦，不只有來自澳洲者，也有來自加拿大、美國、拉丁美洲者，而且清廷對海外華人受惡待之事日益敏感，深信那是國家遭西方帝國主義者羞辱的另一個表徵。中國於一八六〇年代就開始在國外設立外交使團，最初係為實地了解西方和建立直接溝通管道，但清廷領事日益涉入海外華人遭歧視的問題。

如果外移的華人能直接求助於清廷代表，處境會改觀。一八八〇年代初期黃遵憲以清廷領事身分派駐舊金山時，協助了許多華人移民。中國駐美公使為石泉慘案和其他暴亂談成賠款。張德彝，一八七〇年代後期中國駐倫敦公使團一員，也協助了上門求助的華人。例如，有一次，七名來自閩、粵，受僱於一艘英國商船的中國水手，來到公使館，抱怨船長是個惡霸和暴君，他們要求轉到別船工作時，該船長拒付他們工資。張德彝和其同事幫忙討公道。[33]

清廷外交官致力於解決牽涉更廣的政策性問題，但成果不一。一八七六年派官員赴古巴、秘魯調查華人契約工處境一事，促使清廷禁止往這兩個地方輸出苦力。一八八〇年，清廷同意和美國重議《天津條約續增條款》，從而直接促成排華法的通過，以及隨之而來新一波種族暴力。但如果說清廷對美國的華人處境睜隻眼閉隻眼，面對英國人時，清廷無意重蹈覆轍。[34]

一八八〇年代，中國駐倫敦公使團，就華人在加拿大、澳洲受惡待一事，多次向英國外交部提出外交抗議，提到此事違反相互尊重、特權對等的條約規定。清廷理解到有個普見的惡待模式。晚近出任清廷駐英國公使的曾紀澤，這時調回北京，任職總理衙門。他於一八八七年一月在倫敦刊物《亞洲季評》（*Asiatic Quarterly Review*）上用英文發表了〈中國先睡後醒論〉（China-The Sleep and The Awakening），後來，該文轉載於諸多刊物，包括具影響力的《教務雜誌》

（*Chinese Recorder and Missionary Journal*）。曾紀澤強力主張，西方必須承認中國在國際大家庭裡享有平等地位——主權平等、種族平等——承認中國的地區性勢力範圍，也就是中國作為帝國強權的地位。他譴責侵犯中國主權的不平等條約，也保證中國會「在十年期滿時通知廢止這些條約」。曾紀澤所謂的種族平等，意指住在亞洲、太平洋地區之歐洲人殖民地的華人，在那些社會裡理應得到和其他移民一樣的對待。他認為海外華人受到的對待「令人無法容忍」。他痛斥那些使華人成為「禍害」，而且「讓境內每個人，不管是受束縛者，還是自由之人，都享有正義和國際禮讓，唯獨不讓漢人享有此待遇」的國家所通過的法律。誠如此文標題所間接表示的，此文在昭告西方，中國已從其據認的歷史蟄伏中醒來，不會再容許不平等待遇上身。[35]

一八八七年五月，即曾紀澤上文發表後不久，總理衙門派兩名欽差大臣赴澳洲諸殖民地調查僑情（譯按：這兩人其實是兩廣總督張之洞所派，職銜並非欽差大臣）。這兩名官員，王榮和、余瓗，遊歷東南亞六個殖民地，澳洲是其中之一。他們的澳洲行為期三週，去了墨爾本、雪梨、布里斯班、庫克敦、達爾文港。在墨爾本，華人商界領袖呈上一份長長的請願書，署名者為劉光明、雷亞枚、張卓雄和另外四十四人。這些請願者表明效忠清朝皇帝之意，據此尋求皇帝保護。他們詳述了他們在澳洲所蒙受的許多有辱尊嚴之事，除了過境稅，最值得一提者還有華人人頭稅和經允許才得以從一殖民地前往另一殖民地的規定。他們抱怨「街頭惡棍」（larrikin）在墨爾本街上攻擊「茶販和菜販」。與兩位官員會晤時，他們更進一步抒發自己的委屈。劉光明和王榮和是舊識，因為兩人是檳城英語學校的同窗，因此他們會晤時可能有不勝唏嘘之感。後人不禁揣想這兩個見過世面的人是否討論過他們各自的人生道路——往返於大英、大清兩帝國的人生道路。[36]

兩官員訪澳期間，一再於和殖民地官員會晤時和公開場合，並透過接受報紙的採訪，表達其對華人所蒙受之「惡稅」的反對之意。王榮和向墨爾本《阿耳戈斯報》解釋道：「絕不應認為我們反對任何一體適用的法律，我們所反對的，係使我們無緣享有他人所享有之自由的法律。」[37]

維多利亞官員以尊敬、通融之心對待這兩名清朝官員，表達了外交上應有的禮數。兩官員和維多利亞總理亨利．洛克（Henry Loch）、洛克夫人共進了午餐；參觀了該市風景名勝；參訪了幾家工廠和一間釀酒廠；以國賓身分出席了議會開議儀式；享用了殖民地總督專為他們辦的盛宴。墨爾本報紙，欣賞兩位清朝官員的風采，全程報導他們的每個行程。[38]

但檯面下關係緊張。在盛宴上，維多利亞的司法部長喬治．希金博瑟姆（George Higinbotham）舉杯向清朝皇帝「我們摯愛女王的好盟友」致意，也以乾杯歡迎兩位來訪的清朝官員，但還是不由得又說：「維多利亞議會立法防止移民過度流入本殖民地，或許不得不然。」但向他們保證，維多利亞「會始終以絕對公正的方式對待他們認為適合住在這裡的人」。在官方宴會上如此向身為貴賓的外國要人講話，粗暴違反了外交禮儀。但希金博瑟姆的保證只是場面話。[39]

兩位官員呈給總理衙門的報告，詳述了華人在澳洲諸殖民地受到的歧視，也建議在澳洲設一華人領事。總理衙門將此報告發給中國駐倫敦公使劉瑞芬，劉瑞芬轉而就華人在澳洲受歧視一事，向英國外交部提出官方抗議。英國首相的回應，係要殖民地事務部調查此事。這是透過北京、倫敦處理中澳事務的制式程序。調查當然毫無結果，主要因為英國政府夾在日益水火不容的兩方之間，既要順應移民殖民地的要求，又不能無視與中國的關係和商界的要求。[40]

澳洲境內衝突於一八八八年達到高點。該年，墨爾本、雪梨的官員，以公眾鼓吹為後盾，先後拒絕讓從香港搭阿富汗號過來的兩百六十八名華人乘客下船，其中包括約六十名持有英國歸化證件的華人。這場危機使倫敦的英國官員不知如何是好，而把阿富汗號視為新一波「入侵」之前鋒的恐慌心態，則襲捲墨爾本、雪梨、布里斯班。張卓雄帶領由華商組成的委員會，抗議拿阿富汗號事件煽動反華，該委員會欲見維多利亞總理鄧肯・吉利斯（Duncan Gillies），但一再遭拒。[41]

張卓雄接著發表公開演說，並刊登演說文。他斥責澳洲發動源於「自私、偏見、欺騙」的無恥運動，目前的反華煽動就以自私、偏見、欺騙為本。他問道，「給予其他文明民族的共同人權，我們可能無緣享有？如果華人男子或女子未經許可越過諸殖民地間的界線，那就犯了罪，可處以囚禁加苦役？」[42]

張卓雄和其同僚正在打造一套關於中國和中國人在世界舞台上之權利的說詞，而且這套說詞反映了清朝外交官所表達的看法。張卓雄援引曾紀澤的中國覺醒論：「這一刻或許會到來，而且大概會來得比預期早，那時，在這些海域，大家會感受到中國作為大國的存在和勢力，至於這是好還是壞，就由身為聰明人或非聰明人的你們自行判斷。」[43]

維多利亞把阿富汗號隔離檢疫，宣布船上乘客的旅行文件為假造，禁止他們進入。然後這艘船往雪梨闖，由於五千人在新南威爾斯議會前示威，高喊「華人滾出去！」雪梨當局也禁止船上華人上岸。南澳大利亞保證其也會拒絕此船華人上岸。隨著三個殖民地保證不讓阿富汗號上的華人入境，華人問題成為殖民地間政治的中心議題。[44]

總理帕克斯趁著此危機正熱，催促新南威爾斯議會立法大幅調漲華人人頭稅和居住費，宣布新南威爾斯不再承認歸化文件，包括新南威爾斯先前發出的歸化文件。他讓此法的生效日期早於公布日期，以使阿富汗號上的乘客受此法約束。但事態未能完全如他所願，因為法庭審理歸化華人的人身保護案，下令讓他們下船。然後阿富汗號載著剩下的乘客返回香港。[45]

阿富汗號事件激起令人苦惱的問題。船上的華人乘客阻撓卸貨，挑明澳洲既不讓人入境，就沒理由讓船貨也入境。香港航運業者從單純的商業角度盤算，認為澳洲貿易已玩不下去，因為船票價格已使貨運費上不去。在倫敦，官員為如何把人員遷徙和貿易脫鉤傷透腦筋，亦即既要照顧到澳洲人對限制入境的需求，又要保護其在亞洲的更大商業利益。[46]

阿富汗號危機也加快聯邦化進程。帕克斯老早就提倡組建聯邦，欲藉此強化澳洲在亞洲和大英帝國內的地位。華人問題催生出迫在眉睫且使群眾同聲一氣的種族問題，使各行其是的諸殖民地靠得更攏。一八八八年六月，在雪梨召開的一場殖民地間會議，討論了對華人入境施以一致之限制的需要。討論結果攸關各方利益。南部諸殖民地希望熱帶地區殖民地加入限制之列，希望所有殖民地以一致立場應對倫敦。英國殖民地事務部希望此次會議提出合理的待處理事項——或至少長期有效但不令人厭惡的殖民地政策——以作為和清廷議訂新約的依據。倫敦要求諸殖民地表現出負責任之帝國夥伴應有的作風，向他們表示希望此次「會議盡可能務實地顧及中國政府的敏感之處」。[47]

此次會議議定，應同時透過帝國外交作為和一致的殖民地立法，實現移入限制。但此會議的諸多決議未能各個都得到諸與會者一致支持。表決一項支持排外的一般性陳述和表決具體的法案時，塔斯馬尼亞和西澳大利亞棄權，而這些送交表決的法案，包括繼續把未經核可從一殖民地進入另一殖民地之舉宣告為犯法、更嚴厲的航運規定。塔斯馬尼亞不願公然藐視母國（英國）政府的管轄權，不願對具有英國子民身分的華人施以不公平待遇。西澳大利亞不置可否的事項，在於該地北部與航海有關的產業使用亞洲勞工一事，儘管一八八六年西澳大利亞已禁止華人在卡爾古利（Kalgoorie）所發現的大金礦區工作。南澳大利亞同意有利於殖民地間一體性的所有提議，但堅持設限對象只限於華人，不及於印度人或太平洋島民。在歸南澳大利亞治理的北領地，這兩類人繼續於境內工作。此次會議未能達成一致意見，但已為日後談成正格的白澳政策打下基礎。[48]

一八九一年，樞密院（女王維多利亞的正式諮詢機關）讓諸殖民地在對亞洲人設限上享有更大的自由裁量權，裁定外國人沒有進入英國領地的合法權利。此裁定不涵蓋香港或新加坡的華人——這些人是英國子民——但確認殖民地可透過本地立法限制華人移入。[49]

與此同時，西澳大利亞依舊堅不讓步，即使是不合理的要求亦然。欲加入墨爾本工會聯合會的華工工會表態示好，白人勞工不領情；白人細木工人使罷工的剪羊毛工人歸還華人工會為表示同心支持所捐的款項。非白人只占昆士蘭人口百分之五，但《工人報》（*Worker*）警告道：「昆士蘭資本主義」決意「使昆士蘭和澳大利亞盡可能類似斐濟和印度斯坦」。維多利亞於一八九六年施行最低工資法，為舉世首創，以因應血汗勞動之弊；提倡此法者從「保護」的角度闡明其主張，而所謂的保護，不只要保護勞方，使不受資方傷害，也要使其不受移入的華工傷害。在澳洲政界，勞工的實力會長期建立在向經濟狀況較好的澳洲人所發出的以下呼籲上：基於同一族類，他們有共同的利害。這會是未來幾十年英國其他白人移民殖民地裡的勞工，追求挺勞工／反移民之國家主義時所效法的榜樣。[50]

一八九〇年代後期，諸殖民地協商組建聯邦時，華人問題並不顯著。西澳大利亞人認為已獲致共識。一九〇一年聯邦成立時，幾無公開談及排華之事。提出澳洲民族主義時，當然隱含排華之意，但公開慶典未談到種族，而是談到「一個國旗、一個希望、一個命運」，感性版的民族主義。當地華人受邀參加慶祝聯邦成立的活動，多達兩萬華人參與，現身於遊行行列，在華人聚居區立起慶祝拱門。並非所有華人都這麼樂觀。例如，雪梨的《廣益華報》（*The Chinese Australian Herald*）寫道：「本報想知道，英國王國政府已同意限制華人移入時，為何華人還應舉行向英國王國政府致敬的慶祝活動。」史學家約翰・費茨傑拉德（John Fitzgerald）說，澳洲華人認同聯邦的帝國層面，可能甚於其民族主義層面——畢竟係英中條約保護在澳洲的華人——或者，更深刻的說，澳洲華人正在建立於平等原則上的一個國家裡爭取其應有的地位。[51]

新議會開始認真處理此事時，明眼人都看得出澳洲的平等不包括種族平等。一九〇一年《移民限制法》（Immigartion Restriction Act）繼續採行針對華人的限制性殖民地政策，並且增設了旨在把亞洲人和非白人拒於境外的新殖民地政策，為此祭出的做法係增加一項五十個字的歐洲語讀寫測驗。有些華人把此測驗解讀為禁止華工入境。有個化名為「華工難做」的華人投書杭州某報，說道：出洋討生活的華工，大多……肯定不是學者。如今我們知道外國人何等鄙視、厭惡我們中國工人！」[52]

但此政策的矛頭，指向所有華人，而非限於華工。負責澳洲事務的中國駐新加坡領事羅宗堯呈報外交部，如今新法規的作用，就只是往火裡添柴，他並指出華人無法往返中國和澳洲，會使華人在澳洲的生意完蛋。他說達爾文的華人人口已減少七成五，在昆士蘭和新南威爾斯則少掉一半以上。[53]

通過移民法之後，議會緊接著通過《太平洋島民勞動法》（Pacific Islander Act）和《澳洲選舉權法》（Australian Franchise Act）。前法下令將最北邊的有色人種勞工遣送出境；後法則給予所有白種女人投票權，但不讓原住民享有此權利（維多利亞、新南威爾斯的原住民例外，因為在這兩地先前已明令給予原住民投票權），而且不給「在亞洲、非洲或太平洋島嶼出生的人」政治權利，「只有在紐西蘭出生的人例外」。澳洲的社會福利和勞動法，堪稱舉世最進步，但非生於澳洲的「亞洲人」和澳洲、非洲、太平洋島嶼的「原住民」無緣享有。[54]

一如美國境內通過排華法一事助長了對華人更具種族主義性質的攻擊，澳洲聯邦的《移民限制法》未化解騷擾。此法通過後，白種澳洲人繼續鼓吹反「黃禍」。接下來幾年裡，有人抱怨「滑溜如鰻魚」的華人違反此法在西澳大利亞、北領地上岸。也有人要求不准華人和其他亞洲人在北部珍珠業工作。雪梨的工會聯合會和反華人、反亞洲人聯合會（Anti-Chinese and Asiatic League）、西澳大利亞的白人農場主，鼓吹反制從事家具業和種菜販售的華人。反華人者所提出的要求，從挑明華人產品拒買，到禁止華人禮拜日工作，到禁止華人從事任何行業或買賣，形形色色。[55]

從雪梨到伯斯諸地，都有警察赴賭館、不衛生菜鋪查抄、逮人之事。華人有時於警察查抄時動手抵抗，召開群眾大會，在大會上誓言抗議旨在「割他們喉」的法律。開了一家家具工廠的鍾洪吉（Zhong Hongjie），信基督教，係伯斯華人領袖之一。他為華人對澳洲的貢獻辯護，指出他們清除森林，開鑿灌溉水道，以便大面積種植作物。他呼籲華人聯合起來抵抗欲禁止他們工作、經商的作為。他依舊樂觀，或許天真的樂觀，認為白澳政策難以維持，因為「如今世上所有國家都讓人自由遷徙，從事和平買賣。」[56]

最極端的提議，欲禁止所有華人工作、經商，未能得到採納。但歧視、排斥未消，澳洲華人依舊覺得處境艱難。他們遊說清廷在澳洲設一領事，一九〇九年終於迎來一位領事，但頭三年至少三名駐澳洲領事辭職，絕望於華人所受待遇。一九〇五年，聯邦議會修正移民限制法，以加嚴移民資格要求，原本要求通過一種歐洲語言的讀寫測驗，這時改為「上述任何語言」的讀寫測驗，而且取消允許澳洲亞裔把妻子帶進來的條文。[57]

英國的諸多白人移民殖民地緊抓著他們的種族特權不放，白澳則是這股大趨勢的一部分。這些自治領也認為他們與美國（尤其美國西部）——另一個有盎格魯撒克遜人淵源的白人移民殖民地（其實是英國第一個白人移民殖民地）、另一個白人國家——相契合。這些契合之感並非這時才有；對盎格魯撒克遜人的成就過於洋洋自得的查爾斯·狄爾克（Charles Dilke），一八六八年就把美國放進其所構想的更大的不列顛裡。史學家詹姆斯·貝利希（James Belich）談到一個「更大的盎格魯集體認同，也就是既種族主義但也超國家、既排斥又包容的認同。它欠缺一個始終如一的族群稱號——『真正的白人』可能最接近。」[58]

在美國和英國自治領，反苦力論都是建構階級認同、國家認同、帝國認同的基礎。美國、澳洲的工人階級創造出以種族身分界定的認同和利益，而且靠反苦力論的刀鋒加深彼我的區別。而這接著又使他們各自的國家認同與他們利益攸關，使他們在種族管理上和他們作為白人國家在太平洋世界的定位上，有了牽涉更廣的國內待處理問題。

圖 17　澳洲的本土利益至上論者把自己想像成大英帝國在亞洲的小型前哨基地，而且此基地可能被中華帝國的「黃種垃圾」占據。《公告》（*Bulletin*），一八九五年。

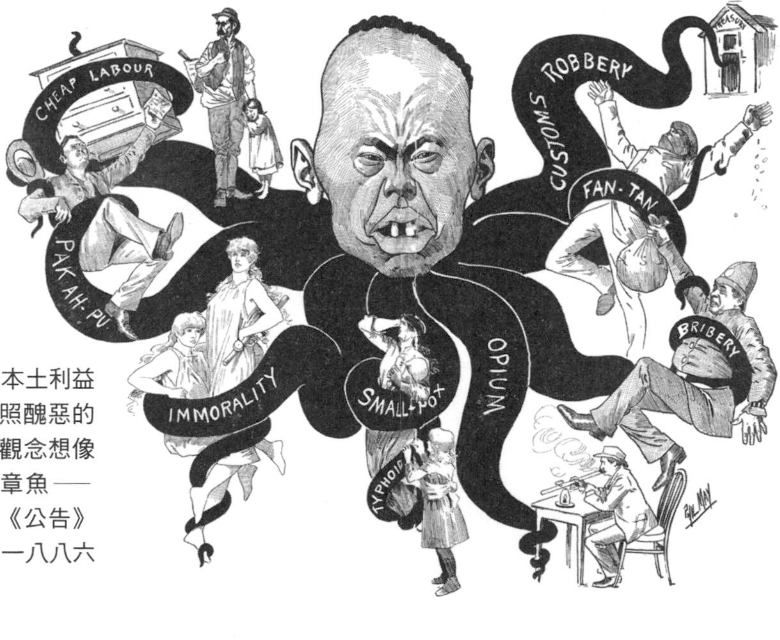

圖 18　澳洲的本土利益至上論者也按照醜惡的種族主義刻板觀念想像華人。「黃種章魚——抓住澳洲」，《公告》（*Bulletin*），一八八六年。

第三部

Part 3

諸殖民地裡的亞裔威脅

THE ASIATIC DANGER IN THE COLONIES

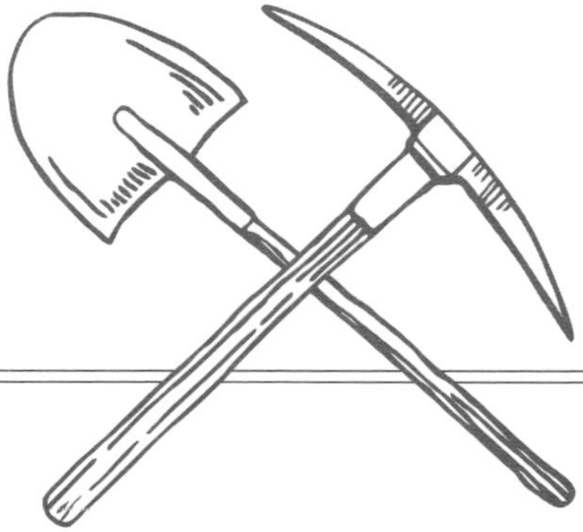

千口音譊譊，
萬目瞪灼灼。
聯名十上書，
上請王斟酌。
驟下逐客令，
此事恐背約。

黃遵憲，〈逐客篇〉

第八章　地球上最富饒的地方

一九〇四年六月十八日冬夜，凌晨三點，汽輪特威戴爾號（Tweeddale）駛進德爾班。此船從香港航行一萬兩千英里過來，船上有一千零四十九名華人男子，他們簽了務工合同，要到英屬殖民地川斯瓦爾的威特沃特斯蘭德（Witwatersrand，簡稱蘭德〔Rand〕）金礦場工作。船長報告，一個月的航行期間未碰到壞天氣，但有四十名乘客因腳氣病——維生素B攝取不足導致的病——於途中病倒，三人死於海上。船一抵達，當局即把病者遣返，把剩下的乘客載到附近的接待站。接待站叫雅各營（Jacob's Camp），原為南非戰爭期間使用的英國集中營。接下來三天期間，來自川斯瓦爾外籍勞工部的官員，在接待站將這些華工登記、檢查、拍照、按指紋。每名華工領到一個帶有編號的銅標牌。一群看熱鬧者和報紙記者聚集於院區大門外，希望一窺南非最新的勞工實驗情況。[1]

這些華工分三批離開德爾班，乘坐上了鎖的三等火車車廂，每節車廂擠六十人。前往川斯

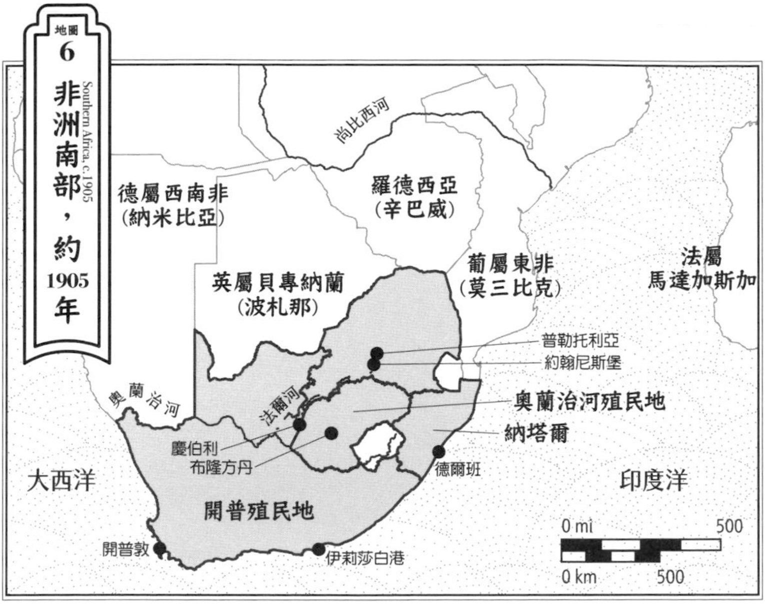

地圖6 非洲南部，約1905年 Southern Africa, c. 1905

瓦爾途中，每個人領到一張毯子、一罐茶葉、三份簡餐。火車以「普通郵件速度」行駛，走了二十七個小時。一抵達蘭德，火車即直接停靠於約翰尼斯堡東邊新彗星礦業公司（New Comet Mining Company）的地產旁，華工下車。[2]

除了新彗星公司的經理和職員，可能還有一些要人在場迎接這些華人：外籍勞工部部長威廉·伊凡斯（William Evans）；東蘭德控股礦業公司（East Rand Proprietary Mines，新彗星的母公司）董事長暨川斯瓦爾礦業聯合會（Transvaal Chamber of Mines）會長喬治·法拉爾（George Farrar）爵士；美籍採礦工程師威廉·霍諾德（William Honnold）。伊凡斯在英屬海峽殖民地（馬來西亞）當過二十年公務

地圖 7
川斯瓦爾和威特沃特斯蘭德
Transvaal and the Witwatersrand

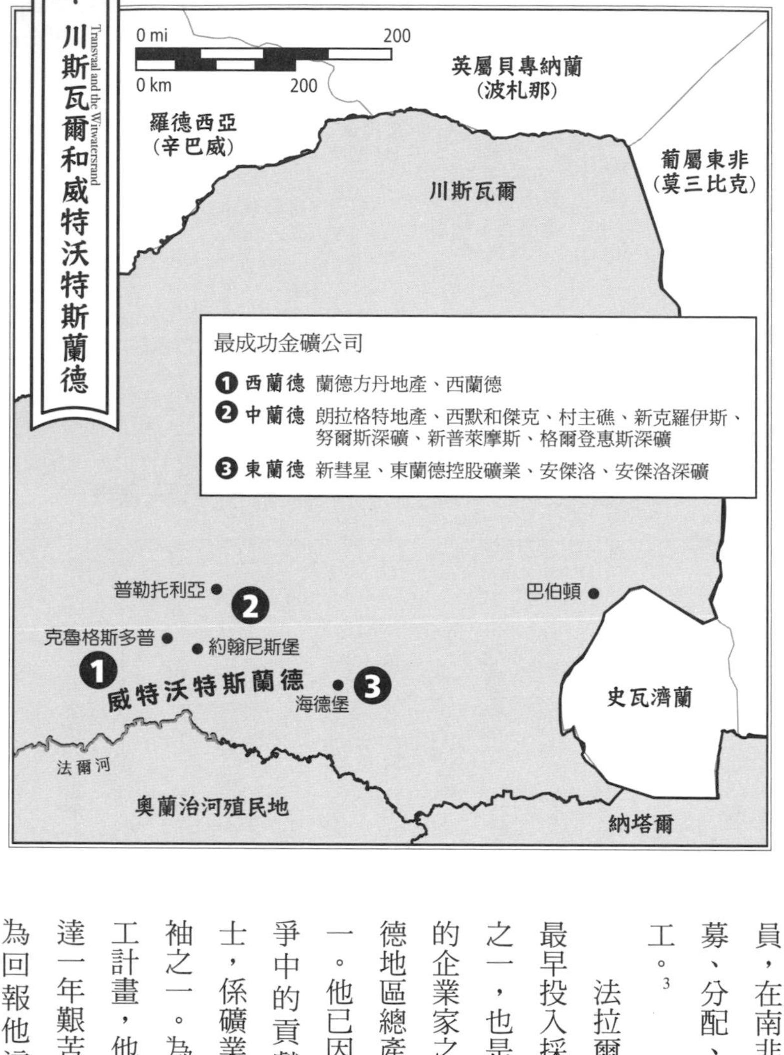

員，在南非的職責係招募、分配、處理華人礦工。[3]

法拉爾是蘭德地區最早投入採礦的資本家之一，也是該地區最大的企業家之一，控有蘭德地區總產出約四分之一。他已因其在南非戰爭中的貢獻獲封為爵士，係礦業界的政治領袖之一。為了成立契約工計畫，他帶頭打了長達一年艱苦的政治戰，為回報他這方面的貢獻，法拉爾的公司獲分配到特威戴爾號上的華工。[4]

霍諾德是川斯瓦爾礦業聯合會的顧問。蘭德地區所已招募到的華工，有很大一部分靠他和他的長期同僚且同為工程師的赫伯特・胡佛（Herbert Hoover）聯手促成。日後會成為美國總統的胡佛，在天津、倫敦、川斯瓦爾有採礦、金融方面的人脈。[5]

謝子修同樣可能在場。他是東蘭德控股礦業公司的華籍顧問，曾是約翰尼斯堡中華會館（Cantonese Club）的書記，此會館為約翰尼斯堡人數不多的華商提供服務。謝子修生於雪梨，父親是粵籍富商，一八八七年謝子修搬到香港，或許是澳洲境內出現反華人敵意所致。在香港，他以鋼琴調音師為業。他和父親、哥哥三人積極投入香港的反清活動，係孫中山的盟友；他和哥哥兩人參與了一九〇二年的反清起義，孫中山欲藉此次起事拿下廣東，但未能如願。

謝子修一九〇三年搬到南非。南非是位於印度洋－東南亞貿易網西緣的華人外移目的地之一，澳洲華人劉光明的家族則在此貿易網經營其事業。謝子修於十月抵達約翰尼斯堡。得知華工計畫後，他向殖民地政府毛遂自薦當翻譯員和聯絡人。法拉爾迅即僱用他，先是要他當東蘭德控股礦業公司的華籍顧問，繼而當新彗星公司的華人控管員。華人控管員是經理級職務，通常由白人充任。[6]

接下來幾年間，這些人會從他們各自所處的位置，致力於解決伴隨蘭德地區華工實驗而來的種種挑戰和衝突。一九〇四至一九〇七年共三十四艘船將總共六萬三千兩百九十六名華工運到南非，特威戴爾號是其中第一艘。華工根據官方所支持的合約在五十五個金礦場工作，包括蘭德地區前幾大公司，其中大多在深入地下的礦井、地道工作。這是礦業聯合會為使金礦場產量回到戰前水平、為往新礦脈、甚至更深的礦脈挖礦，所進行的大膽實驗。

結果，就人力物力調配，就政治來說，此計畫的執行特別不順。伊凡斯的第一份報告甚為樂觀——新彗星公司的人發現，「工作艱苦，但他們應付得來」——但華工計畫在以下諸方之間挑起不斷的爭議和衝突：工人和其監督者之間、礦場經理和外籍勞工部之間、外籍勞工部和倫敦殖民地事務部之間、阿非利卡人和英國殖民地政府之間、英國保守黨與自由黨之間、清廷外交官與英國外交部之間。此計畫在當地和中國、英國、澳洲、紐西蘭的報界挑起意在引發震驚或憤怒的報導。這些衝突都繞著最新版的華人問題在打轉：在大英帝國的白人移民殖民地，華工該扮演什麼角色、該受到什麼樣的對待？[7]

蘭德地區的華人問題，或許可從人力成本、政治成本的角度去衡量：三千一百九十二名華工在蘭德時死於疾病和與工作有關的情況，一萬九千五百三十個華工以拒絕上工、暴亂、怠工、逃離礦工院的方式，表露其不滿。四十五人遭判處十年徒刑或更高刑期、處決，或在騷亂期間遭射殺。[8]

在宗主國和殖民地，都出現選舉變天的情況，華人問題在這兩個地方都成為黨同伐異的利器。在英國，自由黨挑動工人階級、中產階級反對蘭德地區「把華人當奴隸」之事，藉此於一九〇六年結束了保守黨長達二十年幾乎沒中斷的執政地位。在川斯瓦爾，華人問題成為一九〇七年為建立負責任的（自治）政府第一次舉行選舉期間煽動人心的議題，而得勝的阿非利卡人－民族主義政黨人民黨（Het Volk），運用華人問題最有成效，該黨領袖是出身布耳人民兵部隊的路易·博塔（Louis Botha）和揚·斯穆茨（Jan Smuts）。新議會迅即終止華工計畫，著手對殖民地裡的所有亞洲人施以帶歧視性的限制。

威特沃特斯蘭德（Witwatersrand）聳立於南非東北部的高地草原上，海拔六千英尺。該地東面垂掛著許多瀑布（witwaters），因此得名；此南非荷蘭語地名，意為「白水岩嶺」。威特沃特斯蘭德東西長六十英里，是這個位於印度洋、大西洋之間的次大陸上的分水嶺。操札那語（Tswana）者說此地是其發祥地。來自開普殖民地東部的阿非利卡人農場主，一八四〇年代開始定居此地，一路往東推進，掠奪非洲人的土地和牲畜，與原住民起衝突。也在內陸地區聲索領土的英國人，一八五二至一八五四年承認法爾（Vaal）、奧蘭治（Orange）兩河以北的移民有自治權。荷裔阿非利卡人（又稱布耳人，荷語Boers意為農場主）宣告成立兩個獨立共和國，即南非共和國（Zuid-Afrikaanse Republiek，ZAR，非正式稱呼為川斯瓦爾〔Transvaal〕）和奧蘭治自由邦（Orange Free State）。他們把戰鬥矛頭轉向非洲人，利用非洲人彼此間的分裂對立壯大自身勢力，繼續奪取土地和向非洲農民強徵租金和勞役。南非共和國對英國人心存敵意，但一八七九年英國軍隊擊敗隔壁納塔爾（Natal）地區的佩迪人（Pedi）、祖魯人（Zulu），卻讓南非共和國從中得益。[9]

南非／川斯瓦爾共和國內部局勢，係十九世紀下半葉此地區複雜政治轉變的一部分。在一九一〇年南非聯邦（Union of South Africa）成立之前，「南非」並非一個政治實體或國家。這個次大陸由多個非洲人領地和民族、英國人殖民地、布耳人共和國構成。白人移民國家的性質和成長，視征服原住民的過程、速度和對原住民土地、勞力的占用方式而異。土著人口包括大王國、有組織體制的較小社會群體、被白人和其他非洲人趕離家園的非洲人。「種族」問題——作為理論、作為身分、作為政策——一直在變化，而且既和白人、黑人、「混血人」（coloureds）、印度人之間的關係有關，也和白人內部的歧異有關。其中的印度人，係十九世紀後期以契約工身分被帶到納塔爾的甘蔗園。[10]

一八六七年在開普北部發現鑽石和一八七〇、八〇年代在川斯瓦爾發現黃金，促進工業化、都市化、外人移入。這場「礦物革命」給塞昔爾・羅茲（Cecil Rhodes）、喬治・法拉爾之類的新興礦業資本家送上驚人財富和政治權力，而且催生出一批靠工資為生的人，其中既有白人，也有非洲人。「礦業革命」使英國帝國主義加快將此地區整個納入其控制。但不管是過程，還是結果，都非如英國所盤算。如果說這裡的白人，一如澳洲的白人，想要把南非打造為「白人的國家」，在南非，情況較為棘手。白人不只本身因利害差異而分裂對立，而且人數大大少於非洲人。整個南非政局，包括華人問題，都和土著問題——白人如何控制並利用居多數的黑人——脫離不了關係。

川斯瓦爾第一次淘金熱發生於一八七三年，地點是川斯瓦爾東部的巴伯頓（Barberton）。約千名淘金客，從英國、加州、澳洲，還有開普、納塔爾，慕金而來。在這個農村地區的幾乎每條位於溪谷、峽谷的溪流裡，淘金客都找到黃金。但含金沖積礦床的產金量很快就下滑。[11]

勘探者老早就注意到巴伯頓西邊約兩百英里處威特沃特斯蘭德地區露頭裡的黃金（露頭是裸露於地表上的地下岩石），但直到一八八六年才找到主要的礦脈走向線。但要開採其中的黃金，有重重難關。黃金深藏於礫岩裡，構成礫岩的眾多礫石靠由矽石造成的沉積物結合為一體。這種礫岩床，狀似荷蘭杏仁餅，因此被叫做banket。澳洲人把這種礫岩床叫作水泥岩（cement rock）。有個採礦工程師應鑽石業大亨塞昔爾・羅茲的要求檢查了一個露頭。羅茲考慮在蘭德地區開採黃金，但這個工程師對此任務消極以對。他報告道：「如果在美國騎過這些礦脈，我不會下馬好好檢視它們。在我看來，它們毫無價值。」但羅茲、阿佛烈德・貝特（Alfred Beit）

和慶伯利其他鑽石資本家開始往蘭德地區砸錢。在金礦區，數百人簇擁在伊格納修斯・費雷拉（Ignatius Ferreira）的馬車周邊。不到一年，費雷拉的營地（Ferreira's Camp）就有三千人，此營地很快就發展成約翰尼斯堡鎮。有些華人，就是在這裡，靠販賣食物找到生計。這些華人原本想淘金，但川斯瓦爾不願給他們採礦執照。羅茲、貝特和其他率先投資採礦的人開採這些露頭，賺到錢。一八八九年，一場投機潮給金礦開採帶來將近兩千五百萬英鎊的資金。[12]

蘭德金礦脈的豐饒，不只在於其體量的巨大。在該地區的含金砂礦和石英裡開採黃金，風險是出了名的大，但南非黃金產量的固定不變和可預測，預示這裡的採金事業會是建立在「正常的經濟範疇」上，也就是說，「只要努力就會有所得，並非無把握的風險事業。」但在這裡採金需要投入的金額之高前所未見，在礦業大亨不只著眼於中蘭德的露頭（一八九〇年代中期中蘭德礦藏就顯露出枯竭的跡象），還放眼東蘭德深層採礦的長期潛力之際，尤然。往下挖到約一百八十英尺處，礫岩消失，黃鐵礦出現。把以汞為基礎的標準方法（用於石英開採的方法），用在這種以鐵為基底的岩石上，產不出黃金。所幸，兩名蘇格蘭籍兄弟晚近發現氰化物會吸黃金。礦脈極薄極長，往下陡直延伸到地下數千英尺處，要挖抵礦脈，又需要一筆更大的資本支出。解決之道係往下打出一道又深又筆直的礦井，並在幾個不同深度處挖出通到礦脈的橫向地道。[13]

此外，黃鐵礦所含黃金極少，且不易找到。有個作者說那如同在電話簿某頁上找出逗號，而且該頁起皺又被撕破，電話簿本身解體成數個部分。黃鐵礦所含黃金，品質大大低於露頭和澳洲、加州所產黃金；黃鐵礦所在位置愈深，產出的黃金品質愈差，開採成本愈高。最後，黃金價格跟著世界市場走，因此，無法靠較高的售價彌補較高的資本支出和生產成本。開採黃金要能獲利，唯一辦法係使用廉價勞力挖掘出大量礦石。威廉・霍諾德、赫伯特・胡佛之類的美籍工程顧問，針對欲把深層低品質黃金的開採打造成有賺頭且「符合科學要求」的產業，擬出應滿足的條件——技術方面的條件和勞力成本、勞力組織方面的條件——藉此開啟他們的職業生涯。於是，要在此產業有所成，必須滿足三大要素：來自本地（慶伯利）、英國、歐陸的資本；科學掛帥的採礦專門技術，尤其來自美國的技術；靠非洲人提供的勞力。[14]

一八九九年南非戰爭前夕，蘭德金礦區僱用了十萬七千四百八十二名非洲工人，其中一半招募自葡屬東非（莫三比克）、一萬兩千五百三十名白人（經理、工程師、礦工、具專門技術的工人）。戰前七十七座礦場的總產量在一八九八年達到高峰，達四百三十萬金衡盎司，值一千五百萬英鎊，使威特沃特斯蘭德成為最大的黃金產區，占世界產出兩成七。[15]

威特沃特斯蘭德黃金的開採，對全球和地區都有影響。就世界貿易、金融層次來說，經濟史家尚－雅克・范赫爾滕（Jean-Jacques Van Helten）主張，一八八〇、九〇年代國際貿易的成長，需要更大的總貨幣存量來支持，從而需要更大的世界黃金供給。金本位制尚未普及，但自一八七〇年代起，金本位制已成為各大工業國家國際支付的基礎。威特沃特斯蘭德黃金，連同一八九〇年代在西澳大利亞、加拿大發現黃金，增加了全球黃金供給，強化了已是國際金融市場中心的英國的地位。[16]

范赫爾滕把十九世紀後期發現黃金一事說成正好適時滿足了某種需求，但此事或許也可視為助力貿易、對外投資成長的刺激，資本積累的新階段。這一積累建立在此前數十年北美洲、澳大拉西亞的黃金發現上，但南非黃金有助於開啟一個新的資本主義發展時期，所謂的新帝國主義時期。在此時期，獨占和金融資本大行其道；列強爭相瓜分非洲這塊最後一個落入歐洲殖民主義之手的大陸；德國和美國爭奪世界經濟霸主的寶座，幾乎就要趕上英國。[17]

英鎊（亦即黃金）稱霸國際金融、貿易，係英國欲維持其全球霸主地位之戰略的最重要環節。「倫敦城」（City of London）從大英帝國內外的國際投資和貿易獲取豐厚利潤：英國人把其「舊」製造品輸出到大英帝國內受保護的市場，藉此彌補對國內產業亂無章法的投資。諸殖民地被說服買這些產品（往往以不合理的高價買進），並把本身的初級產品賣到世界其他地方（澳洲羊毛、印度棉花）。這些做法使英國得以抵銷從美國、阿根廷輸入小麥供國內消費所導致的貿易赤字。[18]

在非洲南部，已在鑽石場行之已久的勞動模式傳到蘭德地區。鑽石開採的急速資本化，已使掘金個體戶淪為靠工資為生者，而且此產業日益倚賴簽了微薄工資的務工合約、不得離開礦工院的非洲黑人流動工人。白人礦工採取咄咄逼人的種族主義做法，維繫黑白人種的分際，以保住他們較高的地位和工資。[19]

採金也使經濟權力中心從開普殖民地轉移到此前與外界不相往來且未開發的川斯瓦爾。擔任英國殖民地事務部大臣約瑟夫·張伯倫之次長的塞爾本勛爵（Lord Selborne），認為川斯瓦爾是「地球上最富饒的地方」，攸關南非未來的榮枯。他於一八九六年寫道：「這裡會成為理所當然的龍頭邦，南非商業生活、社會生活、政治生活的中心。」[20]

那時，約翰尼斯堡已成為人口十萬、具國際色彩的城市，擁有大量外人（uitlanders），即英國人和其他歐洲人。這些外人憤憤不平於不得參與政治活動（居住十四年才得以歸化並取得選舉權）和重稅。礦主抗議高昂的鐵路運費和官方獨占事業針對基本資源（尤其炸藥）調漲的價格。就大英帝國來說，攸關更大利害者，係川斯瓦爾境內政局的不穩，有可能使英帝國在非洲南部的優越地位——建立在商業、金融支配、英國人移入、地緣政治力量上的地位——不再為人所認同。一八九五年傑姆森襲擊（Jameson raid，塞昔爾·羅茲等礦業大亨所支持的一場旨在奪取川斯瓦爾政權但規劃不周的政變）失敗之後，川斯瓦爾總統保羅·克魯格更加堅定其決心。他說，英國人不想要選票，要的是他的國。[21]

如果說張伯倫在「外人」權利問題上走強硬路線以鼓動英國民心，他其實從未忽視掉若處理不好可能招致的更大損失。誠如塞爾本所示警的，絕不可讓南非脫離大英帝國，成為另一個美國；反倒要讓它成為另一個加拿大，留在帝國內。對大英帝國來說，南非戰略位置重要，既扼守通往印度、東亞的海路，又是反制非洲境內其他歐洲人強權（尤其德國）的憑藉，還蘊藏極豐富的礦物資源，尤其是攸關其金融霸權存續的黃金。[22]

總的來說，英國把帝國利益看得比各組成部分之利益的總和來得大。米爾納子爵阿爾佛烈德（Alfred, Viscount Milner），一八九七年獲任命為開普殖民地總督和掌管整個非洲南部事務的高級專員，一如張伯倫和塞爾本，是自由黨統一派（Liberal Unionist）成員和社會主義帝國主義者，認為應在國內外都走國家干預、效率、計畫的路線。張伯倫和米爾納在「外人」選舉權和炸藥專賣上挑動民意對抗克魯格。如有必要，他們不惜動武，因為他們認為那會是速戰速決的紳士戰爭（gentlemen's war）。但英國武裝部隊準備不周，打不贏頑強的布耳人。英國人動用十八萬兵力，即和兩個布耳人共和國的所有白人公民數一樣多的帝國武力，才於一九〇〇年六月打贏傳統戰爭。然後布耳人改打游擊；英國人又花了兩年才予以肅清，其做法是把農場燒光，把婦孺搜捕進集中營，廣建縱橫交錯的帶刺鐵絲圍籬和木堡。[23]

戰後，原本的布耳人共和國變成英國政府的川斯瓦爾、奧蘭治河直轄殖民地，由米爾納勛爵出任兩殖民地總督。他施行大有為的重建策略，旨在把南非整合為單一政治經濟體，具有能為資本主義開發和社會再生產（social reproduction）提供物質性、政治性基礎設施的現代政府。米爾納主張增加英國人移入（以平衡人數更多之阿非利卡裔白人的影響力）、英語化、發展礦業、鐵路、營利性農業。他於一八九七年就說過，他把南非設想為「一個自治白人共同體……由來自從開普敦到尚比西河這一地帶且受到善待、公正治理的黑人勞動力予以支持。」[24]

但金礦黑人勞力嚴重不足，係英屬南非重建與進步的最大難關之一。這一短缺的原因之一，係布耳戰爭造成人民被迫離開家園和東非勞動力供給遭打斷。這些礦場也得和其他產業——都市產業和農業產業——爭搶勞力。川斯瓦爾勞動委員會（Transvaal Labour Commission），一九〇三年七月開會研究此問題，採取家父長主義觀點，認為非洲人營「遊牧或畜牧」生活，缺乏工業資本主義條件方面的歷練。其實布耳人農場主不願斷開他們的非洲籍佃農，而且只要非洲人有機會取得務農、放牧用的土地，就拒絕接受資本主義僱傭關係。[25]

白人知道，只有無地在身，才會產生無產階級，許多白人向該委員會提議如何加快此過程：修改土地保有制、廢除部落保留地、修改或消滅土著社會結構、向農民課重稅之類。但一九〇三年殖民地當局還不願採行這些措施，主要因為這類解決辦法「讓白人」，亦即阿非利卡人農場主，「深陷險境」。[26]

此外，非洲籍工人戰前就不喜歡在礦場工作，戰後更沒理由回礦場。工作條件可說更糟。雇主把土著的工資砍掉將近一半，從戰前一週五十二先令減為三十先令。一九〇三年，一群川斯凱（Transkei）原住民，因工資糾紛，逃離礦場。監工拿包著皮革的尖棒「催促」工人幹活，礦工院警察手持粗鞭（sjamboks）。非洲籍工人不願接受手持式鑽機，操作這種鑽機需要在較窄的工作面費力工作。針對黑人頒行了旨在限制其移動自由的法律；另一道法律禁止販賣、飲用烈酒。疾病和死亡盛行，不管是死於意外、空氣汙濁、壞血病、矽肺或肺炎皆然。死亡率為每千人五十至一百人，米爾納承認死亡率偏高，是「我們的罩門」。基於上述種種原因，戰後非洲人不願到礦場工作。勞力短缺意味著產量停滯，獲利率降低。倫敦貨幣市場的投資人開始避開川斯瓦爾黃金。[27]

南非礦業鉅子尋找別的勞力來源，以使礦場再度運行。他們不想用缺乏專門技能的白人工人（不管是本地還是從南歐、東歐引進來的白人皆然），認為成本太高。他們考慮過從美國引進非洲裔美國人，但霍諾德認為引進他們是「最糟糕的事」。這些工人成本也太高，此外，他們「往往會喚起本地一般黑人的反抗意識」。礦主也考慮過從印度引進勞力，但礦主的提議——嚴格限制勞工移動、期滿就遣返——不為印度政府所接受。[28]

南非礦業鉅子迫不得已找上中國。就某些方面來說，鑑於涉及的人數、距離、開銷，這個提議不切實際；此外，這有違南非應發展成「白人國家」的主流看法。但接下來幾個月，主張引進華工一派聲勢上漲，原因之一係似乎別無可靠辦法可解決非專門技能工人短缺的問題。使用華工成為礦業聯合會的更大策略之一環，因為這個更大策略還包括要合理化精簡黑人勞力的招募，要以整個礦業界一致的工資控制成本。礦主也認為「以合理價格」引進的華工會抑制土著工資。其實，華人契約工的引進，預示著礦主可以對工人施以某種程度的控制和強制，而那是至當時為止無法直接用在非洲工人身上的東西。[29]

一九〇三年二月，礦業聯合會派代表哈里・羅斯・斯金納（Harry Ross Skinner）千里迢迢去調查僱用亞洲工人在礦場做工的可能性。斯金納是三十六歲的蘇格蘭籍工程師，最初在慶伯利鑽石礦場工作，後來轉到蘭德金礦區，在那裡成為德爾班瑞德波特深礦公司（Durban Roodepoort Deep）的經理。他短暫走訪了加州和不列顛哥倫比亞；新加坡和馬來邦；日本和朝鮮。他的重點在中國，花了數個月從南往北走訪中國沿海地區。礦業聯合會把此行說成為決定華工是否適合在南非金礦場工作、為比較不同地方華人勞動習慣，而展開的調查之旅。但聯合會已開始作準備。斯金納找了廣東、上海、北京、天津的勞工掮客談。與此同時，礦業聯合會開始草擬法規，以規範華工計畫。[30]

斯金納報告，華工適合採礦，而且能找到足夠滿足威特沃特斯蘭德金礦場所需人力的華工。

他說，與非洲工人不同的，華人礦工會「乖乖到地下」。他特別指出，加州境內華人礦工是自由人和具專門技能的工人，馬來邦境內的華人礦工也是自由勞動者。但他深信川斯瓦爾能用上非專門技能、受契約約束、「不油滑的華人苦力」。斯金納信誓旦旦說華人「溫順、守法、勤奮，會照他們所簽的契約做事，會執行交付給他們的工作。」此外，斯金納認為中國政府會「消極」應對南非的計畫。[31]

最重要的，斯金納認為，華工計畫要順利，必須輔以嚴格的規定。他說，加州的種族衝突源於美國人禁止契約工，從而無法控制華工的移動和社會流動。除非嚴格控管華人，華人必會以較低工資和白人工人搶飯碗，必會以較低價格和白人商家搶生意。他說，為了保護國內的白人公民，美國最終除了拒絕華人入境，別無選擇。斯金納建議，凡是輸入華工的計畫，都必須規定他們只能從事某些工作，只能在特定地方活動；禁止他們從事貿易或取得不動產；合約期滿就逼他們返國。[32]

招募華人到南非工作的構想，並非這時才有。十九世紀時，將近六萬華人契約工，在東非海岸外的法國種植園島嶼殖民地和非洲大陸上德、英、法的殖民地工作。十八世紀時南非境內開始出現華人，當時荷蘭東印度公司從巴達維亞將馬來人、華人罪犯運到開普殖民地。一八七〇、八〇年代期間，數百華人工匠和工人，連同人數更多的印度人，來到開普殖民地和納塔爾，係鑽石場開闢後受僱前來建設基礎設施的契約工。接著，有自願外移的華商從中國南部跟著過來。到了一九〇四年，整個英屬南非境內已有兩千三百九十八名華人，其中一半以上住在開普殖民地。開普殖民地的華人，大多是小商人，也有廚子、木工、編籃工、魚販、馬車伕。[33]

原是布耳人共和國的地方，境內幾乎沒有華人。奧蘭治自由邦完全禁止華人移居。川斯瓦爾則不給予「任何在亞洲出生的人」公民身分，「包括『苦力』（印度人和華人）、阿拉伯人、馬來人、土耳其人領土的伊斯蘭子民」，還禁止亞洲人走在鋪面路和人行道上；禁止駕公共馬車；禁止乘坐火車一等、二等車廂；禁止購買或擁有烈酒。南非戰爭後，英國人入主布耳人共和國，但未廢掉該地的反華人法律。[34]

儘管有這些限制和歧視性措施，華人還是在約翰尼斯堡開闢出自己的小天地。一八九〇年時約翰尼斯堡已有百餘名華人，這些人以開店做生意、幫人洗衣、種菜販售為生；一九〇四年時，川斯瓦爾的華人已有約九百人。華人往往在較窮的白人區做生意。與白人所經營的店鋪不同，華人低價小量販售物品，而且可賒賬。[35]

十九、二十世紀之交約翰尼斯堡的華人，採行世界各地華人僑社所一貫使用的社會組織模式。一八九〇年代，他們成立名叫廣合堂的會館，也就是廣東人會館。該會館在費雷拉鎮（Ferreirastown）租地蓋了「會所」，費雷拉鎮則是約翰尼斯堡最早的人類拓居地，現位於該市邊緣。會所有數間接待室、六間臥室、一間廚房、一處廁所。入會費五英鎊，會費多寡視所從事職業而定。會館以每月兩英鎊的價錢租了幾間房間；經營一間圖書館和數份期刊；開辦社交活動和聚會，最多吸引一百五十人參與。與孫中山一同反清的楊飛鴻，一八九六年來到南非，組建第二個華人團體——興中會。兩團體的成員照，都以西式打扮的讀書人形象示人。[36]

於是，一九〇三年輸入華人開採金礦的構想流傳開來時，華人遷徙南非已有一段時間，約翰尼斯堡已有規模小但行之有年的華人僑社。不管是對華人，還是對白人來說，這兩件事既是可供人依循的先例，也是警訊。

白種南非人從印度人大批移入的歷史角度，看待華人契約工。移入的印度人，原本以契約工身分在種植園和鐵路幹活，這時則已成為日益壯大的社群，以工匠、貿易、開店為生。印度人一直反對加諸他們的法律限制，一八九三年，普勒托利亞的年輕律師甘地（M. K. Gandhi）積極參與他們的抗爭。對白人來說，南非使用印度人的經歷，讓他們切身體會到為解決勞力問題而採行的辦法，會如何帶來更大的種族麻煩，危及把南非打造為白人國家的大業。由於茲事體大，涉及的利害更廣，針對是否輸入華工採金所進行的辯論，不只限於川斯瓦爾一地。開普殖民地數鎮鎮民向總督呈上的決議，一般來講把輸入「亞洲人」一事說成「加諸整個南非共同體的……錯誤舉動。」開普殖民地政府一九〇四年通過排華法，有人把該法視為防範川斯瓦爾境內華人礦工侵占八百多英里外之開普殖民地的預防措施。[37]

法拉爾知道把亞洲人帶進南非所會招來的危險。他說：「我見識過持有土地並與白人搶生意的印度人所帶來的禍害，我無論如何不會支持允許此事發生的法案。」但他認為金礦「會因為缺乏勞力而難以運作……十足荒謬。明眼人都知道，如果在非洲弄不到勞工，就必須在別的地方弄到，然後開工幹活。」[38]

為爭取南非、倫敦政治人物支持，法拉爾和礦業聯合會積極遊說米爾納勛爵，讓他相信輸入華工有其必要，但會嚴加防範，以防華人「在其他產業和行業裡壓過我們」。米爾納小心保持「公開的中立態度」，但私底下「為促成此事，竭盡我能力之所及。」一九〇三年張伯倫走訪川斯瓦爾時，米爾納安排張伯倫見了採礦工程師；遊說倫敦殖民地事務部贊成此事；協助爭取南非其他殖民地的支持。他指派法拉爾為川斯瓦爾代表，出席一九〇三年三月在布隆方丹（Bloemfontein）舉行的殖民地間大會，在會中強勢推銷一項承認「南非所有邦」需要「另闢勞動力來源」的決議，如願以償。[39]

米爾納任命一特別委員會調查川斯瓦爾的勞動力需要，以在官方紀錄裡詳述礦業界的需要，以爭取官方發出贊同輸入華工的報告。礦業聯合會表示，他們需要十三萬名非專門技能的工人，但礦場目前所僱人數，不及其一半，並預測五年後他們所需的工人會是其將近三倍。聯合會把驚人的推斷結果說成確鑿無疑的事實，但其計算其實以並非必然發生且帶政治考量的假設為本：追求短期內最大獲利；偏愛使用大量非專門技能的廉價勞工，甚於把錢砸在較先進的技術上；深信白人絕不會做黑人的工作或與黑人一起工作。委員會十三人裡，有兩人提出與會中主流觀點相異的少數派報告，其中的奎恩（J. Quinn）以烘焙為業，彼得・懷特塞德（Peter Whiteside）則是澳洲人，擔任威特沃特斯蘭德手藝工會、勞動工會聯合會（Witwatersrand Trades and Labour Council）會長。他們主張小幅增加土著勞力運用、機械化、僱用白人從事非專門技能的工作。委員會的多數派決定，最理想的勞力來源是中國。[40]

民意爭奪戰隨之開打。南非工會（South Africa Trade Union）和川斯瓦爾的手藝工會、勞動工會聯合會聯手反對使用華工。值得注意的，許多白人工運人士，一如懷特塞德，係從澳洲移民南非，把白澳運動的政治主張也帶了過來。一如在澳洲，高舉反華工大旗者，挑起白人被亞洲人搶飯碗的憂心，提出白人移民至上的意識形態。「這就是我們灑熱血所要爭取的東西？」示威場合有面橫幅標語如此寫道。「我們想要由這裡的自己人管，不想受六千英里外的人管，」另一幅標語寫道。一九〇三年四月，白人聯盟（White League）在約翰尼斯堡的居無定所者會館（Wanderers Hall）舉辦集會，引來五千人參與。白人聯盟的宗旨，係「打擊各種有色人種，為白人，單單為白人，贏得川斯瓦爾。」[41]

可能有華工移入一事，也把戰後頭幾年大體上低調行事的阿非利卡裔白人引了出來。七月，幾名前布耳人民兵部隊將領在海德堡舉辦了一場群眾大會，會中批准了揚・斯穆茨所擬的一項決議：亞洲勞工會「成為使川斯瓦爾不再有白人移入的主要因素」。斯穆茨也組織了向英國國會的請願案，以表明「布耳人心中激蕩著對輸入華人這件觸犯大忌之事的強烈憤慨」。[42]

礦業聯合會反擊道，輸入華工不只是為了讓金礦業大亨賺錢，還攸關能否成功扭轉川斯瓦爾的經濟蕭條。礦業發展會使整個殖民地更加繁榮，包括創造更多就業機會，受惠者不只礦區白人，還有其他行業和諸城鎮的白人。聯合會的最有力盟友是米爾納、礦業大亨、與托利黨關係密切的帝國南非協會（Imperial South Africa Associations）。帝國南非協會成立於一八九六年，旨在推動「說英語帝國成為更統一、更有內聚力的單位」，以因應「軍事對抗和不計代價之經濟競爭」的挑戰。南非戰爭後，此協會把重心擺在輸入華工上，認為那是南非最佳的發展策略。帝國南非協會派出數十名代理人和演說員，這些人在五百多場集會上講話，分發了約四百萬份小冊子。[43]

七月至十月間，礦脈旁舉行的公共集會，通過了支持輸入亞洲勞工的決議，當地市政當局和商業聯合會，以及代表工程師、地質學家、測量員等人士的數種專業、技術協會，亦然。礦業聯合會礦工輸入代理行（Chamber of Mines Labor Importation Agency）從蘭德地區幾乎每個礦場拿到支持輸入華工的請願書。[44]

一九〇三年十二月，喬治・法拉爾向川斯瓦爾立法局提出旨在允許輸入華工的法案。十二月三十日，立法會壓倒性表決通過該法案；英國殖民地事務部一九〇四年一月十六日同意該法案。在礦業聯合會於二月舉行的年度會議上，法拉爾報告，「如今我們有了一個純正且支持我們的政府……這個政府不用眼紅的眼神看著我們，而是充分體認到這個產業是我國繁榮發展的先驅。」[45]

第十七號法令，「管理將非專門技能非歐裔工人引進川斯瓦爾一事」，載明輸入期、合約、對勞工的控制、遣返之事。此法令顧慮到諸多政治立場，在其條文中載明，華人必須是自願簽約且有權在任何時候退約返鄉（費用自付）。但在其主旨裡，第十七號法令規定嚴格控管非專門技能非歐裔勞工的輸入，還規定這類勞工不得進入川斯瓦爾，除非與拿到輸入執照的業者（例如礦業公司）簽了務工合約。合約一訂三年，得續約一次，因此務工期比本地人和莫三比克人所簽合約（分別是六個月、一年）長了許多。[46]

這道法令規定勞工只准從事非專門技能的工作，不得從事從管理混汞器到操作木工機器等五十五種需專門技能的職業。此法令還禁止勞工取得營業執照或兜售貨物；任何房子、土地、建築或不動產；任何採礦區或「礦物或寶石的任何所有權」。此法令規定勞工住在礦業公司的礦工院，只有拿到通行證才能離開該院。最後，此法令要輸入華工的業者繳交保證金，凡是不願離境的勞工，當局有權予以囚禁，遣送出境，藉此確保遣返回國的遂行。值得注意的，此法令把擬定關於工資結構、工時、休假日、醫療、日常飲食的具體規定一事，交由司法部長負責。把這些事務當成另行法規來擬定，使外籍勞工部行事時有更大權宜空間，而且使華工在切身的工作條件上無緣得到成文法保護。[47]

儘管遭遇又一波抗議——包括倫敦海德公園八萬人參與的工會造勢大會——礦業聯合會和川斯瓦爾政府還是急忙著手訂定輸入計畫。已為在華招工一事打好基礎工作的川斯瓦爾代理人更為積極。其實一月時就已開始在山東煙台（曲阜）招工，那時上述法令還未通過。[48]

但難關就只有一個：中國未批准此計畫。貿然招工違反了一八六〇年所訂定，關於招募華工至大英帝國所屬各處做工的條約規定，而且是行之有年的規定。英國外交部直到二月中旬才向中國駐倫敦大使張德彝出示第十七號法令。張德彝立即透過北京外務部（總理衙門的後繼機關）阻攔。張德彝和英國外交部於三月開始在倫敦協議，在這期間一切停擺。川斯瓦爾礦業聯合會稱此推遲「大出所料」、「甚令人遺憾」。[49]

哈里．羅斯．斯金納建議輸入華人契約工到金礦場工作，預言中國會「消極」回應此計畫。英國外交部照理應更了解狀況。張德彝不是少不經事之人——他是歷練豐富的外交官，在清廷外事部門服務了四十年。一九〇二年他被任命為清廷駐英國宮廷的公使，係他第八次奉派出國。他的涉外生涯始於一八六六年以年輕翻譯員的身分隨清朝第一個出洋考察團出國，以及一八六八年隨蒲安臣代表團出訪；然後在中國駐外使館擔任過數項職務，駐在地大多在歐洲。他也是中國最多產的外交官日記作家之一，撰寫並出版了八本記錄其出洋見聞的書。[50]

張德彝也對南非事務不陌生。從一八九六至一九〇〇年，他擔任清朝駐倫敦公使館的參贊，在那裡密切注意南非戰爭的進展。身為公使，張德彝很清楚南非境內輸入華工案所激起的辯論。他擔心礦業公司會惡待華工，就和使秘魯、古巴成為十九世紀苦力貿易最惡名昭彰之輸出地的那種惡待一模一樣。他還擔心南非境內華人契約工若受惡待，會對從模里西斯到坦干伊喀到開普殖民地的非洲全境華人僑社有不良影響。他知道出洋的華人契約工易遭「三害」：低工資、嚴密控管、福利差。早在一九〇三年二月，即川斯瓦爾通過第十七號法令之前將近一年，張德彝就向北京呈報南非可能招募華工。在那一年期間他屢次寫道，若未與英國締約，中國應禁止勞工去南非。得知南非於中國同意輸工計畫之前已在煙台招工，他甚為憤怒。[51]

五月十三日，即倫敦協商三個月後，英國外交大臣蘭斯唐勛爵（Lord Lansdowne）和中國公使張德彝簽署了一九〇四年《中英會訂保工章程》（Emigration Convention of Great Britain and China）。此章程強調了從十九世紀中期苦力貿易最盛期以來苦力貿易的發展，明訂出洋移工年齡不得低於二十歲，必須經過身體檢查，以確保工人身心健全。務工合約要以中英文寫成，載明工資、工時、配給；僱用方支付工人往返船費；工人有權利得到免費醫療和藥物。《保工章程》還規定需有中英雙方官員在場見證，中國有權利在殖民地派駐一名領事或副領事，華工得以免費向法庭提起訴訟，以補償其人身所受傷害，以及得以使用郵政設施，向家人寄信、匯款。[52]

張德彝力促禁止體罰，但無法讓禁止體罰的條文白紙黑字寫入此協議，因為，英國外交部告訴他，川斯瓦爾法律規定可以針對某些犯行，對「包括白人在內的任何人」施以體罰。英國人向張德彝保證，只有治安官或法官在審判、定罪後下令處以鞭刑，才會施以此刑罰，而且鞭刑工具經政府認可，還保證鞭刑不會超過二十四下。此協議表明中國已較能透過談判保護其出洋工人，但法令的施行還是取決於當地。[53]

《保工章程》一簽，礦業聯合會礦工輸入代理行即於五月開始在中國招工。該代理行在中國設了四間辦事處，派其職員管理業務。主要的招工員是有亞洲經驗的英國公務員和軍官，他們的職稱是領事兼代表（consular-delegate）。最初的計畫係在中國南部（歷來外移東南亞和更遠地方之華工的輸出中心）和中國北部同時招工，以在最短時間內招到最多的華工。在山東、河北這兩個華北省分，招工出洋業務特別受看好：華北經歷乾旱、飢荒、拳亂摧殘，仍未復原；一九〇四年二月日俄戰爭爆發，斷了季節性移工往中國東北工作之路，華北失業率加劇。在山東，礦工輸入代理行找了曾為符拉迪沃斯托克的俄羅斯企業招過工的商行承包招工業務；在河北，它與赫伯特・胡佛所創辦的公司合作。胡佛身為天津開平礦務有限公司大股東，透過該公司替礦工輸入代理行招募華工。[54]

頭兩艘船特威戴爾號和伊克巴爾號（Ikbar），從廣東經香港運來約兩千華工，一星期後抵南非。但不久，川斯瓦爾礦場在中國南部就招不到工。在香港和廣東報紙上，關於南非和採礦計畫的負面消息已流傳了將近一年。約翰尼斯堡華商在寄回中國的文章、信件中警告，華人在南非受到「暴虐」的惡待，包括種族限制、特別稅、種族隔離。他們把威特沃特斯蘭德金礦場的工作情況說得很悲慘，要華人同胞勿簽約到「人間煉獄」工作。他們寫道：窮黑人在洞裡工作時，被礦場炸藥炸死，稀鬆平常，有些人斷臂斷腳，有些人頭去了皮、燒傷。黑人礦工工作時，雙腳日夜浸在礦坑地道的水裡，這種苦連牛馬都受不了，華人怎受得了。身為生活在非洲的華人，不忍心看到自己同胞受此悲慘待遇。[55]

一九〇四年春開始招工、運送華工後，中文報章期刊對此報導不斷，包括《外交報》、《東方雜誌》。改革派期刊《新民叢報》刊出一篇長文〈南非洲華僑慘狀記〉，文中詳述了十八世紀後期起南非境內華人受歧視的歷史。文中討論採金的段落，基於幾個理由，不贊同華人前去討生活。首先，該文報導白人、黑人工資都下滑的趨勢。華人起薪，一天一先令，比黑人工資還低。最令有意前往南非者不安的，此文把黑人描述成可憐的野人，幾乎衣不蔽體，吃羊頭和玉米，並以樹枝製成的粗糙工具調製該食物。此文問道，野人住在洞穴裡，華工行嗎？《新民叢報》對黑人的困境未表同情，表現出受了社會達爾文主義世界觀影響的新興中國民族主義。此文暗暗示警道，礦主使用華人時帶著種族主義的不良居心，付給華人的工資比黑人還低，肯定會使華人淪落野人、奴隸的境地。[56]

一九〇四年春，廣州、廈門出現反南非招工計畫的海報運動。六月，長期反對契約工出洋的兩廣總督岑春煊，宣布為南非招工違法，中止從廣州運華工至香港。次月，新寧知縣逮捕為英國太古洋行（Butterfield and Swire）招工的代理人——新寧縣是北美、澳洲數萬華人移民的原鄉。十月，《新民叢報》肯定廣東官員的作為，但由於英國人和清廷外務部所簽協議，該報擔心制止南非招工計畫不易。該報認為礦業聯合會礦工輸入代理行付給中國政府的人頭費係買奴費，呼籲成立特別的政府機關以保護出洋華工。[57]

於是，由於南非形象不佳、省與地方當局抵制、傳出頭幾批出洋華工染上腳氣病的情事，招工不順。從大情勢來看，華人契約工從中國南部遠赴異地做工之風已開始衰落。有份英國情報報告承認了南非從此地區招工「徹底失敗」的真實原因：「多年來一直有廣東華人外移至海峽殖民地、馬來邦、緬甸、荷屬東印度群島、婆羅洲、英屬北美」，在這些地方他們「甚少受到或完全未受到限制規定的束縛」。難怪「廣東工人對於讓自己給契約綁住，以前往去了之後行動完全受嚴格控制、得住在有圍牆的大院裡、只能在礦場從事非專門技能的工作的國家，顯得興趣缺缺。」而執行不順的，不只南非的招工計畫。法國人想招契約工建設雲南鐵路，「毫無進展」，德國人想透過談判替其在北婆羅洲的一項工程招工，也沒能談成。事實上，十九、二十世紀之交，苦力貿易時代已漸漸式微。濫用苦力貿易最惡劣的地方是古巴和秘魯，那時已廢除此貿易；還在從事苦力貿易的少許地方，招工不易，主要因為華工不願前去。[58]

十二月，礦業聯合會礦工輸入代理行擱置在中國南部的招工行動，轉而把全副心力擺在其已開始招工的北部省分河北、山東。此公司推斷，在那裡，相較於南方男子，男子「體格都較粗壯」，儘管北方人「據說較魯鈍」。最後，送到川斯瓦爾礦場的華工，九成八來自北部。[59]

北部省分中國官員，鑑於此地區失業率高，同意配合招工，但對於南非工資低和工作條件「讓人吃不消」的傳言不放心。礦工輸入代理行或許得知其在廣東招工碰到的麻煩，在北部展開有計畫的廣告、宣傳，以改善南非形象。該公司出版了一本中文插圖小冊，供實地招工人員使用，書中，針對從海上航行到德爾班的接待站再到礦工院，鉅細靡遺說明外移做工計畫，並以蘭德地區僱用最多華人的公司西默和傑克（Simmer and Jack）作為樣板說明。可想而知，此書把金礦工作寫得很美好，錢多、吃得好。書中列出十四家礦業公司一千一百五十五名工人的名字，一一交待每個工人的家鄉、在礦場的工作、月工資，使讀過的人信以為真。或許此公司認為，有意出洋做工者可能會認出其中某個熟人的名字，從而受到鼓舞而簽約。[60]

從中國北部送出的頭兩船華工，幾乎全招自工業口岸天津。但一九〇五年三月時，從天津出海的華工，已有一半以上是「從內陸地區招來的工人、小農、農業工人。」外籍勞工部說他們大多是「剛做完農活的農民或小商人」。其實，此代理行從一開始就偏愛來自鄉下的工人。斯金納在其一九〇三年的報告中就指出，最好避用城市裡的「廢物」和「不適之人」，最好從「海岸附近，乃至從內陸」，招募「強壯的工人」。[61]

招工過程涉及數個步驟。首先，仲介公司的地方代理人在村鎮招工，把人帶到接待站，在那裡工人接受健康檢查，聽華人職員和川斯瓦爾代理人說明合約。謝子修等當時人認為，用不實訊息或完全不交待工作情況騙人出洋做工，在天津很普遍，尤其是和地下採礦有關的工作。同意合約條件者被轉送到礦工輸入代理行在河北秦皇島、山東煙台兩口岸的接待站。每個接待站有兩座改造過的棚屋，屋裡有混凝土地板和倚壁而設的木床，可容五百人。[62]

再經過面談和檢查後，上船那天做最後一次健檢。經過這次檢查，代理行人員才在健檢證明上簽字，支付掮客費用——如此一來可免於付錢給掮客後，掮客所找來的工人最終未運送出境的情況。其實，「作廢者」不少。例如，一九〇五年三月，在天津招了兩千七百人，其中將近一半在初步健檢時被打回票。過關者，又有一半若非在前往代理行秦皇島接待站途中跑掉（秦皇島位在比天津更北邊的海岸上，距離約一百五十英里），就是在秦皇島第二次健檢時被刷下來。如此多人跑掉，甚至在出海前跑掉，原因可能是在接待站受到非常惡劣的對待，致使受招募者打消出洋做工的念頭。有個在運輸船上當翻譯員的華人於《山東日報》上寫道：這些人受到無比殘酷的對待，在曲阜（煙台）時，移工辦事處的頭兒不斷打他們……（在南非）有些人病死，有些人遭殘殺……他們真是生活在人間煉獄裡；洋人凶狠惡毒如魔鬼。[63]

但黃金的誘惑終究擋不住。通過最後一道健檢後，移工下「消毒池」淨身。移工領到一條毛巾、一頂草帽、一套棉襖外衣和長褲、一條錢帶、鞋子、襪子。著裝後，拿起護照、有編號的身分標牌、現金預領票（日後從工資扣抵預領的金額）。接著再次來到川斯瓦爾移民代理人面前，再次申明其願意去南非，然後在其合約上蓋指印，拿到一份副本。有個觀察家說，自此，「苦力轉為契約工」。[64]

華工搭包租的英國貨船去南非，貨船經改裝，以符合一九〇四年《保工章程》和《香港乘客法》（Hong Kong Passenger Acts）的規定。船隻停靠香港、新加坡以取得食物和燃料，然後經麻六甲海峽至印度洋。在塞席爾群島，船轉西南，駛向德爾班。航速平均十至十一節，三十天走完。[65]

前往南非的漫長航程途中，礦業聯合會礦工輸入代理行在健康、衛生方面管理甚嚴，利用船上時間訓練「工頭」（boss coolies），工頭人選於登船前不久挑定。賭博、打架、偷竊、抽鴉片、違反衛生規定者受罰，懲罰措施包括「不給吃……綁或關一段時間，其間給全餐或不給全餐，或者用竹子抽打數下。」但要船上華工守規矩有點難。華工有錢在身，可在香港、新加坡向叫賣的小販買東西，有錢在船上賭博。上船不久，就有人在船上賭了起來，而且到了礦場，賭博依舊是亂源。[66]

一抵達德爾班，華工即在船上接受健康檢查，然後下船，接著搭火車轉送到外籍勞工部設立於雅各營（Jacob's Camp）的接待站。接待站很大，一次可容四千人，也就是兩船的人。雅各營由六十多間臨時住房、廁所、澡房、廚房構成，另有外籍勞工部的高低層職員的辦公室。大門外有一間醫院、外籍勞工部職員住所、警察局。華工早晚餐吃米飯、肉或魚、蔬菜，中餐吃粥。接待站有間小店鋪，賣香菸、糕餅之類，據說生意很好。[67]

從特威戴爾號下來的第一批華工接受檢查時，有三個抵達時已得了腳氣病的華工死在雅各營。礦工輸入代理行遣返了另外四十人，但這些人有多少人安然返抵家鄉，不得而知。一千零六人離開雅各營前往威特沃特斯蘭德，其中四十八人在抵達新彗星礦業公司後得了腳氣病。不到一個月，其中大部分人痊癒，能下礦場工作。[68]

圖 19　黃遵憲（一八四八～一九〇五）是學者、詩人、外交官，在舊金山、新加坡、日本當過清廷領事。圖為他與日本友人合照，他位在中間，拍照日期不詳。

圖 20　張德彝（一八四七～一九一八）在清廷外事部門任職四十年，最初擔任學生—翻譯員（如這張一八六六年照片所見），然後一八六八年跟著蒲安臣代表團去了美國、歐洲。一九〇二年出任駐英公使，係他官場生涯顛峰。他與英國談成規範南非華工計畫的條約。

圖 21　在川斯瓦爾的威特沃特斯蘭德，華人契約工在地下深處的礦坑裡工作，使用手鑽鑿挖岩壁，一天必須鑿挖至少三十六英寸深。攝於約一九〇五年。

第九章　蘭德金礦區的苦力

謝子修一九〇三年從雪梨經香港搬到約翰尼斯堡，很想在南非闖出一番事業。那時他三十出頭，似乎輕鬆就當上當地中華會館的書記，儘管那很可能是無給職。但這個職位，加上懂中英雙語，使他在華人、白人眼中都頗有分量。換句話說，他是個文化掮客。擔任這個職位的人，有助於無法彼此溝通或做生意的兩個群體往來；他們的權力來自對資訊或貨物的獨占。但這一獨占可能使交往雙方都不信任這個中間人。中國話翻譯員和勞工代理人能幫外來移民的忙——比如在法官面前未如實翻譯他們所說的話，助他們擺脫麻煩，或在雇主面前為他們說好話——但他們也可能為這類忙索錢。謝子修似乎為人清廉。他自認是個「進步人士」，深信在南非的華人，不管是鎮上的商人，還是礦場的契約工，都應受到公平對待，而且他把自己的才幹用在這件事情上。如果說他喜歡擺架子，有點驕傲，那也是瑕不掩瑜。

謝子修一九〇三年十月來到約翰尼斯堡時，關於是否該輸入華人礦工的公共辯論正如火如茶。中華會館的人無疑討論、思考過此事。該年年底，立法局正在擬第十七號法令時，謝子修在剛成立的外籍勞工部找到差事。他可能直接上門，毛遂自薦。外籍勞工部負責華工輸入計畫的實際作業：發執照和通行證（兩者都可創造收入）；處理好工人的抵達、接待、分配、遣返；保管生病、死亡、逮捕、判罪方面的資料；監督礦業公司遵守規定。要辦好此計畫，有許多事要做。謝子修進了這個機關，有機會取得關於此計畫的有用資訊。

喬治・法拉爾爵士大概在順道到此機關觀察其作業時遇見他。謝子修自我介紹是托馬斯・阿謝（Thomas Ah Sze），其英語能力大概令他讚賞，於是法拉爾主動邀他出任東蘭德控股礦業公司的「華人顧問」。這看來比外籍勞工部的行政工作有趣多了。謝子修在該公司的職責，係走訪該公司的礦場，和礦工講話，把他們所反映的委屈傳達給公司。法拉爾的目標，無疑是維持此計畫運作的順利；謝子修所看重的，則是保護華工，使之不受不當對待。在新彗星公司，謝子修報告了提供給華工的餐食太差，以及經理使用礦場的醫務室關住不願上工的工人之事。[1]

新彗星公司最初處理了華工所訴苦之事的一部分，但謝子修最終認定自己「說不上話」。東蘭德控股礦業公司的總管要他勿鼓勵工人訴苦。走訪該公司另一座礦場時，礦場主管安傑洛警告他勿「影響」該地的中國話翻譯員和苦力。謝子修很反感這種拐彎抹角的批評，「好似我在慫恿他們訴苦」。[2]

謝子修既氣餒又不高興，一九〇五年三月辭職，這份工作只做了半年。他提辭呈時，公司高級職員要他簽一份報告，報告裡寫道他滿意礦場情況。他不願簽，在喪失一個月薪水後，前往英格蘭，以向法拉爾兄弟公司（Farrar Brothers）的倫敦辦事處和中國駐倫敦公使館直接告狀。他也帶了伊莉莎白港華商要呈給清廷公使的請願書。這些華商抗議開普殖民地政府針對他們所剛施行的新登記、身分證規定。但東蘭德控股礦業公司高級職員發到法拉爾之倫敦辦事處的一封電報，使謝子修告不成狀。該電報警告道，托瑪斯・阿謝是個「有點危險的人物」，很可能會煽動生事和勒索。法拉爾的人也向中國公使館的一位英籍職員通風報信，謝子修因該職員作梗，未能見到清廷公使張德彝。[3]

謝子修從倫敦寫信給他的前雇主，力陳由於他在「公家機關和貴公司」所認識到的情況，他有資格在「華人勞工問題」上發言。「我完全沒必要誇大事實，我所必須說的，都會是事實，只有事實。」他還說，「我不得不說，身為中國進步人士，（首先）為了自己，（其次）為了我的國家和同胞，我有該履行的義務，沒有人可以為了我已採取的措施而指責我。」[4]

礦業公司高級職員和殖民地政府官員極力阻止謝子修告狀。他們也欲貶低他的身分，為此嘲笑他所謂的他是英國子民的說法——他生於澳洲，的確是英國子民——同時說他看不懂中文，質疑他說法的可靠性。謝子修正是礦業公司高級職員和殖民地政府官員所深怕的、那種會揭露已在蘭德地區快速浮現的勞工輸入計畫之弊端的驕傲中國人。

謝子修回到伊莉莎白港，以文言文撰寫了萬字長文《遊歷南非洲記》。他於七月寫畢，致贈給趙爾巽。趙爾巽是身居高位的士大夫，歷任地方大員之職，然後調回北京任戶部尚書。[5]致贈此文係心血來潮而為之，它似乎未流通於清朝官場或似乎未影響政策，卻為改革派所知曉，改革派在其指陳清廷保護海外華工不力的短文中提及此文。對史學家來說，這是重要史料，因為它是以親身見聞且從中國人觀點描述違反勞動法令之盛行和華工礦工之艱辛，且尚存寥寥可數的文獻之一。其內容未必全然不容置疑，但使後人得以核對或反駁英國、南非資料裡的說法。

謝子修短暫任職東蘭德控股礦業公司那段期間關係之所以緊張，源於殖民地政府官員和礦業公司高級職員對華工輸入計畫寄予厚望。由米爾納勛爵呈給殖民地事務大臣利特頓（Lyttleton）的某份早期報告，可清楚看到此計畫若失敗會有什麼樣的後果。這份報告發於頭一批華工抵達新彗星礦業公司一個月後，米爾納在其中說，華人已度過腳氣病最猖獗時期。他也欣然報告，勞動效率可看出不斷在改善。七月七日（開工後僅兩星期），四百四十名工人鑽了五百四十二英尺又兩英寸深，平均每人鑽十五・六英寸。其中有二十人每人鑽了二・五英尺，有九人每人鑽了三英尺。華工的表現，幾乎無一處會澆熄這位總督的熱切期盼。他駁斥已盛傳於英國報紙上的礦工逃亡傳聞。他說，要時時掌握每個人的動態不容易，因為東蘭德控股礦業公司占地長達三英里，在礦場時，人可四處走動，不需通行證。6

米爾納發到倫敦的簡潔電文，抓到會在接下來幾個月、幾年盤繞於南非殖民地當局和礦主心頭的幾大問題。主要問題當然是他們能從地裡挖出多少礦砂。這不只與每個礦工挖多深有關，還與因生病或跑離礦場而導致的「作廢之人」有關。由於逃亡問題，紀律和監督事宜受到關注。暗地裡政治糾葛始終陰魂不散，有政治人物批評此計畫威脅到白人利益，或使華人處境形同「奴隸」。華人工資理論上與黑人齊平，但為了從中國輸入數萬工人已花了大筆錢。礦主希望每個華工三年合約期間，隨著經驗積累，生產力會不斷提升，使他們得以收回招工成本。工人是金礦業最大的成本變數，因此礦主指望華工化解他們一九〇三年所面臨的勞動力短缺、獲利率下滑危機。

儘管米爾納勛爵一派樂觀，還是有工人飽受腳氣病之苦。十月，外籍勞工部遣返另外八十名因此病而無法做工的華工；其中有些人虛弱到無法行走，十四人死在海上，未能返鄉。華工鑿礦的確變得較熟練，但始終不願照礦主要求增加鑿挖量，即使遭扣留工資和鞭打亦然。接下來幾年間，會有大批華人逃離礦場。華工無疑使金礦業產量得以在一九〇五年時達到戰前水平，得以使新礦場投入生產行列。產量增加，獲利提升。但這些成果係在其他方面付出代價下獲得，而且說不定是使這些成果相形失色的代價。華工計畫造成礦場裡方興未艾的社會控制危機，造成南非和英國境內的政治危機。到一九〇七年，蘭德地區使用華工的計畫已經走不下去。不再招募新華工，最後幾批合約到期，一九一〇年最後一批華工返鄉。此計畫的終結，確保了排亞主張在南非的勝利。[7]

特威戴爾號上的第一批華工來到南非後不到半年，礦業聯合會勞工輸入代理行就接收了一萬五千一百九十九名勞工，將他們分發到十個礦場；第一年結束時，已有約兩萬八千名華人在二十七座礦場工作。蘭德地區華人礦工人數一九〇七年達到高峰：五萬三千八百三十八人。前後共有將近六萬三千名華人根據勞工輸入計畫在南非金礦場工作。[8]

米爾納強調，華工會使「明確的進步政策」得以成形。他深信有了華工，勞動力會供給無虞，而勞動力供給若不穩，「絕對籌不到」資本來開礦。塞爾本勛爵一九〇五年五月接替米爾納，出任川斯瓦爾總督和南非高級專員，同樣認為華工既是金礦業復甦所不可或缺，也是金礦業快速發展和擴張所不可或缺。礦工輸入代理行最初要求在華的招工人員一年招募十萬華工，連招三年。官員在公開場合說華工輸入計畫是短期、試驗性質的計畫，私底下卻討論華工是否可能成為金礦業的永久組成部分。華工不只解決了當下勞動力短缺的問題，較長期來看，也有可能抑制黑人、白人的工資。[9]

只有三個礦場獨獨使用華工，尤其是塞昔爾．羅茲之企業集團底下的大型礦業公司西默和傑克。該公司的華工最多時達四千兩百人，在蘭德地區居冠。大部分礦業公司使用華工來補強黑人勞動力。一般做法是派華工到地底下，要他們鑿、鏟礦石，用車運回地上；黑人負責地上工作，把礦石運到搗碎機搗碎，在搗碎機等作業方面充當有專門技能的白人工人的「幫手」。所有工人未被按種族之別正式隔離，兩個族群都有人在地下、地上幹活，但在地下幹活的華人多於在地上幹活的華人。[10]

《南非金礦華工新圖》（*Illustrated Guide to Chinese in South African Gold Mines*），在天津出版供招工人員使用，書中描述了礦坑地道和地面諸多部門——搗碎機、鍋爐間、金屬加工處理廠、儲存塔——的職責，說在地面從事需專門技能之工作的華人工資高，達到每月五十圓（一百先令），比非專門技能工人多了一倍。這本小冊子所述不實：法律禁止華人從事需專門技能的工作；小冊子裡所列出的「工」或「鍛工」之類職務，其實是具有專門技能之白人工人的幫手（「boys」）。此外，在地面幹活的華人，或許不到二十人。[11]

根據合約，最低起薪是一天工作十小時一先令，月付。這不及在地下幹活之黑人日工資一半，只及非專門技能白人工人工資的一成。第十七號法令規定，工作六個月後，華人工資會漲至黑人的平均工資水平，每月五十先令。但蘭德地區一開始的日工資，一先令，比這些華工在中國所賺的至少多出一倍。但南非的消費者物價比中國高出許多。此外，有些礦業公司發鐵質代幣（scrip）給華工當工資，代幣只能在礦工院的店鋪裡使用，合約期滿時才能兌換英國貨幣，而這類店鋪的貨物質劣且價格太高。華人抱怨，「買了他們在那裡所需的牛奶、糖、菸草等東西後，可供匯回中國老家的錢已所剩無幾。」[12]

蘭德金礦場以危險和不利人體健康而臭名昭彰，尤以礦場經理為了盡可能增加產量而不斷催逼工人幹活時為然。《中英會訂保工章程》、川斯瓦爾第十七號法令、每個工人所簽合約的條文，都載明要防止華工受惡待。但誰來確保華工得到這些保護？謝子修很快就知道，「顧問」職幾同虛職。

照規定，外籍勞工部負責監督礦場運作情況。該機構的檢查員要每個月至少去每個礦場一次，檢查礦工院（房間、廁所、廚房）和計時辦公室的紀錄，「如有可能」和礦工交談，收取他們要匯回中國的錢。但一九〇五年，即此計畫啟動一年後，該部僱用的檢查員只有兩人。到了一九〇六年二月，該部在約翰尼斯堡的本部已有七名檢查員，但還是不敷所需。[13]

就中方來說，清廷領事劉玉麟一九〇五年五月抵達約翰尼斯堡，即華工開始去南非的將近一年後。劉玉麟出洋見過世面，在中國和美國受過教育，此前在美國、歐洲、東南亞的領事館任職過。他與當地華商頻頻會晤，當地華商老早就爭取於當地派駐領事。劉玉麟走訪金礦場，調查華工的委屈，但無權改善現狀。清廷駐倫敦公使張德彝力爭禁體罰未果，這時繼續為華人礦工爭權爭取更多支持。他驚愕於蘭德地區華工生病或死亡的人數之多，要求英國政府促使礦業公司向死亡華工家屬發放撫恤金，未能如願。[14]

約翰尼斯堡華商也致力於維護礦工權益。當地中華會館繼續投書中國境內報紙，揭露礦場情況。墨爾本中文報紙《愛國報》上的一篇投書，可能出自在澳洲出生的謝子修之手。該文說南非礦工院猶如監獄。當地一個叫阿布（Ah Bu）的洗衣工，在與工人商談之後，在新彗星礦業公司遭逮捕，被控以未經核准和工人會晤、煽動他們不上工、拒絕離開後非法侵入之罪。他被判有罪，處以入監六星期。[15]

華人礦工住在與外界隔絕的礦工院，與領事劉玉麟或當地商人少有接觸，加上外籍勞工部人員嚴重不足，只能自求多福。

一般來講，在工作日，日班工人天未亮就起床，在大食堂吃早餐，為當天十個小時的活作好準備。上工時間則是早上五點。前一天下午五點上工的晚班礦工，下班時吃同樣的早餐。第二餐於下午時，早晚班工人一起進食。每日食物配給，在這兩餐裡用掉，包括一．五磅的米；半磅的魚乾或鮮魚或肉；四分之一磅的蔬菜；半盎斯的茶葉、半盎斯的胡桃油、鹽。沒有「午餐」；礦工領到一罐茶葉和一條麵包，供在地下工作時食用，但據說他們常用茶把他們所要鑽的洞弄濕，丟掉許多礦工眼中嚥不下的麵包，吃他們自己帶下坑裡的食物，而且這些食物是他們自掏腰包從礦場店鋪買來。[16]

採礦活很艱苦，費體力且危險。華工在地下一千至兩千英尺深處工作，用鑿子鑿岩壁，用手鑽敲碎石塊。礦脈傾斜度平均為三十度，因此鑿岩工通常在斜面上工作；此外，斜面往往滑溜，因此，不管是鑿岩工，還是礦車工，都很辛苦。有水「嘩啦啦淋在頭上，我們全身濕透，覺得寒冷。」鑿岩工常在狹窄的回採工作面上工作，空間狹促到令人焦慮不安。機械鑽子在這裡放不進去，當地黑人礦工根本不願在此幹活。因此，華工使礦主得以開採地下深處礦脈的新區域。礦業公司把公司未來的榮枯賭在這類區域的開採上，而若非華工，這裡難以開採到。[17]

鑿岩績效以英吋為單位衡量。每一班結束時，白人監工發給每個工人一張工票，以此證明工人已幹的活，並作為領取工資的依據。誠如先前已指出的，華人一來到礦場，平均一日鑿十五英寸，但很快技術就更純熟。對鑿岩工論件計酬的礦場，訂定了二十四至三十六英寸的最低門檻，過此門檻才領得到工資，鑿岩超過三十六英寸者，有資格領到獎金。[18]

居住區，亦即礦工院，大多是為此華工輸入計畫而新建成，因此品質比較老舊的黑人礦工院來得好。磚造或混凝土造工人宿舍，有數間大房間，每間房最多可容四十人；有各式床具，從以簾子隔開的矮行軍床到以鐵絲網或混凝土打造的貼壁雙層床，形形色色。廁所使用桶子集糞尿，浴房供應冷熱水；礦井入口附近也有附淋浴設施的更衣間。廚房和大食堂位在中央院子。由一批華人伙夫料理餐食，伙夫頭係在中國專為此職招募來，助手則從一般人找來。每張餐桌可坐十人，由其中一人替同桌十人端來大碗飯和「煨燉的食物」，藉此縮短排隊人龍，而且符合一家人一起用餐的習慣。白人觀察家稱讚食物充足且有益健康，但隨著礦場經理尅扣礦工伙食費，食物的質、量很快都變差。在某些礦場，肉類配給少了將近一半。到了一九〇五年，礦工已不願吃淡而無味的肉和爛掉的蔬菜。他們吃米飯時，可能配以在附近店家買來的食物，例如肉乾和煮熟的小牛牛腳，從而把他們所賺的錢幾乎花光。[19]

華工竭盡所能使他們周遭環境充滿生氣，有時闢設小花園，在其中種上他們於野外所挖來的植物；有些人養了鳥。外籍勞工部竭力稱許礦工院「採光通風好」、衛生，以及最重要的，白天時「沒有門禁」。該機關得意表示，工人閒著時，「可隨意進出」（礦工院），在「礦區」四處走動，「有些礦區綿延數英里」，避談礦工無法隨意離開礦區至鎮上或在野外四處走動之事。白人觀察家一般來講把礦工院拿來和海峽殖民地的鐵皮屋礦工營或中國境內的居住情況相比，說礦工院的環境還不錯，甚至「豪華」、「氣派」。南非華工似乎覺得他們的居住區還可忍受；他們為數個問題鬧過事，但礦工院環境不在其中。[20]

華工、白人、黑人各住一區，不相混雜。具專門技能的白人工人住礦場附近城鎮裡供膳食的宿舍，或住在礦場地產裡的白人宿舍。黑人工人住在黑人礦工院。華工和黑人工人未上班時似乎彼此往來不多，但還是有接觸。埃克斯坦公司（Eckstein and Company）的經營者萊昂內爾・菲利浦斯（Lionel Phillips）寫道，黑人教華人認識金礦勞動作業的規矩，「彼此以快得不可思議的速度學會對方的語言，到了可交換想法的程度。」檔案紀錄未看到不同人種的工人結為友人的證據，但批評者有時指責華人教壞黑人工人，這意味著這兩個族群有頗為密切的交往，儘管白人以道德敗壞的華人教壞天真單純黑人的種族主義刻板觀念描述此事。據數則記載，有華人和約翰尼斯堡或礦場附近黑人居住區的黑人女人談情說愛或上床之事。這些事也是華人男子、黑人男子衝突的根源之一。礦工院族群衝突並不罕見，而衝突不只發生於華人、黑人之間，還由於地域或宗族差異，發生於黑人之間、華人之間。[21]

礦場娛樂休閒活動甚少。在五或六個礦工院，工人組成戲班，在礦工院院子蓋起木造戲台，演中國戲劇。過節非常用心，道具齊全。一九〇六年一月，數個礦場的工人集資，從中國買來精緻昂貴戲服、傘和旗、紙紮龍、爆竹、特殊食物。在有兩千華工的格倫深礦（Glen Deep）公司，過節委員會募集到兩百五十英鎊，不小的一筆錢。工人宿舍和礦工院掛起旗子和燈籠。戲曲連演整整三天，同時有競技活動，例如拔河、賽跑、爬竿、鑿岩。[22]

這些慶祝活動一年只有一或兩次。平日的消遣是賭博。在純男性的工人居住區，生活無聊，身上又有錢，賭博成了最盛行的活動。從中國過來的漫長海上航行期間，船上華工流連賭場，到了礦工院，賭博未消失，往往在發薪日開賭。職業賭徒鎖定較年輕、較無經驗的工人下手，使許多人欠他們錢。據說職業賭徒往往不工作，而是花錢請別人替他們幹活，或逼他人幹活還債。許多工人被沒完沒了的討債逼到絕望。西默和傑克公司的礦工崔古彥（Cui Guyan）找外籍勞工部的主事者幫忙，坦承由於他「生性愚蠢」，欠了十六人債，債款共計「數十英鎊」。債主每天向他討債，其中一人拿走他的工票。他說，他不想自殺，因為老家有妻子和寡母，他懇求將他轉到別處工作。[23]

人人都指望週日，休息日，到來。數個教會的代表來到礦區，與為數不多的天主教徒、新教徒一起作禮拜，此事反映了十九世紀後期華北境內存在傳教士一事。數人在蘭德地區的一個淺水庫裡受了洗。但對大部分工人來說，週日是離開礦場的日子。從正午開始，他們手持通行證出去，一身整齊打扮，或穿著從中國買來的衣服，或在當地買來的西裝。他們悠閒走過林間，在野外野餐，或拜訪住在其他礦工院的親友。有些人到鎮上，尤其費雷拉鎮，即約翰尼斯堡小型華人區所在。據觀察家的描述，礦場的華人來到鎮上瀏覽商店櫥窗，上粵菜館吃東西，騎腳踏車逛街，辮子隨風揚起。印度籍叫賣小販販售水果和加味礦泉水，「生意興隆」。華人把所賺的錢盡情花在香菸、食品原料、炊具、腳踏車、錶、衣服上，他們的消費習慣表明他們已和現代世界關係密切。事實上，店家老闆指出，他們很清楚商品優劣，「不買不堪用的東西」。花錢最大方者，很可能是擔任享有特權之職務的華人——警察、工頭、廚房工人——這些人工資較高，而且，領到的工資是英國貨幣，而非代幣。這些工人占礦場華人一至二成，在僱用華人人數最多時，他們或許有五千人，因此，他們在鎮上的闊氣表現，會讓人看不到一般礦工沒錢享有同樣生活樂趣的事實。對於華人的消費習慣，南非白人的反應有褒有貶。有些白人樂見經濟因此更繁榮；光是威特沃特斯蘭德深礦公司（Witwatersrand Deep Mine）的華人，據說一個月花在當地商家的錢達八百英鎊。其他白人則批評華人沒有節儉的美德。[24]

買春也是週日活動之一。在費雷拉鎮，至少有兩間娼館做華人生意，一間由粵商經營，旗下有兩名「荷蘭女孩」，另一間由兩名白人男子經營，旗下有兩個妓女，一是白人，一是「有色人種」（混血）。一九〇七年警察查抄後一間娼館，轟動一時。華人找白人女子上床，違反了《傷風敗俗法》（Immorality Ordinance），被認為違反了兩性交往和種族方面的規定。警察逮捕房間裡兩名華人男子；法庭判定其中一人有罪，處以十二個月苦役監和十下鞭刑，但判定另一人無罪，因為那人被捕時衣著完整。法庭也判定兩名妓女和經營該娼館的兩名白人男子有罪。但當局裁定，對於在娼館後院等著買春的兩百名男子，他們無法施以任何處罰。[25]

如果說此事間接表明在性交易市場供給遠不敷需求，如果說在邊區和其他任何有純男性工人營地的地方，始終少不了娼館，我們不該以為娼館是蘭德地區華人滿足性需求的唯一管道。誠如先前已指出的，至少有一些華人男子與本地黑人女子有情愛關係或性關係。殖民地當局也報告了華人礦工同性戀或同性性交之事，批評戲班是「孌童」等「壞蛋」與人會晤的地方。英國人認為同性的性關係是「讓人無法自拔」且「違反常情的惡行」，而且指責華人把此惡習傳給非洲工人。事實上，在華人到來之前，在黑人礦工院就有男男「結婚」之事。同性交往可能是環境所促成，但這種事未必被認為是「違反常情」或見不得人的丟臉事。在同性交往上，華人和黑人的具體情況有所不同，但華人文化和黑人文化都未按照維多利亞時代道德觀的極端作風，把這種行為汙名化。[26]

華人礦工裡有兄弟檔、堂表兄弟檔、認識的小同鄉，因此，工人在蘭德地區並非舉目無親或毫無朋友。有些華人礦工根據第十七號法令的規定，把妻小一起帶來川斯瓦爾。但遠赴他鄉的華工很少帶妻子一起出洋；儒家社會體制的主要原則之一，係女子嫁人後要住在夫家，與公婆同住。隨著集體出洋務工之風在十九世紀興起，這一習俗有助於使旅居海外者和老家村子、父系家庭不致斷了聯繫。華工輸入計畫施行頭兩年期間，礦場上只有四名女子、二十六名小孩。他們可能是華籍工頭或警察的眷屬，這些人有自己的房間。相較於女人，小孩人數較多，間接表明由父母兒女構成的家庭寥寥可數。工人可能把小孩一起帶來，例如年紀夠大，能在父親在外工作時不需大人照管，可照顧好自己的男孩。工人這麼做，以減輕老家的生計負擔。[27]

但蘭德地區大部分華工把父母妻小留在老家。一如其他僑居海外的男子，他們匯款、寄家書回老家。但中國北部和東北部間，中國南部和東南亞、澳洲、北美洲間，有行之有年的匯款、送信路線，南非和中國間的寄送，卻得克服距離、組織方面的新難題。不管是從南非寄到中國，還是從中國寄到南非，華工都為了地址、郵費之類問題，感到挫折、煩心、困惑。工人抱怨幾個月沒有親人的音信，不知道自己寄出的信或錢是否已送達；外籍勞工部職員花不少心力才得以把從中國寄來，收信地址只寫「英吉利南非」（English South Africa）的家書，送到寄信人所欲送抵的工人手上。來自天津的華工，經由認識其家人的店鋪（豆腐店、菜市場、理髮店）轉交，將信寄給父母和妻子；其他華工則提供送信說明，以利信件寄達，例如：「將附上的信經由香港郵政送到廣西省北門旁主街，交給吳石（Wu Shi），寄信人英吉利南非金礦的胡玉麟（Hu Yulin）。遠地來信，請勿丟失！」[28]

礦工院受一套監視、控管制度管理。白種「控管員」似乎形形色色，從兢兢業業者到行事殘酷者都有。艾烏傑尼奧·畢昂基尼（Eugenio Bianchini），威特沃特斯蘭德金礦公司的控管員，在華北替俄羅斯在中國東北的鐵路公司招過工。他以家父長心態看待華人，但不斷把華工的怨言（大多是工資糾紛）呈報礦場經理，儘管通常無濟於事。畢昂基尼最終辭職，以抗議公司未善待華工。普萊斯（H. J. Pless）的作風，則與畢昂基尼南轅北轍。他是美國人，也在中國待過，身為努爾斯深礦公司（Nourse Deep Mine）的控管員，常命令人鞭打未鑿完規定之深度的工人。普萊斯也親自拷打、性虐華工。有次他對被他拷打的華工拍了照，得意說他要出本書，書名就叫「在蘭德地區操奴隸」（Slave Driving on the Rand）。趁著還未遭逮捕，他回去中國。大部分負責管理華人的控管員的作風，可能落在這兩個極端之間。一般來講，控管員不以能力著稱，更別提以有人性為人所知。許多控管員受僱擔任此職，單純因為懂點中文，即使根本不懂管理。[29]

華人警察的職責，係確保礦工在礦工院遵守衛生等規定，要輪班工人出門工作，守礦工院大門。他們其實不是警察，而是礦場員工，沒有法定權限。每個警察對應五十至一百名工人，華人警察構成為數不小且享有特權和權力的一個階層。有些華人警察在中國威海衛和英國軍隊共事過，會講一些英語，或至少會講洋涇濱英語。在川斯瓦爾，他們穿威海衛部隊制服，與帝國軍隊裡錫克人所穿制服大同小異。塞爾本認為警察並不「暴虐」，偶爾才「虐待人」，但其他官員認為他們不只虐待人，還不可靠、腐敗、缺乏威信，因為他們和廣大工人出身自同樣的社會階層。工人怨恨他們，礦場經理不信任他們，深信他們是礦工院許多動蕩、不和的根源。[30]

依法華人契約工只能從事不具專門技能的採礦工作，但其實他們還擔任其他與採礦無關的職務。華人從事炊煮、廚房工作、幫忙控管員的私人家務、在礦工院醫務室幹雜活。在數個礦場，生病或意外受傷的工人，復原後若還無法回去地下幹活，就被叫去為白人礦場員工做「輕鬆活」，包括家庭雜務、園藝之類的。司法部長不容許將「苦力」挪去私用，但詹姆森（J. W.

Jamieson）告知不可能予以起訴後，他不再徒惹人厭的宣說此看法。與華人警察類似的，從事廚房等非正規差事的華人，構成一個享有特權的非正式工人階層。他們有機會取得違禁品，因而能透過直接使用或藉由賣給他人，改善自己的處境。[31]

對礦場日常生活的這番概述，間接表明工作艱苦和行動不自由的常態，一星期只有一個下午的休息，讓工人得以暫時擺脫這樣的生活。工人離不開他們所被分發去的礦業公司；一天十小時在地下從事辛苦、危險的體力活；受到往往會虐待人的白種控管員和華人警察控制。許多工人肯定苦於寂寞和抑鬱。有時在夜裡走訪礦場的謝子修寫道，他聽到工人在宿舍裡嘆氣、哭泣。工人的書信保留至今者甚少，但在向妻子發出的以下質問中，可看出心中的傷悲：「妳為何不回我信？」在自殺案例裡，抑鬱之情更清楚可見，而自殺往往靠吞服鴉片。據外籍勞工部記載，一九〇四至一九〇五年有十九人自殺身亡，一九〇五至一九〇六年四十九人。[32]

陳子卿於一九〇四年十二月二十日自殺，死前寫了首絕命詩。他是來自廣東的中年人，讀過書，曾以軍功獲清廷授以五品藍翎之秩。此詩在中國刊載，廣為流傳，讓人認識到華人金礦工在南非所受的苦。據說陳子卿係被招工人員綁架，賣到蘭德地區當契約工。

生長中華四十三，

今日不幸來到番。
英雄到此也無法，
想回中國難上難。
我今捨命別陽去，
難為眾人留此間。
同鄉造滿三年後，
順帶弟魂返唐山。33

死在蘭德地區，不管死於自殺、死於礦場意外，或因犯了罪或莫須有的罪遭吊死，都讓當時中國境內人民看出，川斯瓦爾是個殘酷且不公不義的地方。但如果說自殺是要表達抵死不從，大部分華工抵抗其處境時，追求較正面的結果。他們創造出礦場經理和官方管不到的個人自主、集體自主空間，儘管這樣的空間隨時可能不保。住在工人宿舍，吃大鍋飯，除了引發衝突，也帶來社交活動、團結，乃至親密情誼。華工創立義會。義會類似世界各地的海外華人所成立的兄弟會，一般來講加入的會員每週繳會費三便士，某成員去世後，就從這筆公款拿出兩至三英鎊給死者家屬。外籍勞工部官員認為「不良分子」和「Ko Lo Hut」或「Kuo Lu Whei」有關聯，該組織可能是發跡於福建省的祕密會社「哥老會」。這些會社，除了發揮其作為互助組織的基本功能，其休戚與共的精神也支撐住多種集體作為，包括礦工院抗議和罷工、怠工等皆在表達對工資或工作環境不滿的行動。幾乎所有礦場都有會社成立，但白人幾乎未察覺到，白人大多認為它們是鴉片買賣、設賭牟利背後的團夥，未了解它們複雜的社會特性。[34]

華工與礦業公司起衝突，主要肇因於兩點。工資計算制複雜，而且或許刻意設計成對工人不利；事實上工人常覺得被騙走該領的工資。在他們看來，挖鑿深度不及二十四英寸，就完全不給當日工資一事，擺明欺負人。月工資的計算，以三十個工作天為基礎，而非以日曆上的月分為基礎，而由於華工以農曆二十八天算一個月，這更加令華工失望。照合約公司必須調漲工資，而計算調漲幅度時，礦主不以個人的日工資為本，而是以所有人的「平均日工資」為本，這種算法難以顧及工人個人表現的優劣。自願加班的工人，往往拿不到多幹活所應領到的工票。照規定工作六個月後要調漲工資，但時間一到，許多公司拖拖拉拉，晚了數個月才調漲。[35]

其次，礦場經理和監工不斷催逼華工鑿挖更深。一九〇五年時華工每日鑿挖深度，平均已達四十英寸，比莫三比克的三十六英寸平均值和川斯瓦爾黑人的三十二英寸平均值都高。華工生產力較高，不只因為他們隨著時日推進，手法更加熟練，還因為他們不斷受到催逼，或許甚於黑人工人所受到的催逼。對黑人不能催逼太甚，否則一旦過頭，他們動不動就逃離礦場。要催逼華工鑿挖更深，第一個做法是由工班監工出面規勸，有時還以棍棒或包覆皮革的尖棒作威脅。第二個做法是對鑿挖深度未符合規定者施以懲罰，或鞭打，或不給飯吃，或兩者雙管齊下。這兩種做法施行到何種程度，不得而知，但它們既非罕見，也非特例。

華工痛恨在礦場工作的白人，在地下礦坑當領班的白人，以及在地上指使非白人「幫手」幹活而本身具專門技能的白人礦工，都在痛恨之列。畢昂基尼深信，白人礦工對待華人通常很嚴厲，以鄙視的心態和下流言語指使他們做東做西。他說，華人自然而然回罵過去，從而導致雙方互看不順眼。華人往往不願和以「難相處且脾氣壞」為人所知的白人領班一起工作，似乎寧可受罰，也不願乖乖接受惡待。畢昂基尼嘆道，除非白人礦工攬下教導、領導華人的責任，不再一味命令、咒罵，「沒有經驗的苦力」絕無可能轉變為「合適的工人」。埃克斯坦公司的主事者萊昂內爾・菲利浦斯論道，華工肯定他們的頭號監工（稱之為「頭兒」），但對其他白人，未表現出尊敬之意。[36]

華工的上述抗拒表明他們未融入南非的種族等級體制。在此一體制裡，白人認為非白人該把他們當成「主子」，而菲利浦斯把華人的不從與黑人表面上的服從相提並論時，也暗暗表達了同樣心態。另一個觀察家說得很直白，「華人把我們叫作洋鬼子，比黑人更加鄙視白人。」（大部分白人未理解到黑人表現上順從，但隱藏其真實想法和感受。）[37]

華人毫不掩飾其對白人礦工的鄙視，尤其令白人礦工火大。例如，在新克里瑟斯礦場（New Croesus Mine），白人、華人互看不順眼。雙方動不動就咒罵對方，不只在地下工作時如此，在下班後待在礦區時亦然。白人居住區離華人礦工院大門數百碼，華人經過白人居住區時，常和白人相互辱罵、相互放話威脅。華人常向其控管員查爾斯・鄧肯・斯圖爾特（Charles Duncan Stewart）抱怨受到白人領班惡待。白人礦工厭惡斯圖爾特，深信「一有機會他就和苦力聯合對付我們」。這些緊張關係在一九〇五年六月七日夜引爆事端。當夜，數百華工攻擊單身白人的宿舍，用石頭砸破窗子，用鶴嘴鋤搗毀家具。三十二歲白人礦工理查・布萊德利（Richard Bradley）死於打架，頭部遭大石重擊。騎馬的白人礦工警衛開槍，將華人趕回礦工院。十五分鐘就平息，但一人死亡，宿舍毀掉。

華工憤而鬧事，其實源於他們未領到上個月的工資。工資遲發似乎並不罕見，但就此事來說，工人原以為公司會及時發工資，讓他們得以過端午節——一年中他們得以放假的少許節日之一。這場攻擊經過籌劃，而且在華人警察協助下發動，可能還有斯圖爾特從旁教唆。華人警察未鎖上礦工院大門，斯圖爾特則因為和白人礦工處不好，最近被革職。斯圖爾特遭指控煽動暴亂（被控叫華人出來）；他和兩名華工——韓俞森（Han Yusun / Han Yu Sen）和王慶三（Wang Qingsan / Wang Ching San）——也被控謀殺布萊德利。所有指控最終都因缺乏證據而撤銷。[38]

斯圖爾特否認他偏袒華人，證稱「裁定呈交上來的案子時，我始終公正以對……裁定苦力有錯，就以抽打伺候。」此處有趣的地方，在於斯圖爾特提到抽打時，將其視為例行的懲戒方式，認為抽打既不殘忍，也不稀奇。工人遭抽打最常見的緣由，係不願上工、逃離礦場、未鑿挖出每日規定的深度。控管員抽打工人，用的可能是竹條、短皮鞭或粗鞭。許多礦場經理認為，體罰比上法庭告工人更快收效，訴訟意味著要損失數小時或數天的工作時間。他們還推斷，華人懂得抽打的意思，但「搞不清楚」羅馬－荷蘭法的程序。於是，英國人把華人歸類為和黑人一樣，都是只有靠鞭打才會學乖的未開化人。第十七號法令規定，只有治安官能在法庭定罪後下令抽打作為懲罰。外籍勞工部部長伊凡斯同意使用「在英格蘭學校獲准使用的那種」「輕體罰」。接任伊凡斯之職的詹姆森知道米爾納已同意體罰，但伊凡斯和米爾納都未將其白紙黑字寫下。[39]

有些控管員，例如努爾斯深礦公司的普萊斯，從抽打華工獲得施虐快感；但大部分情況下由華人警察施以體罰。這一做法使白人較能保持清白之身，在警察體罰太過時，得以名正言順撇清責任。拘禁是另一種懲罰方式。東蘭德控股礦業公司的醫務所醫生，把多達三十名他認定裝病的工人鎖在小房間裡，不給他們吃的。謝子修抗議後，外籍勞工部官員禁止使用醫務所囚禁工人。有些礦工院經理和其他高級職員也抱怨虐待工人之事。一九〇五年六月，副總督羅利（Lawley）明令禁止一切體罰。[40]

但體罰未止，而且在一九〇五年九月引發軒然大波。該月，法蘭克．博蘭（Frank Boland）在英國《晨間評論》（*Morning Leader*）報上發表了一篇轟動一時的文章，揭露金礦區的「駭人酷行」和「野蠻行為」。博蘭的指控，使抽打工人成為宗主國境內打擊蘭德地區「華人奴隸」之運動的主要證據。根據該報，單單在威特沃特斯蘭德礦場，每天抽打人次平均達四十二次。在威特沃特斯蘭德深礦公司，警察以短竹條打一名工人，該工人被剝光上衣，頭觸地跪下。在努爾斯深礦公司，華人警察（受殘酷的礦工院經理普萊斯統管），據說抽打了一天鑿挖深度未及三十六英寸的數名工人，用粗鞭或用打了不會留下痕跡的橡膠條，抽打他們的大腿後側。博蘭也報導了「遠東酷刑」，例如把華工辮子綁在樁上，使華工數小時哪兒都不能去。謝子修在東蘭德控股礦業公司目睹了類似的懲罰，包括用鏈條拴住工人的腳，關在黑暗空間裡，不給吃的。礦場經理拚命否認博蘭的酷刑指控，但未否認抽打，只說博蘭誇大了次數，此舉反倒洩漏了真相。而且他們說抽打太甚的案例，都是華人警察所為，撇清自己的責任。博蘭一文在英國各地廣被引用。[41]

第十章 金價

動用體罰一事，不只揭露礦場經理的心態，也表明工人不接受他們的勞動條件。礦場的社會危機，可以說是抵抗和懲罰相激相蕩所致。抵抗招來懲罰，懲罰招來更強烈抵抗，更強烈抵抗招來更嚴厲懲罰，如此相激相蕩，情勢日益惡化。華工未逆來順受，其表現與外界對華工的種種刻板印象截然相反。華工不願和惡劣領班共事，藉由逃離礦場一或兩天來讓自己休息。在某礦場，工人把用來測量工人一天工作績效的測量棒截掉三英寸。一般來講，華人也未加班，即使經理好說歹說，誘之以利，亦然。[1]

華工最普遍的抵抗方式，係根本不鑿挖領班所要求的深度。工程顧問威廉．霍諾德抱怨，華工「工作效率確實令人失望。目前為止一直無法使他們超過某個水平。」一套用世界各地工業管理階層的說法，華工「偷懶」。有個明目張膽的例子，努爾斯深礦公司某個夜班工人，「總是只鑿二十四英寸深，確保能領到工資，然後離開工作地，去呼呼大睡。」有個觀察家論道，華人礦車工和鏟工幹活的速度，比負責同樣工作的黑人慢了許多，或根本在監工沒盯著時坐下不幹活。他們吃完早餐後，「無所事事閒晃」，直到報到上工為止。[2]

「偷懶」盛行，由經理的抱怨不斷和針對鑿挖深度未符合最低門檻而施以懲罰一事，可見一斑。一九〇七年，西蘭德某礦場的工人訴請中國政府抗議礦場以偷懶為由懲罰他們，包括抽打和不給吃的。他們堅稱，最大的侮辱，係礦業公司不把他們當人看，而是當成役畜。他們還說，「鑿挖三英呎者、鑿挖一兩英尺者，被視為偷懶者……即使是那些能鑿挖八或九英呎者，又有誰會願意多出力？」[3]

華人礦工也集體抵抗。他們的做法係在礦工院暴動，大多為了工資和工作條件而暴動。華工輸入計畫施行頭半年，外籍勞工部部長伊凡斯報告，八礦場十四樁騷亂（不要忘了，當時使用華工的礦場只有十個）。在數個礦場，工人於領到頭一個月工資時暴動，因為公司扣掉礦工上船前所預領到的錢和他們已簽收的匯款，因而實領工資低得叫他們震驚。一九〇四年十月，在格杜爾德礦場（Geduld Mine），三十一名工人不願與「欺負、惡待」他們的白人礦工一起工作，攻擊一名白人監工。警察趕到，欲逮捕他們，他們大舉出動，與警察打了起來。在東蘭德控股礦業公司的某礦場，一九〇四年七月二十二日兩名工人死於礦場爆炸，然後夜班工人拒絕出勤，朝礦場高級職員丟石頭。其他的騷亂，矛頭指向華人警察，發生於未供餐時和工資發放來不及過節時。許多事件涉及數千名工人，他們用石頭、磚塊、長鑿（開始鑿壁時用來鑿出孔的鐵條），和礦工院警衛、騎警交手。在格爾登惠斯深礦場（Geldenhuis Deep），工人於礦場經理要他們於週日（他們的休假日）午夜上班時暴動。整個礦工院「亂哄哄」，工人攻擊控管員，一群「憤怒暴民」，共一千四百至一千六百名工人，用長鑿和「連續不斷擲出的石頭」擊退九名白人騎警。警察第二次攻擊，邊開槍邊往人群衝，才把工人逼退回礦工院。有個工人遇害，數人受傷。隨著輸工計畫繼續進行，群眾騷亂事件變少，而個人形式的抗議——提出控訴、逃亡、偷懶——變多，既表明工人已認命接受三年合約的現實，也或許可說明為何群眾騷亂變少。但群眾抗議和暴亂雖然變少，還是有發生，通常發生於工人想要讓集體控訴之事立即得到糾正的情況下。[4]

第十七號法令明文禁止罷工，但還是有罷工之事。一九〇五年十月，威特沃特斯蘭德礦場全部華工共三千人，在未能領到資方所承諾調漲的工資後拒絕上工。據《蘭德每日郵報》（*Rand Daily Mail*）所述，「沒有騷亂」；兩班工人一直「靜靜待在他們的礦工院裡，罷工。」格米斯東（Germiston）警察逮捕了四十七名「帶頭鬧事者」，指控他們拒絕上工。[5]

堅持最久的工人集體抗議，一九〇五年四月發生於北蘭德方丹礦場（North Randfontein Mine）。該礦場有一九六五名華工，還有五十或六十名工頭；一千三百多人在地下工作。此礦場過去就發生過工人騷亂。一九〇四年八月，工人抵達礦場後不久，即為了工資遭剋扣之事暴亂，二十名工頭因此遭起訴。到了一九〇五年一月，由於逃亡之事太頻繁，外籍勞工部已規定工人活動範圍侷限在北蘭德方丹礦場的地產上，而非面積更廣的蘭德方丹地產（Randfontein Estate）金礦公司的礦區。[6]

一九〇五年四月的工人抗議行動與工資有關。按照合約，務工六個月後，工資應調漲五成，達到月工資五十先令（亦即每日一先令六便士），但三月，即華人開始在北蘭德方丹工作七個月後，平均日工資依舊低於一先令六便士甚多。公司力陳其對合約的看法，但副總督羅利承認，合約中關於工資的條文，「每個華人都很清楚」，「是他們手中非常有力的武器」。[7]

三月二十九日，全部夜班工人每人都只鑿挖十二英寸深。羅利稱此舉為「罷工」，但更貼切的說，那是死扣規章制度以降低工作效率的「變相罷工」。工人若拒絕上工或罷工，可能遭懲；但藉由符合法律字面意義的變相罷工，他們降低產量。據說他們毆打鑿挖深度超過十二英寸的同事，逼使他們跟著變相罷工。這場行動又持續了兩天兩夜。四月一日，公司叫來警察逮人，工人用棍棒、石塊、鑽子、瓶子攻擊警察。當地一名警察談到華人的攻防本事：「每次我們衝過去，他們都等著不動，我們快要到他們跟前時，他們才朝我們丟東西。所有馬和人都挨了幾下。」這場「大暴動」持續了整整一天，有一群工人共數百人，離開礦區，以招募鄰近礦區的工人壯大聲勢。白人警察從三個鎮調來人力支援，才得以平息騷亂，把工人趕回礦工院，讓他們繳械，逮捕五十九名「帶頭鬧事者」。[8]

帶頭鬧事者是工班的工頭。礦場管理階層終於同意加薪時，向工頭表示，只要讓他們的工班鑿挖更深，就給予工頭獎金，欲藉此提高工人產量。工頭表示，若不讓工人拿到幹活後應有的報酬，他們不願為了這獎勵逼他們的工人更賣力工作。獲告知無法拒絕此提議後，他們辭去工頭之職，要求回去當鑿工。礦場經理不接受他們辭職，工頭和工人開始採取行動。[9]

工頭與鑿工的團結和工人抗議行動收效，促使管理階層提出不同的工資結構。提議之一係把計日制改為按件計酬制。四月十四日談定條件，每鑿挖一英寸，給予半便士報酬，鑿挖超過三十六英寸，另給獎金。誠如前文已指出的，蘭德地區華人平均鑿挖量超過四十英寸。這一協議似乎比管理階層先前所有提議還要大方且公平。塞爾本認為華工處境因此得到改善，建議所有礦場，只要是能按件計酬的工作，都採行此制。[10]

事實上，按件計酬使工資不再受外籍勞工部監管，因為契約載明，計件工資率由礦業公司和華工「雙方共同議定」。接下來幾個月，礦場經理把每日鑿挖下限從二十四英吋提高至三十六英寸，以進一步打擊「偷懶」。這一往上調整，被各處的按件計酬工人視為公司要工人增產而不增工資，間接表明有不少工人未特意追求高於下限的鑿挖量。華工未為了賺更多錢而把自己累垮，或許在需要更多錢以便添購東西時，例如添購新靴子時（靴子昂貴而且幾個月就穿壞），才更賣力工作，但鑑於合約很久才期滿，似乎追求細水長流，不把自己操得太累。賭債纏身的工人，知道所賺的錢都會被債主拿去。從某個方面來說，他們類似黑人工人。以較高工資誘使黑人工人更賣力幹活不管用，因為他們是自給自足的農民，採礦只是兼差貼補家用。[11]

北蘭德方丹礦場工人的抗議行動，揭露了華工的數個重要特質：很清楚合約所載明他們該享有的權利，不肯乖乖受騙；組織化程度高，能幾乎一致對外；談判、戰鬥手法老練。他們的團結係由親族養大者所具有的一貫特點，不管親族是至親或大家族和宗族，還是祕密會社的義兄弟。在華北，祕密會社可能與拳亂有關聯。[12]

一九〇五年七月至一九〇六年六月，外籍勞動部報告，七千零八十九名工人因逃離礦場被定罪，占所有工人一成多。一、二月這兩個夏季月分，逃走比例最高，每個月將近八百人逃離礦場，但在高原上，即使冬月，每月也有兩百多人逃走。不管天氣如何，在外頭要長久活命都不易，因為找不到別的工作。在美國，逃離礦場的工人找到別的工作或回自己農場，但在南非，情況不同，逃離的華人最終若非自行返回礦場，就是被捕。但有些華人靠廢棄礦場熬了數日，乃至數星期，他們躲在礦場或附屬的房屋裡。有一大票逃離者，共四十至五十人，躲在西蘭德地區公主礦場（Princess Mine）某個廢棄的礦井裡，數個月後才被捕。[13]

本就與黑人女子偷偷往來的華人，逃離後可能投靠她們，與她們同住頗長時間。傳言約翰尼斯堡粵商提供「避難所和工作」給逃亡者。有個工人（只以「第三八六九五號苦力」之名見諸記載）逃亡前科累累：一九〇五年六月至一九〇六年五月逃亡六次，其中三次分別在外頭待了二十天、三十天、五十五天。由於這些犯行，他在牢裡共待了二十二星期。礦場經理以懷疑口吻報告，第三八六九五號苦力來蘭德地區已一年多，但只上過四十或五十次班。[14]

在外頭，逃亡者有時為了弄到現金或東西，犯下侵犯財產、人身罪。有些逃亡者為了保命而偷竊；對其他逃亡者來說，離開礦場係為了偷竊。外籍勞工部報告，同樣九個月期間，發生了一百三十六件針對白人的「暴行」，包括破門入屋、偷竊、損壞財產、侵犯人身、謀殺；針對黑人的暴行有二十起，若非發生在黑人自家裡，就是發生在黑人於白人家裡工作時。華人也對印度人、猶太人和其他華人犯下罪行。[15]

對店家老闆、屋主、農場主犯下罪行的華人，結成小團夥作案，偶爾結成至少十五人的大團夥作案。他們往往以小刀為武器，有時帶槍。幾乎都在夜裡作案，用石頭、磚塊或長鑿破窗，然後闖入店裡和民宅裡；在博克斯堡（Boksburg）的某店，他們動用炸藥，炸毀石造陽台。他們搜括現金，從一至十英鎊不等，也搶走能用或能賣的東西——糖、衣物、手錶；在某案例裡，搶走五十雙共值二十五英鎊的長褲。他們在某農場殺掉一頭羊，從另一個農場偷走「一頭小牛和一些玉米」。有時拿刀捅或毆打抵抗的店家老闆和屋主，使某些人受重傷，甚至喪命。[16]

遭警方逮捕的華人關入監牢，送交當地治安官審訊。威特沃特斯蘭德高等法院複審了所有已定罪的重罪案，發出判決。被判犯了謀殺罪者，被判處絞刑；某些人被減刑為終身監禁。偷竊案的標準課刑是入監三至九個月，通常還要服苦役。被判犯了侵犯人身罪者，若作案手法特別下流或作案對象是白人女子，刑期加重，有時還要受鞭刑。[17]

對蘭德居民犯了罪的華人，其實不多——或許占所有華人礦工的百分之一。但從另一個角度看，平均每月有將近十二件涉及破屋而入、侵犯人身、偷竊的情事，也就是每週三件。這些事情被當地報紙聳動式報導，助長謠言在鄉間流傳，促使農村阿非利卡裔白人對遊蕩於蘭德地區的武裝苦力，生起不由自主的恐慌。一九〇五年九月，路易·博塔率領一支代表團見了副總督羅利，代表團成員為來自農村的二十名阿非利卡裔領袖。他們生動詳細描述了諸多事件，例如，三十二名華人出現在克魯格斯多普（Krugersdorp）附近斯特克方丹（Sterkfontein）一地的某個農場。當時，當地男人都不在家；女人奉上這些華人所索要的一切東西，他們拿走更多，還殺了一頭小牛。然後，華人去了赫克波特（Hekport），在那裡遇到有馬車的人，「取走（那些人的）所有東西」，「毀掉所有東西」。各地農場主「很不安」，說碰上大票惡徒，他們保護不了財產和家人。他們要求立即遣返蘭德地區所有華工，使華工問題再度成為殖民地政治的最重要議題。[18]

整個一九〇五年間，礦業公司和工業觀察家盛讚將華工引進蘭德一事。招來廉價的非專門技能華工，已解決勞力短缺問題，使獲利回到戰前水平，使深層採礦事業得以成長。至一九〇五年春，《工程與礦業雜誌》（*Engineering and Mining Journal*）報導，蘭德地區每噸的採礦成本已從戰前水平降了兩至三先令，「淨利率很高，採礦規模非常大，因此，蘭德地區的（深層）礦場如今發出占其總產出整整三成的股息。」[19]

為了這些成就，付出了勞動紀律和社會控制危機日益惡化的代價。由於數個因素，要抑制此危機不易：無止盡追求最大產量的壓力、華人警察執法不力、政界顧忌遭指控「蓄奴」。南非的礦場經理和殖民地當局竭力解決頭兩個因素所帶來的難題，倫敦的殖民地事務大臣則認為最後一個問題最重要。對優先處理事項看法分歧，導致倫敦、約翰尼斯堡間出現嫌隙，而這些嫌隙正反映帝國內帝國利益與白人移民殖民地利益間日益升高的緊張。澳洲諸殖民地就是因為這些緊張而追求成為聯邦自治領，自己當家作主。

埃爾金勳爵（Lord Elgin），一九〇五年繼利特頓之後出任殖民地事務大臣的自由黨黨員，對於英國境內針對南非存在「華人奴隸」一事發出的強烈抗議，尤其急於表明自己立場，深怕沾上支持蓄奴的惡名。他拒絕了約翰尼斯堡所提出，看來侵犯工人個人權利的提議，尤其最明目張膽侵犯權利的提議。他也提出自己的建議，以打消蓄奴的指控，尤其是華工被迫羈留在南非的指控。報紙報導，招募來的華工，包括不習慣粗活且不了解到了礦場後所要從事之工作的工匠。

一九〇四年頒行的法令讓想要返鄉的工人可以自掏腰包返鄉（費用十七英鎊六先令，不小的金額），但據說許多想返鄉的工人沒錢返鄉。埃爾金提議政府補助缺盤纏返鄉的工人。他深信如此一來會「一舉」打消英國人把華人強行羈留在蘭德地區的所有指控。[20]

礦場經理聞訊大為驚恐，預料會有大批工人離開礦場，採礦業會垮掉。詹姆森的因應之道不同於此，說工人會認為此提議居心不良，實欲破壞他們的合約，強行把他們送回國。他深信要把埃爾金的真誠用意傳達給「心存懷疑的東方人」，不可能辦到。他還說，那些真的想要被遣返的人，會說他們沒錢。最後，埃爾金和塞爾本同意採行一個既可營造沒把人強行羈留的形象，同時把補助問題轉為視個案而定的政策。一九〇六年初，礦工院貼出告示，凡是想遣返回國但盤纏不夠的工人都要自行申請，然後由外籍勞工部部長審核，決定政府是否給予補貼的「恩惠」。詹姆森還說，「這是罕有的好意，你們當然應表達感謝之意。」[21]

與此同時，礦主和殖民地當局想方設法防堵工人抵抗之事。例如，在日常生活層面，外籍勞工部部長伊凡斯考慮把大食堂隔為數個較小的食堂，以減少工人陰謀鬧事的機會。為防範工人作弊，礦場經理廢掉用測量棒量鑿挖深度的做法，改發捲尺給監工。[22]

他們也從更大處著眼，欲大幅修改第十七號法令，以更有效率的管好礦場紀律。一九〇五年九月的第二十七號法令，准許外籍勞工部部長和檢查員在礦業公司的建築和土地上審理某些案件，不必交由特派治安官審理。這些案件包括「通常可（由治安法庭）速速審理」的刑事案，以及違反第十七號法令的案子（拒絕上工、未經允許離開礦區之類）。審理訴訟的外籍勞工部檢查員，也對已被定罪的工人課刑。第二十七號法令進一步要求礦主設立臨時拘留所，供審理前羈押嫌犯。此法令不只把司法權移給礦場，還載明一套用以懲戒工人的刑罰制度。至一九〇六年六月，已有約一萬兩千件涉及逃亡、擅自外出、詐欺（假造假條或篡改工票）、侮辱上級和其他違反勞動法之行為的案子，經外籍勞工部的訴訟程序審理定罪。[23]

新法也致力於打破華工的團結，為此，首先規定工頭必須將其工人所有違反勞動紀律之事向管理階層報告，違者判罪並罰鍰五英鎊；其次，一旦有一工人被定罪，准許採連坐法，對整個工班或整個工段的工人處以集體罰鍰（埃爾金認為此規定恐怕不合法）。就處以罰鍰的案件來說，礦業公司必須扣留工資，直接向外籍勞工部繳交罰款。這條規定使工人再也無法選擇寧可蹲牢房，不繳罰鍰。相較於繳罰鍰，許多工人更中意坐牢——刑期為一或二星期時，他們乾脆坐牢，反正可藉此免於幹活，而當地監獄則因此人滿為患，公司則損失一段時間的生產力。此法令把詐欺或欺騙（偽造通行證、截短測量棒）也放進可懲罰的違法行為之列。一九〇五年的修正條例也加重對擁有鴉片一事的懲罰，後來增補的一道法律，即一九〇六年第十二號法令，禁止賭博。賭博原未被禁，因為有人說「華人個個賭」，說賭博是華工營地、礦工院的常態。但當局最終相信賭博已猖獗到非其所能控制。[24]

最後，第二十七號法令授予外籍勞工部取消合約，將據認「危及對任何礦場工人之充分管控」的工人遣返的權力。根據輸工計畫的原始條文，工人生病或被定罪，始得以將其遣返。新法令授予外籍勞工部自行將其所認定是「壞蛋」的任何人，不經應有程序，乃至不經雇主同意，逕行遣返的權力。有了這些權力，外籍勞工部積極移除所有被認為不理想的工人，遣返了七千名被指控為開賭館賺錢者、腐敗警察、同性戀疑犯等「惡棍」的華人，以及犯下較普通違法行為者（包括逃亡和拒絕上工）的華人。[25]

外籍勞工部大舉遣返壞分子，卻未能打消礦場上日益濃厚的社會危機感。一九〇六年爆發兩起讓人心恐慌的事件，一件和據說華人同性戀盛行有關，另一件則是因逃亡華工攻擊阿非利卡人農場主而起。人心的恐慌，尤其後者所引發的恐慌，成為激起公眾反對華工輸入計畫的重要推手。

一九〇六年七月，川斯瓦爾白人居民萊奧波德・呂特（Leopold Luyt）人在倫敦時，向某國會議員和殖民地事務部說明了蘭德地區華工「有傷風化」且「有違常情的惡習」。呂特說華人常逛約翰尼斯堡的白人娼館（此舉所犯的法，主要不在於買春，而在於找白人女子買春）。更令人驚恐者，係呂特指稱礦場華工同性戀盛行，在工人宿舍公然為之，在野外眾目睽睽下為之。

殖民地總督擔心此事有損其形象，擔心造成人心恐慌，指派川斯瓦爾下級官員巴克尼爾（J. A. B. Bucknill）正式調查。

巴克尼爾報告，的確有華人勾搭白人女子，但很少見；華人礦工搞同性戀的確有，但既不普遍，也未公然為之。具有人類學素養的巴克尼爾，承認從英格蘭、歐洲到中國的世界各地，都有同性戀行為，指出「在某些東方民族眼中，此惡習受厭惡的程度，並不如西方國家所表現出的那麼強烈。」礦場經理和控管員說未親眼看到同性戀行為，但有人轉述他人的話，說在廢棄礦井之類地方，有同性戀行為偷偷進行。也有傳聞，在每個大型礦工院，多達六名男子賣淫（每次收費兩先令）；這些人被認為出身「最低下階層」，也就是「戲子和理髮匠」。礦場醫生報告，梅毒普見於華工身上，但很少因同性交媾而染上。巴克尼爾推斷，呂特的指控誇大得離譜，雖有華人搞同性戀，但同性戀未「盛行到反常或嚴重程度」。此外，他認為同性戀行為「極隱密，極不引人注意」，因而要揪出它們予以剷除，會「極難」。[26]

塞爾本勛爵的辦公室也向當地市鎮長、神職人員、其他官員詢問了此事。他們的答覆，一般來講，證實巴克尼爾的調查結果。這一打聽結果使塞爾本、埃爾金有點進退兩難。他們考慮發布巴克尼爾的報告，以防民意憤慨一發不可收拾，最終卻決定按下不發，因為此報告證實的確有同性戀行為，即使並不盛行。應埃爾金的要求，塞爾本寫了一封措詞強烈的信肯定川斯瓦爾政府欲

「剷除這項可惡罪行」和遣返所有「道德不良分子」的決心。殖民地事務部將此信歸檔備查，以堵政治人物的悠悠眾口。與此同時，外籍勞工部關閉了六座位於礦工院的戲院，深信它們窩藏「孌童」，並搜捕了一百六十六名同性戀嫌疑犯遣返。一九〇五年九月的法令使外籍勞工部不再需要於治安法庭證實指控之事。外籍勞工部只要要求礦場經理呈報他們所認為性道德觀有問題的人，然後將他們送上下一艘要前往中國的船即可。[27]

如果說塞爾本和埃爾金避開了「有違常情的惡習」所會引發的軒然大波，他們還是得處理華人在礦場外的「暴行」在蘭德地區所引發的人心恐慌。為解決此問題，殖民地政府增派了駐蘭德地區的警力，直接徵募白人居民消滅逃亡礦工。南非警察機關在蘭德全境增派了一百七十五名警察，使警力達到四百人。警察採取「設警戒線包圍辦法」，在崗哨與崗哨間和「包圍圈內」不斷巡邏。一九〇五年八月某星期，警察逮捕了兩百四十三名未持有通行證在礦場外逗留的華人。政府向當地阿非利卡裔居民提供武器，為南非戰爭後要他們繳械以來所首見；為此，花了將近五千三百英鎊買來一千五百枝步槍和獵槍。[28]

此外，第二十七號法令允許「任何民間白人」不需逮捕狀，就可逮捕位在威特沃特斯蘭德金礦區外的工人，將其遞交最近的警察局。政府武裝農場主，授權其代表政府抓人，不只為了動員民眾協助執行此任務，也為了化解農村阿非利卡裔居民日益升高的反政府風暴。自南非戰爭結束，阿非利卡裔農民就對英國人滿懷怨恨。米爾納的重建政策既未使他們的經濟復甦，也未讓廁身於居人口多數的黑人之旁的他們感到高枕無憂。史學家約翰・希金森（John Higginson）主張，這兩股不安全感使貧窮的農村阿非利卡人居民特別易陷入集體恐慌，易訴諸集體暴力。[29]

根據修訂後的法令所採取的諸多措施，表明當局提高強制作為，但未完全控制住情勢。夏季月分（一九〇五年十二月至一九〇六年二月）逃亡、暴行情況更甚以往，政治危機隱然要降臨，更多阿非利卡人代表團向政府訴願，城鎮裡群眾大會更多，路易・博塔直接向埃爾金勛爵請願。數百名武裝農場主跟著南非警察機關的巡邏隊一起在山區搜尋逃亡礦工。[30]

一九〇六年三月，殖民地官員就需要加強礦區守衛一事，與礦主會商。公眾批評他們對華工逃離礦場一事似乎不當一回事，礦主對此很感冒，極力駁斥；他們轉而怪罪於外籍勞工部和殖民地事務部，說問題出在他們堅持要讓工人白天時在礦場「享有不受約束、十足的移動自由」，以免招來蓄奴的觀感。塞爾本勛爵召開一特別委員會，以處理逃亡、暴行問題。委員會由地方治安官、警察、外籍勞工部和礦場聯合會的代表、中國領事組成，把中國領事納入，極為罕見。該委員會採溫和立場，稱讚華人讓自己過上比黑人還高的生活水平和舒適生活，把亂源歸咎於賭博和招工初期「低下階層」者充斥，其中包括許多華人警察。委員會建議加強控管，包括增聘白人充任礦工院警察、加強對礦場地產的巡邏、遣返「已知的壞蛋」。[31]

有個由礦場經理組成的委員會，說得較直白。它的最重要建議，係蓋圍籬圍住礦場地產。它還力促廢掉礦工院裡的華人戲院；取締鴉片和賭博；在下班的工人身上尋找失竊的炸藥、鶴嘴鋤之類東西；減少外籍勞工部檢查員對礦場管理勞動力方面的干預；針對逃亡者施以更嚴厲的處罰；更加仔細注意出勤、工票、請假之事；每日而非每週點名一次；僱用白人警察，以加強對礦場的控制。[32]

五月，塞爾本以急迫語氣要求殖民地事務部同意在蘭德地區蓋圍籬，強調逃亡者並非「不如意的工人」，而是「債務纏身的賭徒」。他主張，「目前的難題，並非肇因於對苦力所施加的任何移動限制，而是肇因於幾乎完全沒有這類限制。」但埃爾金始終深怕遭扣上蓄奴的汙名，否決此議。[33]

詹姆森覺得，要控制華工，不可能辦到。他寫信告訴司法部長索羅門爵士（Sir Solomon），無奈表示，「除了塞爾本勛爵和你本人，川斯瓦爾境內沒人理解到，要靠人力對華人做到有效率的照管，根本不可能。」詹姆森建議讓華人心生恐懼，使其自然而然聽話。他寫了告示，張貼於各礦工院，提醒華人不守規矩的下場。他列出十五名已判處十年或更長徒刑的華工名字；十四名因被判犯了謀殺罪遭吊死的「惡棍」；十六名在騷動中或犯罪過程中遭槍殺的華工。他用他自認會打動華人的措詞說：「合約到期時，你們就全都可以開心返鄉，而他們得在異國監獄坐上一輩子或數十年的苦牢，與父母小孩相隔數千哩的海洋和重重山巒，可能此生再也見不到他們……拿這些人的下場當借鏡……切記這是個有法律、有秩序的國度，凡是犯法的人都會受到無比嚴厲的懲罰。」[34]

出於類似的想法，詹姆森想要把華人帶去行刑場目睹四名工人遭處決。這四人於一九〇五年八月在莫阿卜斯費爾登（Moabsvelden）殺害阿非利卡人農場主皮特・茹伯特（Piet Joubert），因此遭定罪處死。排定十月施以絞刑時，詹姆森認為，光是宣告處死，還不足以讓有意犯法者心生警惕，「親眼目睹行刑和接下來此消息傳播出去……會有最正面的效果。」索羅門不同意逼人目睹行刑，但允許「這些不幸之人的兩三個友人」在場，如果他們想這麼做的話。死刑犯提出八個友人的名字，這些人被帶去普勒托利亞見死刑犯最後一面。但政府這項出於「仁心」的「仁厚」舉動，在這八人見了死刑犯，返回礦工院，告知華工同胞，這些死刑犯「清白卻遭判死」之後，招來反彈。詹姆森發出「通告，禁止散播謠言」，並在通告上附上死刑犯的證詞，證明他們已認罪。其實只有秦祥生（Qin Xiangsheng）和劉華里（Liu Huari）兩人認罪，另外兩人，王中民（Wang Zhongmin）和許厚隆（Xu Houlong），只作證說「全完了，全完了；命該如此。」詹姆森未披露死刑犯被帶上絞刑台時是否說了什麼。他們很可能說了「幾乎每個被判死的人」都說過的話：「去了」。[35]

第十一章　諸殖民地裡的亞裔威脅

外籍勞工部部長詹姆森說的沒錯，監管華人礦工根本是白費力氣，至少，若監管時既要顧及礦場生產目標和當地的公共安全需求，同時又要不予外界蓄奴的觀感，會是徒勞。至一九〇六年，當地和宗主國的政治情勢演變，已凌駕於詹姆森、索羅門、塞爾本整頓蘭德地區秩序的作為之上。華工問題變得比礦工計畫的具體需求更加需要好好處理。華工問題開始具有「華人問題」那股能挑動民心的象徵性作用，而這種煽動力建立在半世紀來白人處理「新世界」白人新拓居地的華人移民的經驗上，同時賦予「華人問題」新的特點，在這過程中，使全球性的反華人意識形態臻於完備。

一九〇六、一九〇七年，蘭德地區的華人問題是兩場大選的關鍵議題之一：英國大選和為組成川斯瓦爾自治政府而舉行的大選。兩場大選都使新政黨上台掌權，從而導致華工輸入計畫的快速告終，並且影響了更大的政治走向。在英國，華人問題助自由黨推翻了二十多年來幾乎一直執政的保守黨政府，促使工會成立工黨，而到了一次大戰時，工黨會壓下其盟友自由黨的聲勢，成為與保守黨相抗衡的最大政治勢力。工黨以獨立政治勢力的姿態出現一事，與把工黨視為帝國白人工人階級之最重要組成部分的自覺性認同，有密不可分的關係。工黨不只和白人移民殖民地裡的英國工人同聲一氣，而且表達了要把這些殖民地當成工人階級外移目的地，以免受害於國內經濟變動的想法——只顧及工人階級自身利益的想法。工會運動對打著社會主義旗號的帝國主義有深遠影響，在更執著於自身階級利益、但明顯激進化的政治局勢裡，標舉這種來自米爾納、張伯倫的帝國主義。[1]

在川斯瓦爾，華人問題成為多方利益團體共同抱怨的緣由，傷害了礦業利益掛帥的主流政治勢力進步黨（Progressive Party）的政治前途。華人問題成為激動人心的議題，由前布耳人民兵部隊成員揚．斯穆茨和路易．博塔創建的新政黨「人民黨」，受惠於此議題的推波助瀾，得到阿非利卡語選民的青睞。人民黨贏得此次大選；數年後的一九一〇年，博塔會成為新成立之聯邦國家南非聯邦的總理，斯穆茨則成為博塔內閣的閣員。他們兩人的得勢，表明阿非利卡人左右南非選舉結果的政治實力，儘管在這塊次大陸全境，阿非利卡人的政治立場，從奧蘭治河殖民地境內的激進強硬派，到開普殖民地境內的溫和派，依舊會是非常多樣。值得注意的，博塔，尤其斯穆茨，既提倡白人至上和種族隔離，同時亦支持礦業利益和英國帝國主義。

在英國的諸多白人移民殖民地裡，就屬南非最公然走種族主義路線。但南非與加拿大、澳洲、紐西蘭一樣，都是大英帝國的自治領。「自治領」（dominion）一詞，既表示南非不是殖民地，而是類似國家的實體，還表明南非在處理土著上可自己當家作主（dominion）。自治領擁有在大英帝國內最大的自主權，從而既保障了當地白人移民的統治地位，又便於使宗主國不必親自去做趕走土著、種族隔離、不讓亞洲人入境這些擺明種族主義的事——這些做法其實是已在美國被人打造出來的白人殖民主義的原則。

在川斯瓦爾，華人問題突顯了以下幾個與南非人眼中該打造的是哪種社會有關的基本問題：該走的繁榮之路為何，該從白人至上得到什麼樣的實質好處；應採取什麼樣的種族關係結構，包括英裔、荷裔居民間和白人、黑人間的種族關係；南非應與大英帝國保持何種關係。南非戰爭後，這些問題依舊未解決；華人問題使一觸即發的緊張關係浮上檯面。

米爾納的戰後重建政策著重於工業發展（尤其礦業）、大規模農業、英國人移入、政治改革。他提倡在選舉權上「不看膚色」的本土種族政策，一如在開普殖民地所施行者（其實在該殖民地，由於財產資格限制，幾乎所有本土黑人和有色人種無緣參政），但此政策也以官方動員和勞動紀律為本。不過，在川斯瓦爾，由於結束南非戰爭的《佛里尼辛條約》（Treaty of Vereeniging）的規定，本土黑人實際上無緣擁有選舉權。該條約的一個條款載明，待選出自治政府，也就是待白人選出政府，再來處理此事。英國人也把（南非戰爭期間幫英國人打仗的）本土黑人解除武裝，把他們趕離他們在戰爭期間從布耳人手中搶來的土地。

這些措施表明英國人有心和敗在他們手上的阿非利卡人修好，但米爾納的重建政策對改善他們的經濟處境助益不大，對貧窮的阿非利卡人來說尤然。資本主義農業的加速發展，已使許多佃農一無所有，使愈來愈多佃農移入城鎮討生活。只有少許阿非利卡人擁有說英語之礦工的技能，後者，不管是來自康沃爾，還是來自新南威爾斯，都是白人礦工裡的最大族群——但不具專門技能的白人，在不需專門技能的採礦工作、家務工作和城鎮裡其他下等工作上，競爭不過黑人。這些下等工作的工資，通常只及於非專門技能白人之工資的三分之一或四分之一。戰後，城市窮人靠政府補助的公共工程工作勉強溫飽，但這非長久之計。[2]

揚．斯穆茨告訴塞爾本，由於川斯瓦爾「情況悲慘」，礦場應「改善國內白人的處境……如果廢除黃種工人，會有許多白人願意在礦場工作，白人和礦場都會有好日子。」但蘭德地區的礦業鉅子還是認為僱用白人從事不需專門技能的工作太不划算，賺不到錢，尤以每噸勞動成本最高的低階採金工作為然。許多阿非利卡人認為，政府偏袒礦業公司，讓華人得以來到南非，惡化白人失業、貧窮問題——更別提使農場主易受到逃離礦場的華人「施暴」。[3]

工會也反對華工。有專門技能的英國礦工在礦場和當地社會裡享有特權，卻滿腹牢騷：特定季節失業、生活成本高、矽肺病。隨著一八九〇年代開始使用地下鑿挖機，矽肺病變得盛行。具專門技能的工人也很反感礦業公司在其工程師慫恿下，欲把產量控制權從他們手中奪走和欲增加生產力的種種作為。這些工人未享有真正的繁榮和特權，反倒認為他們的處境岌岌可危。[4]

工會擔心華人會悄悄進占需專門技能的職缺，壓低白人工資，但更擔心這一趨勢會導致本土黑人從事只需要有限技術和需要專門技能的工作。在某些礦場，其實的確有黑人從事只需有限技術的工作，而且礦主很可能會以廉價許多的黑人勞動力取代許多白人勞動力。一八九〇年代起，工會就試圖把黑人所不能從事的職業明文化，但還未如願。華工輸入計畫挑明華人只能從事不需專門技能的採礦工作，就是這類種族職業限制的首例。[5]

英國菁英抱持和工會一樣的看法，認為南非白人日後的發達繁榮，有賴於英國專技工人的繼續移入，而非有賴於僱用貧窮白人從事不需專門技能的工作，認為這類工作是黑人的工作。他們認為只有嚴格的種族隔離才能保住白人的高等地位——誠如米爾納的名言所說的，「我們不希望國內有白人無產階級」。美籍礦業工程師羅斯·布朗（Ross E. Browne），一九〇五年擔任蘭德地區轉角屋（Corner House）公司的顧問，認為礦場種族隔離的確重要。布朗的父親是曾為美國政府勘探過西部礦場，而且曾任美國駐華公使的勞文羅斯（John Ross Browne）。這對父子對華人都未表現過非我族類式的仇視。但小布朗寫道，在南非，「針對專技白人和非專技有色人種工人的職責嚴予區隔，至為重要……只有如此，才能維繫住專技工人的高平均工資，才能讓白人保住其所樂見的身分地位。」這一盤算的另一面，即是認為僱用黑人從事不需專門技能的工作，使總勞動成本不致上揚。[6]

阿非利卡人主張礦場僱用非專技白人，不表示他們願意和黑人在礦場裡一起工作，做同樣的工作。阿非利卡人若到礦場工作，會把黑人送回農場，讓他們在白人控制下工作。農業部門，包括阿非利卡人的家族農場和英國人所經營的大規模農場，各自爭取黑人工人當他們的按收益分成的佃農和僱傭工人，在黑人勞動市場上競爭激烈。隨著川斯瓦爾日益工業化、都市化，白人對黑人勞力的需求上漲。[7]

提倡礦場僱用非專技白人最力者，係曾任村主礁（Village Main Reef，VMR）礦業公司經理的礦業工程師佛雷德里克·克雷斯韋爾（Frederick H. P. Creswell）。他生於直布羅陀，父親為英國官員，本身就讀過皇家礦業學院（Royal School of Mines），在委內瑞拉、小亞細亞、羅德西亞工作過，然後落腳於蘭德地區。他始終激烈批評礦業使用華工。一如工會，他把矛頭指向把持礦業公司聯合會的大集團和殖民地政府裡支持他們的人。他既是礦業裡面的人，又是礦業的外人，因此礦業大亨竭力證明他所謂他在村主礁公司僱用非專技白人且讓公司有獲利一說不可信。有些批評者說他偽造或扭曲他的資料。克雷斯韋爾則反過來指控礦業公司聯合會把礦場所需的工人數灌水，從而膨脹了勞動成本。他主張，改變人力使用方式——人員較少但工作效率較高——而且更加倚重機器，採礦可獲利。克雷斯韋爾清楚礦業界的大勢之所趨，資本家既有辦法取得充沛且可控制的廉價勞力（奴工、契約工、無證明文件的工人），就沒什麼意願機器化。[8]

克雷斯韋爾的更重要觀點，係大型礦業集團和它們的海外投資人，以非常廉價的有色人種契約勞動作為經營基礎，以獲取最大利潤和在短期內發出最大股利。這一利害考量驅使人在外地的金融企業「搞投機、炒股票」，例如持有未開發的採礦地，以推升地產價值，而非為了將它們開發成有生產作業的礦場。畢竟，要使礦場投產，需要投入資本和時間。金融業者的逐利心態，這時「切切實實掌控了此殖民地的命運」，有此心態的人，別指望「對此殖民地人民真正的政治感受和追求，有發自肺腑的同情。」「克雷斯韋爾心目中理想的殖民地，係「每個階級的白人在其中都受歡迎」，而非只是一小撮有錢白人把持該地的政治和經濟。[9]

就白人勞動群體批評礦業大亨壟斷產業、使用契約工來看，他們的立場具有民主意涵。但他們眼中的民主只讓白人享有，他們的民主觀受了南非政界的主流思潮左右。這一主流思潮，即南非是個「白人國家」，或更精確的說，完全由白人當家作主的國家。白人政界，從開普殖民地裡抱持自由主義家父長心態者，到前布耳人共和國裡的種族主義強硬派，各種政治立場的人都抱持上述看法。但為了保住身居少數的白人統治地位，政治氣氛日益右傾，在工業化程度更高的情況下尤然。南非作家多比（I. Dobbie）寫道：「在這樣的情況下，較低階層裡的最高地位者若不消失，社會民主黨的理論不可能付諸實行。只要黑人居多數且處於較低的精神文化層次，南非就必然會一直是寡頭統治國家，而非民主國家……從種族觀點來看，白人若淪落到黑人的層級，從事和黑人一樣的工作，那等於是自取滅亡。」[10]

其實，本就有非專技白人在礦場裡工作，在南非戰爭前和其後，都有這樣的事，而且不只出現在村主礁公司。一八九〇年代初期，約翰．梅里曼（John X. Merriman）在朗拉格特地產（Langlaate Estate）公司以實驗心態僱用了非專技白人工人。他找來「最優秀」的康沃爾籍男子，簽約僱用他們從事鑿、鏟的工作，但一個月後，他們所賺的錢養不活自己。在許多礦場經理看來，問題癥結不只在於成本，還在於他們認為非專技白人屬於較差勁的工人，不可靠而且「極無能」。其實，華工輸入計畫開始時，有約兩千三百名非專技白人在礦場工作。但政府的礦業工程師承認，隨著華工進來，礦場經理不再想僱用白人從事不需專門技能的工作。[11]

反華工的理由，不只是華工奪走白人飯碗。批評者認為，未來還存在一個隱患，甚至是更大的隱患，那就是輸入亞洲契約工會導致境內出現定居的亞洲商人族群。納塔爾甘蔗園使用印度契約工，就在在說明輸入有色人種契約工會有的後果。輸入印度契約工，已無可挽回的製造出一個來去自如的定居族群，其成員包括以低於白人商家的價格搶市的商人。至一九〇五年，納塔爾境內印度人已多於白人，而且已有印度人往川斯瓦爾遷移。白人擔心約翰尼斯堡一地為數不多的華商會同樣壯大起來，在契約工入境，可能為他們提供一個華人市場的情況下，尤其令人擔心。他們示警道，「自外輸入的亞洲人，其掌控一國的速度之快，令人咋舌。」納塔爾立法限制亞洲人移入，但此殖民地是「敞開的後門」，因為印度契約工合約期滿時不必遣返：「今日的契約苦力，明日的自由人，然後自由人成了商人。」12

從某個方面來說，南非呈現了和澳洲一樣的地理問題。在澳洲，種植園並非位在孤立的熱帶島嶼上，而是位在與較偏溫帶氣候的區域相連的諸省內。多比表達了普見於白人之間，對印度人和華人的種族主義觀點，以「較低價搶市的亞洲商人」一說，補充了「廉價亞洲勞工」說。他說，印度人「勤奮、節儉，什麼都不缺，有著千百年過度老練的精明頭腦和出於同一原因產生的不講道德的經商作風……在每個方面勝過非洲黑人，用低價和白人搶占市場。」他們支配蔬果零售業，對英國籍小商人來說是「難纏的競爭者」。多比認為華人是更大的威脅：「世上最精明的商人，比印度人還早上幾百年；勤奮出了名，甘於靠辛苦乏味的工作賺取蠅頭小利的耐心無人能及——這些特質本身全都非常好，但把它們引進一個已被兩個不同種族占住的國度卻很危險。這兩個不同種族，一個的文明開化程度太低，另一個則因為太沒有耐心，而不願用前一種族。」多比的推斷反映了當時社會達爾文主義危機。至十九世紀後期，抱持此說者已開始擔心白種人過度文明開化，因而變得軟弱。他示警道，華人會把非洲黑人趕離卑下的工作，把較窮的白人趕離所有小型行業。有些人的看法更極端，預言華人可能「甚至（侵）入較大型商人圈」，一如他們在香港、新加坡所已做到的。[13]

工人輸入計畫啟動之前，川斯瓦爾境內就有人在煽動反對華商、印商。華商和印商據認和白人競爭一說，使南非共和國議會（ZAR Volkstaad）所已增行的人頭稅和限制變得正當合理。一九〇二年，蘭德地區白人店家老闆成立白人聯盟（White League），其主要宗旨在於「防止任何東方有色人種設立打對台的店鋪，用比他們低的價格搶市。」白人聯盟如願將印度人趕離蘭德地區許多城鎮。一九〇三年有人提議輸入華工時，白人聯盟加入論戰，把華商和華工扯在一塊。該聯盟的哈欽森（E. O. Hutchinson）痛斥道，有人說華人只會被僱用去做不需專門技能的工作，那「根本鬼扯」。一旦輸入華人，他們會「掌握技能」，然後從白人手裡搶走所有需要專門技能的工作，礦場的華人礦工院會變成充斥鴉片煙的「惡臭」中國城。[14]

反華工聲浪，助長民族主義政治和反對南非與大英帝國掛鉤的主張。南非黨（South African Party，原為阿非利卡人聯盟〔Afrikaner Bond〕），是政治立場溫和的政黨，一九〇六年一月在開普敦聚眾抗議英國報紙上所謂阿非利卡人對英國有貳心的指控。其實他們挑明要切斷與帝國的聯繫，係因為英國干預川斯瓦爾事務。這場聚會歡迎老早就反對輸入華工的約翰·梅里曼（John

X. Merriman）上台講話。梅里曼預言「英國民意遲早會堅決要求廢除對苦力的限制，然後，白人就完蛋。」其實英國反華人契約工的民意已開始浮現。[15]

一九〇六年英國大選把自由黨和其盟友工黨送上台，結束了保守黨二十年來幾乎無中斷的執政。這場開啟歷史新頁的大選，得到後世研究英國政治的史家不少關注，但對於華人問題在自由黨－工黨贏得大選上所起的作用，剖析甚少。傳統論述，有考慮到此問題時，把此問題說成「雖然有點短暫但可能挑起強烈情緒」，亦即，不符英國人的一貫性格，與自由黨所看重的基本議題——自由貿易和教育政策——不同調。南非華工所引發的爭議，的確在一九〇四年似乎以迅猛的姿態打入英國政治，卻在選後似乎歸於沉寂。但或許甚於其他選戰議題的是，華人問題激發起對工黨候選人的支持，在向來投票給保守黨的保守黨傳統票倉，工黨候選人拿下席次。這些勝利是自由黨－工黨壓倒性大勝的關鍵，而且由於它們反映了十九世紀後期選舉權適用對象的擴大和非專技工人的組成工會，它們意義更為重大。這兩個黨都拉攏工人階級選民，但一九〇六年，工黨宣布其要以獨立政治勢力的姿態出發，並加快自己政黨的正式成立。如果說華人問題是促成此成就的有力象徵，有個疑問依舊未解，即為何它有這麼大的作用？如果對英國勞工來說，華人問題發揮了某種意識形態作用，我們該問，這有助於什麼目的的實現？[16]

自由黨反南非華工的立場，係以華工是在「近似奴隸」的條件下被帶到南非作為其核心看法。照此看法，此事汙損了英國崇高的廢奴傳統，是自由黨裡的激進派和不信奉英國國教的新教徒都非常看重的傳統。早在一九〇四年，擬議華工輸入條例時，「奴隸」比喻就充斥於辯論之中，而且在整個一九〇五至一九〇六年，大選前的競選期間，依舊如此。反對派覺得把廢奴的道德傳統和晚近英國軍人（五萬人傷亡）和納稅人（花掉兩億五千萬英鎊）在晚近攻打暴虐布耳人共和國的戰爭中所作的犧牲掛鉤——可以說是在利用傷痛的戰爭記憶來攻擊政敵——係打擊保守黨－統一黨政府的利器。工會搬出反蓄奴的老調。一九〇四年三月，英國工會聯合會（British Trade Union Congress）舉行群眾示威，八萬人聚集於倫敦海德公園，反對通過華工輸入條例。此聯合會宣布「強烈反對將被迫、受束縛、廉價的工人輸入南非，認為此舉違反工會主義的原則」，聯合會還訴諸「先前我民族（在）使文明世界擺脫蓄奴（方面）的輝煌成就」。[17]

在英國報紙揭露鞭打華工之事，以及華人逃離礦場、對白人農場主犯下罪行之事後，對華工輸入計畫的批評於一九〇五年後期和一九〇六年初期達到憤慨的高峰。自由黨在對一引發嚴重後果之政策的譴責中，把這兩件事牽扯在一塊：「我們把華人帶進礦場，無法防止他們既不成為受害者，也不成為違法亂紀者。」隨之，在報紙上和國會殿堂裡，就華人礦工據說遭惡待之事，出現了火藥味十足的辯論。殖民地事務大臣利特頓聲稱上述指控若非不實，就是有所誇大——援引礦場經理的保證來支持他的說法——但不久，相關的報導和進一步的證據就多到讓政府無法幾句話應付過去。[18]

佛雷德里克·麥卡尼斯（Frederick Mackarness）是住在南非的英格蘭人，他投書自由黨刊物《西敏報》（*Westminster Gazette*），說自己支持使用華人礦工，但不支持鞭打、綑綁華工。他說，鞭打、綑綁之事「不罕見或不掩藏，而是公開為之，甚至普遍」，還說他看過苦力遭綑綁的照片。「如果偶然走訪的人都能看到這些事，官方檢查員怎麼會看不到？」他問。「如果這不是蓄奴，又是什麼？」至一九〇六年初，華人問題在自由黨競選造勢大會上所激起的強烈反應，已甚於其他任何議題；週日《太陽報》（*Sun*）論道：「這個主題在公共集會上所引來的關注，甚於其他任何主題。」[19]

保守黨臉上掛不住，但還是抨擊自由黨虛偽，抨擊該黨利用華人問題滿足一黨之私。他們拿出眾多報紙報導和自己的宣傳小冊反擊，裡面有礦工院乾淨居住區之類的照片，此外也搬出務工契約載明的保護措施。他們示警道，撤走華工，殖民地的未來繁榮會不保。有份典型的保守黨傳單，扼要闡述為何要支持官方政策：「為確保這個新成立之英國殖民地的清償能力……（為了）不使英國工人因為和黑人一起在礦場工作而損及其身分地位……因為還會有一百五十個地方，既使用一千個來到川斯瓦爾的華人，同時會接受英國專技工人。」[20]

但對自由黨虛偽和藉機滿足一黨之私的指控，並非無的放矢。懷疑自由黨「說大話」者，指出契約勞動老早就是帝國政策的重要組成部分；規範英屬圭亞那境內契約勞動的立法，其實係自由黨所發起。自由黨反駁道，蘭德地區的華人契約勞動完全不同於種植園殖民地裡的契約勞動。他們主張，在十九世紀期間，後者已因為官方的徹底管理而革除了弊端；此外，圭亞那一地的務工契約，其主事者是政府，而非民間企業（這不表示在英屬圭亞那、西印度群島、模里西斯，印度契約工的權利受到尊重，未受侵犯；而是表示，搬出法條和契約——英國政治文化裡長久執著的東西——來堵住悠悠眾口）。相對的，激進派堅稱，華工條例所載明的勞工保護措施甚少，不准華工受僱從事其他工作，明訂合約期滿就遣返。[21]激進自由黨籍國會議員約翰·伯恩斯（John Burns）進一步解釋道：

> 說契約勞動以前就得到認可，根本說不通。在有這類勞動的地方，勞動屬農業或放牧性質，而且未伴隨令人極反感的圍院居住制和隨著該制而來的人身限制和道德墮落。這使其他任何契約勞動都有別於目前正在非洲施行的契約勞動，使後一勞動的工人成為工業奴隸。[22]

伯恩斯還說，華人條例的「大方向建立在強迫、強制、刑罰、限制上。總之，限制人的活動範圍，違反個人自由和工人自由，只造福一方——礦業大亨。」[23]

自由黨不支持亞洲人在白人移民殖民地，除了契約勞動，還可自由勞動、自由移入或享有平等權利。就這點來看，自由黨反「奴」立場也是虛偽。該黨所提的解決辦法係不讓亞洲人入境。印度苦力合約期滿後在加勒比海殖民地定居下來，係在行使身為帝國子民所應享有的權利。更重要的，他們未對英國工人或店家老闆構成競爭，因為後者未移至熱帶地區。但亞洲人存在於白人移民殖民地則是另一回事。自由黨從道德角度反對川斯瓦爾境內「華奴」的立場，認同，同時也掩護以下看法：英國工人，根據所屬帝國和種族所享有的權利，有權利在加拿大、澳洲、紐西蘭、南非這些移民殖民地居住、工作、發達致富。他們若必須和亞洲人競爭，就無法行使其權利，係眾人深信的看法。[24]

英國人外移至這些殖民地，當然不是這時才有，因為早在十七世紀開始殖民「新世界」時就有，然後，在美國革命和十九世紀初期拿破崙戰爭後，英國人更加有系統的開發加拿大和澳大拉西亞。眾所周知的，一八三〇、四〇年代，為增加勞動人口並解決罪犯流放所導致的性別比例失衡，英國人在協助下外移至澳洲諸殖民地。約翰・斯圖爾特・穆勒支持人口外移和殖民，以造福「文明的未來、長遠利益」，並為國內人口過多問題提供一個切實可行的解決之道。一八六〇年代起，英國工會和身為社會菁英的改革派（尤其新馬爾薩斯派）挑明主張以人口外移來提高國內工資、打擊社會主義威脅。外移者其實不需官方鼓勵或協助；一八七〇、八〇年代，一年有多達二十五萬人離開不列顛群島。但值得注意的，外移的英國人，一半以上前往美國，而非大英帝國的所謂的移民殖民地。至一八九〇年代，外移潮已緩和不少，少至一年移至加拿大者僅萬人。[25]

查爾斯・狄爾克在其充滿志得意滿之情的《更大不列顛》（*Greater Britain*，一八六九）一書中，讚揚美國和英國同屬盎格魯撒克遜一系的密切關係，但一八八〇、九〇年代提倡建立更大不列顛的人士，著意於加強英國和其移民殖民地的關係，而非其與美國的關係。由於殖民地自治政府正把殖民地帶離英國，由於美國和德國就要成為難纏的經濟對手，這一議題在英國政界日益受看重。有些人主張建立正式的帝國聯邦，還有人主張「由諸多獨立國組成同盟」。不管具體建議為何，有個普遍的共識，即人口外移移民殖民地，以及和這些殖民地貿易，係強化帝國和諸自治殖民地所不可或缺。[26]

到了十九、二十世紀之交，新帝國主義觀出現，殖民地事務大臣約瑟夫・張伯倫，不把帝國的未來押在其傳統明珠印度上（整個十九世紀期間印度擔下英國維持貿易順差的重擔），而是押在移民殖民地上。理查・傑布（Richard Jebb）把此轉變譽為帝國主義思維「從此走上新紀元」。傑布把重點擺在民族主義和界定殖民地身分的帝國愛國主義兩者的相輔相成上，但這個較務實冷靜的帝國主義觀，根據人口外移和為保護英國、自治領產品而施行的關稅改革，認為加拿大、澳大拉西亞、南非的人口、經濟會成長。這些政策，連同「倫敦城」稱雄全球金融、信貸業務的地位（建立在黃金上），被視為英國與日益壯大的美、德工業實力相抗衡的憑藉。[27]

一九〇六年選戰期間，上述政黨都未提倡人口外移。由於存有國內社會改革的時機就要到來（尤其老人年金）的看法，人口外移，作為打擊國內貧窮的辦法，不再那麼受看重，儘管在大選期間社會保險是個無足輕重的議題。但外移，作為工人階級獨有的權力，可以說是工會緊抓著華人問題不放的原因。過去，有色人種在殖民地裡工作的問題，在國內勞動政治上構不成議題，但到了十九、二十世紀之交，英國工人階級和帝國內的外移迴路，關係已更密切。英國人在殖民地裡工作，不是個抽象議題。就過去和當前來說，英國人與外移的關係已密切到連那些無意出國者都可能有親人已外移或考慮外移，不然就是認識這樣的人，尤以在某些工業區為然。這些存在已久的遷徙迴路，為社會學家喬納森．希斯洛普（Jonathan Hyslop）所謂的「帝國工人階級」打下基礎。不讓亞洲人入境殖民地一事，不是短暫的議題或只是保守黨－統一黨執政的象徵，而是直接觸及英國工人所據認的實質利益——工資、搶飯碗、生活水平。[28]

英國人不常明言或思索移民殖民地的種族特性。他們把這些殖民地看成母國的直系後代，一逕認為在那些地方住下的人會是白人，或更具體的說，「不列顛族」——歐洲文明的特殊分支——的白人。當時人稱它們為定居型殖民地（settlement colony），以有別於印度和種植園殖民地。他們認為它們是建立在移居（自然移居和良性移居）上的拓殖作為，而非建立在征服上的殖民主義（引來麻煩，但帶來提升該地的義務）。席利已強調，拓殖把英國文明散播出去，殖民主義則涉及英國人和「土著」之間無法衡量的差異，從而涉及兩者間的衝突。[29]

英國人外移至帝國各處，把關於種族和文明的看法帶了過去，而這些看法不只產生自宗主國，也產生自移居者的經驗。川斯瓦爾吸引帝國各處的英國人前來定居，而那些在其他地方有處理過「有色人種勞動」問題的人，在華人問題出現於蘭德地區時，迅即以華人問題權威自居。澳洲的例子對南非白人對於華人問題的看法影響特別大。在南非的大環境下，「白澳」政策似乎更加有其道理。澳洲、紐西蘭的議會一反平常做法，在一九〇三年通過反對將華工輸入南非的決議時，對另一個殖民地的事務發表意見，狄金（Deakin）和塞登（Seddon）這兩位總理聯合通電倫敦，表達他們的憂心。至一九〇五年，已有一位英國作家預言，「對這類後果（華人在勞動和商業領域搶飯碗、搶市場）的憂慮，顯然已是不讓華人進入澳洲的最有力原因，而類似的憂慮幾乎百分之百會使南非白人在阻止苦力就此住下方面意見一致。」[30]

晚近外移至川斯瓦爾的澳洲人，把種族主義政治跟著帶到正好與澳洲處於地球上相對位置的蘭德地區。在川斯瓦爾的專技工人行列裡和工會的領導階層裡，可見到澳洲人身影；最搶眼者，威特沃特斯蘭德手藝工會聯合會的會長彼得·懷特塞德（Peter Whiteside），生於澳洲的巴拉臘特。一九〇三年，懷特塞德與人合寫了川斯瓦爾勞動委員會的少數派報告，不同意委員會中贊成輸入華工的多數派觀點。對南非白人勞工來說，若要建立一個「有一個干涉主義國家為靠山的激進平等主義政治實體」，澳洲正提供了可效法的榜樣。[31]

但如果說澳洲的例子啟發了川斯瓦爾工運人士，對菁英人士來說，那是個該引為戒的教訓。珀西·塔爾巴特（Percy Tarbut），是聯合金礦區公司（Consolidated Goldfields）的董事，他向克雷斯韋爾承認，礦業大亨的「心情似乎是擔心大量白人受僱於蘭德地區做工後，會出現盛行於澳洲諸殖民地的那些困擾，亦即，勞工的力量會強到足以大體上不只能決定工資問題，還能在確立代議政體時靠他們選票的力量決定政治問題。」[32]

白人勞工至上主義也透過康沃爾籍僑民展現力量。一九〇五年，蘭德地區有七千名康沃爾籍礦工，占所有專技礦工將近四成五。南非許多康沃爾籍礦工，原曾在澳洲或美國工作過，例如川斯瓦爾礦工協會（Transvaal Miners' Association）的領袖湯姆·馬修茲（Tom Matthews）。馬修茲在美國工作過，曾是蒙大拿州議會的社會黨籍議員。除了這些遷徙迴路，南非白人也遊歷諸多移民殖民地，然後回到宗主國。克雷斯韋爾的著作在澳洲享有大名，他在選季期間親自至英格蘭作政治巡迴演說，在工會造勢大會上講話，得到報紙廣為報導。白人聯盟祕書長麥克唐納一九〇六年赴澳洲、紐西蘭、英國展開浩大的「反華人運動」，而赴英國則是為了在選舉期間為自由黨助選。[33]

白人勞資衝突，在某個層次上，係為了這個白人移民國內部資源和權力的分配問題而起。米爾納已指出一個明眼人都看得出的事實，即在南非這個黑人人數比白人多了四倍的地方，「白人國家」「這個講究實踐的陳述，幾乎沒有用處。」他解釋道，它真正的意思，係「白人必須當家作主」。白人勞工選民提倡「白人統治」觀，這種統治要符合民主精神，而且，一如米爾納所設想的，不被礦業把持。在另一個層次上，帶種族主義性質的民族主義表達了以下觀點：種族身分所帶來的權利，打破階級藩籬，統一了民族認同和目標。查爾斯・皮爾森（Charles Pearson）已以一八九三年出版的《民族生活和特性》（*National Life and Character*）一書，探究過這個主題。他示警道，「溫帶地區」是白人在遭遇來自非洲人、亞洲人的人口壓力下最後且唯一的希望所寄。此論點認為，如果不明令禁止亞洲人入境，亞洲人會靠著廉價勞力和商業作為淹沒、征服白人移民殖民地。就全球來說，澳洲是白人和華人這兩個種族爭奪支配權的主戰場。在選季期間的英國，有人照搬皮爾森的剖析結果。例如，史托巴特（M. A. Stobart）寫道，南非可能的結局，係「這個國家以英國殖民地的形態存在，或以亞洲的垃圾場的形態存在」，處理不可不慎。處於溫帶氣候區且有豐富資源的川斯瓦爾，必須保住其作為「世上最高級之文明開化影響力之溫床」的地位。[34]

如果說自由黨於選戰期間藉由搬出廢奴主義的道德權威來輕鬆利用華人問題為己造勢，英國工人之所以擁抱華人問題，則或許主要因為帝國工人階級的出現和廣布，而非因為帶象徵性的反奴政治主張。帝國工人階級有別於其他勢力之處，主要在於其排斥亞洲人的主張。英國工人或許認為把華人苦力輸入威爾斯礦場太過分——大衛·勞合·喬治預測會有這樣的事——但英國移民住在約翰尼斯堡街頭，過著赤貧日子，因為華工搶飯碗而失業的故事，令他們心驚。那些人是他們的親友，象徵性的親友和不折不扣的親友。自由黨候選人托馬斯·霍里奇（Thomas Horridge）在曼徹斯特競選時，群眾裡有人喊道：「我在南非有兩個親戚被華人搶走飯碗」、「我在南非有個兒子在追捕華人（逃亡者）」（霍里奇大勝，拉下其選區的現任議員，首相亞瑟·貝爾福〔Arthur Balfour〕）。如果說工會的首要競選政見是國內社會改革（老人年金、失業保險等），在諸殖民地，帶種族主義性質的保護主義則可被視為另一種中央集權論性質的改革，要政府確保帝國的邊陲地區保留給英國人移居。其實，一九〇三至一九一三年，移民潮盛況空前，三百多萬人離開英格蘭前往諸殖民地，其中一半前往加拿大這個與英國關係最密切的自治領。[35]

若說自由黨很有政治頭腦，竭力挑起華人問題，以拉攏工人階級選民，知道殖民地工人的實質利益會和反奴的道德訴求一樣挑動人心，甚至更加挑動人心，那就太恭維他們了。其實，從社會改革的角度來看，「自由黨的綱領對工人階級選民幾乎什麼都沒提」，但華人問題的確一時之間成功掩蓋了這個事實。華人問題最終使工人階級更加堅決要確保移民殖民地由白人專屬。此外，華人問題使帝國全境的英國工人群體有了一致的種族利益，從而為作為移民殖民地自治、聯邦、自治領之基礎的種族主義邏輯，提供了國內支持的來源。[36]

在針對川斯瓦爾走上自治一事所作的討論裡，華人問題是顯著的組成部分。宗主國人民和南非白人都同意自治是南非諸殖民地追求的目標，但選舉時機取決於多個因素，包括英國人－布耳人關係和重建進度。自治也是為了實現南非聯邦這個更大目標。當地英裔、阿非利卡裔政治人物（甚至他們的選民）都支持和解和聯合，但如何共享權力，得經由談判達成。[37]

英國大選期間的華工爭議，引發川斯瓦爾白人抗議，指責倫敦干涉當地事務，違反殖民地自主原則。自由黨掌權後，這些抗議未消，尤以殖民地事務大臣埃爾金勛爵發布要停止發放華人輸入執照，從而使招募新華工就此停擺，以及要為想返鄉的華工提供遣返補助的政策之後為然。埃爾金既要滿足國內要求立即終止華「奴」的民意，又要滿足川斯瓦爾堅決不要英國干涉的要求，力求兼顧。其實埃爾金留意到礦業公司礦業會受害的示警，並不是很想斷然中止華工輸入計畫。從更廣的層面來看，把此事拖到民選自治政府成立後由該政府去裁奪，既符合不干涉策略，也符合使倫敦與殖民地的種族政策劃清界限的策略。[38]

一九〇五至一九〇七年，川斯瓦爾有四大政黨投入選舉，角逐自治政府的執政寶座。其中三個黨代表不同的利益團體，但在華人問題上意見一致，反對礦業把持川斯瓦爾事務的心聲，就此化為一股具體的政治勢力。這三個黨分別是濫觴於蘭德先驅（Rand Pioneers）的國民黨（Nationalists），蘭德先驅則是由英裔移工所組成的老牌白人至上團體；由克雷斯韋爾領導的工黨（Labour Pary）；由博塔和斯穆茨領導的人民黨（Het Volk）。對人民黨來說，華人問題的催票作用特別強。該黨成立於一九〇五年，致力於重振阿非利卡人在自治、語言權、「貧窮白人」問題的政治主張。第四個黨——進步黨（Progressives）——由礦業前兩大鉅子喬治·法拉爾、珀西·費茨派翠克（Percy Fitzpatrick）領導。只有他們支持使用華工，支持較有限的自治以防止阿非利卡人經由選舉取得多數地位。[39]

選戰期間，華人問題給了國民黨、人民黨、工黨聯手對付進步黨的重要理由。三黨同意在各自都有推出候選人的選區槍口一致對外，不互相攻訐，在某些情況下，三黨更並肩打選戰。這些結盟作為表明南非政局已有所改變，英裔、阿非利卡裔的族群藩籬，相對於白人「民族」利益，變得次要。立場偏保守的英國《週六評論》（*Saturday Review*）注意到這一點，批評自由黨政府「存心不以毛瑟槍，而是以更致命的武器，憲法所規定的權力，武裝我們所征服的那些人（阿非利卡人）……（他們）會漸漸把英國人趕離所有具有薪水和權力的職位。」[40]

一九〇七年二月所舉行的自治政府選舉，以人民黨拿下過半席次作結。進步黨拿下三分之一席次，國民黨拿下一成席次，工黨不到百分之五席次。克雷斯韋爾敗選，但會在一九一〇年勝選，擔任工黨主席直到一九三〇年代。路易・博塔出任總理；揚・斯穆茨出任輔政司。新政府的首要作為之一，係終止華工計畫，但允許既有的務工合約繼續有效，以一九一〇年為限。[41]

斯穆茨－博塔政府明令限制新亞洲人移入和已住在此殖民地之印度人、華人的權利。一九〇七年川斯瓦爾移民法，以納塔爾的移民法為本擬定，規定有意移入者必須通過一種歐洲語言的識字考試。第二道法律規定所有亞洲人按指紋、登記。由約翰尼斯堡粵商領導的中華會館和由甘地（M. K. Gandhi）領導的英籍印度人協會（British Indian Association），都激烈反對這些規定，但兩者所看重的東西並不相同。華人說此法侵犯英中條約所賦予他們的權利；中國既然在外交上與英國平起平坐，華人在種族位階上就該高於非洲人和「有色」人種。印度人則認為他們既是英國子民，就不該把他們和其他人視同一般。

此前，每個族群各自抗議反亞洲人的措施。但一九〇七年，他們在甘地所謂的「同床異夢的盟友」關係裡共聚一堂。四月，華人領袖前往甘地辦公室會晤甘地，在該處討論了甘地所提的不合作運動。次月，甘地在約翰尼斯堡的中華會館向廣大與會者講話。華人同意非暴力的不服從原則，包括願意忍受「極端刑罰，亦即入獄可能，也願意抵制登記機關。」一九百名華人簽署了一份表明抵抗心意的文件；中國駐南非總領事劉玉麟也發文甘地表示支持之意。甘地在其報紙《印度人意見》（*Indian Opinion*）裡感謝華人的團結和決心。其實華人精於抵制之道。一八五〇年代他們就在澳洲維多利亞殖民地以抵制方式反制歧視法課稅，更晚近在上海等中國城市，則以此方式抗議美國的排華法。

在川斯瓦爾，印度人、華人在登記機關外阻止同胞進去登記，去對方的集會上講話，也把各自的僑民組織起來。至十一月登記截止時，川斯瓦爾境內亞洲人，只有百分之八照規定登記。接下來幾個月期間，政府以未持有登記證為由，逮捕了兩千多名華人和印度人，並把他們通通判定有罪，包括甘地和中華會館主席梁金，兩人都遭入獄。一九〇八年二月，揚·斯穆茨同意一折衷協議，規定採自願登記制，不按指紋，但後來反悔，仍要求強制登記。已自願登記的華人公開燒掉登記證。接下來兩年間，梁金被捕入獄七次，一九一〇年遭遣送出境。[42]

直到一九一〇年四殖民地合為南非聯邦，此事才解決。一如澳洲諸殖民地合為聯邦時所見，南非迅即著手對亞洲人設限。印度人問題至為重要，因為納塔爾境內印度人眾多，在川斯瓦爾則愈來愈多。一九一〇年時幾乎所有華人金礦工都已被遣返，加上先前的排外法限制華人從一殖民地移入另一殖民地，華人問題隨之變得沒那麼重要。

已成為南非聯邦內閣重要閣員的揚·斯穆茨，與甘地等人商談，做出數項讓步。他把未照規定登記而被判罪的印度人、華人釋放出獄。一九一一年，修改登記規定，讓受過教育者免受此約束，並以簽名取代按指紋。一九一三年移民法以納塔爾所率先推出且被川斯瓦爾採用的識字考試為基礎，給予入境檢查員自行裁奪考試內容的權利：在某些例子裡，單單根據一個簽名，就允許白人入境，而為了阻止不需要的亞洲人入境，可能祭出五十個字的歐洲語言聽寫考試。另外，南非不再輸入契約工，以抑制印度籍人口增長，只承認基督教婚姻有效，以防止印度人把妻子帶進來。此法也載明允許在省與省間設立入境檢查站，以防印度人移出開普省和奧蘭治自由邦省，但其更大的用意，是控制本地黑人的境內流動。[43]

一般來講，博塔，尤其斯穆茨，支持大英帝國，支持礦業。米爾納的重建政策，有許多係在阿非利卡人的多數統治下實現，只有本土黑人享有有限選舉權這一項例外。華人問題的解決，為南非白人處理潛在的礦業勞力問題——黑人勞工的招募和保有、僱用非專技白人在礦場工作——清除了障礙，同時確保南非會被當成「白人國家」來打造。博塔、斯穆茨所領導的執政黨，這時改名南非黨（South African Party），執行以有計畫的種族隔離為本的社會體制，種族隔離一詞仿自美國南部，但具有南非特有的特點。最重要的，一九一三年《土著土地法》（Native Land Act）規定土著擁有、租用的土地，只能占南非土地的百分之七。這些土地被劃定為「保留地」，面積不夠讓黑人在農業上自給自足，被視為由部落酋長統治的「主權」實體。把它們稱作具有主權性質的「家邦」（homeland），難以掩蓋大量剝奪黑人土地的事實。剝奪黑人土地，意在最終切斷黑人與土地的聯繫，使他們成為四處遷徙找工作的無產階級，投入礦業、都市裡的工作。居住、職業上的種族隔離規定和惡名昭彰的通行證法（pass law），維繫住此體制。開普省有色人種選舉權遭撤銷，使黑人無緣成為南非國家的一員。[44]

礦場繼續輸入黑人工人，主要從莫三比克引進。一九一〇年，蘭德地區黑人礦工已超過十四萬三千人，比一九〇四年時多了一倍多，一九二八年會達到最高峰，達二十萬人。說阿非利卡語的礦場工人也變多。他們未受僱從事不需專門技能的工作，因為這時黑人已足夠滿足這類工作的人力需求，而是擔任需要專門技能的職務，而這有一部分是為填補死於矽肺病的英國移民工所導致的人力空缺（塵粒累積於肺中需要一段時間，因此，直到一九二〇年代，這種致死病才顯見於阿非利卡人身上）。一段時日之後，阿非利卡工人占了白人礦工總數的五成至七成五；他們融入白人工業工人階級，把他們的好鬥傳統帶進工運。但「貧窮白人」問題依舊存在——整個一九二〇年代約翰尼斯堡白人失業率始終達兩成五。[45]

一次大戰期間，直至進入一九二〇年代後，剝奪土著土地和工人階級形成這兩個過程，都以方興未艾的勞工抗爭和農村騷亂為特點。礦業繼續透過調降工資、資遣、引進本土黑人從事只需有限技術的工作，來降低白人勞工的僱用成本，從而引發一九一三、一九一四年勇狠的罷工和一九二二年一場大罷工、武裝叛亂。斯穆茨不只一次動用軍隊鎮壓罷工工人。黑人工人依法不得加入工會，但還是自組工會；一九二〇年，七萬黑人為爭取更好的工資罷工將近兩星期，同樣遭殘酷鎮壓。[46]

美國和英國諸移民殖民地一致阻止亞洲人入境，使得把所有華人不分身分地位或個人情況都塑造為「苦力民族」和「奴隸」的意識形態就此完備。一九〇六年英國選戰的確未對奴隸制一詞給予確切定義；「大方向」、「給人奴隸制的感覺」、「情況類似奴隸制」、「帶有奴隸制特徵」之類含糊的詞語，充斥於批評者的著作和講話中。有人請約翰・伯恩斯界定「奴隸制」，伯恩斯搬出美國人的經驗。他引用了加州憲法，說「亞洲苦力勞動是蓄奴的表現，在本州永遠禁止，所有苦力勞動合約都要作廢。」伯恩斯接著說道，個人務工合約作廢後，華人可以想住哪就住哪，想在哪工作就在哪工作，但華人已成為嚴重的「道德威脅和工業禍害」，因此，輸入華人，不管是以自由之身或在契約束縛下輸入，都必須徹底禁止。[47]

華人問題就此在英美世界繞了一圈，以把「奴隸制」界定為一個種族處境，而非界定為某種財產和剝削的一套說法，合理化不讓華人入境的做法。「奴隸制」依舊是反華人入境的全球論述裡主要的統籌概念。美國人和英國人都反對把華人當「奴隸」，但不支持他們享有自由。

圖 22　西默和傑克（Simmer and Jack）公司簽約僱用了四千兩百名華工在其位於蘭德的礦場工作。點名，約一九〇五年。

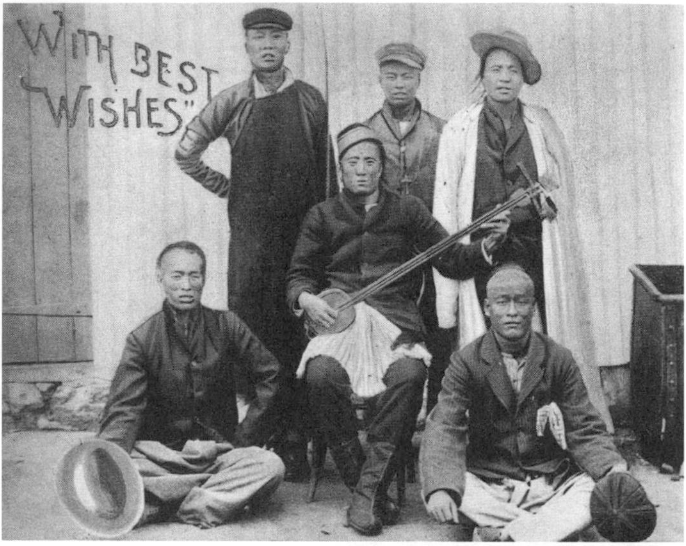

圖 23　蘭德地區的華工辦活動過中國節，包括戲曲演出。明信片，約一九〇五年。

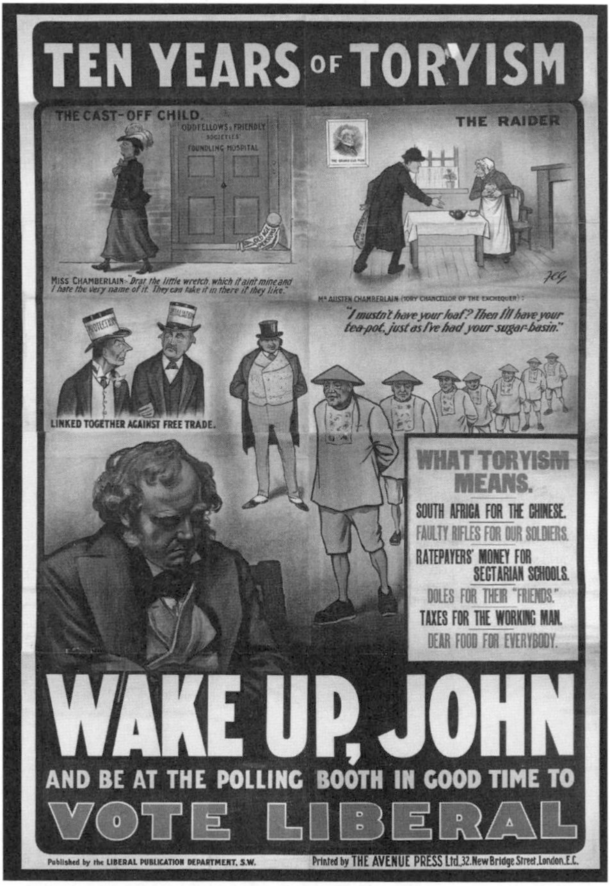

圖 24　一九〇六年英國大選，自由黨和其工黨盟友以華人問題為主要的選戰議題之一。

第四部

Part 4

散居西方的華人

THE CHINESE DIASPORA IN THE WEST

萬國互通商，將以何辭卻？

黃遵憲，〈逐客篇〉

第十二章　拒於門外與門戶開放

一九〇〇年七月，中國駐美公使伍廷芳在《北美評論》（*North American Review*）發表文章，主張入境和貿易對中美「互有助益」。他列出十九世紀後期美國出口中國的主要商品：棉製品、煤油等消費品，以及更晚近的鋼鐵製品，尤其火車頭。他訴諸美國商業利益，說從製成品到鐵路、礦場、港口改善、街燈和其他基礎設施工程，美國在中國進一步貿易、投資的機會甚多，因為中國正「快速……投入世界的前進運動」。[1]

每個國家都根據自利原則從事對外貿易；但伍廷芳指出，「交易不可能是單方面的事，原因很簡單，兩方才能交易。」孔子把「互惠」視為人生的指導原則，也就是美國人所會同意的「為人準則」（golden rule）。但「真正的互惠有賴於開放門戶」，伍廷芳寫道。不過，中國被美國「挑出來施以不公平對待，成為敵意立法的對象。（中國）對美國人民敞開大門，卻讓中國人民吃美國的閉門羹。」[2]

從商業、互惠角度立論反對排華者，伍廷芳不是第一人。自十九世紀中期起，反對排華者，包括歐美人和華人，都主張遷徙和貿易關係密切。切斷遷徙，後者會受害。但如果說排華會傷害貿易一說是華人問題辯論裡固定的論點，對於排華對商貿的實際影響，卻少有探究。要回答此問題，需要考慮到排華的多個面向。排華對全球貿易和商業關係有直接、間接影響，影響見於諸多不同的經濟活動領域，程度不盡相同。其中一個面向與排華對華商在美國和英國諸移民殖民地裡的貿易、投資的影響有關。另一個面向則要看排華對中國對外貿易的影響。還有一個問題，則在於以黃金為國際貨幣本位制，對仍採銀本位制的中國的貿易收支和其在全球經濟裡的地位有何影響。

排華最直接的影響，係海外華商和華人投資人的銷路、投資出路變少。在中國（和香港）與澳洲、美國間作貿易的華商，安身於華人市場，華人市場雖然不小，但依舊處於商業主流之外。一八五〇年代期間，舊金山、香港的華商和華人航運企業家，靠著將各種商品從中國出口至加州，財源廣進——不只素負盛名的茶葉和絲織品，還有花崗岩、木材、麵粉、棉製品和一般大眾所需的其他消費品。華人也從航運獲利；有些華人自行買船，其他華人找美國人的船托運貨物。整個一八七〇年代，海外華商和華人航運業者（雙向）載客；自中國輸入稻米（一年一百萬美元的生意）、茶葉、鴉片；向中國輸出小麥、麵粉、人參、汞、「財寶」，包括華工委由歐美銀行寄送的金砂、金塊。[3]

中國依舊是舊金山前三大貿易夥伴之一，至少至一八八〇年為止是如此。那時，舊金山已有二十五家華人所經營且與香港有生意往來的進出口公司。其中生意最好的幾家公司，每家的貿易額都相當於五十萬美元，許多公司是舊金山商業交易所（Merchant Exchange）的成員，其中七家是股東。一八七〇年代期間，有些事業有成的華人礦工和華商投資採礦事業，但從未有機會投入大規模的資本項目。他們在農業、都市製造業裡的角色，分別侷限於承租和分包。[4]

反華人的敵意和排華法，在多個方面傷害海外華商和華人小資本家。華人人口變少，市場跟著變小。華人還受到不公平待遇。一八七〇年代，舊金山火險公司開始取消其與華人店鋪老闆所簽的保單。舊金山通過數條騷擾華人商家的法律，例如禁止挑扁擔走在人行道上的法令，以及惡名遠播的洗衣店條例。該條例對華人所經營的木造洗衣店施以歧視性對待。[5]

一八八〇、九〇年代期間，移民局更改其對排華法的解釋，擴大對「勞工」的定義，窄化對「商人」的定義。一九〇〇年代初期，該局以新敵意對待抵美的商人，將他們拘留、盤問，常常不讓他們入境。舊金山中文報紙《中西日報》主編吳潘洲說，惡待商人，激起憤怒和反感，從而大大傷害商界。所有大華商，過去付的關稅占舊金山港關稅收入三分之一，但由於受到不公的對待，都已回中國或改去他國做生意。二十世紀初，美國境內經營有成的華人資本家企業為數不多

——一些大型農場主和罐頭食品廠老闆、一家銀行（一九〇六年成立於舊金山的廣東銀行）、一家輪船公司（一九一五年成立於舊金山的中國郵輪〔China Mail〕）。[6]

在澳洲，一八七〇年代華人資本家對最北邊的礦業、種植園農業投入更多資金，但到了十九、二十世紀之交，這些商機都隨著入境限制妨礙華工的取得而變少，因為他們的事業靠華工才得以經營下去。澳洲籍史家保羅・格里菲思（Paul Griffith）主張，英裔澳籍菁英寧可毀掉北領地經濟，也不讓華人開發該地。諸殖民地合為聯邦後，已對農業發展投入龐大資金的昆士蘭，靠政府補貼用較高工資僱來白人工人，取代華工和太平洋島民工人。公共衛生官員提出新理論，反駁關於白人在熱帶地區退化一說的舊理論，長年以來這些舊理論被拿來當作使用有色人種勞力的藉口。拉斐爾・齊倫托（Raphael Cilento），澳洲熱帶醫學會（Australian Institute for Tropical Medicine）會長，一九二五年吹噓道，白人憑藉勤勞、愛乾淨、「種族純正」，在熱帶地區過得很好。在此觀點下，原本被認為體質能忍受熱帶環境的非白人，這時被視為太髒，身上病菌太多，無法從熱帶疾病預防、治療方面的醫學進步得益。在墨爾本等南部城市，華人依舊只能在華人市場作買賣，只在少許適合華人發揮所長的行業服務非華人的消費者：種菜和製造家具。庫克敦（Cooktown），作為連接北昆士蘭和新加坡、香港的口岸，興盛一時，但一八九〇年後衰落。[7]

但在澳洲開店作生意的華人撐了下來。許多人取得豁免執照，以把夥伴和家人帶進來，店鋪生意未衰退，甚至做得更大。在因尼斯費爾（Innisfail），譚仕沛（Taam Sze Pui）所開的仕沛（See Poy）百貨，是北昆士蘭最大的百貨公司。他在斐濟、新赫布里底群島（New Hebrides）種香蕉和甘蔗，也很成功。因此，譚仕沛參與了澳洲華人投資有成的兩個不尋常領域——百貨商店和香蕉業。另一個事業有成的零售業者洪元（Hong Yuen），在新南威爾斯北部的小鎮因佛雷爾（Inverell）經營乾貨店有成。他以該地為總部，建立遍及新南威爾斯－昆士蘭交界地區的一連串「現款取貨」（cash and carry）店，他的家人經營此家業，至少至一九三〇年代為止。[8]

但其他華人零售商離開澳洲，前往香港、中國找更好的投資機會。馬應彪一九〇〇年離開雪梨，創立香港第一家百貨公司，先施百貨。郭樂、郭泉兩兄弟，在雪梨經營一家水果、堅果店，後來離開澳洲，一九〇七年在香港創立永安百貨。先施、永安這兩家百貨公司不久都會在上海最時髦的購物區——南京東路——展店，建立不折不扣的零售帝國，分支擴及從雅加達到澳門到新加坡等地。[9]

有一股更大的趨勢把華人外移的勞力和資本轉向他處，而澳洲華人在香港、東南亞經營百貨公司有成一事，則是這股趨勢的一部分體現。值得注意的，從中國南部往東南亞的外移潮，一八七〇年後大增，十九、二十世紀之交達到巔峰。十七世紀起，就有華人赴東南亞經商、定居，華人以親緣或結拜關係為基礎，一起在貿易、採礦、務農方面打天下。十九世紀初，歐洲人改變自己以因應這些結構，一如華人改變自己以因應隨著甘蔗田、茶園、咖啡園擴散而來的新需求、新機會。[10]

供應歐洲工業市場的錫礦開採、橡膠生產，有賴於更大量工人，才得以在十九世紀後期和二十世紀初期急速成長。東印度群島部分地區和馬來亞的錫礦業，不只倚賴華工，還倚賴名叫「頭家」的華裔資本家。頭家出資招工，為作為錫礦業支柱的小型華人礦業公司提供資金。華人和印度人的遷徙網絡，對涉及緬甸、海峽殖民地、馬來亞、暹邏、法屬印度支那、荷屬東印度群島、菲律賓的互賴性東南亞經濟的發展，起了極重要的作用。從印度遷徙到東南亞的人數，與從中國遷徙到東南亞的人數相當，一八九〇年代至一九三八年共約一千四百萬人。[11]

從中國北部遷徙到中國東北的人數也差不多，從一八九〇年代至二次大戰，回應俄羅斯、日本在東北的工業、礦業開發，共約兩千五百萬人移至該地區。往東北遷徙的中國人，包含就此落腳者和季節性移工。誠如先前已提過的，為川斯瓦爾採礦計畫在中國北部招工一事，源於日俄戰爭期間中國東北季節性移工市場遭打亂。有些進入不了美國、加拿大的中國人，轉往墨西哥、拉丁美洲；但當地也跟著出現限制心態，因此這些地方的華人依舊不多。[12]

於是，排華的後果，首先是華商和華人資本家在西方的經濟機會大減；其次是華工、華商的外移地集中於東南亞和北亞。前者未直接導致後者，但這兩股趨勢都不只是偶然的巧合。兩者都是二十世紀初期全球遷徙大重組現象不可或缺的一部分：英國定居型移民外移到白人自治領；東歐人、南歐人外移到西歐正工業化的城市；亞洲人遷徙到東南亞、北亞的殖民地經濟體。這些新的族群—種族遷徙模式，並非對勞動、資本市場需求的純粹自發性反應，反倒是把勞動、商業能量導向某些方向而非其他方向的諸多政治、經濟措施所共同促成。

這些作為包括負面政策，例如排華，也有正面政策，例如刻意把英國人的外移地從美國轉向加拿大之舉、實業家、農學家、勞工仲介、航運公司鍥而不捨為官方和雇主招工。在某些情況下，它們建立在較早就存在的遷徙上，但規模比以前大了許多（英國人外移加拿大、華人外移東南亞）；在其他情況下，新的遷徙流問世（義大利人外移美國和阿根廷）。這些模式一確立下來，即透過方興未艾的需求和連鎖遷徙增生。全球勞力再分工源於歐美資本、國家、帝國的急速需求。

二十世紀初的全球遷徙，也因亞洲契約工的使用減少而值得注意。白人種植園殖民地的奴隸得到解放後，一八三〇年代白人開始使用華人、印度人苦力，但十九世紀後期，對這類苦力的使用漸減，到了一次大戰，已幾乎看不到。清廷派人調查華工在秘魯、古巴的情況後，一八七〇年代終止華人契約工輸往這兩個地方。一九〇四至一九一〇年的川斯瓦爾金礦開採項目，係中國政府所批准的最後契約勞動計畫之一，但晚至一九二〇年代，在其他非洲殖民地，由於旁門左道和貪腐，仍有零星的這類情事。印度契約工遷徙至加勒比海，十九世紀後期變少，但由於英國人動員印度人至新的殖民地種植園區工作（納塔爾和斐濟的甘蔗田、馬來亞的橡膠園），一八九〇至一九一〇年其實變多。[13]

但在十九、二十世紀之交，亞洲人契約勞動還是開始愈來愈走不下去，不管是從政治上，還是經濟上來看，皆然。印度工和華工抗議自身的處境，有時動用罷工，宗主國、殖民地的改革者亦然，最著名者當屬甘地在納塔爾的抗議行動。在馬來亞，白人資本直接控制錫業，以較大的持有地、機械化、較短期合約、自願勞工把華人「頭家」擠走；簽下三年期務工合約、前往新加坡、檳榔嶼工作的華人，一八九〇年後開始減少。[14]

一般來講，當工人有其他出路時，要維繫住契約勞動就比較難。從圭亞那到納塔爾到馬來亞諸地的印度人、華人，務工合約期滿後，即以自由之身闖天下，或靠工資為生，或開始經營小農場，做小生意。英屬馬來亞和法屬印度支那境內的橡膠生產者，發覺契約工不足以應付所需，一九一〇年時已轉而使用自由工。這不表示不再有嚴酷的勞動條件或社會歧視。例如，馬來亞的橡膠、錫礦工人營地，以惡劣的環境而臭名遠播。[15]

十九世紀後期和二十世紀初期為美國的工業化和都市化提供勞力的東歐、南歐工人，也有類似的處境。《一八八五年佛蘭法》（Foran Act of 1885）明令禁止外籍契約勞動，但還是有新的歐洲移民在某個區隔出的勞動市場從事辛苦的非專技、低工資勞動，住在特定族群的聚居區裡，受到多種不公平對待。一如東南亞境內的同類人，許多新歐洲移民（多達五成）是季節性或臨時性移工，出國打工，把賺到的錢匯回老家。亞洲移工被認為是契約苦力，歐洲人被認為是自願入境者和靠工資為生者，但在二十世紀初期兩者在基本上有許多共同之處。[16]

排華法對中國與英美世界貿易的衝擊有所不同。以茶葉為例可看出其中差異。茶葉曾長期是中國的首要出口品，茶葉貿易的龍頭地位始於十八世紀初，那時英國人需要一項可用來花掉手中白銀的中國貨。十九世紀後期，茶葉仍是中國出口的最大宗；一八七四年，茶葉占出口總額五成五。絲綢居其次，占一成五。茶葉和絲綢占如此大比重，表明中國無意或沒必要採多元的出口導向經濟。但隨著中國進口更多舶來品（一八六七年鴉片占進口總額四成以上），茶、絲綢出口攸關貿易的順逆差。[17]

從一八八六至一九〇五年，中國一年茶葉出口量少了一半以上，從兩億四千六百萬磅降為一億一千兩百萬磅。中國對英國、澳洲、美國的茶葉出口也驟減，但原因因地而異。英國人於一八四〇年左右開始自行在印度種茶葉，取代中國茶葉，以改善其對中國的貿易逆差——英國推動鴉片貿易，也出於同樣考量。印度茶葉花了一段時間才在市場占有一席之地，但到了一八五七年印度出口茶葉已達一百萬磅；隨著阿薩姆茶葉產量增長和一八八〇年代錫蘭茶葉進入市場，來自南亞次大陸的茶葉逐漸接收英國本土市場。一九〇五年，來自中國的茶葉，已只占英國所消耗之茶葉的四十分之一。大清皇家海關總稅務司的馬士（Hosea Morse）哀嘆道，印度茶葉——大面積種植、以工業方式加工處理、兩泡「不失其醇厚」——已使英國人的口味「大大錯亂，體會不到中國茶葉所慣有的那種淡雅清爽，因而即使降價求售，都找不回市場。」[18]

澳洲人，據說人均喝茶量高居世界之冠，連英格蘭都比不上。至一八八〇年代後期為止，澳洲人繼續從中國買進茶葉，儘管英國人把印度茶葉說成澳洲境內的「愛國」飲料來推銷。中國茶葉較便宜，被認為品質優於印度茶葉。澳洲人未亦步亦趨跟著英國人轉向，直到一八八六年阿富汗事件後，澳洲人才改變其茶葉的忠誠對象。在新南威爾斯，中國茶葉消耗量從一八八八至一八九七年少了將近六成，係中國對澳洲出口普遍下滑現象的一部分。當時某分析家指出，對華的敵意「淩駕其他所有考量，包括商業考量。」[19]

就在中國茶葉對英國出口下滑之際，英國對華出口增加了一倍多，原因之一係中國對外開放更多口岸通商。一九〇三年時英國對華貿易順差已達三千五百五十萬兩（五百三十萬英鎊）。英國在中國和香港的經濟活動日益集中於服務業，尤其金融業，正符合大勢之所趨。英國人在上海、香港的銀行收入中國人的資本，投資於東南亞等地。[20]

美國人的人均喝茶量遠少於英國人，但茶葉也是中國對美出口的最大宗。中國茶葉占美國進口茶葉總量的比例，從一八六七年的六成五降為一九〇五年的兩成三。少掉的比例，由日本填補，而非由印度填補，尤以一八九四年簽訂《日美通商航海條約》後為然，因而這一改變可能不像在澳洲那樣係反華心態所直接促成。[21]

與英國的情況相反的，十九、二十世紀之交美國對華貿易依舊處於逆差狀態。但美中貿易額不大，十九世紀後期美國對外貿易總額亦然。但美國菁英擔心過量生產和邊境關閉，指望於太平洋找到新市場，尤其中國。於是，美國的戰略家主張打造海軍、將菲律賓納為殖民地、中國門戶開放政策，這些全都為了在亞太地區與歐洲、日本競爭時占得上風。[22]

美國對華出口額從一八九五年的三百六十萬美元增加為一九〇五年的五千三百六十萬美元。棉布是最大宗出口品（一九〇〇年占總額五成七），接著是煤油、麵粉、菸草。十九、二十世紀之交，美國開始向中國出口鋼鐵製品，尤其火車頭和機器，一九一三年後美中貿易再度劇增，美國的生產商和消費性產品更多元，包括紙、汽車、火車車廂、電機、化學品、藥、橡膠製品。[23]

十九世紀後期，相對於金價，銀價下跌，對中國有直接衝擊。在金本位制終於支配國際貿易時，中國的幣制依舊以銀為本。白銀的金價下跌意味著中國進口外國貨更花錢。中國的地位由此大不同於十六世紀後期至十八世紀後期，在那段期間中國不只是世上最大經濟體，也決定新興全球經濟的貿易條件。十六世紀後期和十七世紀世上前兩大產區日本和西屬美洲的白銀，受中國需要白銀來滿足財政、商業需要的吸引，大量湧入中國。安德烈．岡德．法蘭克（Andre Gunder Frank）估計，從一五四五至一八〇〇年六萬噸白銀流入中國，約占該時期世界白銀產量的一半。對白銀套利的追求，支撐了近世來自日本和美洲的白銀貿易，以及東印度公司對印度的殘暴殖民控制與十八世紀時該公司白銀的外流。[24]

對英國人來說，這些做法不易維持，尤以十八世紀後期白銀套利獲利已放緩時為然。英國人（這時愛喝茶成癮）面臨貿易赤字——於是決定在印度種鴉片賣到中國、決定用炮艇逼中國開放口岸通商、決定在印度種茶葉。英國扭轉白銀流向，確立英鎊（亦即黃金）作為國際貿易媒介，藉此改寫了遊戲規則。這是大英帝國的一大成就，涉及使其諸多殖民地的貿易、貨幣利益屈從於宗主國的利益。最值得一提的，英國操縱印度的貨幣和貿易（對英淨赤字，對世界淨盈餘），把諸殖民地當成英國貨和資本投資的出口市場。[25]

「倫敦城」——英格蘭銀行，以及霸菱（Baring）、羅特希爾德（Rothschilds）之類的諸多民間銀行——是促進全球貿易、投資成長的國際金融交易中心，也是世上最大的黃金市場。一八七〇年代起，由於英國主宰國際金融和非金本位制國家貿易時的交易成本高昂，歐洲列強和美國從銀本位制或金銀複本位制轉為金本位制。此舉是為回應英國對全球金融、貿易的支配，但得益於全球黃金供給增加才得以實現。大英帝國的金本位制就此成為國際金本位制。[26]

古典經濟學家稱讚金本位制促進價格穩定和國際貿易合作的反通膨特性。但此說掩蓋了使金本位制得以行得通的歷史關係和政治關係。此外，金本位制的好處並未雨露均霑；由於黃金相對來講較缺稀，金本位制有利於債權人甚於債務人。國際金本位制加快歐洲人對其殖民地的投資，使他們得以從非金本位制國家的靈活貨幣安排占便宜，尤以十九世紀後期白銀的金價下跌時為然，中國只是說明這一點的例子之一。在金本位制國家，就國內來說，也有輸家，尤其倚賴信貸的農場主。在美國，此問題助長十九世紀後關於綠背紙幣（不兌現紙幣）、金、銀的政治爭議。因為資本投到海外收益更高許多，英國日益老化的國內工廠受苦於未能更新，但英國人向其殖民地輸出價格超乎行情的貨物，藉此減輕此問題，至少在一次大戰之前是如此。[27]

西方先進資本主義國家一八七〇年代採取金本位制一事，涉及將白銀去貨幣化，從而導致白銀在世界市場上供過於求，相對於黃金，其價格下跌。為處理此問題，英國的做法之一係掌控印度，使印度續採銀本位制：使銀幣貶值，有利於出口和英國的國際收支，但印度仍得用黃金付給倫敦每年一次的應付母國款（Home Charges）。美國，十九世紀後期世上最大的產銀國之一，向中國出口白銀，也依照其長期以來的做法繼續在中國用墨西哥銀圓交易。這些白銀出口有助於美國的貿易差額，也強化中國的貨幣供給。[28]

國際金本位制也影響十九、二十世紀之交中國所被迫支付的第二輪戰爭賠款。鴉片戰爭賠款七百五十萬英鎊以銀圓和銀兩為單位。第一次中日戰爭（一八九六）後，日本要求賠款五千萬英鎊，金額高了許多，而且要求以黃金支付。中國因此得在白銀價格相較於黃金價格下跌之時在國際市場上借錢。這筆賠款使日本不只得以支應其戰爭開銷，還使其得以有足夠的黃金儲備來採取金本位制。日本在倫敦的存款使其得以借錢來建造其第一座煉鋼廠。[29]

一九〇一年《辛丑條約》的懲罰更重。八國（歐洲和美日）索賠四億五千萬兩，談定三十九年間以黃金支付六千七百萬英鎊，年息百分之四。中國必須從一八九五年至一九一八年每年支付兩千八百萬英鎊給列強（四千兩百萬兩至四千五百萬兩，視匯率而定）。即使一九二〇年代取消對德、對俄債務，中國至一九三八年為止總共仍得支付六億五千兩百萬兩（九千一百萬英鎊）。後來與列強談成的退款，例如用庚子賠款成立的獎學金，並未取消債務。中國還是得還錢，但賠款用於教育、鐵路建設等「互蒙其利」的項目。換句話說，中國為直接外來投資提供資金。[30]

白銀的金價波動，使中國在支付其庚子賠款時吃虧，但西方也吃虧，西方希望價格穩定以促進投資。於是，建立穩定匯率成了互蒙其利的事。一九〇三年，中國和墨西哥同時請求美國帶頭促成固定的白銀兌換黃金標準（中墨兩國交易歷史悠久，中國是墨西哥銀圓的開放市場）。美國國會成立國際匯兌委員會（Commission on International Exchange）以處理此問題，委員會龍頭人物是休・哈納（Hugh C. Hanna）、查爾斯・科南特（Charles Conant）、精琪（Jeremiah Jenks）。委員會建議把中國擺在金匯兌本位制。[31]

在金匯兌本位制下，一國固定其貨幣（硬幣、紙鈔）對黃金的匯率，但國內不流通黃金；維持黃金儲備以便對外支付（黃金儲備通常存在倫敦或紐約的銀行）；把其貨幣事務交給外國監督。美國晚近已把菲律賓擺在金匯兌本位制上；此制已在荷屬東印度群島和英屬印度施行。禁不住來自外國銀行業者和投資人的壓力，墨西哥一九〇五年接受金匯兌本位制。把中國擺在金匯兌本位制上，會支撐門戶開放政策，而且有助於創立以紐約為本部、能與英鎊相抗衡的黃金－美元集團。[32]

金匯兌模式的殖民地特性，在中國也存在。湖廣總督張之洞建議清廷續採銀本位制。他說中國的黃金資源不足，儘管白銀價格相對於黃金價格下跌不利於中國賠款、償還外債、進口，但有利於出口。張之洞主張，續採銀本位制有利於中國抵制外國貨、發展本國產業。一九〇五、一九〇七年的清廷聲明，表達中國的銅幣、銀幣需要有一致的價值，不需要金本位制或金匯兌本位制。中國於民國時期續採銀本位制，一九三五年大蕭條從西方波及全世界時，中國才改採金匯兌本位制。有一點應指出，即那時國際金本位制已走上不可扭轉的衰落，而那既是經濟蕭條所致，也是英國的世界霸主地位全面式微所促成。[33]

馬士寫到中國的對外貿易時，統計了一九〇三年中國的債務和資產。就債務來說，他計算了輸入的商品、金銀塊、錢幣；外債支付額（那年四千四百萬兩）；無形負債，例如外商和外國航運、保險公司的淨利潤，估計共四億兩千四百萬兩（六千三百六十萬英鎊）。[34]

馬士把出口的商品、金銀塊、錢幣；對俄的陸上貿易（淨盈餘）；西方在中國鐵路、礦場的投資（他認為是未來債務），算作資產。然後他思考「中國的最重要無形資產，即隨著其一部分多餘人口外移而輸出的體力和腦力」，不管外移者是商人還是工人。他引用了福建海關稅務司的說法，該稅務司使人注意到來自海外匯款的「現金資產」，包括「在馬尼拉、爪哇、海峽殖民地賺錢的兩百五十萬廈門人」的匯款，一年超過一千萬銀圓（一千三百八十萬兩）。馬士估計，海外華人「把勞動所得匯回老家，根據最低估計，一年達七千三百萬兩」（約一千一百萬英鎊）。據他計算，一九〇三年中國總資產為四億四千萬兩，超過其負債。據馬士的說法，中國其實有還不錯的淨盈餘（一千六百萬兩，即兩百三十萬英鎊）。[35]

馬士的分析在某些方面有瑕疵；最重要的，他未說明經由香港、新加坡的轉運活動或沿海的中國帆船貿易。馬士知道漏掉這個，但不可避免，因為這些資料未收集到。但這兩者都是東南亞經濟頗大的組成部分，中國老早就是涵蓋此地區的一個稠密網絡的最重要節點。香港、新加坡也把中國與印度、歐洲、英國、澳洲連在一塊。但馬士把匯款計入中國資產一事，認識到外移華人與中國的關係和其對中國的貢獻。來自海外的匯款大大挹注了老家的收入和資本，尤以在閩粵兩省為然。[36]

馬士並非是認為海外華人匯款對平衡中國貿易收支有貢獻的唯一分析家。在一九三三年的著作中，密西根大學經濟學家雷麥（C. F. Remer）認為有四百萬至五百萬海外華人（或許占外移華人總數六成）定期匯款回中國老家。根據其調查結果，雷麥將馬士的數據往上修正為一九〇二至一九一三年每年據估計平均匯回中國一億兩（五千萬美元）。一九二〇年代後期，一年匯款將近兩億兩。雷麥承認，從美國境內的洗衣工到馬來亞境內的橡膠園工人，個別工人的小額匯款積少成多，總數可觀。但他認為「大額匯款是經商利潤和地產收入的匯款」，尤以在東南亞為然。華人是英屬海峽殖民地的「最有錢群體」，整個東南亞地區對外貿易的「主要中間人」。閩粵境內僑鄉的繁榮，說明海外匯款的作用之大。雷麥指出，「中國人幾乎不靠來自中國的支出，就建立起對海外的商業投資。這些投資把來自外部的付款帶進中國，而這些錢在中國的國際收支裡最為重要。」[37]

來自美國的匯款不如來自東南亞的多，但還是可觀。黃遵憲估計，一八八〇年代期間，加州華人一年匯回廣東一百二十萬美元。他比馬士、雷麥更有先見之明，認為來自海外華人的一年匯款總額相當於每年離開中國的白銀數量。[38]

馬士、雷麥、黃遵憲所謂的匯款（以及進而，把錢匯回老家的海外華人）是中國國際收支的一大功臣一說，本身是政治性陳述，而非經濟上確切不移之事，因為沒有決定性的來源，除非來源規模甚大，例如白銀、鴉片或茶葉。但就在排華政策把華人拒於西方的社會、經濟主流之外時，外移華人把金砂藏在外套襯裡帶回老家、透過「銀信」把錢匯回家鄉。金銀間匯率的波動，不只會計、金融家關注，海外華人也密切關注；他們始終知道以外匯形式送回的匯款會如何轉化成本國貨幣。華人問題最具諷刺意味的事情之一，係美、澳、東南亞境內的海外華人於銀價下跌之時，守著儲蓄，把大筆錢匯回中國老家。39

第十三章　成爲華人，成爲中國

匯款只是把海外華人與母土繫在一塊的諸多細線之一。政治是另一條細線，而且政治也有其經濟面向。十九、二十世紀之交，如何對待海外華人成為中國政治論述裡的重要主題。改革派認為海外華人受壓迫和清朝積弱不振有關，認為西方排華是自鴉片戰爭以來西方列強加諸中國的諸多恥辱之一。中國境內一時爆發反對美國排華法的聲浪，導致一九〇五至一九〇六年中國境內拒買美國貨。拒買其實是在抗議美國單方面的門戶開放政策。此舉抒發了中國境內和整個海外僑社新興起的民族主義政治主張。[1]

海外華人問題和祖國政治，透過彼此部分重疊的同鄉會（會館）、祕密會社、商人行會、政黨的網絡，產生連結。最知名的反清運動政治領袖裡，有兩個活躍於海外。康有為，十九世紀中國最傑出的哲學家之一，重新解讀孔子學說以推動進步和改革，並根據孔子的大同理想發展出世界大同學說。他擁護立憲君主制和資本主義發展，勸說——有人說發起——光緒皇帝推動著名的

「百日維新」，一八九八年光緒遭慈禧太后罷黜，此改革才嘎然而止。在此政變中，慈禧處決了康有為的六名同志，但康有為和其弟子梁啟超逃到日本。此時期的另一位知名人物是年輕的廣東醫生孫中山，他也流亡海外，從夏威夷、北美推動反清。孫中山主張革命，要推翻滿清，施行立憲民主。他會在一九一一年辛亥革命中實現上述目標，但一九〇〇年代初，康有為的改革黨更具影響力。據某些說法，康有為從海外流亡地「組織」這波拒買運動，當時他人在瑞典的一個私人離島。[2]

康有為和梁啟超流亡海外約十五年。梁啟超以日本為其基地，康有為則去到加拿大，一八九九年在那裡創建改革黨「保皇會」。兩人走訪多處僑社，成立政黨分會（全世界超過一百七十五處），辦報、興學、開公司。保皇會的中國商務公司的投資、經商活動，包含美、加、墨、東南亞境內的不動產、餐館、銀行、帶風險的鐵路和開礦事業。此公司從各地僑社調動資本，不只為保皇會募了款，還為海外華人財富提供了新出路。康有為把海外華人構想成中國現代化所不可或缺。一九〇二年的文章〈論世界經濟競爭之大勢〉也表達此觀點，把外移視為某種經濟擴張，而此經濟擴張建立在海外工作者的匯款上，而非殖民主義上。但美國等西方國家的排華政策，威脅到中國的生存和擴張。[3]

梁啟超從日本主編激進刊物《新民叢報》。當時中國都市印刷出版蓬勃發展，這是此產業的一部分。各種報紙雜誌百花齊放，性質從溫和到激進，從知性到通俗，形形色色；它們所探討的議題，從對外關係到科舉制到纏足，非常多樣。大部分撰稿人把中國的世界地位擺在新興民族主義和社會達爾文主義的框架裡思考。《外交報》刊出條約、外國法律原文，翻譯倫敦《泰晤士報》和《北美評論》的文章。梁啟超的《新民叢報》影響力甚大，以剖析透澈、直言力陳、談到中國世界地位時立論讓人信服著稱。黃遵憲稱許梁啟超的文章具有動情搖心的感染力，每個人看了都覺得說出自己心中塊磊，就連鐵石心腸之人都為之感動。[4]

梁啟超遊歷澳洲、美國多處地方，一九〇〇至一九〇一年在澳洲待了六個月，走訪了維多利亞產金區的本迪戈和巴拉臘特，還有各大城市。他來訪時正逢澳洲聯邦創立。或許讓人覺得奇怪的，決意不讓華人入境的澳洲諸領袖，竟會在雪梨市政府大樓舉行正式的聯邦晚宴時，邀梁啟超出席這場由新任總理主持的宴會。或者或許更加令人奇怪的，梁啟超覺得澳洲有許多可取之處——婦女有選舉權、勞工受保護、具影響力的工人運動團體。史學家約翰·費茨傑拉德認為梁啟超的觀點是見過世面之菁英的觀點，體現必須改良風俗人心的典型心態，講述了「對新且陌生之民族主義、民族國家之世界的普世關注」。梁啟超看重平等，而澳洲比其他許多國家更加支持平等，但他看出，澳洲的種族歧視表明澳洲尚未支持全人類平等。梁啟超大抵從道德高點看事情。[5]

一九〇三年，梁啟超走訪美加二十二個城市。他的〈新大陸遊記〉，一九〇四年以連載形式刊登於《新民叢報》，全面描述、剖析了北美洲的華人僑社，徹底批判了排華政策。梁啟超再度聚焦於平等問題：他原則上不反對美國有權限制外人入境，但批評美國此舉的歧視性質，不讓華工和華商有機會取用華人市場範圍外的工作和商機，排外矛頭單單針對華人。[6]

清廷看出，不管是革命家孫中山，還是康有為、梁啟超，其海外活動的影響都不可小覷。慈禧把他們趕到國外，無意間壯大了反清民族主義政治主張在海外華人裡的勢力。一九〇二年清廷駐英公使羅豐祿向外務部示警道，海外華人愈來愈多，我們得防止他們追隨康梁和孫。他提議清廷派官員赴新加坡、檳榔嶼、澳洲、加拿大。這位公使建議道，要反制反清活動人士的影響，辦法之一係支持海外華人，尤其受到歧視和不當對待但沒有領事代其表達心聲的澳洲、加拿大華人。[7]

使中國的都市知識分子、專業人士、改革派注意到海外華人的困境，並將此困境與中國的衰弱扯上關係者，不只保皇會和《新民叢報》。反奴隸制小說《黑奴籲天錄》（*Uncle Tom's Cabin*），一九〇一年出版了中文版，譯者林紓在譯序裡寫道，他希望中國讀者以此為借鏡，反思自己的處境。他寫道：「邇又寖遷共處黑奴者，以處黃人矣。夫蝮之不竟伸其毒，必別齧草木舒憤。後人來觸死莖，亦靡不死。吾黃人殆觸其死莖乎？」

林紓論道：「彼中精計學者患洩其銀幣，乃酷待華工，以絕其來。」他主張，儘管「為奴之勢逼及吾種」，清廷袖手旁觀。「若吾華有司又烏知有自己國民無罪為人囚辱而瘐死耶？……國威之削，又何待言？」上海某報的書評發出同樣的看法：本書與其說是在談黑人的苦難，不如說是在談白人宰制下的各種族。這本小說是要把我們從深沉的睡夢中喚醒的警鐘。白人口談文明，實際卻在斡泯滅人性的事。[8]

鄒容這個四川青年，留學日本，最近回國，一九〇四年出版了名叫〈革命軍〉的小冊子。他寫到被送去古巴的苦力和其他在海外受到惡待的華工，言詞慷慨激昂。華人「初則見拒於美，繼又見拒於檀香山、新金山等處，饑寒交迫，葬身無地。」他批評中國沒有民主，中國受西方侮辱時苟安以對。「又不見乎殺一教士而割地償款，罵一外人而勞上諭動問？而我同胞置身海外，受外人不忍施之禽獸者之奇辱，則滿洲政府殆盲于目聾於耳者焉……吾敢曰：滿洲人之虐待我！」〈革命軍〉遭清廷查禁，但據說在中國和海外賣出百萬冊。舊金山《中西日報》主編吳潘洲印行一萬一千冊。主張共和體制的墨爾本中文報紙《愛國報》連載了此文。[9]

美國人對華人移民敵意加深，助長中國境內對排華法的強烈抗議。一九〇〇年清廷欲阻止排華法擴大適用於晚近被美國納為領土的菲律賓、夏威夷，未能如願。一八九七年泰倫斯·鮑德利（Terence Powderly）出任入境事務局長後，舊金山華人所受待遇更差。鮑德利曾是勞動騎士團團長，排華立場鮮明，上任後決意加緊對入境商人、學生的束縛。把入境者拘留在舊金山碼頭上臭名遠播的木造棚屋裡；使用貝蒂榮（Bertillon）人身測定法（監獄鑑別人身的手法）；騷擾商人和學生（兩者皆是不受排華法約束的群體），包括羞辱為了布置聖路易萬國博覽會中國展館而入境的高階商人和官員，以及不讓在倫敦受過教育的四名上海有錢家庭子弟上岸——全都經人詳述，以讓中國讀者了解華人在美的待遇。[10]

就在這樣的政治氣氛下，出現了在中國抵制美國貨的主張，欲藉此逼美國修改其排華政策。早在一九〇〇年，在美的華人，包括報紙主編吳潘洲、六家華人會館、華人基督徒，以及中國駐美公使伍廷芳，就力促重議《葛禮山－楊儒條約》（Gresham-Yang Treaty）。此約認可美國排華法，而且預定於一九〇四年到期。[11]

藉抵制美貨施壓美國的構想，數次出現在檀香山、舊金山的海外中文報紙上，但實際作為主要表現在聯署集體請願上，表現在一九〇三年由在美華人向清廷提交請願書上。繼伍廷芳接任駐美公使的梁誠起草了新條約，一九〇四年遞交美國國務卿海約翰（John Hay）。梁誠所擬的條約同意不准華工入境，但針對已住在美國的華工，針對非工人的華人，都增列了保護措施，包括讓他們擁有聘請律師、保釋、上訴的法定權利。從中國的角度看，這顯然很合理，中國承認美國有權管制入境，但反對不當對待和歧視，就和梁啟超在〈新大陸遊記〉裡所提的建議差不多。但梁誠所提的條約和清廷數位駐美公使所提的其他請求，美國置若罔聞。美國國會任由《葛禮山－楊儒條約》到期，一九〇四年把排華法附加在一項撥款法案上，從此，排華為永久措施，中國經由條約程序提出的任何意見變得無足輕重。[12]

在美華人感到絕望，另一方面，情勢的演變激使上海的改革派和商人起而行動。在民族主義情緒推波助瀾下，加上得到某些清朝官員和本土資本家支持，支持抵制美貨的聲勢更為壯大。本土資本家包括欲促銷國貨以和舶來品相抗衡的新興麵粉製造業。一九〇五年五月，上海商界領袖呼籲，若到了七月，美國仍不同意更改排華政策，就開始抵制美貨。六月，美國總統老羅斯福——受到在華美國商界施壓——要國務院和移民局以「最大的禮貌和體諒」對待抵美的華人商人和學生。但此舉未能止住拒買運動。[13]

拒買運動的領導階層來自上海境內成立較久的同鄉會館，其中許多會館有代表參與上海新成立的商會。拒買運動迅即使廣大的都市居民跟著動了起來，其中包括學生、專業人士、婦女組織、文學會、基督教徒團體——老早就熟悉西方消費品和風格的群體。拒買之舉使外國貨象徵外國帝國主義的看法明確固化於人心。拒買運動擴及中國至少十座城市，而以在上海、廣州、廈門抵制最力。上海是中國最具國際色彩的城市和口岸，大部分美國產品經由上海進入中國。廣東和福建則當然是北美、東南亞、澳洲境內大部分華人的原鄉。[14]

美國貨——棉布、香菸、麵粉、煤油——是中國城市裡常可見到的消費品。美國棉布占了中國進口粗棉布九成，至少以十一個品牌在中國販售，此外還有三十一個品牌的棉被單、四個品牌的細棉布、十個品牌的斜紋布。與美國公司合作的上海商人，不只在上海賣美國貨，還把美國貨配銷給其他城市的零售商。上海商會挑其會員，閩籍著名商人曾鑄（曾少卿），主持拒買委員會。曾鑄是理想人選，因他沒有利益衝突；他本身的生意在東南亞，不在對美貿易。15

數千人參與群眾大會，誓言抵制美貨。返國的華商在廣州的公開集會上講話。民族主義報紙《安徽俗話報》刊出一篇二十四頁的文章，介紹華人在美受壓迫的歷史背景，其中九頁列出要抵制的美貨品牌。報紙報導集會、演說、決議，新一波問世的小冊子和短篇小說使閱讀大眾對在美華人的困境保持關注。就連廣東某山頂佛寺的「老和尚」都想和訪客談那個排華條約。16

呼籲抵制美貨的傳單在諸城市大量散發。廣州店鋪和民宅貼出告示：本店／本宅不賣／不買美國貨……凡是買賣美國貨者都是無恥之徒。蘇州一香菸商宣布要公開燒毀其美國香菸存貨。在浙江的嘉興，每個店家都貼出抵制海報；報紙報導城裡不再有美國貨的蹤跡。遠至東北的口岸城市營口，當地買辦和碼頭工人都拒絕為一艘載了八萬罐美國標準石油公司煤油的船卸貨。17

在美華人群起擁護拒買，畢竟這是他們自己的運動，只是這時淹沒在中國境內日益升高的民族主義政治浪潮裡。在加州，六大華人會館、致公堂、保皇會、數家報社共同成立一個支持拒買的團體，募到至少一萬五千美元。各地華人僑社也群起支持。在寫給海外華人的一封公開信中，康有為表達了對美國排華法的羞辱、憤怒之情。他寫道，如果繼續排華，中國一年會損失經由香港流入的匯款八千萬至九千萬美元，而這是中國發展——做生意、辦校、建造海軍——所亟需的資金。他接著寫道，排華令人無法容忍，在日本人、印度人、朝鮮人都能去美國，甚至帶狗去美國的情況下，尤其叫人吞不下這口氣。[18]

泰國華商拒收用船運來的美國麵粉和香菸；日本神戶華人拒絕處理美國貨，橫濱華人抵制美國銀行和保險公司。在澳洲，中文報紙熱切報導拒買運動的最新狀況。一九〇〇至一九〇一年歡迎過梁啟超來訪的澳洲華人，對中國民族主義政治並不陌生。他們既密切注意反美國排華法的拒買運動，也密切注意南非華人礦工的困苦——一九〇四和一九〇五年引人矚目的兩件事。他們知道所有海外華人命運相關：有個澳洲華人寫道，如果美國繼續排華，澳洲絕對會跟進。清廷或許幫不了我們，因為正忙著巴結洋人。因此我們應該靠自己，團結一致。[19]

一九〇五年秋拒買運動開始勢衰，但在廣東，撐到一九〇六年初。發起此運動的商紳意態開始動搖，尤其是那些很可能因買氣停滯而損及利益的人。民意依舊支持，但內部的分裂也弱化此運動。清廷受到美國施壓，明令反對拒買，但在一九〇五年後期之前未大力打壓此運動。[20]

拒買有效？從此運動挑明的目的來看，美國移民局在程序上做了一些更動，以對入境的華人菁英表示尊重，但未觸及根本問題。羅斯福總統繼續要求對待華商和華人學生時公平禮貌，但強硬派控制移民局和國會。一九〇九年會開始有華人學生拿庚子賠款獎學金來美讀書，但商人的處境依舊很糟。吳潘洲一九〇八年寫道，「大」華商都已離美去他地做生意。[21]

但拒買運動對政治的影響，超乎此運動所欲立即達成的目的。此運動表明中國即將迎來現代城市政治和抗議活動，即將有蓬勃的印刷出版文化和多元的社會組成，從傾心改革的商人和文人到中產階級，包括婦女會、學生、知識分子，多種群體構成多元的社會。此運動的流行語「公利」和「公益」體現了新興中國民族主義的精神。渴求國家主權的民心，把矛頭對準美國排華法和美國貨，但很容易就調轉矛頭指向清廷，終而促成一九一一年清朝遭革命推翻。[22]

經濟上，拒買運動的確對美國商界有短期衝擊。從美國進口的總值，由一九〇五年的七千七百萬兩降為一九〇六年四千四百四十萬兩，少了三千五百二十萬兩（四千四百萬美元）。美國經濟學家雷麥，在其研究此拒買運動的專著中，認為進口值的減少不能完全歸因於拒買，但推斷，在上海、廣州和其他一些城市，某些產品的確受到不利影響。美國領事館官員一九〇五年指出，拒買運動嚴重打亂上海境內貿易，並描述了棉布匹方面的「嚴重虧損」和「生意完全停滯」。未賣掉的煤油，積存於上海、廣州、廈門；兩萬袋麵粉賣不出去，成堆擺在香港倉庫裡。在香港，美國領事報告，美國貨只有外國人買或轉運到法屬印度支那。憑藉事後之明，我們能看出這些影響具體且短暫；美中貿易量和貿易額繼續成長，尤以一九一三年後為然。但美國出口商和外交官當時很擔心美國貿易業可能蒙受的長遠傷害。[23]

反美貨運動預示了要求以國內製造、使用國貨來表達反帝、愛國精神的「國貨運動」。一九〇八、一九一五、一九一九年中國人為了國家受辱、喪失領土而發起的拒買日貨運動，使日本損失甚巨，日本因此告訴國際聯盟的李頓委員會（Lytton Commission），拒買運動繼續下去，會「使所有外國在中國的經濟活動很難進行，甚至進行不下去。」事實上，一九二〇年代期間中國人繼續拒買日貨，拒絕與日本人商業往來，並在一九三一至一九三二年為抗議日本入侵中國東北而發起的大規模拒買運動中達到最高潮。那是中國人對外國強權施行經濟抵制最成功的一次，但由於接下來的戰爭，此一成就相形失色。[24]

第二次中日戰爭結束了始於第一次鴉片戰爭的中國恥辱世紀，戰後接著爆發國共內戰，以一九四九年中共拿下江山作結。在這恥辱的百年間，中國在地緣政治、經濟方面經歷了世界史上最劇烈的反轉之一。

鴉片戰爭後，清廷竭力欲弄清楚如何與西方交往、如何發展本國工業、如何改革國內治理。但就在外商和外國文化在中國，尤其在通商口岸和追求工業化的區域，站穩腳跟時，追求現代化的努力，因為清朝內部的分裂對立和既得官僚利益集團的掣肘，更別提因為中國長期王朝傳統的惰性，而放慢腳步。十九世紀後期，清朝財政已危危顫顫，就要破產，原因出在平定太平天國之亂和其他民亂的高昂支出和高昂的對外賠款。中國南部、中部則因這些民亂民生凋敝，滿目瘡痍（一八五〇～一八六四）。

住在英美世界的海外華人，在晚清歷史上，並非扮演跑龍套的角色。出洋淘金者是最早親身體驗西方世界的中國人之一。他們於十九世紀後期參與北美洲和澳大拉西亞的淘金熱，二十世紀初期重振南非的產金業，係使國際金融和國際政治關係改頭換面的長距離遷徙和全球貿易新時代不可或缺的一部分。英國和美國陸續以黃金的力量為基礎稱霸全球金融，而華人金礦工是英美這番成就的功臣之一。他們的貢獻讓人倍覺反諷。在某個層面上，淘金熱在物質上和象徵意義上都強化了全球經濟往以黃金為基礎的貿易和投資的轉變，從而使中國處於不利境地。在另一個層面上，華人在金礦區和其他產業裡工作一事，帶來種族衝突和種族歧視、暴力，最終催生出不讓華人入境、取得公民身分的政策，而這些政策也使中國陷入不利境地。排華既未直接導致西方的崛起，也未直接導致中國的衰落，但那是使英美移民民族主義占上風並造成中國在諸多方面受壓迫的諸多政策之一。此外，排華法在十九世紀中國歷史上大受看重，因為它們，連同不平等條約，係中國在全球舞台上最有力的恥辱象徵。

但如果說海外華人受到歐美社會鄙視和邊緣化，他們也是知識和資源輸入其老家城鎮和地區的管道。他們打造出遍及整個太平洋的稠密網絡——遷徙網、商業網、政治網——而這些網絡係十九、二十世紀之交中國新興民族主義誕生的功臣。拒買美貨運動體現了這股把海外僑民和中國境內都市中產階級連在一塊、把排華法的不公不義和中國的國力衰弱掛鉤的民族意識。

清朝財政拮据且受到峻拒改革的官僚體系拖累，但面對外人的侵犯和氣勢洶洶的進逼，的確竭力申明其獨立自主地位。中國拒絕採金匯兌本位制；中國不是殖民地，與印度或菲律賓不同，這點很重要。在印度或菲律賓，帝國主義專斷施行貨幣政策，從中表明它們是宗主國的附屬地。清朝外交官出手保護在海外居住、工作的華商、華工，使其免遭歧視和惡待，儘管並非總是能如願。歐美的侵犯已令中國人極反感；日本人則可以說更加貪婪，奪走臺灣，為拿下長年為中國藩屬的朝鮮而開戰，把勢力伸入中國東北。一九〇〇至一九〇一年爆發義和團之亂，中國情勢更加危急。這場農民叛亂爆發於華北，矛頭指向外國傳教士，使清廷內部分裂，導致西方列強和日本派兵進入北京，招來又一批的賠款。

一九〇五年，慈禧太后啟動一連串改革，包括廢科舉、建軍、整頓官僚體系。但改革步調緩慢（原因之一是清廷拿不出改革所需經費），反清民心只長不消。到了一九一〇年代結束時，改革清廷的想法已讓位給要將其推翻的民心。一九一一年夏秋中國各地的武裝叛亂，終於推翻清朝，隨之終結了四千年的王朝統治，其中許多叛亂和孫中山的革命黨有關係。繼之而起的中華民國面臨從如何在清朝灰燼上建立現代政府到如何終止軍閥混戰和高官貪腐的諸多難題。民國時期，中國迎來憲法、現代大學體制、對本國產業投資、廢除纏足、文化復興。但占人口絕大多數的農民的需求，大體上依舊未得到處理。政治、經濟的不穩定積重難返，在沉重的對外賠款要到進入一九二〇年代許久以後才能還清的情況下，尤然。清朝感嘆時不我予，而當一九三一年日本奪占中國東北、一九三七年入侵中國關內時，中華民國也有同樣的感嘆。

接下來的中日戰爭和二次大戰期間，海外華人群起支持祖國。接下來的內戰和一九四九年中共革命期間，他們的效忠對象一分為二。冷戰期間，住在英語世界的華人，不管政治傾向為何，大體上與他們在中國大陸的老家斷了聯繫，中國自絕於全球資本主義經濟之外。直到文化大革命（一九六六～一九七六）之後，中國才再度向西方「開放」。住在西方的華人開始回到睽違已久的老家探親，開始往中國匯款和投資。一九八〇年代起，中華人民共和國放寬人民外移限制。海外華人，不管是舊移民，還是新移民，都匯款回老家，參與文化、知識交流，從而會再度為中國的發展和其世界地位貢獻力量。

晚近外移的華人，對前輩華人移民所知甚少，後者是最早赴西方闖蕩的華人，其經驗影響了十九世紀後期全球政治的進程。在加州尤巴河的礫石灘；在維多利亞的卡斯爾梅恩的峽谷裡；在威特沃特斯蘭德的西默和傑克（Simmer and Jack）礦場的深處，採金的外移華人，都知道自己是一樁國際大事件、一樁意外之事、一個運動的一部分，即使他們當下所追求的只是切身的利益。誠如美國四九人所說，他們前來「發財」。而且一如所有淘金客，他們的成敗既取決於勤勞，也要看運氣。而且一如其他每個人，他們和來自他國的淘金客競爭。

但華人金礦工也很快就知道，金礦場上的打交道規則常常不公平。誰能在當地安身立命？誰有資格享有權利？誰能成為公民？白人主張華人不屬於拜黃金之賜在英美人的邊區形成的新共同體、新國家時，他們提出理由說明為何如此，不管那理由是「異教信仰」和「基督教價值觀」之間的水火不容，還是「苦力勞動」與「自由勞動」之間的扞格不入。在華人問題於十九世紀後期出現於諸多地方時，這些想法表露了華人問題的特性，催生出一個全球性的種族理論。站在海外華人那一邊的歐美人甚少：一些傳教士、有時則是一些商界人士，或一些替華人說話的自由主義者。大眾種族主義，經菁英思想家之手化為理論，被政治人物當武器用，加劇華人問題。在英國的諸移民殖民地和美國，華人問題一反行之已久的平等原則，欲把中國在國際大家庭裡邊緣化，欲把華人塑造為人類大家庭裡的劣等種族。排華是西方遏制中國的行動裡不可少的一環。

各地的華人抵抗種族主義和排華——訴諸請願書、抗議書、打官司；團結、自衛；求助於西方公眾和中國政府。尤其值得一提的，他們堅持不懈。海外華人打造出僑社，改造傳統組織（例如同鄉會和祕密會社）以滿足自己所需。在傳統儒家社會體制裡屈居末位的華商，發揮其作為礦業投資人、僑社領袖、文化仲介所帶來的新權力。舊金山的袁生、墨爾本的劉光明、約翰尼斯堡的謝子修，為作為僑居國一份子和中國一份子的外移華人的利益奔走，力倡正視他們的存在。這些工人和商人在種族、金錢所勾畫出的全球大勢裡打造出現代華僑。

圖25　英美社會裡的華人，工作勤奮，適應環境，堅持不懈，與苦力溫順、任人擺布的刻板形象截然不同。紐西蘭，威凱亞（Waikaia），濁溪（Muddy Creek），約一九〇〇年。

後記　重出江湖的黃禍幽靈

二〇一三年五月，迦納總統約翰・德拉馬尼・馬哈馬（John Dramani Mahama）成立一支特遣部隊，以打擊全國各地的非法小型採金作業。這支部隊拆除數百個非法採金場，扣押現金，毀掉設備，逐出、逮捕了數千名礦工，包括當地迦納人和中國人。迦納在此事件中遣返四千五百多名中國人，如此多的中國人激起對中國人會在非洲掠奪、剝削、乃至殖民統治的憂心。但這些逮捕、遣返行動使中國人非法採礦之事有所收斂，卻未予以完全消除，因為探礦者轉到偏遠區域，在那裡他們得到當地首領保護。二〇一八年在阿善提地區的另一次查抄，抓到一千名非法礦工。[1]

一九九〇年代中期至二〇一三年，五萬中國人前去迦納的小型採金場工作。在迦納的中國人淘金熱裡，絕大多數淘金中國人來自廣西省的上林縣，在該縣，沖積礦床採金歷史悠久，但晚近，由於危害環境，遭官方遏止。在迦納，只有迦納公民可合法從事小型採礦或個體戶型採礦，但許多迦納人與中國人公司組成非法的合夥事業，迦納人在其中持有合法採礦證照，中國人則提供資金、設備、專門技術。他們在合法的灰色地帶作業，在那裡，迦納公民持有土地，但地下的礦物屬官方所有。[2]

中國人公司有八至十名合夥人，合夥人拿出家中儲蓄、向人借錢，來為他們的事業提供資金。他們來到迦納後，跟著把自己的親人帶來務工。這些移工彼此有親屬關係，在仲介協助搞定觀光簽證下過來。一般來講，中國人公司僱用十至十五名迦納籍、中國籍工人，在面積二十五英畝的土地上從事沖積礦床採金。公司的初期資本支出可能是五十萬美元，大多用於購買設備（挖土機、發電機、出泥筒、皮卡）。持續的開支，包括要分給迦納籍證照持有人的利潤（通常是一成）、勞動成本、付給多個本地官員的規費和賄款。[3]

這些公司規模不大，比不上跨國公司的工業採金作業，加納的黃金七成多產自這些跨國公司。例如，安格金公司（AngloGold Ashanti），紐約證券交易所的公開上市公司，資本額七億多美元，採礦作業面積超過兩萬八千英畝，使用先進的深採礦技術，在迦納僱用員工將近七千人。但中國人憑藉其本事和資本，得以大幅增加沖積礦床的採金產量，從而使中國人和當地人都發財，但也招來關於環境退化和惡待勞工的怨言。[4]

中國人在二十一世紀迦納和其他西非、中非富藏黃金區域從事小型採金一事，和十九世紀中期中國人的採金、遷徙，有著某些奇怪的相似之處：由合夥人合資成立的小公司；以網絡為基礎的遷徙和搞定從家鄉到外國金礦區之旅程的仲介；與目的地國的公民、政府關係不穩定。這些經濟、文化模式以其持久性和適應力而引人注意。

但中國人的迦納淘金熱大不同於十九世紀淘金熱。如今黃金不再是貨幣與商品，從而未產生過去那種全球性熱潮。但黃金依舊是主要的保值物之一，在經濟衰退時大受追捧。因此，二〇〇八至二〇一三年中國籍採礦企業家湧至迦納，係因為黃金的世界價格於二〇〇八年金融危機後來到歷史高點。此外，因為可用於某些工業用途，尤其可用於裝飾，黃金依舊有其價值。中國和印度是世上前兩大黃金消費國，而在這兩個國家，黃金幾乎全用於首飾。中國其實是世上最大的產金國（二〇一八年達四百噸），但其愈來愈少的蘊藏無法滿足國內需求。[5]

中國人投入小型採金一事，並非無足輕重，卻只是中國在非洲採礦事業的一部分。中國也從事工業採金，投資了南非的金礦場。威特沃特斯蘭德的金礦，開採了一百五十年後，如今仍在生產，但在地下將近兩英里處開採。此外，銅、鈷、錳、鋁礬土、鈳鉭鐵礦（用於電子產品和行動電話）、其他數十種礦物和金屬，係中國製造業所不可或缺，尤以在電子產品、車輛、鋼生產之類高階部門為然。非洲豐富的礦物蘊藏和中國龐大的工業需求，已使中國成為撒哈拉以南非洲之礦物的最大進口國。[6]

但在中國的非洲事業裡，採礦只排第三，次於基礎設施（鐵公路和港口）和能源（石油和天然氣）。中國每年在非洲的對外直接投資非常大，從二〇〇三年的七千五百萬美元增長為二〇一八年五十四億美元。其中約一半資本來自中央政府的國營事業和銀行。其他的中國投資人和承包商，包括省級國營事業和民間公司，以及位在最底層，小型風險事業，例如那些個體戶型的採礦事業。[7]

在非洲的這些項目，構成習近平主席二〇一三年所宣布之「一帶一路倡議」這個中國全球經濟戰略的一部分。「一帶一路」最初構想為通往中亞的「新絲路」和穿越東南亞的「新海上絲路」，讓人想起把中國和世界其他地方連在一塊的古貿易路線。一帶一路倡議包含從塔吉克到伊斯坦堡、從雅加達到吉布地的諸多基礎建設項目——高速鐵路、公路、港口、油氣管、發電站、機場——係旨在促進第三世界地區的經濟發展、為中國過剩的貨幣儲備和過多的工業產能提供出口的戰略。中國也打算開發出從主帶岔出、貫穿巴基斯坦、孟加拉、蒙古的「走廊」；位於莫斯科、鹿特丹、威尼斯的終點；五十個用於工廠生產的經濟特區。以二〇一九年來說，中國已花了三百億美元，大部分是藉以換來長期租約和使用權的低利政府貸款。中國打算至二〇二七年為止共投資一兆多美元，但二〇二〇年，由於新冠疫情，項目和貸款放緩。中國也於二〇一五年創立亞洲基礎設施投資銀行，承認投入該銀行一兆人民幣（一千六百億美元），聲稱此舉會補強，而非顛覆世界銀行。[8]

習近平主席所喚起的古老陸上、海上絲路，係中國晚近民族主義豪言壯語和行動目標裡最重要的主題。所有民族主義都靠宏大的歷史敘述來穩固國家的特性，而且這個特性被想像成從遠古至現在再到未來不絕如縷。習近平也強調中國在西方帝國主義壓迫下的百年國恥，以使中國擔負起糾正嚴重歷史不公的新全球角色。用習近平的話說，中國的「偉大復興」是「中國夢」。

不需抱持現今雄心勃勃的民族主義，就能看出此民族主義和中國歷史觀相呼應的程度。一五五〇至一七五〇年，中國是世上最大的經濟體，近世全球貿易的中心。本書把重點擺在中國百年國恥那段時期的大半期間，亦即從鴉片戰爭到清朝覆滅這時期，也就是從加州發現黃金到南非終止華工輸入計畫這段時期。這些事件大大影響中國和中國人民進入由英美勢力支配的國際大家庭，英美力量則是既耗取自然資源，又是商業性、金融性的力量。十九世紀和二十世紀初期中國在全球經濟裡的地位，基本上是殖民地地位，以遭西方和日本強行闖入和掠奪為特點。一九一一年創立的中華民國竭力打消中國的兩個最不堪的國恥——不平等條約和排華法——但成就甚微。直到二次大戰時，不平等條約才廢除。排華法廢除較慢：一九四三年美國廢止其排華法，但澳洲和南非直到一九七〇年代才不再排華。中華民國進行改革，尤其法律、教育改革，而且推動工業化，但也苦於政治派系傾軋、武裝衝突和腐敗。一九二〇年代起就儼然要起衝突的國共兩黨明爭暗鬥，二次大戰後終於爆發內戰，一九四九年共產黨勝出。[9]

中共拿下政權時，毛澤東發出著名宣告：「占人類總數四分之一的中國人從此站立起來了，我們的民族將再也不是一個被人侮辱的民族了。我們已經站起來了。」毛澤東把中國的貧困與中國在世界上的悲慘處境聯繫在一塊，藉此喚起自十九世紀後期以來諸多改革、革命志士所發抒的心情。但晚清和民國的民族主義者致力於以西方和日本為範本將中國現代化，中共則拒斥資本主義和帝國主義，施行以動員農工、農村土地改革、自給自足的經濟發展道路為本的社會主義模式。毛澤東時代（一九四九～一九七六），中國取得顯著成就，包括土地改革和較平等的分配、糧食增產；生活水平、教育、保健、預期壽命改善；女人地位提升。中國也為全世界反帝運動提供了精神鼓舞和實質支持。[10]

但蘇聯式中央計畫模式的侷限、使用農業剩餘支持工業化、冷戰期間遭西方和日本在國際上孤立，妨礙了進步。影響同樣重大者，係強調人類意志（亦即革命情操和鐵的紀律）是實現社會繁榮、平等之關鍵這種過度意識形態掛帥的行為。一九五〇年代後期的大躍進造成農業產量陡降，進而導致災情慘重的大飢荒（一九五九～一九六一），因此喪命者至少一千五百萬人，可能超過四千萬人。文化大革命期間（一九六六～一九七六），懲罰知識分子和其他「走資派」，導致兩百多萬人喪命，失去整整一代受過教育的人，而這些人是任何一種社會進步所不可或缺。至一九七〇年代，農業生產已趕不上人口成長速度；一九七九年人均糧食消耗量未高於一九五五年。中國仍是個很窮的農業國家。[11]

一九七六年毛澤東去世後，革命老戰士鄧小平拿下黨的領導權。他丟掉馬列主義正統，不再走強調政治動員的毛澤東思想路線，展開務實的經濟改革。在所謂的「具中國特色的社會主義」下，中國從統制經濟轉型為市場驅動的經濟。中央政府把更大的經濟權限下放給省和地方，鼓勵私人公司和合作社，為農村經濟注入活力。中央政府大興土木建設基礎設施和城市，地方政府從小農買來地，拿該地作抵押品向國家開發銀行借款。中央政府招引外資和全球貿易；蘋果、沃爾瑪只是在中國同時為中國消費者市場和全球出口生產商品的最著名外商公司而已。「開放」範圍也包括更大的藝術創作自由、國際旅行和知識交流、大幅擴張的公民對話，二〇〇〇年代時許多公民對話透過線上社交媒體。中國使約六億人脫貧，既創造出百萬、億萬富翁，也創造出新中產階級。改革策略使中國二十餘年年均雙位數成長。至二〇一〇年中國已超越日本成為世上第二大經濟體，僅次於美國。[12]

但令人驚嘆的經濟成長也為中國社會帶來新問題和新緊張：經濟不平等加劇、社會福利安全網垮掉、可怕的汙染、猖獗的貪汙，以及隨之而來民怨的升高。許多西方觀察家認為中國的經濟改革會導致政治改革，但中國的領導階層一直不願走這條路。一九八九年六月中國殘酷鎮壓北京天安門（和國內其他地方）的抗議者，使民主政治無緣實現。一九九〇年代以來，政治日益邊緣化，這既因為官方打壓，也因為強調致富、快速致富的文化。[13]

毛澤東把中國在世界上的角色界定為為世界提供資本主義、帝國主義之外的另一條可走的路；但從鄧小平到習近平的諸多中國領導人根據資本主義西方的思維重新界定「偉大」。目前的策略強調生產力、利潤、積累；從開發中世界取得原物料；買外債。中國的強勢發展計畫，在國內外都可能招來怨懟；於是，在習近平擔任國家主席期間（二〇一二～迄今），對異議分子的思想審查和逮捕增加。北京當局壓制新疆的維吾爾穆斯林，包括把大量漢人移入新疆以趕走當地居民、高科技監視、把兩百多萬維吾爾人拘留在「再教育」中心。值得一提的，陸上一帶一路的主動脈貫穿新疆。

中國的經濟力量，要歸功於其龐大人口的勞動力和創造力得到釋放，以及要和當今全球經濟的供應鏈接合——其實應該說要支配全球經濟供應鏈——的戰略性決定。經濟史家如今把晚近中國（和二十世紀後期以來其他東亞經濟體）的成就，視為近世東亞「勤奮」習慣和「勤奮革命」（industrious revolutions）的翻版。在這個觀點下，勞力密集的農業、家庭手工業和紡織品生產，得到興旺的地方、地區商業市場和信貸網絡支持，代表了歐洲資本密集型工業化之路以外可走的另一條路。這兩條路都源於偶然因素——土地和能源的相對較易取得、戰爭的迫切需要——

而非源自西方文明相對於亞洲文明的任何固有的優越性或劣等性，或非源自資本主義的任何常態性發展。批判性政治經濟史強調歐洲人的帝國使用多種種族、貨幣方面的策略來積累資本，這些策略——黑奴、金銀、鴉片、炮艇——係促成新興全球經濟出現分流的最重要因素。本書致力於說明與華人問題有關的政治活動，如何是十九世紀中西「大分流」的一部分。[14]

長遠審視種族、貨幣的政治經濟，也促使我們從世界史的大視角思考全球經濟改變。帝國興衰起伏，一個全球性霸主隨著另一個全球性霸主興起而沒落，過程鮮少平和。這些過程彼此部分重疊，而新權力中心的興起並非注定，而是取決於多個因素。

但大英帝國已成昨日黃花，而美利堅世紀走不到百年。中國的策略係打造一個全球經濟的亞洲中心並從該中心往外移動，但中國會不會在二十一世紀成為新的全球霸主，仍在未定之天。或許較有可能的是，沒有哪個國家會稱雄，全球經濟會繼續以多極的權力分配（美、歐、東亞）為特點。[15]

隨著歐盟和東亞在全球貿易裡的份量自一九九〇年代起日益升高，美國在世界GDP所占的比重下滑——從一九八五年的三成五降為二〇一八年的兩成四。但美國GDP仍是首屈一指。同樣重要的，美國在全球分工裡依舊支配價值鏈的高端（科學和技術）。中國的成長大體上來自其為西方的消費者製造商品，即處於殖民地和開發中國家的傳統地位。誠如經濟學家伊莎貝拉·韋伯（Isabella Weber）所指出的，每部 iPhone 手機背後都載明：「設計於加州，組裝於中國。」於是，中國欲在價值鏈上更上層樓的作為，係美中經濟競爭裡的熱點，由中美在華為和5G技術、人工智慧、中美科學家間的研究合作方面的爭議可見一斑。[16]

中國的雄心還遭遇其他難關。隨著中國出口製造業工人要求調漲工資，跨國企業已轉到工資較便宜的區域設廠，例如柬埔寨、孟加拉。有些人批評一帶一路倡議導致不公平競爭、尋租行為、使接受貸款國背負還不起的債務。二〇二〇年，有些夥伴——埃及、孟加拉、坦尚尼亞、奈及利亞——要求重議或免除外債，已把中國所承接的項目延後，乃至取消。中國指出，其貸款的利息低於世界銀行，其著意於為開發中國家創造工作機會和財富。但中國如今在非洲所扮演的耗取自然資源的角色和其先前在非洲的項目（例如一九六八至一九七六年毛澤東時代興建的坦尚尼亞－尚比亞鐵路），在口頭和實質作為上，差異頗大。這條鐵路涉及巨額的無息貸款、動用五萬名中國技師和工人、建成後鐵路完全歸非洲國家所有。[17]

二十一世紀美中的經濟關係，既互賴又競爭。就消費品和機器來說，例如電子產品、衣物、塑膠製品、醫療設備，尤其互賴。產品製造於中國（往往為美國跨國公司製造，使用東亞的轉承包商或與中國公司的合資企業），在美國等已開發國家中被人消費。中國為其龐大人口提供了就業機會，提升了生活水平，從而得益於這個關係。但工資上漲和人民教育程度提升，把中國推向更高價值的領域（公眾服務、知識生產），而這些領域所僱用的人相對較少，而且面臨先進工業國的競爭。西方消費者得益於低廉產品，尤以中國使其幣值相對於美元總是較低時為然。但那也使美國出口到中國的東西相對變得較昂貴，從而影響農業之類美國產業。在中國市場，美國的農業出口品（大豆、高粱、禽肉、小麥）和其他國家搶占市占。[18]

另一個重要的互賴領域是債務融資。美國的聯邦債務二〇一九年底為二十三兆美元。由於國內資源不足以提供資金打消赤字，美國靠外國購買其公債，尤以二十、二十一世紀之交時為然。二〇一九年，外國持有兩成八的美國公債（六兆八千萬美元），其中中國占比僅次於日本。中國靠出口賺取了外匯儲備盈餘，其所持有的外匯有約三分之一是美國公債。[19]

與此同時，中國和美國（和其他國家）在全球爭奪開發中國家的原物料和能源（尤其石油和天然氣），爭奪全球投資機會，爭奪對科學知識、技術知識的控制權。中國與美國的關係高度緊張，既源於直接競爭，也源於彼此互賴天平的不穩。美中領導階層都高舉民族主義意味濃厚的辭令：雙方都指責對方不公平競爭，都搬出本國在世上的「偉大」，不管是為了保護，還是為了復興該「偉大」。美國總統川普二〇一七年就任後，即對中啟動貿易戰，但受囿於互賴，他祭出保護主義關稅的效用有限。但關注美中貿易關係者，並非只有共和黨。民主黨也致力於保護美國的全球經濟霸主地位，老早就在痛擊中國。

於是，華人問題在二十一世紀重出江湖，並被用於別的用途。對新黃禍的憂心，充斥於當今對中國的描述裡和中國據稱對美國（和世界）安全的威脅裡。中國所持有的美債比例遭誇大——中國的占比約為美國所有公債的百分之四．五。日本所持有的美債，居外國之冠；美國、瑞士、巴西的比重也甚大。但這些持有都未被認為威脅到美國國家安全。[20]

苦力這個形象重現於美國，作為不公平競爭的象徵。如今的「苦力」是中國製造業出口區的工人和美國大學裡的華人學生和華裔美籍學生。兩者都被想像成機器人般任勞任怨辛苦勞動，組裝半導體板或用功準備考試，一週八十小時或更久。

華裔美人再度被擔心會對美國不忠，被說成間諜，從洛斯阿拉莫斯實驗室的臺裔美籍李文和之類的科學家，到柯林頓競選總統期間向民主黨捐款的華裔美籍公民，都受到這樣的對待。二〇一九年，川普政府要美國大學監視華裔美籍學者，尤其是科學、技術、工程、數學領域的這類學者，不發簽證給來自中國的訪問學者。[21]

新冠疫情期間，川普總統一再把新冠病毒稱作「中國病毒」、「武漢病毒」、「功夫流感病毒」（kung-flu virus），以轉移人們對他處理此危機不當的注意力。他以種族主義心態把華人和疾病牽扯在一塊，導致全國各地紛紛爆發對華裔和其他亞裔美國人口語、肢體攻擊的情事。新冠疫情期間，澳洲、英國、歐陸也爆發反華人、反亞裔的種族主義行徑。

華人問題，包括其貿易層面和入境層面，始終和地緣政治脫離不了關係。美國於二次大戰期間，中國是戰時盟友時，廢止排華法。中共建政後，由於美國的地緣政治考量，必須更精細區分「好」中國人（臺灣的國民黨）和「壞」中國人（中國大陸的共產黨），入境限制漸漸放寬。一九七一年聯合國承認中華人民共和國並將國民政府趕出聯合國後，臺灣政權在世上沒多少友邦；實行種族隔離的南非是其中之一，向臺灣招引資本和移民。在後種族隔離時代，南非於一九九八年與中華人民共和國建交後，南非與中國貿易關係日益密切。至二〇〇二年，中國已是南非第一大貿易夥伴；二〇一七年雙邊貿易額是三百九十億美元。[22]

一九七〇年代起，澳洲就竭力以太平洋世界一員的身分改造自己；一九七三年廢掉其白澳移民政策，並開始考慮以中國為貿易夥伴。二〇〇七年中國已是澳洲的最大貿易夥伴，二〇〇九年成為澳洲的最大出口市場，以鐵、鋼、天然氣、大麥、牛肉為出口最大宗。二〇一五年，澳洲加入中國所倡議的地區性銀行，亞洲基礎設施投資銀行，把達爾文港租給某中國公司，租期九十九年。[23]

二十世紀中期，西方對中國的態度，種族主義意味變得較不外顯，冷戰期間行事以彼此的意識形態差異為本，而非以流於簡化的種族刻板觀念為本。二十一世紀初中國與美國等國的貿易成長，但華人問題始終未消失。中國對歐美文明構成威脅一說，始終稍稍隱伏在檯面下，隨時就會浮現。一九八〇年代，美國搬出此說，以利於其對日本電子產品和汽車進口祭出保護主義。但索尼、豐田的產品很容易就可看出是外國貨，中國製的產品進入美國時，卻是掛美國品牌——耐吉（Nike）、蘋果（Apple）、Levi's、沃爾瑪（Walmart）——直到二十一世紀初的某日，美國人似乎醒來，意識到在美國賣的「每樣東西」都是造於中國，才察覺（或正視）它們的來源地。那當然不是事實：二〇一八年中國貨占美國進口額兩成一。[24]

但在美國和整個西方，擔心中國會成為新「黃禍」的心態，在二〇一〇年代升高，尤以二〇〇八年金融危機、經濟衰退，而中國經受此波衝擊的能耐遠優於美歐之後為然。擔心中國崛起為全球經濟強權，主要因為中國體量的巨大——國內經濟規模的巨大、其供應鏈和投資的遍及全球、其令人驚嘆的連年雙位數成長、專業人士和較低技能工人都往美國、澳洲、加拿大、歐洲跑的新一波外移潮。反華論摻和了以下觀點，因而更加打動人心：中國崛起為全球強權，有點不公平，因為共黨政府操控中國的龐大人口。此觀點使得十九世紀專制老大控制奴性苦力的刻板觀念和對「沉睡巨人」被喚醒的憂心，在當今之世更加說得通。源於十九世紀種族主義、殖民主義、資本主義政治的華人問題，成為當今中國與西方的民族主義較量的顯著特點。

誌謝

若沒有來自許多機構和個人的金錢、知識支持，本書不可能寫成。要感謝哥倫比亞大學的大方支持，使我得以抽出教學時間作研究、寫書。研究經費也支應了遠赴異地檔案館的旅行開銷和僱用研究助理的開銷。這些資源往往是在普通機構或在開發中國家的學者所無緣享有，能享有這些特權，我心存感激。

至於研究助學金，我要感謝 John Simon Guggenheim Memorial Foundation (2009); Institute for Advanced Study (2009); Dorothy and Lewis B. Cullman Center at the New York Public Library (2012); Chiang Ching Kuo Foundation (2012); Woodrow Wilson Center for International Scholars (2013); Huntington Library and Cheng Family Foundation (2017); Shelby Collum Davis Center at Princeton University (2018)。很榮幸擔任美國國會圖書館的克魯格講座教授（Kluge Chair, 2017），擔任奧勒岡大學的韋恩·莫爾斯講座教授（Wayne Morse Chair, 2019）。

要感謝協助我在收藏機構查閱檔案的檔案保管員和圖書館員。要特別感謝 Huntington Library 圖書館的 Peter Blodgett and Li Wei Yang；Bendigo Regional Archive Centre 的Michele Matthews；本迪戈 Golden Dragon 博物館的 Leigh McKinnon。

Sven Beckert, Sue Fawn Chung, Andrew Edwards, Madeline Hsu, Rebecca Karl, Benjamin Mountford, and Marcia Wright，批判性的校讀了草稿章節，令我受益良多。至於研究指點、充實的交談、高明的建議，我要感謝 Timothy Alborn, Warwick Anderson, David Atkinson, Gordon Bakken, Manuel Bautista Gonzalez, Katie Benton-Cohen, Elizabeth Blackmar, Angela Creager, Saul Dubow, Alec Dubro, John Fitzgerald, Natalie Fong, Hongdeng Gao, Gary Gerstle, Bryna Goodman, John Higginson, Marilyn Lake, Sophie Loy-Wilson, Valerie Lovejoy, Julia Martinez, Susan Pederson, Jean Pfaelzer, Keir Reeves, Dan Rodgers, Elizabeth Sinn, David Torres-Rouff, Teemu Ruskola, Michele Shover, and Carl Wennerlind。二〇一三年，Patrick Wolfe 歡迎我到他位於維多利亞省 Wurundjeri 鄉間的家作客，很遺憾他來不及看到他對我思想的影響成果，就撒手人寰。

我要感謝以下諸位的研究協助：Zabeth Botha, Rebecca Bonner, Miesha Brooks, Catherine Choi, Cailin Hong, Maria John, Nick Juravich, Jennifer Keltz, Rob Konkel, Gina Lam, Brenna McKallick, Dan Miller, Nancy Ng Tam, Yuki Oda, Alexandra Smith, Jiaxian Jessie Wang, and Atlas Tian Xu。

至於中文資料的研究和翻譯，我要大大感謝以下諸位的協助：Jack Neubauer（《新民叢報》、張德彝的著作、匯款信）、Jo Hsuan Wang（清季外務部檔案）、Siwei Wang（中國、澳洲的中文報紙）、Chengji Sally Xing（關於中國近代史的文獻匯編收藏品、中文報紙、謝子修的南非記述）。

我何其幸運，有機會在此書撰寫期間，向諸多人士呈上我的研究結果。我要感謝牛津大學全球淘金熱討論會的主辦人和參與者（2008）；University Lecture at Columbia University (2015); University of Cambridge U.S.—Global History seminar (2017); Queen Mary University symposium on U.S. history (2017); Cheng Lecture at the Huntington Library (2017); Society for Historians of American Foreign Relations (2017); Harvard world history workshop (2018); New York University's nineteenth-century history seminar (2019); and the Lowell Humanities Lecture at Boston College (2020)。

要感謝讀者和交談人給我的高明建議。書中若有錯誤，責任仍在我。

最深摯的感謝要獻給始終給我打氣的經紀人 Sandy Dijkstra，獻給 W. W. Norton 公司的團隊，尤其我的主編 Tom Mayer。Mayer 從一開始就知道我想要表達什麼，助我將它表達出來。

5. H32956, Pictures Collection, State Library Victoria
6. Courtesy of the California History Room, California State Library, Sacramento, California
7. Courtesy of the Department of Special Collections, Stanford University Libraries
8. Carleton E. Watkins Stereograph Collection, The Huntington Library, San Marino, California
9. Roy D. Graves Pictorial Collection, BANC PIC 1905.17500—ALB, The Bancroft Library, University of California, Berkeley
10. IAN27/09/66/4, Illustrated Newspaper File, State Library Victoria
11. Gum San Chinese Heritage Centre, Ararat, Victoria
12. IAN18/07/68/SUPP/5, Illustrated Newspaper File, State Library Victoria

第二部分

13. F.W. Niven & Co., PIC Volume 156 #U3861 NK3770/8, National Library of Australia
14. IAN01/12/75/188, Illustrated Newspaper File, State Library Victoria
15. HarpWeek
16. LC-USZ62-96518, Library of Congress
17. State Library of New South Wales
18. State Library of New South Wales
19. Wikimedia Commons
20. Courtesy of Tong Bingxue
21. Niday Picture Library/Alamy Stock Photo
22. J2098, Jeffreys Collection, Western Cape Archives and Records Service
23. Historia/Shutterstock
24. London School of Economics Library
25. 1/2-019165-F, McNeur Collection, Alexander Turnbull Library, National Library of New Zealand

出處說明

感謝主編和發行人容我重新發表第一章、第二章的早期版本："Chinese Gold Miners and the Chinese Question in Nineteenth Century California and Victoria," *Journal of American History* 101 no. 4 (March 2015): 1092-105 and "The Chinese Question: The Gold Rushes and Global Politics, 1849-1910," in *A Global History of Gold Rushes,* ed. Benjamin Mountford and Stephen Tuffnell (Berkeley: University of California Press, 2018): 109-20。第三章、第四章："The True Story of Ah Jake: Language and Justice in Late-Nineteenth-Century Sierra County, California," in *Cultures in Motion*, ed. Daniel T. Rodgers, Bhavani Raman, and Helmut Reimitz (Princeton: Princeton University Press, 2014): 59-78。第五章："Chinese Miners, Headmen, and Protectors on the Victorian Goldfields, 1853-1863." *Australian Historical Studies* 42, no. 1 (March 2011): 10-24，承蒙 Taylor and Francis 允許。第八章至第十一章："Trouble on the Rand: The Chinese Question and the Apogee of White Settlerism," *International Labor and Working Class History* 91 (Spring 2017): 59-78，承蒙 Cambridge University Press 允許。

承蒙 J. D. Schmidt 允許，我節錄了 R. David Arkush and Leo O. Lee 所編 *Land Without Ghosts*, 一書中他所譯的黃遵憲〈逐客篇〉。

圖片出處說明

感謝以下機構和個人惠允使用

第一部分

1. California History Room, California State Library, Sacramento, California
2. Museum No. 8151 Chinese Coach, Semmens Collection, Creswick Museum, Victoria
3. PIC Drawer 6199 #S2788, National Library of Australia
4. 2004.18.11 Photograph, Circa 1875. Gelatin silver on paper, 5 x 7.5 in. The Oakland Museum of California. Gift of the estate of Anne Protopopoff.

Protest. New York: Peter Lang, 2002.

Worden, Nigel. *Making of Modern South Africa: Conquest, Segregation, and Apartheid.* Cambridge, Mass.: Blackwell, 1994.

Xu Dixin and Wu Chengming, eds. *Chinese Capitalism, 1522-1840*, trans. C. A. Curwen. New York: St. Martin's Press, 2000.

Xu Guoqi. *Chinese and Americans: A Shared History.* Cambridge, Mass.: Harvard University Press, 2014.

Yang, William. *Australian Chinese.* Canberra: National Portrait Gallery, 2001.

Yap, Melanie, and Dianne Leong Man. *Colour, Confusion and Concessions: The History of the Chinese in South Africa.* Hong Kong: Hong Kong University Press, 1996.

Yen Ching-Hwang. *Coolies and Mandarins: China' s Protection of Overseas Chinese During the Late Ching Period, 1851-1911.* Singapore: Singapore University Press, 1985.

Yin, Xiao-huang. *Chinese American Literature Since the 1850s.* Urbana: University of Illinois Press, 2000.

Yong, C. F. *The New Gold Mountain: The Chinese in Australia, 1901-1921.* Richmond, S. Australia: Raphael Arts, 1977.

Yuan, Bingling. *Chinese Democracies: A Study of the Kongsis of West Borneo, 1776-1884.* Leiden: Universiteit Leiden, 2000.

Yun, Lisa. *The Coolie Speaks: Chinese Indentured Laborers and African Slaves in Cuba.* Philadelphia: Temple University Press, 2008.

Yung, Judy. *Unbound Feet: A Social History of Chinese Women in San Francisco.* Berkeley: University of California Press, 1995.

Zarrow, Peter. *After Empire: The Conceptual Transformation of the Chinese State, 1885-1924.* Stanford: Stanford University Press, 2012.

—. *China in War and Revolution, 1895-1949.* London: Routledge, 2005.

Zo, Kil Young. *Chinese Emigration into the United States, 1850-1880.* 1971; New York: Arno Press, 1978.

University of California Press, 1996.
Walker, David. *Anxious Nation: Australia and the Rise of Asia, 1850-1939.* St. Lucia: University of Queensland Press, 1999.
Wallerstein, Immanuel. *The Modern World System,* 4 vols. New York: Academic Press, 1977-2011.
Wang, Guanhua. *In Search of Justice: The 1905-1906 Chinese Anti-American Boycott.* Cambridge, Mass.: Harvard University Press, 2001.
Wang Gungwu. *The Chinese Overseas: From Earthbound China to the Quest for Autonomy.* Cambridge, Mass.: Harvard University Press, 2000.
—. *Don't Leave Home: Migration and the Chinese.* Singapore: Times Academic Press, 2001.
—. *The Nanhai Trade: The Early History of Chinese Trade in the South China Sea.* Singapore: Times Academic Press, 1998.
Wang Gungwu and Chin-Keong Ng, eds. *Maritime China in Transition 1750-1850.* Wiesbaden, Germany: Otto Harrassowitz Verlag, 2004.
Wang, Sing-wu. *The Organization of Chinese Emigration, 1848-1888, with special reference to Chinese Emigration to Australia.* San Francisco: Chinese Materials Center, 1978.
Welsh, Lionel. *Vermilion and Gold: Vignettes of Chinese Life in Ballarat.* Sandy Bay, Tasmania: Banyan Press, 1985.
Westad, Odd Arne. *Restless Empire: China and the World Since 1750.* New York: Basic, 2012.
Willard, Myra. *History of the White Australia Policy to 1920,* 2nd ed. London: Cass, 1967.
Williams, William Appleman. *The Tragedy of American Diplomacy.* 1959; New York: Dell, 1962.
Wolfe, Patrick. *Settler Colonialism and the Transformation of Anthropology: The Politics and Poetics of an Ethnographic Event.* New York: Cassell, 1999.
Wong, Edlie. *Racial Reconstruction: Black Inclusion, Chinese Exclusion, and the Fictions of Citizenship.* New York: NYU Press, 2015.
Wong, Roy Bin. *China Transformed: Historical Change and the Limits of European Experience.* Ithaca, N.Y.: Cornell University Press, 1997.
Wong Lin Ken. *The Malayan Tin Industry to 1914.* Tucson: University of Arizona Press, 1965.
Wong Sin Kiong. *China's Anti-American Boycott Movement in 1905: A Study in Urban*

Thomason, Sarah Grey, and Terrence Kaufman. *Language Contact, Creolization, and Genetic Linguistics.* Berkeley: University of California Press, 1988.

Tinker, Hugh. *A New System of Slavery: The Export of Indian Labour Overseas.* London: Oxford University Press, 1993.

Todd, A. C. *The Cornish Miner in America: The Contribution to the Mining History of the United States by Emigrant Cornish Miners—the Men Called Cousin Jacks.* Truro, Cornwall: Barton, 1967.

Tom, Brian, and Lawrence Tom. *Marysville's Chinatown.* San Francisco: Images of America, 2008.

Tordoff, Judith D. *Analysis, Evaluation, Effect Determination and Mitigation Plan for Two Chinese Mining Sites in Butte County, California.* Sacramento: Public Anthropological Research, 1986.

Trafzer, Clifford E., and Joel R. Hyer, eds. *Exterminate Them! Written Accounts of the Murder, Rape, and Enslavement of Native Americans During the California Gold Rush.* East Lansing: Michigan State University Press, 1999.

Trocki, Carl A. *Opium and Empire: Chinese Society in Colonial Singapore, 1800-1910.* Ithaca, N.Y.: Cornell University Press, 1990.

Tutino, John. *The Mexican Heartland: How Communities Shaped Capitalism, a Nation, and World History, 1500-2000.* Princeton: Princeton University Press, 2018.

Twain, Mark. *Gold Miners and Guttersnipes: Tales of California.* San Francisco: Chronicle Books, 1991.

Tweedie, Sandra. *Trading Partners: Australia and Asia, 1790-1993.* Sydney: University of NSW Press, 1994.

Umbeck, John R. *A Theory of Property Rights: With Application to the California Gold Rush.* Ames: Iowa State University Press, 1981.

Van Onselen, Charles. New Babylon, New Nineveh: Everyday Life on the Witwatersrand, 1886-1914. Johannesburg: Jonathan Ball, 2001.

Vaughan, Trudy. *Archaeological Investigations at a Sacramento River Miningcamp (CASHA-1450), Shasta County, California.* Redding: City of Redding and U.S. Bureau of Land Management, 1986.

Vaught, David. *After the Gold Rush: Tarnished Dreams in the Sacramento Valley.* Baltimore: Johns Hopkins University Press, 2007.

Von Glahn, Richard. *Economic History of China.* New York: Cambridge University Press, 2016.

—. *Fountain of Fortune: Money and Monetary Policy in China, 1000-1700.* Berkeley:

Press, 2015.
—. *Sex, Law, and Society in Late Imperial China.* Stanford: Stanford University Press, 2000.
Sparks, Theresa A. *China Gold.* Fresno: Academy Library Guild, 1954.
Spence, Jonathan. *God's Chinese Son: The Taiping Heavenly Kingdom of Hong Xiuquan.* New York: W. W. Norton, 1996.
Spude, Catherine Holder, ed. *Eldorado!: The Archaeology of Gold Mining in the Far North.* Lincoln: University of Nebraska Press, 2011.
Stanley, Amy Dru. *From Bondage to Contract: Wage Labor, Marriage, and the Market in the Age of Slave Emancipation.* Cambridge: Cambridge University Press, 1998.
Stanley, Jerry. *Digger: The Tragic Fate of the California Indians from the Missions to the Gold Rush.* New York: Crown, 1997.
Stephens, John J. *Fueling the Empire: South Africa's Gold and the Road to War.* Hoboken, N.J.: Wiley, 2003.
Stoler, Ann Laura, ed. *Imperial Debris: On Ruins and Ruination.* Durham, N.C.: Duke University Press, 2013.
Sugihara, Kaoru, ed. Japan, *China, and the Growth of the Asian International Economy, 1850-1949.* New York: Oxford University Press, 2005.
Sun, E-tu Zen, ed. and trans. *Chinese Social History: Translations of Selected Studies.* 1956; New York: Octagon Books, 1966.
Tagliacozzo, Eric. *Chinese Circulations: Capital, Commodities, and Networks in Southeast Asia.* Durham, N.C.: Duke University Press, 2011.
Talbitzer, Bill. *Echoes of the Gold Rush: Tales of the Northern Mines.* Oroville, Calif: Oroville Features, 1985.
Tandeter, Enrique. *Coercion and Market: Silver Mining in Colonial Potosi, 1692-1826.* Albuquerque: University of New Mexico Press, 1993.
Tandeter, Enrique, ed. *The Market of Potosi at the End of the Eighteenth Century.* London: University of London, 1987.
Tanner, Duncan. *Political Change and the Labour Party, 1900-1918.* Cambridge: Cambridge University Press, 1990.
Tanner, Duncan, ed. *Debating Nationhood and Governance in Britain, 1885-1945: Perspectives From the "Four Nations."* Manchester: Manchester University Press, 2006.
Taylor, Philip. *The Distant Magnet: European Emigration to the U.S.A.* New York: Harper & Row, 1971.

Shen, Yuanfang. *Dragon Seed in the Antipodes: Chinese-Australian Autobiographies.* Carlton, Vic.: Melbourne University Press, 2001.

Shih, Shu-mei, Chien-hsin Tsai, and Brian Bernards, eds. *Sinophone Studies: A Critical Reader*. New York: Columbia University Press, 2013.

Shover, Michele J. *Chico's Lemm Ranch Murders and the Anti-Chinese Campaign of 1877.*

Chico: Association for Northern California Records and Research, 1998.

Shuck, Oscar, ed. *History of the Bench and Bar of California: Being Biographies of Many Remarkable Men*. San Francisco: Bench and Bar, 1912.

Simmel, Georg. *Philosophy of Money,* third edition, ed. David Frisby. London and NY: Routledge, 2004, 1907.

Singh, Daleep. *From Dutch South Africa to Republic of South Africa, 1652–1994: The Story of Three and a Half Centuries of Imperialism*. New Delhi: Allied, 2010.

Sinn, Elizabeth. *Pacific Crossing: California Gold, Chinese Migration, and the Making of Hong Kong.* Hong Kong: Hong Kong University Press, 2013.

—. *Rethinking Hong Kong: New Paradigms, New Perspectives*. Hong Kong: Hong Kong University Press, 2009.

Skidelsky, Robert. *Money and Government: A Challenge to Mainstream Economics.* New York: Penguin Books, 2019.

Skinner, G. William. *Chinese Society in Thailand: An Analytical History.* Ithaca, N.Y.: Cornell University Press, 1957.

—. *Leadership and Power in the Chinese Community of Thailand.* Association for Asian Studies. Ithaca: Cornell University Press, 1958.

Skjeie, Sheila M. "California, Racism, and the Fifteenth Amendment: 1849-1870." In *California and the Coming of the Fifteenth Amendment,* edited by Sheila Skjeie and Ralph E. Shaffer. Pomona: California Polytechnic University, 2005.

Smith, Dottie. *History of the Chinese in Shasta County.* Redding, Calif.: Shasta Historical Society, n.d.

Smith, Iain. *The Origins of the South African War, 1899-1902.* New York: Longman, 1996.

Smith, Stacey L. *Freedom's Frontier: California and the Struggle over Unfree Labor, Emancipation, and Reconstruction.* Chapel Hill: University of North Carolina Press, 2013.

Sommer, Matthew Harvey. *Polyandry and Wife-Selling in Qing Dynasty China: Survival Strategies and Judicial Interventions.* Oakland: University of California

Rosenberg, Emily. *Financial Missionaries to the World*. Durham, N.C.: Duke University Press, 1999.

Rosenthal, Jean-Laurent, and Roy Bin Wong. *Before and Beyond Divergence: The Politics of Economic Change in China and Europe*. Cambridge, Mass.: Harvard University Press, 2011.

Rudolph, Jennifer M. *Negotiated Power in Late Imperial China: The Zongli Yamen and the Politics of Reform*. Ithaca, N.Y.: Cornell University Press, 2008.

Ruskola, Teemu. *Legal Orientalism: China, the United States, and Modern Law.* Cambridge, Mass.: Harvard University Press, 2013.

Russell, A. K. *Liberal Landslide: The General Election of 1906*. Hamden, Conn.: Archon Books, 1973.

Salyer, Lucy E. *Laws Harsh as Tigers: Chinese Immigrants and the Shaping of Modern Immigration Law.* Chapel Hill: University of North Carolina Press, 1995.

Sandemeyer, Elmer Clarence. *The Anti-Chinese Movement in California*. Urbana: University of Illinois Press, 1973.

Sanderson, Henry, and Michael Forsythe. *China's Superbank: Debt, Oil and Influence: How China Development Bank is Rewriting the Rules of Finance*. Hoboken, N.J.: Bloomberg Press, 2013.

Saunders, Kay, ed. *Indentured Labour in the British Empire, 1834–1920*. London: Croom Helm, 1984.

Saxton, Alexander. *The Indispensable Enemy*. Berkeley: University of California Press, 1971.

Schmidt, J. D. *In the Human Realm: The Poetry of Huang Zunxian*. Cambridge, Mass.: Harvard University Press, 1994.

Scott, James C. *The Art of Not Being Governed: An Anarchist History of Upland Southeast Asia*. New Haven, Conn.: Yale University Press, 2009.

Semmel, Bernard. *Imperialism and Social Reform: English Social-Imperial Thought, 1895–1914.* Cambridge, Mass.: Harvard University Press, 1960.

Serle, Geoffrey. *The Golden Age: A History of the Colony of Victoria, 1851–1861.* Melbourne: Melbourne University Press, 1963.

Shah, Nayan. *Contagious Divides: Epidemics and Race in San Francisco's Chinatown*. Berkeley: University of California Press, 2001.

Sheafer, Silvia Anne. *Chinese and the Gold Rush*. Whittier, Calif.: Journal, 1979.

Shelton, Tamara Venit. *A Squatter's Republic: Land the Politics of Monopoly in California, 1850–1900.* Berkeley: University of California Press, 2013.

Porter, Andrew, and William Roger Lewis, eds. *The Oxford History of the British Empire,* vol. 3, *The Nineteenth Century. New* York: Oxford University Press, 1999.

Price, Charles Archibald. *The Great White Walls Are Built: Restrictive Immigration to North America and Australasia 1836–1888*. Canberra: Australian National University Press, 1974.

Qin, Yucheng. *The Diplomacy of Nationalism: The Six Companies and China's Policy toward Exclusion*. Honolulu: University of Hawaii Press, 2009.

Qu, Tonzu. *Han Social Structure.* Seattle: University of Washington Press, 1972.

Quaife, G. R. *Gold and Colonial Society, 1851–1870*. North Melbourne, Vic.: Cassell Australia, 1975.

Quinn, Arthur. *The Rivals: William Gwin, David Broderick, and the Birth of California.* New York: Crown, 1994.

Reid, Anthony, ed. *Sojourners and Settlers: Histories of Southeast Asia and the Chinese*. Honolulu: University of Hawaii Press, 2001.

Reid, John Phillip. *Policing the Elephant: Crime, Punishment, and Social Behavior on the Overland Trail*. San Marino, Calif.: Huntington Library, 1997.

Remer, C. F. *Foreign Investment in China*. New York: Macmillan, 1933.

—. *A Study of Chinese Boycotts*. Baltimore: Johns Hopkins University Press, 1933.

Reynolds, Henry, ed. *Dispossession: Black Australians and White Invaders*. Crow's Nest, NSW: Allen and Unwin, 1989.

—. *Race Relations in North Queensland.* Townsville: James Cook University of North Queensland, 1978.

Rhoads, Edward J. M. *Stepping Forth into the World: The Chinese Educational Mission to the United States, 1872–1881*. Hong Kong: Hong Kong University Press, 2011.

Richardson, Peter. *Chinese Mine Labour in the Transvaal*. London: Macmillan, 1982.

Rifkin, Mark. *Manifesting America: The Imperial Construction of U.S. National Space.* New York: Oxford University Press, 2009.

Robinson, Cedric. *On Racial Capitalism, Black Internationalism, and Cultures of Resistance*. London: Pluto, 2019.

Robinson, Ronald, and John Gallagher. *Africa and the Victorians: The Climax of Imperialism in the Dark Continent.* New York: Anchor Books, 1961.

Rodney, Walter. *How Europe Underdeveloped Africa*. Washington, D.C.: Howard University Press, 1972.

Rohrbough, Malcolm J. *Days of Gold: The California Gold Rush and the American Nation*. Berkeley: University of California Press, 1997.

Perspectives on the Social History of Early Modern South China and Southeast Asia. Armonk, N.Y.: M.E. Sharpe, 1993.

Paden, Irene Dakin. *The Big Oak Flat Road: An Account of Freighting from Stockton to Yosemite Valley*. San Francisco: Yosemite Natural History Association, 1959.

Pan, Lynn. *The Encyclopedia of the Chinese Overseas.* Cambridge, Mass.: Harvard University Press, 1999.

Pan, Shu-lun. *The Trade of the United States with China.* New York: China Trade Bureau, 1924.

Parthasarathi, Prasannan. *Why Europe Grew Rich and Asia Did Not: Global Economic Divergence, 1600–1850*. New York: Cambridge University Press, 2011.

Pascoe, Peggy. *Relations of Rescue: The Search for Female Moral Authority in the American West, 1874–1939*. New York: Oxford University Press, 1990.

Paul, Rodman W. *California Gold; the Beginning of Mining in the Far West.* Cambridge: Harvard University Press, 1947.

Payton, Philip. *The Making of Modern Cornwall: Historical Experience and the Persistence of "Difference."* Redruth, Cornwall: Dyllansow Truran, 1994.

Peck, Gunther. *Reinventing Free Labor: Padrones and Immigrant Workers in the North American West, 1880–1930*. New York: Cambridge University Press, 2000.

Pelling, Henry. *Popular Politics and Society in Late Victorian Britain: Essays.* London: Macmillan, 1968.

Pelling, Henry, and Alastair J. Reid. *A Short History of the Labour Party*. New York: St. Martin's, 1996.

Peterson, Richard H. *The Bonanza Kings: The Social Origins and Business Behavior of Western Mining Entrepreneurs, 1870–1900.* Norman: University of Oklahoma Press, 1991.

—. *Manifest Destiny in the Mines: A Cultural Interpretation of Anti-Mexican Nativism in California, 1848–1853*. San Francisco: R & E Research Associates, 1975.

Pfaelzer, Jean. *Driven Out: The Forgotten War Against Chinese Americans*. New York: Random House, 2007.

Pitt, Leonard, *The Decline of the Californios: A Social History of the Spanish-Speaking Californians, 1846–1890*. Berkeley: University of California Press, 1966.

Pomeranz, Kenneth. *The Great Divergence: China, Europe and the Making of the Modern World Economy*. Princeton: Princeton University Press, 2000.

Porter, Andrew. *"Cultural Imperialism" and Missionary Enterprise*. Cambridge: North Atlantic Missionary Project, 1996.

Minke, Pauline. *Chinese in the Mother Lode, 1850–1870*. San Francisco: R & E Research Associates, 1974.

Mintz, Sidney. *Sweetness and Power: The Place of Sugar in Modern History*. New York: Penguin Books, 1985.

Monaghan, Jay. *Australians and the Gold Rush: California and Down Under, 1849–1864*. Berkeley: University of California Press, 1966.

Mountford, Benjamin. *Britain, China, and Colonial Australia*. New York: Oxford University Press, 2016.

Mountford, Benjamin, and Stephen Tuffnell, eds. *A Global History of Gold Rushes*. Berkeley: University of California Press, 2018.

Murray, Dian H. *The Origins of the Tiandihui: The Chinese Triads in Legend and History.* Stanford: Stanford University Press, 1994.

Muthu, Sankar. *Empire and Modern Political Thought*. New York: Cambridge University Press, 2012.

Nadeau, Remi A. *Ghost Towns and Mining Camps of California: A History and Guide,* 4th ed. Santa Barbara, Calif: Crest, 1992.

Nevins, Allan. *Fremont, the West's Greatest Adventurer.* New York: Harper & Bros., 1928.

Ngai, Mae. *Impossible Subjects: Illegal Aliens and the Making of Modern America*. Princeton: Princeton University Press, 2004.

—. *The Lucky Ones: One Family and the Extraordinary Invention of Chinese America*. Boston: Houghton Mifflin Harcourt, 2010.

Nish, Ian. *Anglo-Japanese Alliance: The Diplomacy of Two Island Empires, 1894–1907*. London: Athlone, 1966.

Northrop, David. *Indentured Labor in the Age of Imperialism*. New York: Cambridge University Press, 1995.

Osterhammel, Jurgen. *The Transformation of the World: A Global History of the Nineteenth Century*. Princeton: Princeton University Press, 2017.

Otte, Thomas G. *China Question: Great Power Rivalry and British Isolation, 1894–1905*. New York: Oxford University Press, 2007.

Owens, Kenneth, ed. *Riches for All: The California Gold Rush and the World*. Lincoln: University of Nebraska Press, 2002.

Ownby, David. *Brotherhoods and Secret Societies in Early and Mid-Qing China: The Formation of a Tradition*. Stanford: Stanford University Press, 1996.

Ownby, David, and Mary F. Somers Heidhues, eds. *"Secret Societies" Reconsidered:*

Markus, Andrew. *Australian Race Relations*. Sydney: Allen & Unwin, 1994.

—. *Fear and Hatred: Purifying Australia and California, 1850–1901*. Sydney: Hale & Iremonger, 1979.

Martinez, Julia, and Adrian Vickers. *The Pearl Frontier: Indonesian Labor and Indigenous Encounters in Australia's Northern Trading Network*. Honolulu: University of Hawaii Press, 2015.

Mather, R. E. *Gold Camp Desperadoes: A Study of Violence, Crime, and Punishment on the Mining Frontier*. San Jose, Calif.: History West, 1990.

May, Ernest, and John Fairbank, eds. *America's China Trade in Historical Perspective*. Cambridge, Mass.: Harvard University Press, 1986.

May, Philip Ross. *Origins of Hydraulic Mining in California*. Oakland, Calif.: Holmes, 1970.

McArthur, Scott. *The Enemy Never Came: The Civil War in the Pacific Northwest*. Caldwell, Idaho: Caxton Press, 2012.

McCalman, Iain, Alexander Cook, and Andrew Reeves, eds. *Gold: Forgotten Histories and Lost Objects of Australia*. Cambridge: Cambridge University Press, 2001.

McDonnell, Jeanne Farr. *Juana Briones of Nineteenth-Century California*. Tucson: University of Arizona Press, 2008.

McKanna, Clare Vernon. *Race and Homicide in Nineteenth-Century California*. Las Vegas: University of Nevada Press, 2002.

McKeown, Adam. *Chinese Migrant Networks and Cultural Change: Peru, Chicago, Hawaii, 1900–1936*. Chicago: University of Chicago Press, 2000.

—. *Melancholy Order: Asian Migration and the Globalization of Borders*. New York: Columbia University Press, 2008.

McPhee, John. *Assembling California*. New York: Farrar, Straus & Giroux, 1994.

Meagher, Arnold. *The Coolie Trade: The Traffic of Chinese Laborers to Latin America, 1847–1874*. n.p., 2008.

Meredith, Martin. *Diamonds, Gold, and War: The British, the Boers, and the Making of South Africa*. New York: Public Affairs, 2007.

Merritt, Jane T. *The Trouble with Tea: The Politics of Consumption in the Eighteenth-Century Global Economy*. Baltimore: Johns Hopkins University Press, 2017.

Metzler, Mark. *Lever of Empire: The International Gold Standard and the Crisis of Liberalism in Pre-war Japan*. Berkeley: University of California Press, 2006.

Miles, Robert. *Capitalism and Unfree Labour: Anomaly or Necessity?* London: Tavistock, 1987.

2004.
Liu, Andrew. *Tea War: A History of Capitalism in China and India*. New Haven, Conn.: Yale University Press, 2020.
Liu, Haiming. *From Canton Restaurant to Panda Express: A History of Chinese Food in the United States*. New Brunswick, N.J.: Rutgers University Press, 2015.
劉進，《台山歷史文化集：台山銀信》，北京：中國華僑出版社，2007。
—.《五邑銀信》，廣州：廣東人民出版社，2009。
Liu, Lydia H. *The Clash of Empires: The Invention of Modern China in Modern Worldmaking*. Cambridge, Mass.: Harvard University Press, 2004.
Loh, Francis Kok Wah. *Beyond the Tin Mines: Coolies, Squatters, and New Villagers in the Kinta Valley, Malaysia, 1880–1980*. Singapore: Oxford University Press, 1988.
Look Lai, Walton. *Indentured Labor, Caribbean Sugar: Chinese and Indian Migrants to the British West Indies, 1838–1918*. Baltimore: Johns Hopkins University Press, 1993.
Louis, William Roger, Alaine M. Low, Nicholas P. Canny, and P. J. Marshall, eds. *The Oxford History of the British Empire,* vol. 1, *The Origins of Empire.* Oxford: Oxford University Press, 1998.
Lynch, Martin. *Mining in World History*. London: Reaktion Books, 2002.
Ma, L. Eve Armentrout. *Revolutionaries, Monarchists, and Chinatowns*. Honolulu: University of Hawaii Press, 1990.
MacPherson, Kerrie L., ed. *Asian Department Stores*. 1998; New York: Routledge, 2013.
Madley, Benjamin, *An American Genocide: The United States and the California Indian Catastrophe.* New Haven, Conn.: Yale University Press, 2016.
Mann, Ralph. *After the Gold Rush: Society in Grass Valley and Nevada City, California, 1849–1870*. Stanford: Stanford University Press, 1982.
Mansfield, George C. *Butte: The Story of a California County*. Oroville, Calif., 1919.
Mantena, Karuna. *Alibis of Empire: Henry Maine and the Ends of Liberal Imperialism*. Princeton: Princeton University Press, 2010.
Marks, Shula, and Anthony Atmore, eds. *Economy and Society in Pre-Industrial South Africa*. London: Longman, 1980.
Marks, Shula, and Peter Richardson, eds. *International Labour Migration: Historical Perspectives*. London: Institute of Commonwealth Studies, 1984.
Marks, Shula, and Stanley Trapido, eds. *The Politics of Race, Class, and Nationalism in Twentieth-Century South Africa.* New York: Longman, 1987.

Faire. Glendale, Calif.: A.H. Clark, 1959.

Kennedy, Brian. *A Tale of Two Mining Cities: Johannesburg and Broken Hill, 1885–1925*.

Carlton, Vic.: International Scholarly Books, 1984.

Klotz, Audie. *Migration and National Identity in South Africa, 1860–2010*. New York: Cambridge University Press, 2013.

Ko, Dorothy. *Teachers of the Inner Chambers: Women and Culture in Seventeenth-Century China.* Stanford: Stanford University Press, 1994.

Kuhn, Philip. *Chinese Among Others: Emigration in Modern Times*. Lanham, Md.: Rowman & Littlefield, 2008.

Kuo, Mei-fen. *Making Chinese Australia: Urban Elites, Newspapers, and the Formation of Chinese-Australian Identity*. Clayton, Vic.: Monash, 2013.

Kurashige, Lon. *Two Faces of Exclusion: The Untold History of Anti-Asian Racism in the United States.* Chapel Hill: University of North Carolina Press, 2016.

Lai, Him Mark. *Becoming Chinese American: A History of Communities and Institutions*. Walnut Creek, Calif.: Rowman Alta Mira, 2004.

Lake, Marilyn, and Henry Reynolds. *Drawing the Global Colour Line: White Men's Countries and the International Challenge of Racial Equality*. New York: Cambridge University Press, 2008.

Lattimore, Owen. *Studies in Frontier History; Collected Papers, 1928–1958*. New York: Oxford University Press, 1962.

Lee, Robert. *Orientals: Asian Americans in Popular Culture*. Philadelphia: Temple University Press, 1999.

Lee, Wen Ho, with Helen Zia. *My Country Versus Me: The First-Hand Account of the Los Alamos Scientist Who Was Falsely Accused of Being a Spy*. New York: Hyperion, 2001.

LeFeber, Walter. *The New Empire: An Interpretation of American Expansion.* 1963; Ithaca, N.Y.: Cornell University Press, 1998.

Levy, Norman. *The Foundations of the South African Cheap Labour System*. International Library of Sociology. Boston: Routledge & Kegan Paul, 1982.

Lew-Williams, Beth. *The Chinese Must Go: Violence, Exclusion, and the Making of the Alien in America.* Cambridge, Mass.: Harvard University Press, 2018.

李柏達編，《世界記憶遺產：台山銀信檔案及研究》，廣州：暨南大學出版社，2017。Limbaugh, Ronald H., and Willard P. Fuller. *Calaveras Gold: The Impact of Mining on a Mother Lode County*. Reno: University of Nevada Press,

鄉：五邑銀信檔案圖冊》，江門，廣東：江門市檔案局，2010。
Jing, Su. *Landlord and Labor in Late Imperial China: Case Studies from Shandong*. Cambridge, Mass: Harvard University Press, 1978.
Johnson, Susan Lee. *Roaring Camp: The Social World of the California Gold Rush*. New York: W. W. Norton, 2000.
Jones, Gavin Roger. *Strange Talk: The Politics of Dialect Literature in Gilded Age America*. Berkeley: University of California Press, 1999.
Jones, Timothy G. *Chinese in the Northern Territory*. Darwin: Northern Territory University Press, 1997.
Jung, Moon-Ho. *Coolies and Cane: Race, Labor, and Sugar in the Age of Emancipation*. Baltimore: Johns Hopkins University Press, 2006.
開平市文物局編，《開平銀信》，廣州：廣東旅遊出版社，2014。
Kanazawa, Mark. *Golden Rules: The Origins of California Water Law in the Gold Rush*. Chicago: University of Chicago Press, 2015.
Karl, Rebecca. *China's Revolutions in the Modern World: A Brief Interpretive History*. New York: Verso, 2020.
—. *The Magic of Concepts: History and the Economic in Twentieth-Century China*. Durham, N.C.: Duke University Press, 2017.
—. *Staging the World: Chinese Nationalism at the Turn of the Twentieth Century*. Durham, N.C.: Duke University Press, 2002.
Karl, Rebecca, and Peter Zarrow, eds. *Rethinking the 1898 Reform Period: Political and Cultural Change in Late Qing China*. Cambridge, Mass.: Harvard University Press, 2002.
Karuka, Manu. *Empire's Tracks: Indigenous Nations, Chinese Workers, and the Transcontinental Railroad*. Berkeley: University of California Press, 2019.
Kaske, Elisabeth. *The Politics of Language in Chinese Education, 1895–1919*. Leiden: Brill, 2008.
Katz, Elaine. *A Trade Union Aristocracy: A History of White Workers in the Transvaal and the General Strike of 1913*. Johannesburg: University of Witwatersrand, 1976.
—. *White Death: Silicosis on the Witwatersrand Gold Mines, 1886–1910*. Johannesburg: Witwatersrand University Press, 1994.
Keesing, Nancy. *Gold Fever: The Australian Goldfields, 1851 to the 1890s*. Sydney: Angus & Robertson, 1967.
Kelley, Robert Lloyd. *Gold vs. Grain: The Hydraulic Mining Controversy in California's Sacramento Valley; a Chapter in the Decline of the Concept of Laissez*

Higginson, John. *Collective Violence and the Agrarian Origins of South African Apartheid, 1900–1948*. New York: Cambridge University Press, 2014.

Hirota, Hidetaka. *Expelling the Poor: Atlantic Seaboard States and the Origins of American Immigration Policy*. New York: Oxford University Press, 2017.

Hobsbawm, Eric J. *Industry and Empire: From 1750 to the Present Day*. 1968; London: Penguin Books, 1999.

Hsiao, Liang-lin. *China's Foreign Trade Statistics 1864–1949*. Cambridge, Mass.: East Asian Research Center, Harvard University, 1974.

Hsu, Madeline. *Dreaming of Gold, Dreaming of Home: Transnationalism and Migration Between the United States and South China*. Stanford: Stanford University Press, 2000.

—. *The Good Immigrants: How the Yellow Peril Became the Model Minority*. Princeton: Princeton University Press, 2015.

Huang, Philip. *Peasant Economy and Social Change in North China*. Stanford: Stanford University Press, 1985.

Huck, Arthur. *Chinese in Australia*. Melbourne: Longmans, 1968.

Hunt, Michael H. *Making of a Special Relationship: The United States and China to 1914*. New York: Columbia University Press, 1983.

Huttenback, Robert A. *Racism and Empire: White Settlers and Colored Immigrants in the British Self-Governing Colonies, 1830–1910*. Ithaca, N.Y.: Cornell University Press, 1976.

Igler, David. *The Great Ocean: Pacific Worlds from Captain Cook to the Gold Rush*. New York: Oxford University Press, 2013.

Irving, Helen. *To Constitute a Nation: A Cultural History of Australia's Constitution*. New York: Cambridge University Press, 1997.

Isenberg, Andrew. *Mining California: An Ecological History*. New York: Hill & Wang, 2005.

Jackson, James C. *Chinese in the West Borneo Goldfields: A Study in Cultural Geography*. Occasional Papers in Geography. Hull, UK: University of Hull, 1970.

Jackson, Joseph Henry. *Anybody's Gold: The Story of California's Mining Towns*. San Francisco: Chronicle Books, 1970.

James, Ronald L. *Ruins of a World: Chinese Gold Mining at the Mon-Tung Site in the Snake River Canyon*. Idaho Cultural Resource Series. Washington, D.C.: Bureau of Land Management, 1995.

江門市檔案局，江門市方志辦，五邑大學廣東僑鄉文化研究中心編，《情繫僑

Gilmar Press, 1986.

Ghosh, Amitav. *Sea of Poppies*. New York: Picador, 2008.

Golden Dragon Museum. *Chinese Memorials and Memories: The White Hills Cemetery-Bendigo*. Bendigo, Vic.: Bart-n-Print, 2001.

Gomez, Edmund Terence, and Xinhuang Xiao. *Chinese Business in Southeast Asia: Contesting Cultural Explanations, Researching Entrepreneurship,* new ed. London: Routledge Curzon, 2004.

Goodman, Bryna. *Native Place, City, and Nation: Regional Networks and Identities in Shanghai, 1853–1937*. Berkeley: University of California Press, 1995.

Goodman, David. *Gold Seeking: Victoria and California in the 1850s*. St. Leonards, NSW: Allen & Unwin, 1994.

Gott, Richard. *Britain's Empire: Resistance, Repression and Revolt*. London: Verso, 2011.

Grant, Kevin. *A Civilised Savagery: Britain and the New Slaveries in Africa, 1884–1926*. London: Routledge, 2005.

Greenland, Powell. *Hydraulic Mining in California: A Tarnished Legacy*. Western Lands and Waters Series. Spokane, Wash: A.H. Clark, 2001.

Gudde, Erwin Gustav. *California Gold Camps: A Geographical and Historical Dictionary of Camps, Towns, and Localities Where Gold Was Found and Mined, Wayside Stations and Trading Centers*. Berkeley: University of California Press, 1975.

Haddad, John R. *America's First Adventure in China: Trade, Treaties, Opium, and Salvation.* Philadelphia: Temple University Press, 2013.

Hahamovitch, Cindy. *No Man's Land: Jamaican Guest Workers in America and the Global History of Disposable Labor*. Princeton: Princeton University Press, 2011.

Hall, R. A., Jr. *Pidgin and Creole Languages*. Ithaca, N.Y.: Cornell University Press, 1966.

Hamill, John. *The Strange Career of Mr. Hoover under Two Flags*. New York: W. Faro, 1931.

Heidhues, Mary F. Somers. *Banga Tin and Mentok Pepper: Chinese Settlement on an Indonesian Island.* Singapore: Institute of Southeast Asian Studies, 1992.

—. *Golddiggers, Farmers and Traders in the Chinese Districts of West Kalimantan, Indonesia*. Ithaca, N.Y.: Cornell University Press, 2003.

Hicks, Patricia. *Stories of a Gold Miner: Trinity County, California, 1848–1861*. Weaverville, Calif: n.p., 1989.

History. New York: Routledge, 1997.

Ellison, William Henry. *A Self-Governing Dominion: California 1849–1860*. Berkeley: University of California Press, 1950.

Evans, Ivan. *Cultures of Violence*. Manchester: Manchester University Press, 2009.

Evans, Raymond, ed. *Race Relations in Colonial Queensland,* 3rd ed. St. Lucia: University of Queensland Press, 1993.

Farkas, Lani Ah Tye. *Bury My Bones in America: The Saga of a Chinese Family in California, 1852–1996: From San Francisco to the Sierra Gold Mines*. Nevada City, Calif.: Carl Mautz, 1998.

Fitzgerald, John. *Big White Lie: Chinese Australians in White Australia*. Sydney: University of New South Wales Press, 2007.

Fitzsimons, Peter. *Eureka: The Unfinished Revolution*. N. Sydney, Aus.: Random House, 2012.

Flandreau, Marc. *The Glitter of Gold: France, Bimetallism, and the Emergence of the International Gold Standard, 1848–1873*. New York: Oxford University Press, 2004.

Flandreau, Marc, ed. *The Money Doctors: The Experience of International Financial Advising*. New York: Routledge, 2003.

Follett, Richard J., Eric Foner, and Walter Johnson. *Slavery's Ghost: The Problem of Freedom in the Age of Emancipation*. Baltimore: Johns Hopkins University Press, 2011.

Frank, Andre Gunder. *Capitalism and Underdevelopment in Latin America: Historical Studies of Chile and Brazil*. New York: Monthly Review Press, 1967.

—. *ReOrient: Global Economy in the Asian Age*. Berkeley: University of California Press, 1998.

Gabaccia, Donna R., and Dirk Hoerder, eds. *Connecting Seas and Connected Ocean Rims: Indian, Atlantic, and Pacific Oceans and China Seas Migrations from the 1830s to the 1930s*. Studies in Global Social History. Leiden: Brill, 2011.

Ganter, Regina. *Mixed Relations: Asian-Aboriginal Contact in North Australia*. Perth: University of Western Australia Publishing, 2006.

Gates, Paul W. *History of Public Land Law Development*. Washington, D.C.: Public Land Law Review Commission, 1968.

Gerth, Karl. *China Made: Consumer Culture and the Creation of the Nation*. Cambridge, Mass.: Harvard University Press, 2003.

Gilberg, M. E. *Auburn, a California Mining Camp Comes of Age*. Newcastle, Calif.:

Craddock, P. T. *Early Metal Mining and Production*. Washington, D.C: Smithsonian Institution Press, 1995.

Cronin, Kathryn. *Colonial Casualties: Chinese in Early Victoria*. Melbourne: University of Melbourne Press, 1982.

Davenport, Jade. *Digging Deep: A History of Mining in South Africa, 1852–2002*. Johannesburg: Jonathan Ball, 2013.

Davies, Glyn. *A History of Money from Ancient Times to the Present Day*. Cardiff: University of Wales Press, 1994.

De Cecco, Marcello. *The International Gold Standard: Money and Empire*. London: Pinter, 1984.

De Leon, Arnoldo. *Racial Frontiers: Africans, Chinese and Mexicans in Western America, 1848–1890*. Albuquerque: University of New Mexico Press, 2002.

Denoon, Donald. *A Grand Illusion; The Failure of Imperial Policy in the Transvaal Colony During the Period of Reconstruction, 1900–1905*. London: Longman, 1973.

—. *Settler Capitalism: The Dynamics of Dependent Development in the Southern Hemisphere*. Oxford: Oxford University Press, 1983.

—. *Southern Africa Since 1800*. London: Longman, 1984.

Desan, Christine. *Making Money: Coin, Currency and the Coming of Capitalism*. New York: Oxford University Press, 2014.

Deverell, William. *Railroad Crossing: Californians and the Railroad, 1850–1910*. Berkeley: University of California Press, 1994.

Docker, Edward Wybergh. *The Blackbirders: The Recruiting of South Seas Labour for Queensland, 1863–1907*. Sydney: Angus & Robertson, 1970.

Dodd, Nigel. *The Social Life of Money*. Princeton: Princeton University Press, 2014.

Duara, Prasenjit. *Rescuing History from the Nation: Questioning Narratives of Modern China*. Chicago: University of Chicago Press, 1995.

Dubow, Saul. *A Commonwealth of Knowledge: Science, Sensibility, and White South Africa, 1820–2000*. New York: Oxford University Press, 2006.

—. *Racial Segregation and the Origins of Apartheid in South Africa, 1919–36*. New York: St. Martin's Press, 1989.

Economy, Elizabeth. *The Third Revolution: Xi Jinping and the New Chinese State*. New York: Oxford University Press, 2018.

Eichengreen, Barry. *Globalizing Capital: A History of the International Monetary System*. Princeton: Princeton University Press, 1996.

Eichengreen, Barry, and Marc Flandreau, eds. *The Gold Standard in Theory and*

Australian National University E-Press, 2012.
Carey, Jane, and Claire McLisky. *Creating White Australia*. Sydney: Sydney University Press, 2009.
Carlson, Ellsworth C. *The Kaiping Mines, 1877–1912,* 2nd ed. Cambridge, Mass.: Harvard University Press, 1971.
Chan, Shelly. *Diaspora's Homeland: Modern China in the Age of Global Migration*. Durham: Duke University Press, 2018.
Chan, Sucheng. *This Bittersweet Soil: The Chinese in California Agriculture 1860–1910*. Berkeley: University of California Press, 1986.
Chang, Gordon H. *Ghosts of Gold Mountain: The Epic Story of the Chinese Who Built the Transcontinental Railroad*. Boston: Houghton Mifflin Harcourt, 2019.
Chang, Gordon H., and Shelly Fishkin, eds. *The Chinese and the Iron Road*. Stanford: Stanford University Press, 2019.
Chen, Da. *Chinese Migrations, with Special Reference to Labor Conditions*. Washington, D.C.: Government Printing Office, 1923.
Chen, Yong. *Chinese San Francisco, 1850–1943: A Transpacific Community*. Stanford, Calif.: Stanford University Press, 2000.
Chesneaux, Jean. *Secret Societies in China in the Nineteenth and Twentieth Centuries*. Ann Arbor: University of Michigan Press, 1971.
Chiu, Ping. *Chinese Labor in California, 1850–1880, an Economic Study*. Madison: State Historical Society of Wisconsin, 1963.
Chou, Wah-shan. *Tongzhi: Politics of Same-Sex Eroticism in Chinese Societies*. New York: Haworth Press, 2000.
Chu, Yiu Kong. *The Triads as Business*. New York: Routledge, 2000.
Chung, Sue Fawn. *Chinese in the Woods: Logging and Lumbering in the American West*. Urbana: University of Illinois Press, 2015.
—. *In Pursuit of Gold: Chinese American Miners and Merchants in the American West*. Urbana: University of Illinois Press, 2011.
Clarke, P. F. *Hope and Glory: Britain, 1900–2000,* 2nd ed. London : Penguin, 2004.
Cohen, Robin. *Global Diasporas: An Introduction*. New York: Routledge, 1997.
Couchman, Sophie, and Kate Bagnall, eds. *Chinese Australians: Politics, Engagement and Resistance*. Leiden: Brill, 2015.
Couchman, Sophie, John Fitzgerald, and Paul Macgregor, eds. *After the Rush: Regulation, Participation and Chinese Communities in Australia, 1860–1940*. Fitzroy, Vic.: Arena, 2004.

Interior, 1729–1850. Cambridge, Mass.: Harvard University Press, 2005.

Benton, Gregor, and Hong Liu. *Dear China: Emigrant Letters and Remittances*. Berkeley: University of California Press, 2018.

Benton, Lauren. *A Search for Sovereignty: Law and Geography in European Empires, 1400–1900*. New York: Cambridge University Press, 2009.

Bernhardt, Kathryn. *Women and Property in China, 960–1949*. Stanford: Stanford University Press, 1999.

Birrell, Ralph W. *Staking a Claim: Gold and the Development of Victorian Mining Law*. Carlton South, Vic.: Melbourne University Press, 1998.

Bloomfield, Anne, with Benjamin F. H. Ananian and Philip P. Choy. *History of Chinese Camp: Cultural Resources Inventory*. San Francisco: Tuolumne County Historic Preservation Commission, 1994.

Boyle, R. W. *Gold: History and Genesis of Deposits*. New York: Van Nostrand Reinhold, 1984.

Brands, H. W. *The Age of Gold: The California Gold Rush and the New American Dream*. New York: Anchor Books, 2003.

Brass, Tom, and Marcel van der Linden, eds. *Free and Unfree Labour: The Debate Continues*. New York: Peter Lang, 1997.

Bright, Rachel. *Chinese Labour in South Africa, 1902–10: Race, Violence, and Global Spectacle*. Basingstoke, Hampshire: Palgrave Macmillan, 2013.

Broadbent, James, Suzanne Rickard, and Margaret Steven. *India, China, Australia: Trade and Society, 1788–1850*. Sydney: Historic Houses Trust of New South Wales, 2003.

Buckbee, Edna Bryan. *The Saga of Old Toulumne*. New York: Press of the Pioneers, 1935.

Buckbee, Edna Bryan, and Wallace Motloch. *Calaveras County: Gold Rush Stories*. San Andreas, Calif.: Calaveras County Historical Society, 2005.

Buxbaum, David. *Family Law and Customary Law in Asia: A Contemporary Legal Perspective*. Hague: Martinus Nijhoff, 1968.

Bytheway, Simon James, and Mark Metzler. *Central Banks and Gold: How Tokyo, London, and New York Shaped the Modern World*. Ithaca, N.Y.: Cornell University Press, 2016.

Campbell, Persia. *Chinese Coolie Emigration to Countries Within the British Empire*. London: PS King, 1923.

Cahir, Fred. *Black Gold: Aboriginal People on the Goldfields of Victoria, 1850–1870*.

Ally, Russell. *Gold and Empire: The Bank of England and South Africa's Gold Producers*. Johannesburg: Witwatersrand University Press, 1994.

Anderson, Hugh. *Colonial Minstrel.* Melbourne: F. W. Cheshire, 1960.

Anderson, Warwick. *The Cultivation of Whiteness: Science, Health, and Racial Destiny in Australia*. Carlton South, Vic.: Melbourne University Press, 2002.

Arkush, David, and Leo Ouyang Lee. *Land Without Ghosts: Chinese Impressions of America from the Mid-Nineteenth Century to the Present*. Berkeley: University of California Press, 1989.

Arrighi, Giovanni. *Adam Smith in Beijing: Lineages of the Twenty-First Century*. New York: Verso, 2007.

Atkinson, David. *The Burden of White Supremacy: Containing Asian Migration in the British Empire and the United States*. Chapel Hill: University of North Carolina Press, 2016.

Auerbach, Sascha. *Race, Law, and "the Chinese Puzzle" in Imperial Britain*. New York: Palgrave Macmillan, 2009.

Bakken, Gordon Morris. *Law in the Western United States*. Norman: University of Oklahoma Press, 2000.

—. *Practicing Law in Frontier California*. Lincoln: University of Nebraska Press, 1991.

Ballantyne, Tony. *Webs of Empire: Locating New Zealand's Colonial Past.* Vancouver, British Columbia: University of British Columbia Press, 2014.

Banivanua-Mar, Tracey. *Violence and Colonial Dialogue: The Australian-Pacific Indentured Labor Trade.* Honolulu: University of Hawaii Press, 2007.

Barth, Gunther. *Bitter Strength: A History of Chinese in the United States, 1850–1870*. Cambridge, Mass.: Harvard University Press, 1964.

Bate, Weston. *Lucky City: The First Generation at Ballarat, 1851–1901*. Carlton, Vic.: Melbourne University Press, 2003.

Bederman, Gail. *Manliness and Civilization: A Cultural History of Gender and Race, 1880–1917*. Chicago: University of Chicago Press, 1995.

Belich, James. *Replenishing the Earth: The Settler Revolution and the Rise of the Anglo-World, 1783–1939*. New York: Oxford University Press, 2009.

Bell, Duncan. *The Idea of Greater Britain: Empire and the Future of World Order, 1860–1900*. Princeton: Princeton University Press, 2007.

—. *Reordering the World.* Princeton: Princeton University Press, 2016.

Bello, David. *Opium and the Limits of Empire: Drug Prohibition in the Chinese*

History Review 38, no. 1 (1998): 16-41.
王愛云，〈二十世紀初南非華工事件初探〉，《南開學報》，第 2 期（1996）。
Wang, Dong. "The Discourse of Unequal Treaties in Modern China." *Pacific Affairs* 76, no. 3 (2003): 399-425.
Wang, L. Ling-chi. "Beyond Identity and Racial Politics: Asian Americans and the Campaign Fund-raising Controversy." *Asian Law Journal* 5, no. 12 (1998): 329-40.
Wilson, Andrew. "Andrew Wilson's 'Jottings' on Civil War California." Edited by John Haskell Kemble. *California Historical Society Quarterly* 32, no. 3 (1953): 209-24.
Wilton, Janis. "Chinese Stores in Rural Australia." In *Asian Department Stores*, edited by Kerrie L. MacPherson, 90-113. Honolulu: University of Hawaii Press, 1998.
Wolfe, Patrick. "Settler Colonialism and the Elimination of the Native." *Journal of Genocide Research* 8, no. 4 (2006): 387-409.
Woo, Wesley S. "Presbyterian Mission: Christianizing and Civilizing the Chinese in Nineteenth Century California." *American Presbyterians* 68, no. 3 (1990): 167-78.
Wunder, John R. "Chinese in Trouble: Criminal Law and Race on the Trans-Mississippi West Frontier." *Western Historical Quarterly* 17, no. 1 (1986): 25-41.
Zelin, Madeline. "A Critique of Rights of Property in Prewar China." In *Contract and Property in Early Modern China*, edited by Madeline Zelin, Jonathan Ocko, and Robert Gardella, 17-36. Stanford: Stanford University Press, 2004.
—. "The Structures of the Chinese Economy During the Qing Period." In *Perspectives on Modern China: Four Anniversaries*, edited by Kenneth Lieberthal, Joyce Kallgren, Roderick MacFarquhar, and Eric Wakeman, Jr., 31-67. Armonk, N.Y.: M.E. Sharpe, 1991.

書籍

Aarim-Heriot, Najia. *Chinese Immigrants, African Americans, and Racial Anxiety in the United States, 1848–82*. Urbana: University of Illinois Press, 2003.
Abu-Lughod, Janet L. *Before European Hegemony: The World System 1250–1350*. New York: Oxford University Press, 1989.
Accone, Darryl. *All Under Heaven: The Story of a Chinese Family in South Africa*. Claremont, South Africa, 2004.
Adelman, Paul. *Gladstone, Disraeli and Later Victorian Politics,* 3rd ed. London: Longman, 1997.
Alborn, Timothy, *All that Glittered: Britain's Most Precious Metal from Adam Smith to the Gold Rush*. New York: Oxford University Press, 2019.

Sisson, Kelly J. "Bound for California: Chilean Contract Workers and 'Patrones' in the California Gold Rush, 1848-1852." *Southern California Quarterly* 90 (October 2008): 259-305.

Spoehr, Alexander. "Hawai'i and the Gold Rush: George Allan of the Hudson's Bay Company Reports on His 1848 Pursuit of Captain John Sutter." *Hawaii Journal of History* 26 (1992): 123-32.

Standart, Mary Collette. "The Sonoran Migration to California, 1848-1856: A Study in Prejudice." *Southern California Quarterly* 58 (1976): 333-57.

Stapp, Darby. "The Documentary Record of an Overseas Chinese Mining Camp." In *Hidden Heritage: Historical Archaeology of the Overseas Chinese*, edited by Patricia Wegers, 3-32. Amityville, N.Y: Baywood, 1993.

Sugihara, Kaoru. "Global Industrialization: A Multipolar Perspective." In *Cambridge World History,* edited by J. R. McNeill and K. Pomeranz, 8:106-35. New York: Cambridge University Press, 2015.

—. "Multiple Paths to Industrialization: A Global Context of the Rise of Emerging States." In *Paths to the Emerging State in Asia and Africa*, edited by K. Otsuka and Kaoru Sugihara, 244-78. Singapore: Springer, 2019.

—. "Patterns of Chinese Emigration to Southeast Asia, 1869-1939." In *Japan, China and the Growth of the Asian International Economy, 1850–1949,* edited by Kaoru Sugihara, 244-72. New York: Oxford University Press, 2005.

Sun, E-Tu Zen. "Mining Labor in the Ch'ing Period." In *Approaches to Modern Chinese History*, edited by Albert Feuerwerker, Rhoads Murphey, and Mary Clabaugh Wright, 45-67. Berkeley: University of California Press, 1967.

Trapido, Stanley. "Imperialism, Settler Identities, and Colonial Capitalism: The Hundred-Year Origins of the 1899 South African War." In *Cambridge History of South Africa,* edited by Robert Ross, Anne Kelk Mager, and Bill Nasson, 2:66-101. New York: Cambridge University Press, 2011.

Valentine, David. "Chinese Placer Mining in the U.S.: An Example from American Canyon, Nevada." In *The Chinese in America: A History from Gold Mountain to the New Millennium*, edited by Susie Lan Cassel, 37-53. Walnut Creek, Calif.: Alta Mira Press, 2002.

Van Helten, Jean-Jacques. "Empire and High Finance: South Africa and the International Gold Standard 1890-1914." *Journal of African History* 23, no. 4 (1982): 529-48.

Ville, Simon. "Business Development in Colonial Australia." *Australian Economic*

African Gold Mining Industry, 1895-1918." *Economic History Review* 37, no. 3 (1984): 319-40.

Riskin, Carl. "China's Human Development after Socialism." In *Cambridge History of Communism,* edited by Juliane Furst, Silvio Pons, and Mark Selden, 3:474-501. New York: Cambridge University Press, 2017.

—. "Seven Questions about the Chinese Famine of 1959-1961." *China Economic Review* 9, no. 2 (1998): 111-24.

Rohe, Randall. "After the Gold Rush: Chinese Mining in the Far West, 1850-1890." In *Chinese on the American Frontier,* edited by Arlif Dirlik, 3-26. Lanham, Md.: Rowman and Littlefield, 2001.

—. "The Chinese and Hydraulic Mining in the Far West." *Mining History Association Annual* (1994): 73-91.

—. "Chinese Mining and Settlement at the Lava Beds, California." *Mining History Journal* (1996): 51-60.

Rule, Pauline. "The Transformative Effect of Australian Experience on the Life of Ho A Mei, Hong Kong Community Leader and Entrepreneur." In *Chinese Australians: Politics, Engagement, and Resistance,* edited by Sophie Couchman and Kate Bagnall, 22-52. Leiden: Brill, 2015.

Saunders, Christopher, and Iain Smith. "Southern Africa 1795-1910." In *The Oxford History of the British Empire,* vol. 3, *The Nineteenth Century*, edited by Andrew Porter, 597-623. New York: Oxford University Press, 1999.

St. John, Rachel. "The Unpredictable America of William Gwin: Expansion, Secession, and the Unstable Borders of Nineteenth Century America." *Journal of the Civil War Era* 6, no. 1 (2016): 56-84.

Schell, William, Jr. "Silver Symbiosis: ReOrienting Mexican Economic History." *Hispanic American Historical Review* 81, no. 1 (2001): 89-133.

Schran, Peter. "The Minor Significance of Commercial Relations between the United States and China." In *America's China Trade in Historical Perspective*, ed. Ernest May and John Fairbank, 237-58. Cambridge, Mass.: Harvard University Press, 1986.

施吉瑞（Schmidt, Jerry D.）〈金山三年苦：黃遵憲使美研究的新材料〉，劉倩譯。《華南師範大學學報》（社會科學版）3（2018 年 5 月）：5-17。

Sinn, Elizabeth. "Beyond 'Tianxia': The 'Zhongwai Xinwen Qiribao' (Hong Kong 1871-1872) and the Construction of a Transnational Chinese Community." *China Review* 4, no. 1 (2004): 89-122.

Century America." *American Historical Review* 99, no. 2 (1994): 369-95.

Park, Yoon Jung. "Chinese Migrants in Latin America/Caribbean and Africa, Then and Now." *Journal of Overseas Chinese* 13, no. 2 (2017): 163-79.

Passananti, T. P. "The Politics of Silver and Gold in an Age of Globalization: The Origins of Mexico's Monetary Reform of 1905." *America Latina en la Historia Economica* 15 (2008): 67-95.

Paul, Rodman W. "The Origin of the Chinese Issue in California." *Journal of American History* 25, no. 2 (1938): 181-96.

彭家禮，〈清末英國為南非金礦招募華工始末〉，《歷史研究》，3（1983）。

Perez Rosales, Vicente. "Diary of a Journey to California, 1848-1849." In *We Were 49ers! Chilean Accounts of the California Gold Rush,* edited and translated by Edwin A. Beilharz and Carlos U. Lopez, 3-100. Pasadena, Calif.: Ward Ritchie Press, 1976.

Ransmeier, Johanna. "Body-Price." In *Sex, Power, and Slavery*, edited by Gwyn Campbell and Elizabeth Elboume, 319-44. Athens: Ohio University Press, 2014.

Rasmussen, Amanda. "The Rise of Labor: A Chinese Australian Participates in Bendigo Local Politics at a Formative Moment, 1904-1905," *Journal of Chinese Overseas* 9, no. 2 (2015): 174-202.

Rawls, James J. "Gold Diggers: Indian Miners in the California Gold Rush." *California Historical Quarterly* 55, no. 1 (1976): 28-45.

Reeves, Keir. "Sojourners or a New Diaspora? Economic Implications of the Movement of Chinese Miners to the South-west Pacific Goldfields." *Australian Economic History Review* 50, no. 2 (2010): 178-92.

Reid, Anthony. "Chinese on the Mining Frontier in Southeast Asia." In *Chinese Circulations: Capital, Commodities, and Networks in Southeast Asia*, edited by Eric Tagliacozzo and Wen-chin Chang, 21-36. Durham, N.C.: Duke University Press, 2011.

Ricards, Sherman L., and George M. Blackburn. "The Sydney Ducks: A Demographic Analysis." *Pacific Historical Review* 42, no. 1 (1973): 20-31.

Richardson, Peter. "Coolies and Randlords: The North Randfontein Chinese Miners''Strike' of 1905." *Journal of Southern African Studies* 2, no. 2 (1976): 151-77.

—. "The Recruiting of Chinese Indentured Labour for the South African Gold-Mines, 1903-1908." *Journal of African History* 18, no. 1 (1977): 85-108.

Richardson, Peter, and Jean-Jacques Van Helten. "The Development of the South

McKee, Delbert. "The Chinese Boycott of 1905-1906 Reconsidered: The Role of Chinese Americans." *Pacific Historical Review* 55, no. 2 (1986): 165-91.

McKeown, Adam. "Global Migration, 1846-1940." *Journal of World History* 15, no. 2 (2004): 155-89.

—. "Transnational Chinese Families and Chinese Exclusion, 1875-1943." *Journal of American Ethnic History* 18, no. 2 (1999): 73-110.

Mei, June. "Socioeconomic Origins of Emigration: Guangdong to California, 1850-1882." *Modern China* 5, no. 4 (1979): 463-99.

Meissner, Christopher M. "A New World Order: Explaining the International Diffusion of the Gold Standard, 1870-1913." *Journal of International Economics* 66, no. 2 (2005): 385-406.

Meissner, Daniel J. "Bridging the Pacific: California and the China Flour Trade." *California History* 76, no. 4 (1997): 82-93.

—. "The 1905 Anti-American Boycott: A Nationalist Myth?" *Journal of American-East Asia Relations* 10, no. 3-4 (2001): 175-96.

Messner, Andrew. "Popular Constitutionalism and Chinese Protest on the Victorian Goldfields." *Journal of Australian Colonial History* 2, no. 2 (2000): 63-69.

Mitchell, Bruce. "Hargraves, Edward Hammond (1816-1891)." *Australian Dictionary of Biography*. Melbourne: Melbourne University Press, 1972.

Mitchell, H. "The Gold Standard in the Nineteenth Century." *Canadian Journal of Economics and Political Science* 17 (August 1951): 369-76.

Moodie, T. Dunbar, Vivienne Ndatshe, and British Sibuyi. "Migrancy and Male Sexuality on the South African Gold Mines." *Journal of Southern African Studies* 14, no. 2 (1988): 228-56.

Murphy, Martin J. "'White Gold' or 'White Blood'? The Rubber Plantations of Colonial Indochina, 1910-1940." *Journal of Peasant Studies* 19, no. 3-4 (1992): 41-67.

Nauright, John. "Cornish Miners in the Witwatersrand Gold Mines in South Africa, c. 1890-1904." *Cornish History* (2004): 1-32.

Nicolini, Dolores Yescas. "When East Met West: The Chinese Presence in Tuolumne County." *Chispa* 24, no. 3 (January-March 1985): 809-13.

Nicolini, Dolores Yescas, Richard Yescas, and Roberta McDow. "Chinese Camp." *Pacific Historian* 16 (Summer 1972): 47-67.

Ohlsson, Tony. "The Origins of White Australia: The Coolie Question 1837-43." *Journal of the Royal Australian Historical Society* 97, no. 2 (2011): 203-19.

O'Malley, Michael, "Specie and Species: Race and the Money Question in Nineteenth-

(1989): 225-31.

—. "War and Union, 1899-1910." In *Cambridge History of South Africa*, edited by Robert Ross, Anne Lelk Mager, and Bill Nasson, 2:157-210. New York: Cambridge University Press, 2011.

Marks, Shula, and Stanley Trapido. "Lord Milner and the South African State." *History Workshop* 8 (Autumn 1979): 50-80.

—. "Lord Milner and the South African State Reconsidered." In *Imperialism, the State, and the Third World*, edited by Michael Twaddle, 80-94. London: British Academic Press, 1992.

Markus, Andrew. "Divided We Fall: The Chinese and the Melbourne Furniture Trade Union, 1870-1900." *Labour History* 26 (May 1974): 1-10.

Martinez, Julia. "The End of Indenture? Asian Workers in the Australian Pearling Industry, 1901-1972." *International Labor and Working Class History* 67 (Spring 2005): 125-47.

—. "'Unwanted Scraps' or 'An Alert, Resolute, Resentful People'? Chinese Railroad Workers in the French Congo." *International Labor and Working Class History* 91 (Spring 2017): 79-98.

Matson, J. N. "The Common Law Abroad: English and Indigenous Laws in the British Commonwealth." *International and Comparative Law Quarterly* 42, no. 4 (1993): 753-79.

Matsuoka, Koji. "China's Currency Reform and its Significance." *Kyoto University Economic Review* 11 (1936): 75-98.

McCarthy, Justin. "Tales from the Empire City: Chinese Miners in the Pine Creek Region, Northern Territory 1872-1915." In *Histories of the Chinese in Australasia and the South Pacific*, edited by Paul Macgregor, 191-202. Melbourne: Museum of Chinese Australian History, 1993.

McClain, Charles. "Chinese Immigration: A Comment on Cloud and Galenson." *Explorations in Economic History* 27, no. 3 (1990): 363-78.

McCulloch, Samuel Clyde. "Sir George Gipps and Eastern Australia's Policy Toward the Aborigine, 1838-46." *Journal of Modern History* 33, no. 3 (1961): 261-69.

McGillivery, Angus R. "Convict Settlers, Seamen's Greens, and Imperial Designs at Port Jackson: A Maritime Perspective of British Settler Agriculture." *Agricultural History* 78, no. 3 (2004): 261-88.

McGowan, Barry. "The Economics and Organisation of Chinese Mining in Colonial Australia." *Australian Economic History Review* 45 (July 2005): 119-38.

Anthony Atmore, 44-79. London: Longman, 1980.
Limbaugh, Ronald H. "Chinese of Knight's Ferry, 1850-1920: A Preliminary Study." *California History* 72, no. 2 (1993): 106-28.
—. "Making Old Tools Work Better: Pragmatic Adaptation and Innovation." *California History* 77, no. 4 (1998): 24-51.
Limerick, Patricia Nelson. "The Gold Rush and the Shaping of the American West." *California History* 77, no. 1 (1998): 30-41.
Lockard, Craig A. "Chinese Migration and Settlement in Southeast Asia Before 1850: Making Fields from the Sea." *History Compass* 11, no. 9 (2013): 765-81.
Lorence, James J. "Business and Reform: The American Asiatic Association and the Exclusion Laws, 1905-1907." *Pacific Historical Review* 39 (1970): 421-38.
Lovejoy, Valerie. "The Things that Unite: Inquests into Chinese Deaths on the Bendigo Goldfields, 1854-65." *Provenance: Journal of Public Record Office Victoria* 6 (2007).
Loy-Wilson, Sophie. "Coolie Alibis: Seizing Gold from Chinese Miners in New South Wales." *International Labor and Working Class History* 91 (Spring 2017): 28-45.
—. "Rural Geographies and Chinese Empires: Chinese Shopkeepers and Shop-Life in Australia." *Australian Historical Studies* 45, no. 3 (2014): 407-24.
Ma, L. Eve Armentrout. "The Big Business Ventures of Chinese in North America, 1850-1930." *In The Chinese American Experience*, edited by Genny Lim, 101-12. San Francisco: Chinese Historical Society, 1984.
Macgregor, Paul. "Chinese Political Values in Colonial Victoria: Lowe Kong Meng and the Legacy of the July 1880 Election." *In Chinese Australians: Politics, Engagement and Resistance*, edited by Sophie Couchman and Kate Bagnall, 53-97. Leiden: Brill, 2015.
—. "Lowe Kong Meng and Chinese Engagement in the International Trade of Colonial Victoria." Provenance: *Journal of Public Record Office Victoria* 11 (2012).
Malchow, Howard L. "Trade Unions and Emigration in Late Victorian England: A National Lobby for State Aid." *Journal of British Studies* 15, no. 2 (1976): 92-116.
Manhattan, Kris. "Plantation Dispossessions: The Global Travel of Racial Capitalism." In *American Capitalism: New Histories*, edited by Sven Beckert and Christine Desan, 361-87. New York: Columbia University Press, 2018.
Mantena, Karuna. "Crisis of Liberal Imperialism." In *Victorian Visions of Global Order*, edited by Duncan Bell, 113-35. New York: Cambridge University Press, 2007.
Marks, Shula. "Cultures of Subordination and Subversion." *Social History* 14, no. 2

In *Immigrant Entrepreneurship: The German-American Experience Since 1700,* edited by Hartmut Berghoff and Uwe Spiekermann, 69-90. Washington, D.C.: German Historical Institute, 2016.

—. "Currents and Currency: Jewish Immigrant 'Bankers' and the Transnational Business of Mass Migration, 1873-1914." In *Transnational Traditions: New Perspectives on Jewish History,* edited by Ava Kahn and Adam Mendelsohn, 87-104. Detroit: Wayne State University Press, 2014.

Kramer, Paul A. "Imperial Openings: Civilization, Exemption, and the Geopolitics of Mobility in the History of Chinese Exclusion, 1868-1910." *Journal of the Gilded Age and Progressive Era* 14, no. 3 (2015): 317-47.

Ku, Charlotte. "Abolition of China's Unequal Treaties and the Search for Regional Stability in Asia, 1919-1943." *Texas A&M Law Scholarship* 12 (1994): 67-86.

Kuroda, Akinobu. "Anonymous Currencies or Named Debts? Comparison of Currencies, Local Credits, and Units of Account Between China, England, and Japan in the Pre-Industrial Era." *Socio-Economic Review* 11, no. 1 (2012): 57-80.

Kyi, Anna. "'The Most Determined, Sustained Diggers' Resistance Campaign': Chinese Protests Against the Victorian Government's Anti-Chinese Legislation, 1855-1862." *Provenance*: *Journal of the Public Record Office Victoria* 8 (2009).

Lai, Cheng-Chung, Joshua Jr-shian Gau, and Tai-kuang Ho. "Professor Jeremiah Jenks of Cornell University and the 1903 Chinese Monetary Reform." *Hitotsubashi Journal of Economics* 50 (2009): 35-46.

Lai, Him Mark. "Potato King and Film Producer, Flower Growers, Professionals, and Activists: The Huang Liang Du Community in Northern California." *Chinese America: History and Perspectives* (1998): 1-24.

Lake, Marilyn. "Challenging the 'Slave-Driving Employers': Understanding Victoria's 1896 Minimum Wage through a World-History Approach." *Australian Historical Studies* 45, no. 1 (2014): 87-102.

—. "The Chinese Empire Encounters the British Empire and Its 'Colonial Dependencies': Melbourne, 1887." In *Chinese Australians: Politics, Engagement and Resistance*, edited by Sophie Couchman and Kate Bagnall, 98-116. Leiden: Brill, 2015.

Lee, Ching Kwan. "The Specter of Global China." *New Left Review* 89 (September-October 2014): 29-65.

Legassick, Martin. "The Frontier Tradition in South African Historiography." In *Economy and Society in Pre-Industrial South Africa,* edited by Shula Marks and

Hu DeHart, Evelyn. "Chinese Coolie Labor in Cuba in the Nineteenth Century: Free Labor or Neo-Slavery?" *Contributions in Black Studies* 12 (1994): article no. 5.

—. "From Slavery to Freedom: Chinese Coolies on the Sugar Plantations of Nineteenth Century Cuba." *Labour History* (Canberra) (2017): 31-51.

Hunter, Boyd. "The Aboriginal Legacy." In *Cambridge Economic History of Australia,* edited by Simon Ville and Glenn Withers, 73-96. New York: Cambridge University Press, 2014.

Huynh, Tu T. "'We Are Not a Docile People': Chinese Resistance and Exclusion in the Re-Imagining of Whiteness in South Africa, 1903-1910." *Journal of Chinese Overseas* 8, no. 2 (2002): 137-68.

Hyslop, Jonathan. "The Imperial Working Class Makes Itself 'White': White Labourism in Britain, Australia, and South Africa Before the First World War." *Journal of Historical Sociology* 12, no. 4 (1999): 398-421.

Ingham, Geoffrey. "Money is a Social Relation." *Review of Social Economy* 54, no. 4 (1996): 507-29.

Jones, Timothy G. "Ping Que: Mining Magnate of the Northern Territory 1854-1886." *Journal of Chinese Australia* 1 (May 2005).

Jung, Maureen. "Capitalism Comes to the Diggings." *California History* 77, no. 4 (1998): 52-77.

Kamachi, Noriko. "American Influences on Chinese Reform Thought: Huang Tsunhsien in California, 1882-1885." *Pacific Historical Review* 47, no. 2 (1978): 239-60.

Katz, Elaine. "The Underground Route to Mining: Afrikaners and the Witwatersrand Gold Mining Industry from 1902 to the 1907 Miners' Strike." *Journal of African History* 36, no. 3 (1995): 467-89.

Keller, Wolfgang, Li Ben, and Carol H. Shiue. "China's Foreign Trade: Perspectives from the Past 150 Years." *World Economy* 34, no. 6 (2011): 853-92.

Kian, Kwee Hui. "Chinese Economic Dominance in Southeast Asia: A *Longue Duree* Perspective." *Comparative Studies in Society and History* 55, no. 1 (2013): 5-34.

King, Frank H. H. "The Boxer Indemnities—'Nothing but Bad.'" *Modern Asian Studies* 40, no. 3 (2006): 663-89.

Kirkman, Noreen. "Chinese Miners on the Palmer." *Journal of Royal Historical Society of Queensland* 13, no. 2 (1986): 49-62.

Kobrin, Rebecca. "A Credit to Their Nation: East European Jewish Immigrant 'Bankers,' Credit Access, and the Transnational Business of Mass Migration, 1873-1914."

and the 'Labor Problem' in the Late Nineteenth Century." *Radical History Review* 91 (Winter 2005): 40-61.

Hagan, James, and Andrew Wells. "The British and Rubber in Malaya, c1890-1940." University of Wollongong Research Online, 2005, https://ro.uow.edu.au/artspapers/1602.

Hamashita, Takeshi. "Geopolitics of Hong Kong Economy." In *Rethinking Hong Kong: New Paradigms, New Perspectives*, edited by Elizabeth Sinn, Wong Siu-lun, and Chan Wing-hoi, 101-44. Hong Kong: University of Hong Kong Press, 2009.

—. "The Intra-Regional System in East Asia in Modern Times." In *Network Power: Japan and Asia,* edited by Peter Katzenstein and Takashi Shiraishi, 113-34. Ithaca, N.Y.: Cornell University Press, 1997.

Harris, Karen. "Private and Confidential: The Chinese Mine Labourers and 'Unnatural Crime.'" *South African Historical Journal* 50, no. 1 (2004): 115-33.

—. "'Strange Bedfellows': Gandhi and Chinese Passive Resistance 1906-1911." *Journal of Natal and Zulu History* 31 (2013): 14-38.

Heidhues, Mary F. Somers. "Chinese Organizations in West Borneo and Bangka: Kongsis and *Hui*." In *"Secret Societies" Reconsidered: Perspectives on the Social History of Modern South China and Southeast Asia,* edited by David Ownby and Mary Somers Heidhues, 68-88. Armonk N.Y.: M.E. Sharpe, 1993.

Higginson, John. "Privileging the Machines: American Engineers, Indentured Chinese and White Workers in South Africa's Deep Level Gold Mines, 1901-1907." *International Review of Social History* 52, no. 1 (2007): 1-34.

Hoover, Mildred Brooke, Hero Eugene Rensch, and Ethel Grace Rensch. *Historic Spots in California,* 3rd ed. Stanford: Stanford University Press, 1966.

Houston, A. W. "Chinese Gold Diggers." *Covered Wagon* (June 1946): 27-28.

Howe, Anthony. "Free Trade and Global Order: The Rise and Fall of a Victorian Vision." In *Victorian Visions of Global Order,* edited by Duncan Bell, 26-46. New York: Cambridge University Press, 2007.

Hsu, Madeline. "Decoupling Peripheries from the Center: The Dangers of Diaspora in Chinese Migration Studies." *Diaspora: Journal of Transnational Studies* 20, no. 1 (2011): 204-15.

—. "Exporting Homosociality: Culture and Community in Chinatown America, 1882-1943." In *Cities in Motion: Interior, Coast, and Diaspora in Transnational China,* edited by Wen-hsin Yeh, David Strand, and Sherman Cochran, 219-46. Berkeley: University of California Press, 2007.

Fitzgerald, John. "'To Advance Australia Fairly:' Chinese Voices at Federation." In *After the Rush: Regulation, Participation, and Chinese Communities in Australia, 1860–1940,* edited by Sophie Couchman, John Fitzgerald, and Paul Macgregor, 59-74.

Kingsbury, Vic.: *Otherland Literary Journal*, 2004.

Flynn, Dennis O., and Arturo Giraldez. "Born with a Silver Spoon: The Origin of World Trade in 1571." *Journal of World History* 2 (1995): 201-21.

—. "Cycles of Silver: Global Economic Unity through the Late Eighteenth Century." *Journal of World History* 13 (2002): 391-427.

Freund, Bill. "South Africa: The Union Years, 1910-1948." *Cambridge History of South Africa,* edited by Robert Ross, Anne Lelk Mager, and Bill Nasson, 2:211-53. New York: Cambridge University Press, 2011.

Gardella, Robert. "Contracting Business Partnerships in Late Qing and Republican China: Paradigms and Patterns." In *Contract and Property in Early Modern China: Rational Choice in Political Science*, edited by Madeleine Zelin, Robert Gardella, and Jonathan K. Ocko, 327-47. Stanford: Stanford University Press, 2004.

Gonzalez, Michael J. "'My Brother's Keeper': Mexicans and the Hunt for Prosperity in California, 1848-2000." In *Riches for All: The California Gold Rush and the World*, edited by Kenneth N. Owens, 118-41. Lincoln: University of Nebraska Press, 2002.

Goodman, Bryna. "The Locality as Microcosm of the Nation? Native Place Networks and Early Urban Nationalism in China." *Modern China* 21, no. 4 (1995): 387-419.

Goodman, David, "Making an Edgier History of Gold." In *Gold: Forgotten Histories and Lost Objects of Australia,* edited by Iain McCalman, 23-36. New York: Cambridge University Press, 2011.

Gottschang, Thomas R. "Economic Change, Disasters, and Migration: The Historical Case of Manchuria." *Economic Development and Cultural Change* 35, no. 3 (1987): 461-90.

Greer, Richard A. "California Gold—Some Reports to Hawai'i." *Hawaiian Journal of History* 4 (1970): 157-73.

Griffiths, Paul. "The Strategic Fears of the Ruling Class: The Construction of Queensland's Chinese Immigrants Regulation Act of 1877." *Australian Journal of Politics and History* 58, no. 1 (2011): 1-19.

Guoth, Nicholas, and Paul Macgregor. "Getting Chinese Gold off the Victorian Goldfields." *Chinese Southern Diaspora Studies* 8 (2019): 129-50.

Guterl, Matthew, and Christine Skwiot. "Atlantic and Pacific Crossings: Race, Empire

Denny, Elizabeth. "Mud, Sludge and Town Water: Civic Action in Creswick's Chinatown." *Provenance: Journal of Public Record Office Victoria* 11 (2012).

Denoon, Donald. "Capital and Capitalists in the Transvaal in the 1890s and 1900s." *Historical Journal* 23, no. 1 (1980): 111-32.

Denoon, Donald, with Marivic Wyndham. "Australia and the Western Pacific." In *The Oxford History of the British Empire,* vol. 3, *The Nineteenth Century*, edited by Andrew Porter, 546-72. New York: Oxford University Press, 1999.

DeVries, Jan. "The Industrial Revolution and the Industrious Revolution." *Journal of Economic History* 54, no. 2 (1994): 249-70.

Dubow, Saul. "Colonial Nationalism, the Milner Kindergarten, and the Rise of 'South Africanism.'" *History Workshop* 43, no. 1 (1997): 53-85.

—. "South Africa and South Africans: Nationality, Belonging, Citizenship." In *Cambridge History of South Africa,* edited by Robert Ross, Anne Kelk Mager, and Bill Nasson, 2:17-65. New York: Cambridge University Press, 2011.

Eichengreen, Barry, and Peter Temin. "The Gold Standard and the Great Depression." *Contemporary European History* 9, no. 2 (2000): 183-207.

Engelken, Dagmar. "A White Man's Country? The Chinese Labour Controversy in the Transvaal." In *Wages of Whiteness and Racist Symbolic Capital*, edited by Wulf D Hund, Jeremy Krikler, and David Roediger, 161-94. New Brunswick, N.J.: Transaction, 2010.

Epprecht, Marc. "'Unnatural Vice' in South Africa: The 1907 Commission of Enquiry." *International Journal of African Historical Studies* 34, no. 1 (2001): 121-40.

Erickson, Charlotte. "The Encouragement of Emigration by British Trade Unions, 1850-1900." *Population Studies* 3, no. 3 (1949): 248-73.

Erthington, Norman, Patrick Harries, and Bernard K. Mbenga, "From Colonial Hegemonies to Imperial Conquest." In *Cambridge History of South Africa,* edited by Carolyn Hamilton, Bernard Mbenga, and Robert Ross, 1:319-91. Cambridge: Cambridge University Press, 2010.

Evans, Raymond, and Robert Orsted-Jensen, "'I Cannot Say the Numbers That Were Killed': Assessing Violent Mortality on the Queensland Frontier." Paper presented at the Australian Historical Association, University of Queensland, July 2014.

Fahey, Charles. "Peopling the Victorian Goldfields: From Boom to Bust, 1851-1901." *Australian Economic History Review* 50 (July 2010): 148-61.

Finnane, Mark. "'Habeas Corpus Mongols'—Chinese Litigants and the Politics of Immigration in 1888." *Australian Historical Studies* 45, no. 2 (2014): 165-83.

in a Global Context." *Journal of History and Sexuality* 29 (2020): 135-61.

Chung, Sue Fawn. "Between Two Worlds: The Zhigongdang and Chinese American Funerary Rituals." In *The Chinese in America: A History from Gold Mountain to the New Millennium*, edited by Susie Lan Cassel, 217-38. Walnut Creek, Calif.: AltaMira, 2002.

Cloud, Patricia, and David W. Galenson. "Chinese Immigration and Contract Labor in the Late Nineteenth Century." *Explorations in Economic History* 24 (1987): 22-42.

—. "Chinese Immigration: Reply to Charles McClain." *Explorations in Economic History* 28, no. 2 (1991): 239-47.

Clyde, Paul. "The China Policy of J. Ross Browne, American Minister at Peking, 1868-1869." *Pacific Historical Review* 1, no. 1 (1932): 312-23.

Collyer, W. R. "Straits Settlements: Malacca Lands." *Journal of the Society of Comparative Legislation* 4, no. 1 (1902): 82-84.

Comber, Jillian. "Chinese Sites on the Palmer Goldfield, Far North Queensland." In *Histories of the Chinese in Australasia and the South Pacific*, edited by Paul Macgregor. Melbourne: Museum of Chinese Australian History, 1995.

Cooper-Ainsworth, Barbara. "The Chinese in Ballarat." In *Histories of the Chinese in Australasia and the South Pacific*, edited by Paul Macgregor. Melbourne: Museum of Chinese Australian History, 1995.

Costello, Julia. "Calaveras Chinese." CalaverasHistory.org, http://www.calaverashistory.org/chinese.

Curthoys, Ann. "Conflict and Consensus: The Seamen's Strike of 1878." In *Who Are Our Enemies? Racism and the Working Class in Australia,* edited by Ann Curthoys and Andrew Markus, 48-65. Sydney, 1978.

—. "'Men of All Nations, Except Chinamen': Europeans and Chinese on the Goldfields of New South Wales." In *Gold: Forgotten Histories and Lost Objects of Australia,* edited by I. McCalman, A. Cook, and A. Reeves, 103-23. Cambridge: Cambridge University Press, 2001.

Daunton, Martin. "Britain and Globalization Since 1850: Creating a Global Order, 1850-1914." *Transactions of the Royal Historical Society* 16 (2006): 1-38.

David, A. Paul, and Gavin Wright, "Increasing Returns and the Genesis of American Resource Abundance." *Industrial and Corporate Change* 6, no. 2 (1997): 203-45.

Delius, Peter. "Migrant Labour and the Pedi, 1840-80." In *Economy and Society in Pre-Industrial South Africa,* edited by Shula Marks and Anthony Atmore, 293-312. London: Longman, 1980.

Beckert, Sven. "American Danger: United States Empire, Eurafrica, and the Territorialization of American Capitalism." *American Historical Review* 122 (2017): 1137-70.

Bibb, Leland E. "China Houses: Chinese Prefabricated Structures in the California Gold Rush." *Asian American Comparative Collection Newsletter* 27 (March 2010).

Boafo, James, Sebastian Angzoorokuu Paalo, and Senyo Dotsey. "Illicit Chinese Small-Scale Mining in Ghana: Beyond Institutional Weakness?" *Sustainability* 11 (2019).

Bonner, Philip. "South African Society and Culture, 1910-1948." In *Cambridge History of South Africa,* edited by Robert Ross, Anne Lelk Mager, and Bill Nasson, 2:254-318. New York: Cambridge University Press, 2011.

Botchwey, Gabriel, Gordon Crawford, Nicolas Loubere, and Jixia Lu. "South-South Irregular Migration: The Impacts of China's Informal Gold Rush to Ghana." *International Migration* 57, no. 4 (August 2019): 310-28.

Bowen, Alister. "The Merchants: Chinese Social Organization in Colonial Australia."*Australian Historical Studies* 42, no. 1 (2011): 25-44.

Cai, Shaoqing. "From Mutual Aid to Public Interest: Chinese Secret Societies in Australia." In *After the Rush: Regulation, Participation, and Chinese Communities in Australia, 1860–1940*, edited by Sophie Couchman, John Fitzgerald, and Paul Macgregor, 133-51. Kingsbury, Vic.: *Otherland Literary Journal*, 2004.

Carruthers, Bruce G., and Sarah Babb. "The Color of Money and the Nature of Value: Greenbacks and Gold in Postbellum America." *American Journal of Sociology* 101 (May 1996): 1556-91.

Carstens, Sharon A. "Chinese Culture and Polity in Nineteenth-Century Malaya: The Case of Yap Ah Loy." In *"Secret Societies" Reconsidered: Perspectives on the Social History of Modern South China and Southeast Asia*, edited by David Ownby and Mary Somers Heidhues, 120-52. Armonk, NY: M.E. Sharpe, 1993.

Chan, Fee. "Early Chinese in Oroville." *Diggin's* 7 (Winter 1963): 8-12.

Chan, Sucheng. "Chinese American Entrepreneur: The California Career of Chin Lung." *Chinese America History and Perspectives* 1987 (San Francisco): 73-86.

—. "Chinese Livelihood in Rural California: The Impact of Economic Change, 1860-1880." In *Working People of California*, edited by Daniel Cornford, 57-83. Berkeley: University of California Press, 1995.

—. "A People of Exceptional Character: Ethnic Diversity, Nativism, and Racism in the California Gold Rush." *California History* 79 (Summer 2000): 44-85.

Chua, J. Y. "'An Open and Public Scandal' in the Transvaal: The 1906 Bucknill Inquiry

California Mining Country." PhD diss., University of California at Berkeley, 1998.

Huangfu, Zhengzheng. "Internalizing the West: Qing Envoys and Ministers in Europe, 1866-1893." PhD diss., University of San Diego, 2012.

Lovejoy, Valerie. "Fortune Seekers of Dai Gum San: First Generation Chinese on the Bendigo Goldfield, 1854-1882." PhD diss., LaTrobe University, 2009.

Monaco, James Edward. "The Changing Ethnic Character of a California Gold Mining Community: Butte County, 1848-1880." MA thesis, California State University at Chico, 1986.

Ormston, Robert. "The Rise and Fall of a Frontier Mining Town: Cooktown 1870-1885." PhD diss., University of Queensland, 1996.

Rasmussen, Amanda. "Chinese in Nation and Community: Bendigo 1870s-1920s." PhD diss., LaTrobe University, 2009.

Southern, Ann. "Chinese in the Mines." Shasta County Library, Redding, Calif., n.d.

Valentine, David W. "Historical and Archeological Excavations at 26PE2137: American Canyon, Pershing County, Nevada." MA thesis, University of Nevada at Las Vegas, 1999.

Williams, Stephen. "The Chinese in the California Mines, 1848-1860." MA thesis, Stanford University, 1930.

Yong, Liu. "The Dutch East India Company's Tea Trade with China, 1757-1791." PhD diss., University of Leiden, 1974.

二手文獻

文章和章

Allen, Robert C., Jean-Pascal Bassino, Debin Ma, Christine Moll-Murata, and Jan Luiten Van Zanden. "Wages, Prices, and Living Standards in China, 1738-1925: In Comparison with Europe, Japan, and India." *Economic History Review* 64, S1 (2011): 8-38.

Anderson, Warwick. "Coolie Therapeutics: Labor, Race, and Medical Science in Tropical Australia." *International Labor and Working Class History* 91 (Spring 2017): 46-53.

Barron, Beverly. "Celestial Empire." *Chispa* 13, no. 4 (1974): 453-56.

Battellino, Ric. "Mining Booms and the Australian Economy." *Bulletin of the Reserve Bank of Australia* (March 2010): 63-69.

Beck, John H. "Henry George and Immigration." *American Journal of Economics and Sociology* 71 (October 2012): 966-87.

Review 3 (January-April 1887): 1-10.

Williams, C. E. *Yuba and Sutter Counties: Their Resources, Advantages and Opportunities*. San Francisco: Bacon, 1887.

Williams, Samuel Wells. *Our Relations with the Chinese Empire*. Chinese Immigration Pamphlets. San Francisco, 1877.

Withers, William Bramwell. *The History of Ballarat, from the First Pastoral Settlement to the Present Time,* 2nd ed. Ballarat: F. W. Niven, 1887.

Wong Sam and Assistants. *An English-Chinese Phrase Book, Together with the Vocabulary of Trade, Law, etc., Also, A Complete List of Wells, Fargo & Co's Offices in California, Nevada, etc.* San Francisco: Wells, Fargo & Co., 1875.

〈無告之民〉，《新民叢報》，3, no. 11（1904）。

Wu Ting-Fang. "Mutual Helpfulness between China and the United States." *North American Review* (July 1900): 1-13.

謝子修，《遊歷南非洲記》，1905。收於《華工出國史料匯編》，陳翰笙編，9:278-89。北京：中華書局，1985。

Xue Fucheng. *The European Diary of Hsieh Fucheng: Envoy Extraordinary of Imperial China*. Translated by Helen Hsieh Chien. New York: St. Martin's Press, 1993.

Young, Rev. William. *Report on the Conditions of the Chinese Population in Victoria, Presented to both Houses of Parliament by his Excellency's Command.* Victoria Parliament, 1868, no. 56.

Zhang Deyi. *Diary of a Chinese Diplomat,* translated by Simon Johnstone. Beijing: Panda Books, 1992.

—.《稿本航海述奇匯編》，三卷，1868-1905；北京：北京圖書館出版社，1996。

朱瑞生，《廣肇英語》，修訂版。Chinese Museum of Melbourne. Guangzhao: n.p., 1862.

未出版的文獻

Griffiths, Philip Gavin. "The Making of White Australia: Ruling Class Agendas, 1876-1888." PhD diss., Australian National University, 2006.

Hall, Mary Frances Millard, and Sylvester "Mike" Millard. "History of California Pioneer and Chinese Interpreter Jerome Millard." Unpublished typescript, 1973.

Harris, Karen. "History of Chinese in South Africa to 2012." PhD diss., University of South Africa, 1998.

Hitchcock, Charles Richard. "Oroville, California: A Study of Diversity in the

Seward, George Frederick. *Chinese Immigration, in Its Social and Economical Aspects.* New York: Charles Scribner's Sons, 1881.

Shinn, Charles Howard. *Land Laws of Mining Districts.* Baltimore: Johns Hopkins University Press, 1884.

—. *Mining Camps: A Study in American Frontier Government*. New York: Charles Scribner's Sons, 1884.

"Sinensis." *China, the Sleep and the Awakening: A Reply to Marquis Tseng*. Hong Kong: China Mail, 1887.

Sirr, Henry Charles. *China and the Chinese: Their Religion, Character, Customs and Manufactures: The Evils Arising from the Opium Trade*. London: W.S. Orr, 1849.

Smith, W. L. G. *Observations on China and the Chinese*. New York: Carleton, 1863.

Smyth, R. Brough. *The Gold Fields and Mineral Districts of Victoria, with Notes on the Modes of Occurrence of Gold and Other Metals and Minerals*. Melbourne: J. Ferres, 1869.

Speer, William. *China and California: Their Relations, Past and Present.* San Francisco: Marvin & Hitchcock, 1853.

—. *An Humble Plea, Addressed to the Legislature of California, in Behalf of the Immigrants from the Empire of China to This State*. San Francisco: Office of the *Oriental*, 1856.

—. *The Oldest and Newest Empire: China and the United States.* Cincinnati: National Publishing, 1870.

Stilwell, Benjamin M., and J. Ross Browne, eds. *The Mariposa Estate: Its Past, Present and Future.* New York: Russell's American Steam Printing House, 1868.

Stoddart, Thomas Robertson. *Annals of Tuolumne County*. Sonora, Calif.: Mother Lode Press, 1963.

Sumner, Charles A. *Chinese Immigration: Speech of Hon. Charles A. Sumner, of California, in the House of Representatives, Saturday, May 3, 1884*. Washington, D. C.: Government Printing Office, 1884.

Thom, Robert. *Mining Report of Tuolumne County*. Sonora, Calif., 1914.

Thomson, Edward. *Our Oriental Missions...* Cincinnati: Hitchcock & Walden, 1870.

Torgashev, Boris Pavlovich. *Mining Labor in China*. Shanghai: Bureau of Industrial and Commercial Information, Ministry of Industry, Commerce, and Labor, 1930.

Treaties, Conventions, etc., between China and Foreign States, 2nd ed. Shanghai: Statistical Department of the Inspectorate General of Customs, 1917.

Tseng, Marquis (Zeng, Jizi). "China—The Sleep and the Awakening," *Asiatic Quarterly*

Navarro, Ramon Gil. *Gold Rush Diary*, edited by Maria Ferreyra. Lincoln: University of Nebraska Press, 2000.

Neame, Lawrence Elwin. *The Asiatic Danger in the Colonies*. London: G. Routledge, 1907.

Ng, Poon Chew. *The Treatment of the Exempt Classes of Chinese in the United States*. San Francisco: n.p., January 1908.

Olmsted, Frederick Law. *The Papers of Frederick Law Olmstead,* vol. 5, *The California Frontier, 1863–1865*. Baltimore: Johns Hopkins University Press, 1990.

Pan, Shu-lun. *Trade of the United States with China*. New York: China Trade Bureau, 1924.

Patterson, J. A. *The Gold Fields of Victoria in 1862*. Melbourne: Wilson & Mackinnon, 1862.

Pearson, Charles Henry. *National Life and Character*. London: Macmillan, 1894.

Penrose, R. A. F., Jr. "The Witwatersrand Gold Region, Transvaal, South Africa, as Seen in Recent Mining Developments," *Journal of Geology* 15 (November-December 1907): 735-49

Phillips, Lionel. *All That Glittered: Selected Correspondence of Lionel Phillips, 1890–1924,* edited by Maryna Fraser and Allan Jeeves. Cape Town: Oxford University Press, 1977.

—. *Transvaal Problems: Some Notes on Current Politics*. London: J. Murray, 1905.

Potts, John. *One Year of Anti-Chinese Work in Queensland, with Incidents of Travel*. Brisbane: Davison & Metcalf, 1888.

《清季華工出國史料 1863-1910》，臺北：中央研究院近代史研究所，1995。

Reed, Mary. *China: Short Sketch of the China Inland Mission, Location of Australian Missionaries, the Truth about Opium etc*. Melbourne: Mason, Firth & M'Cutcheon, 1892.

Ritchie, Leitch. *The British World in the East.* London: W. H. Allen, 1846.

Roosevelt, Theodore. *Letters of Theodore Roosevelt*, edited by Elting Morison. 4 vols. Cambridge, Mass.: Harvard University Press, 1951-54.

Rusling, James F. *Across America: The Great West and Pacific Coast*. New York: Sheldon, 1877.

Schumacher, Robert W. *A Transvaal View of the Chinese Labour Question*. Westminster [London]: Imperial South African Association, 1906.

Seeley, John Robert. *The Expansion of England: Two Courses of Lectures*. London: Macmillan, 1883.

梁啟超，《新大陸遊記》，1904；北京：商務出版社，2014。
林紓譯，《黑奴籲天錄》，1901；北京：朝華出版社，2017。
Loomis, Augustus. "The Chinese Companies." *Overland Monthly and Out West Magazine*, September 1868, pp. 221-27.
Lopp, James Keith. *An Analysis of the Characteristics and Causes of Anti-Chinese Sentiment in Butte County 1849–1887*, n.p., n.d.
Louis Ah Mouy. *The Chinese Question Analyzed: With a Full Statement of Facts/by One Who Knows Them.* Melbourne: W. Fairfax, 1857.
Lowe Kong Meng, Cheok Hong Cheong, and Louis Ah Mouy, *The Chinese Question in Australia, 1878–1879*. Melbourne: F. F. Bailliere, 1879.
Lucett, Edward. *Rovings in the Pacific, from 1837 to 1849: With a Glance at California.* New York: AMS Press, 1979.
Mechanics' State Council. "Communication from the Mechanics' State Council of California in Relation to Chinese Immigration." *Journal of the Assembly and Senate of the State of California,,* 17th sess., 1868, appendix.
"Memorial of Chinese Laborers, Resident at Rock Springs, Wyoming Territory, to the Chinese Consul at New York" (1885). In *Chink!,* edited by Cheng-Tsu Wu, 152-64. New York: World Publishing, 1972.
"Memorial of the Six Chinese Companies. An Address to the Senate and House of Representatives of the U.S.; Testimonies of California's Leading Citizens before the Joint Special Congressional Committee; Read and Judge Us." San Francisco: Alta, 1877.
Milner, Alfred, Viscount. *The Milner Papers*, ed. Cecil Headlam. 2 vols. London: Caswell, 1931-33.
Morrison, G. E. *An Australian in China: Being the Narrative of a Quiet Journey Across China to Burma.* London: Horace Cox, 1895.
Morse, Hosea B. *Chronicles of the East India Company,* vol. 1. Oxford, UK: Clarendon Press, 1926.
—. *International Relations of the Chinese Empire,* 3 vols. New York: Longmans, 1910-18.
—. *The Trade and Administration of the Chinese Empire*. London: Longmans, Green, 1908.
《南非洲金礦華工新圖》，天津：天津出版社，1906。
〈南非洲華僑慘狀記〉，《新民叢報》，3, no. 1（1904）。
〈南非洲第二通信〉，《新民叢報》，3, no. 6（1904）。

Jenkins, Edward. *The Coolie, His Rights and Wrongs Notes of a Journey to British Guiana, with a Review of the System and of the Recent Commission of Inquiry*. London: Strahan, 1871.

Jenks, Jeremiah. "Considerations on a New Monetary System of China." *Journal of the American Asiatic Association* 5 (February 1905): 12-20.

Jin, Kok Hu, ed. *Hung Men Handbook*. Bendigo, Victoria: Golden Dragon Museum, 2002.

《近代史資料》，131 卷，北京：中華書局，1954-。

Johnson, Sun. *The Self Educator.* Sydney: National Library of Australia, 1892.

Just, P. *Australia, or, Notes Taken during a Residence in the Colonies from the Gold Discovery in 1851 till 1857.* Dundee, Scotland: Durham & Thomson, 1859.

Keynes, John Maynard. *General Theory of Employment, Interest, and Money*. New York: Harcourt Brace, 1965, 1936.

—. *Indian Currency and Finance*. London: Macmillan, 1913.

Kinkead, J. C., Recorder. *Book of Records for Miners Depot*. Miner's Depot, Calif., 1855.

Kinloch-Cooke, Clement. *Chinese Labour (in the Transvaal): A Study of Its Moral, Economic, and Imperial Aspects,* rev. ed. London: Macmillan, 1906.

Kip, Leonard. *California Sketches with Recollections of the Gold Mines*. Albany: E. H. Pease, 1850.

Lai Chun-chuen and Wilberforce Eames. *Remarks of the Chinese Merchants of San Francisco, upon Governor Bigler's Message, and Some Common Objections: With Some Explanations of the Character of the Chinese Companies, and the Laboring Class in California*. San Francisco: Whitton, Towne, 1855.

Lay, G. Tradescant. *The Chinese as They Are: Their Moral, Social, and Literary Character: A New Analysis of the Language: With Succinct Views of Their Principal Arts and Sciences.* London: W. Ball, 1841.

Layres, Augustus. *Critical Analysis of the Evidence for and against Chinese Immigration*. San Francisco: A.F. Woodbridge, 1877.

Leland, Charles Godfrey. *Pidgin-English Sing-Song; or, Songs and Stories in the China-English Dialect, with a Vocabulary.* London: Trubner, 1876.

李安山編，《非洲華僑華人社會史資料選輯，*1800–2005*》。北京大學華僑華人研究中心叢書：香港社會科學出版社，2006。

—. *History of Overseas Chinese to Africa to 1911*. New York: Diasporic Africa Press, 2012.

Sung-T'ao, Liu Hsi-Hung and Chang Te-Yi. Oxford: Clarendon Press, 1974.
George, Henry. "Chinese in California." *New York Tribune,* May 1, 1869.
—. *Complete Works*, 10 vols. New York: Doubleday, 1904.
George, Henry, Jr. *The Life of Henry George*. New York: Doubleday & McClure, 1900.
Gervasoni, Clare. *Castlemaine Petitions: Petitioners for a Castlemaine Municipality and Petitioners Against the Chinese Residence License*. Ballarat, Victoria: Goldfield Heritage Books, 1998.
Gibson, Otis. *"Chinaman or White Man, Which?": Reply to Father Buchard*. San Francisco: Alta, 1873.
—. *The Chinese in America*. Cincinnati: Hitchcock & Walden, 1877.
Gompers, Samuel, and Herman Gutstadt. *Meat vs. Rice. American Manhood Against Asiatic Coolieism, Which Shall Survive?* San Francisco: American Federation of Labor, 1902.
Hanna, H. C., Charles Conalt, and Jeremiah Jenks. *Gold Standard in International Trade. Report on the Introduction of the Gold Exchange Standard into China, the Philippine Islands, Panama, and Other Silver-Using Countries and on the Stability of Exchange*.
Commission on International Exchange. Washington, D.C.: Government Printing Office, 1905.
Haskins, Charles Warren. *The Argonauts of California, Being the Reminiscences of Scenes and Incidents That Occurred in California in Early Mining Days*. New York: Fords, Howard & Hulbert, 1890.
History of Tuolumne County, California, Compiled From The Most Authentic Records. San Francisco: B.F. Alley, 1882.
Hittell, Theodore Henry. *History of California*. 4 vols. San Francisco: N.J. Stone, 1898.
Horsfall, David. *A Year on Bendigo Goldfield (Courier of the Mines)*. Bendigo: Australian Institute of Genealogical Studies, Bendigo Area, 1856.
Huang Zunxian. "Expulsion of the Immigrants." Translated by J. D. Schmidt. In *Land Without Ghosts: Chinese Impressions of America from the Mid-Nineteenth Century to the Present,* edited by David Akrush and Leo Ouyang Lee. Berkeley: University of California Press, 1989.
《人境廬詩草箋注》，錢萼孫箋注並編。上海 1981。
Hunter, W. C. *The "Fan Kwae" at Canton: Before the Treaty Days, 1825–1844*. London: K. Paul & Trench, 1882.
Jebb, Richard. *Studies in Colonial Nationalism*. London: E. Arnold, 1905.

Del Mar, Alexander. *Monograph on the History of Money in China: From the Earliest Times to the Present*. San Francisco: J. R. Brodie & Co., 1881.

Derby, George Horatio, Gary Clayton Anderson, Laura L. Anderson, and Arthur H. Clark Co., eds. *The Army Surveys of Gold Rush California: Reports of Topographical Engineers, 1849–1851*. Norman: University of Oklahoma Press, 2015.

Des Voeux, Sir G. William. "Chinese Labour in the Transvaal: A Justification." *Nineteenth Century and After* 59 (April 1906): 581-94.

D'Ewes, J. *China, Australia and the Pacific Islands, in the Years 1855–56*. London: Richard Bentley, 1857.

Dilke, Charles Wentworth. *Greater Britain*. London: Macmillan, 1869.

—. *Problems of Greater Britain*. London: Macmillan, 1890.

Dressler, Albert. *California Chinese Chatter.* San Francisco: n.p., 1927.

Durand, R. A. "Indentured Labour Under British Rule," *Monthly Review* 23 (May 1906): 39-46.

Edelman, George W. *Guide to the Value of California Gold*. Philadelphia: G. S. Appleton, 1850.

Edkins, Joseph. *Banking and Prices in China*. Shanghai: Presbyterian Mission Press, 1905.

Egenhoff, Elisabeth L., ed. *The Elephant as They Saw It; a Collection of Contemporary Pictures and Statements on Gold Mining in California*. San Francisco, 1949.

Egerton, Hugh Edward. *A Short History of British Colonial Policy,* 3rd ed. London: Methuen, 1910.

Eitel, Ernest John. *China and the Far Eastern Question: A Study in Political Geography.* Adelaide: W. K. Thomas, 1900.

—. *Europe in China*. London: Luzac, 1895.

"Eyewitness." *John Chinaman on the Rand*. London: R. A. Everett, 1905.

Farrar, George. "The South African Labour Problem: Speech by George Farrar at a meeting held on the East Rand Proprietary Mines, on March 31st, 1903." London: W.W. Sprague, 1903.

Fauchery, Antoine. *Letters from a Miner in Australia,* translated by A. R. Chisholm. Melbourne: Georgian House, 1965.

Field, Stephen J. *Personal Reminiscences of Early Days in California*. N.p., 1893.

Fong, Walter N. "Chinese Six Companies." *Overland Monthly,* May 1894.

Frodsham, J. D., ed. *The First Chinese Embassy to the West: The Journals of Kuo-*

Boston: Houghton Mifflin, 1930.
Burns, John. "Slavery in South Africa," *Independent Review,* May 1904, pp. 594-611.
Burt, Thomas. *A Visit to the Transvaal; Labour: White, Black, and Yellow.* Newcastle-upon-Tyne: Co-operative Printing Society, 1905.
Buxton, Sydney. *Chinese Labour: The Transvaal Ordinance Analysed Together with the British Guiana Ordinance.* London: Liberal Publication Department, 1904.
California Miners' Association. *California Mines and Minerals.* Press of L. Roesch Co., 1899.
Canfield, Chauncey, ed. *Diary of a Forty-Niner*. Boston: Houghton Mifflin, 1920.
陳翰笙編，《華工出國史料匯編》，十卷。北京：中華書局，1980-85。
Cheong, Cheok Hong. *Chinese Remonstrance to the Parliament and People of Victoria.* Melbourne: Wm. Marshall & Co., 1888.
Chew, Lee. "Biography of a Chinaman," *Independent* 15 (February 19, 1903): 417-23.
Chico Anti-Chinese League. *Chico Anti-Chinese League Minute Book,* 1894.
Clifford, John. *God's Greater Britain, Letters and Addresses*. London: Clark, 1899.
Colquhoun, Archibald R. *China in Transformation*. New York: Harper & Bros., 1912.
—. *The Mastery of the Pacific*. New York: Macmillan, 1902.
Comstock, J. L. *A History of the Precious Metals from the Earliest Periods to the Present Time.* Hartford, Conn.: Belknap & Hamersley, 1849.
Condit, Ira. *The Chinaman as We See Him, and Fifty Years of Work for Him*. Chicago: F. H. Revell Co., 1900.
Coolidge, Mary Roberts. *Chinese Immigration*. New York: Holt & Co., 1909.
Crawford, J. Dundas. *Notes by Mr. Crawford on Chinese Immigration in the Australian Colonies*. Great Britain Foreign Office Confidential Prints FO 3742. London: HMSO, 1877.
Creswell, Frederic H. P. *The Chinese Labour Question from Within: Facts, Criticisms, and Suggestions; Impeachment of a Disastrous Policy*. London: P. S. King & Son, 1905.
Cuba Commission. *Report of the Commission Sent by China to Ascertain the Condition of Chinese Coolies in Cuba.* Shanghai: Imperial Maritime Customs Press, 1878.
Curle, J. H. *Gold Mines of the World,* 3rd ed. London: Routledge, 1905.
—. *Our Testing Time; Will the White Race Win Through?* New York: George H. Doran Co., 1926.
Davis, D. H., and John A. Silsby. *Shanghai Vernacular: Chinese-English Dictionary.* Shanghai: American Presbyterian Mission Press, 1900.

版社，1989。

Aldus, Don. *Coolie Traffic and Kidnapping.* London: McCorquodale & Co., 1876.

Allsop, Thomas, ed. *California and Its Gold Mines: Being a Series of Recent Communications from the Mining Districts.* London: Groombridge & Sons, 1853.

An Analysis of the Chinese Question Consisting of a Special Message of the Governor and, in Reply Thereto, Two Letters of the Chinamen and a Memorial of the Citizens of San Francisco. San Francisco: San Francisco Herald, 1852.

"An Asiatic." *The "China Question" Dispassionately Considered.* London: Edward Stanford, 1857.

Anderson, George. "Chinese Exchange and Chinese Foreign Trade." *Journal of American Asiatic Association* 5 (August 1905): 199-202.

Anderson, Hugh. *Eureka: Victorian Parliamentary Papers Votes and Proceedings 1854-1867.* Melbourne: Hill of Content, 1969.

Bancroft, Hubert Howe. *History of California,* 7 vols. San Francisco: History Company, 1890.

Bee, Frederick A. *The Other Side of the Chinese Question: To the People of the United States and the Honorable the Senate and House of Representatives Testimony of California's Leading Citizens; Read and Judge.* San Francisco: Woodward & Co., 1886.

Borthwick, John David. *Three Years in California, 1851-1854, with Eight Illustrations by the Author.* Edinburgh: W. Blackwood & Sons, 1857.

Brooks, B. S. *Brief of the Legislation and Adjudication Touching the Chinese Question Referred to the Joint Commission of Both Houses of Congress.* San Francisco: Women's Co-operative Printing Union, 1877.

Brooks, Charles Wolcott. "The Chinese Labor Problem," *Overland Monthly and Out West* 3 (November 1869): 407-19.

Brown, D. Mackenzie. *China Trade Days in California; Selected Letters from the Thompson Papers, 1832-1863.* Berkeley: University of California Press, 1947.

Browne, J. H. Balfour. *South Africa: A Glance at Current Conditions and Politics.* London, 1905.

Browne, J. Ross. *Resources of the Pacific Slope: A Statistical and Descriptive Summary.* San Francisco: H. H. Bancroft, 1869.

Buchanan, W. F. *Australia to the Rescue: A Hundred Years' Progress in New South Wales.* London: Gilbert and Rivington, 1890.

Buck, Franklin A. *A Yankee Trader in the Gold Rush,* edited by Katherine A. White.

Testimony Taken before a Committee of the Senate of the State of California. Sacramento, 1876.

—. *State Census of 1852.* Ancestry.com.

Raymond, Rossiter W. *Statistics of Mines and Mining in the States and Territories West of the Rocky Mountains.* Washington, D.C.: U.S. Department of the Treasury, 1869-77.

U.S. Bureau of the Census. *Decennial Population Census of the United States.* Washington, D.C.: 1850-1900. Ancestry.com.

—. *Selected Nonpopulation Schedules,* 1850-80. Ancestry.com.

U.S. Congress. *Congressional Record.* Washington, D.C., 1870-90.

U.S. Department of State. Office of the Historian. *Foreign Relations of the United States, China and Chinese Legation of the United States, 1885-86.* https://history.state.gov/historicaldocuments.

U.S. Geological Survey. *Annual Report,* 2019.

U.S. Senate. Joint Special Committee to Investigate Chinese Immigration. *Report of the Joint Special Committee to Investigate Chinese Immigration,* 44th Cong., 2d sess., February 27, 1877. Washington, D.C., 1877.

線上收藏資料

California Digital Newspaper Collection. Center for Bibliographical Studies and Research. University of California at Riverside, http://cdnc.ucr.edu

Center for Research Libraries. Chicago, https://www.crl.edu/electronic-resources/collections

Chinese Heritage of Australian Federation Project. La Trobe University, http://www.chaf.lib.latrobe.edu.au/

CNBKSY，全國報刊索引，上海圖書館，https://www.cnbksy.com

Eureka! The Rush for Gold. Library of New South Wales, http://www.sl.nsw.gov.au/stories/eureka-rush-gold/rumours-gold

Trove. National Library of Australia, https://trove.nla.gov.au/Historical Records of Australia

Newspapers and Gazettes

已出版的第一手資料

Ah Ket, William. "The Chinese and the Factories Act." Melbourne, 1906.

艾周昌編，《中非關係史文選，1500-1918 年》第一版，上海：華東師範大學出

Transvaal. *Annual Report of the Foreign Labour Department 1905-6.* UK *Parliamentary Papers.* Cd. 3338. London, 1907.

—. *Correspondence Relating to Labour in the Transvaal Mines.* UK *Parliamentary Papers.* Cd. 2183, 2401, 2785, 2786, 2819, 3024. London, 1904-6.

—. *Correspondence Relating to Legislation Affecting Asiatics in the Transvaal.* UK *Parliamentary Papers.* Cd. 3308, 3887, 3892, 4327, 4584, 5363. London, 1907-10.

—. *Handbook of Ordinances, Proclamations, Regulations and Instructions, Connected with the Importation of Foreign Labour into the Transvaal.* Pretoria, 1906.

—. *Report of the Mining Industry Commission, 1907-8.* Pretoria, 1908.

Transvaal Labour Commission. *Reports of the Transvaal Labour Commission.* UK. *Parliamentary Papers.* Cd. 1896-97. London, 1904.

Transvaal and Orange Free State. Chamber of Mines. *Annual Report.* Pretoria, 1900-10.

—. *The Mining Industry: Evidence and Report of the Industrial Commission of Enquiry.* Johannesburg, 1897.

Transvaal and Orange River Colony. *Correspondence Related to Affairs in the Transvaal and Orange River Colony.* UK *Parliamentary Papers.* Cd. 1895, 2563, 3528. London, 1904-7.

Zuid-Afrikaanse Republiek (ZAR). Witwatersrand Chamber of Mines. *The Mining Industry, Evidence and Report of the Industrial Commission of Enquiry.* Johannesburg, 1897.

• 美國

Browne, J. Ross. *Mineral Resources of the States and Territories.* Washington, D.C.: U.S. Department of the Treasury, 1867, 1868, 1869.

California. Bureau of Mines. *Annual Report of the State Mineralogist.* Sacramento, 1880-1916.

—. Legislature. Committee on Mines and Mining Interests. *Report.* In *Journals of the Assembly and Senate of the State of California,* 4th sess. (1853), appendix, doc. 28. Sacramento, 1853.

—. Joint Select Committee. *Report Relative to the Chinese Population of the State of California.* In *Journals of the Assembly and Senate of the State of California,* 13th sess., appendix 23. Sacramento, 1862.

—. *Journals of the Assembly and Senate of the State of California.* Sacramento, 1850-90.

—. Senate. *Chinese Immigration, Its Social, Moral and Political Effects. Report and*

Sydney Morning Herald
Telegraph（布里斯班，昆士蘭）
Times（倫敦）
Transvaal Leader（約翰尼斯堡）
《新報》（上海）
《新民叢報》（橫濱）
《外交報》（北京）
《萬國公報》（上海）
West Australian（伯斯，西澳大利亞）
Western Mail（伯斯，西澳大利亞）
Worker（布里斯班，昆士蘭）
《中外新聞七日報》（香港）
《中西日報》（舊金山）

官方分期發行的出版品和報告

• 澳洲

Australasia. *Correspondence relating to Chinese Immigration into the Australasian Colonies presented to both Houses of Parliament by Command of Her Majesty.* UK Parliamentary Papers. C.5448. London, 1888.

New South Wales. Legislative Council. *Report from the Committee on Immigration, with the Appendix, Minutes of Evidence, and Replies to Circular Letter on the Aborigines*. Sydney, 1841.

Victoria. *Parliamentary Papers.* Melbourne, 1855-98.

—. *Reports of the Mining Surveyors and Registrars.* Melbourne, 1867-87.

—. *Returns of the Census of the Population of Victoria,* 1857.

• 英國

Great Britain. Emigration Commission. *Colonization Circular.* G. E. Eyre and W. Spottiswoode, 1866.

U.K. Parliament. *Parliamentary Papers,* https://www.parliament.uk/about/how/publications/parliamentary/

• 南非

Africa. *Correspondence respecting the Introduction of Chinese Labour into the Transvaal.* UK *Parliamentary Papers.* Cd. 1945. London, 1904.

Covered Wagon（沙斯塔，加州）
Daily Alta California（舊金山）
Diggin's（Oroville，加州）
《東方雜誌》（上海）
《東華報》（墨爾本）
Economist
Empire（雪梨）
Empire Review（倫敦）
Engineering and Mining Journal（紐約）
Fortnightly Review（倫敦）
Friend of China（香港）
《杭州白話報》
Independent Review（倫敦）
《教會新報》（上海）
Journal of the American Asiatic Association（紐約）
Los Angeles Herald
Macmillan's（倫敦）
Manchester Guardian（英國）
Mining and Scientific Press（舊金山）
Mountain Messenger（拉波特，加州）
New York Times
Nineteenth Century and After（倫敦）
North American Review
North Queensland Register（湯斯維爾，昆士蘭）
Oriental（《東涯新錄》，舊金山）
Overland Monthly and Out West（舊金山）
Polynesian（檀香山）
Provenance（北墨爾本，維多利亞）
Queenslander（布里斯班，昆士蘭）
Rand Daily Mail（約翰尼斯堡）
Sacramento Daily Union
Saturday Review（倫敦）
Sonoma Democrat（加州）
Sonora Herald（加州）
Speaker: The Liberal Review（倫敦）

North Melbourne
State Library of New South Wales, Sydney
State Library of Victoria, Melbourne
University of California, Berkeley
Bancroft Library
Earth Sciences and Maps Library
Ethnic Studies Library
University of Cambridge, University Library
Conservative Central Office
Liberal Publication Department
Imperial South Africa Association
University of Oxford, Bodleian Library
Alfred, Viscount Milner Papers
George Farrar and Family Papers
Central Mining and Investment Corporation Papers
Wells Fargo and Company, Corporate Archives, San Francisco
五邑華僑華人博物館，中國廣東江門
Yuba County Library, Marysville, California

報紙和期刊

Age（墨爾本）
《愛國報》（墨爾本）
《安徽俗話報》（東京）
Anti-Slavery Reporter（倫敦）
Argus（墨爾本）
Australian（雪梨）
《北國春秋》（北京）
Bendigo Advertiser（維多利亞）
Brisbane Courier（昆士蘭）
Bulletin（雪梨）
Butte Record（奧羅維爾，加州）
California Star（舊金山）
Californian（舊金山）
China Review（香港）
Chispa（索諾拉，加州）

參考書目

第一手資料

檔案機構和圖書館

中央研究院，臺北

近代史研究所，清季外務部檔案

Bendigo Regional Archival Centre, Bendigo, Victoria

California Historical Society, San Francisco

California State Archives, Sacramento

California State Library, Sacramento

California State University, Chico

Special Collections, Northeast California

Claremont Colleges Library, Claremont, California

Special Collections, William Honnold Papers

Golden Dragon Museum, Bendigo, Victoria

Huntington Library, San Marino, California

Library of Congress, Washington, D.C.

Museum of Chinese Australian History, Melbourne

National Archives (UK), Kew

Cabinet Office Files

Records of the Colonial Office

Records of the Foreign Office

National Archives (South Africa)

Public Records of former Transvaal Province and its Predecessors, Pretoria

Western Cape Archives and Record Service, Cape Town

National Library of Australia, Canberra

New York Public Library

Public Record Office of Victoria

Ballarat

May 15, 2020, https://ticdata.treasury.gov/Publish/mfh.txt; Eswar Prasad, "The U.S.-China Economic Relationship: Shifts and Twists in the Balance of Power," testimony to the U.S.-China Economic and Security Review Commission Hearing on U.S. Debt to China: Implications and Repercussions, March 10, 2020, https://www.brookings.edu/wp-content/uploads/2016/06/20100225_us_china_debt_prasad-1.pdf.

20. "China Current Account to GDP," Trading Economics (n.d.), https://tradingeconomics.com/china/current-account-to-gdp; U.S. Treasury, *Major Holders of US Treasury Securities,* September 2019, https://ticdata.treasury.gov/Publish/mfh.txt.
21. Lee, *My Country Versus Me;* Wang, "Beyond Identity and Racial Politics"; Ashley Yeager, "US Looks to Block Chinese Grad Students and Researchers' Visas," *Scientist*, May 28, 2020, https://www.the-scientist.com/news-opinion/us-looks-to-block-chinese-grad-students-and-researchers-visas-67591; Association of American University Professors, "National Security, the Assault on Science, and Academic Freedom," December 2017, https://www.aaup.org/sites/default/files/JA18_NationalSecurity.pdf.
22. Songtian Lin, "South Africa and China Are Beneficial Partners," *Independent Online* (South Africa), February 27, 2018, https://www.iol.co.za/pretoria-news/south-africa-and-china-are-beneficial-partners-13508542.
23. Australia, Department of Foreign Affairs and Trade, "China Country Brief, Bilateral Relations," https://www.dfat.gov.au/geo/china/Pages/china-country-brief#:~:text=China%20is%20Australia's%20largest%20two,per%20cent%20year%20on%20year); Su-LinTan, "Why Has the China-Australia Relationship Deteriorated into What Some Are Calling 'Trade War 2.0'?" *South China Morning Post,* July 2, 2020, https://www.scmp.com/economy/china-economy/article/3091182/why-has-china-australia-relationship-deteriorated-what-some.
24. U.S. Trade Representative, "People's Republic of China, US-China Trade Facts" (n.d.), https://ustr.gov/countries-regions/china-mongolia-taiwan/peoples-republic-china#:~:text=U.S.%20goods%20imports%20from%20China,overall%20U.S.%20imports%20in%202018.

億美元，接下來是日本、德國、英國、印度。"Top 20 Largest Economies," *Investopedia,* https://www.investopedia.com/insights/worlds-top-economies.

13. Karl, *China's Revolutions,* 176-77.
14. Sugihara, "Global Industrialization"; Sugihara, "Multiple Paths to Industrialization"; Arrighi, *Adam Smith in Beijing*; Zelin,"Structures During Qing Period"。東亞的「勤奮革命」不同於 DeVries 的 "Industrial and Industrious Revolution" 一文在近世歐洲所概念化的消費驅動模式。探討東亞「勤奮革命」的著作，有一部分係為回應彭慕蘭（Pomeranz）《大分流》（*Great Divergence*）和 Rosenthal and Wong, *Before and Beyond Divergence* 等著作而問世。批判性的政治經濟史著作，包括 Abu-Lughod, *Before European Hegemony*; Rodney, *How Europe Underdeveloped Africa;* Wallerstein, *Modern World System;* Robinson, *On Racial Capitalism;* Frank, *Capitalism and Underdevelopment;* Frank, *ReOrient*。關於以歐洲為中心的經濟準則在「大分流」系著作裡賡續未衰：Karl, *Magic of Concepts.*
15. Arrighi, *Adam Smith in Beijing;* Sugihara, "Global Industrialization."
16. "USA: Percent of World GDP," Global Economy (World Bank data), https://www.theglobaleconomy.com/usa/gdp_share; Isabella Weber, "Could the US and Chinese Economies Really 'Decouple'?" *Guardian*, February 11, 2020.
17. Andrew Chatzky and James McBride, "China's Massive Belt and Road Initiative," Council on Foreign Relations, January 28, 2020, https://www.cfr.org/backgrounder/chinas-massive-belt-and-road-initiative; "The Pandemic is Hurting China's Belt and Road Initiative," *Economist*, June 4, 2020; Sanderson and Forsythe, *China's Superbank*, chaps. 3-4; "China's Assistance in the Construction of the Tanzania-Zambia Railway," Ministry of Foreign Affairs, People's Republic of China, https://www.fmprc.gov.cn/mfa_eng/ziliao_665539/3602_665543/3604_665547/t18009.shtml.
18. Kimberly Amadeo, "US Imports by Year, Top Five Countries," *Balance* (February 26, 2020). https://www.thebalance.com/u-s-imports-by-year-and-by-country-3306259.
19. U.S. Department of Commerce, Bureau of Economic Analysis, *U.S. International Transactions, Fourth Quarter and Year 2019*, March 19, 2020, https://www.bea.gov/news/2020/us-international-transactions-fourth-quarter-and-year-2019; U.S. Department of the Treasury, *Monthly Statement of the Public Debt of the United States*, March 31, 2020, https://www.treasurydirect.gov/govt/reports/pd/mspd/2020/opds032020.pdf; U.S. Treasury, *Major Foreign Holders of Treasury Securities,*

Research Initiative, Johns Hopkins University, June 21, 2013, http://www.chinaafricarealstory.com/2013/06/guest-post-chinese-illegal-gold-miners.html.

4. Ibid.
5. 其他的黃金生產大國，依序是澳洲、俄羅斯、美國、加拿大。U.S. Geological Survey, annual report 2019。二〇一九年用於首飾的黃金消耗量，中國六百二十九噸，印度一百九十一噸。"Elevated Gold Prices for 2019 amid Renewed Investor Interest," *Value Walk*, January 29, 2020. https://www.valuewalk.com/2020/01/elevated-gold-prices-2019.
6. "China's Impact on African Mining Cannot be Underestimated." *Investing in African Mining*, October 16, 2019. https://www.miningindaba.com/Articles/chinese-investment-in-african-mining-what-you.
7. Mariana Sow, "Figures of the Week: Chinese Investment in Africa," *Brookings*, September 6, 2018. https://www.brookings.edu/blog/africa-in-focus/2018/09/06/figures-of-the-week-chinese-investment-in-africa; Lee, "Specter of Global China"; "Chinese Investment in Africa," China Africa Research Initiative, Johns Hopkins University, http://www.sais-cari.org/chinese-investment-in-africa.
8. "The Pandemic is Hurting China's Belt and Road Initiative," *Economist,* June 4, 2020, https://www.economist.com/china/2020/06/04/the-pandemic-is-hurting-chinas-belt-and-road-initiative; Economy, *Third Revolution,* chap. 7; Christine Gerbode, "Dreams of a Green Silk Road, Part 1: Responsible Development Across Borders" (blogpost), Duke University, December 5, 2018, https://blogs.nicholas.duke.edu/between-the-lines/dreams-of-a-green-silk-road-part-1-responsible-development-across-borders/; Lee, "Specter of Global China."
9. Wang, "Discourse of Unequal Treaties"; Ku, "Abolition of Unequal Treaties"。澳洲於一九七三年廢除其白澳法。南非於一九七〇年代開始從臺灣招募移民。
10. 毛澤東，全國政協會議第一屆全體會議開幕講話，一九四九年九月二十一日。Riskin, "China's Human Development"; Karl, *China's Revolutions*, 110-34.
11. Riskin, "Seven Questions"。據世界銀行所定的貧窮標準，一九八一年中國仍有八億三千五百萬貧民。Alan Piazza, "Poverty and Living Standards Since 1949," *Oxford Bibliographies*, June 8, 2017, https://www.oxfordbibliographies.com/view/document/obo-9780199920082/obo-9780199920082-0080.xml.
12. 鄧小平、習近平時代經濟政策概述，參見 Karl, *China's Revolutions,* 177-92; Economy, *Third Revolution*, chap. 1。關於中國開發銀行資助都市化：Sanderson and Forsythe, *China's Superbank*, chap. 1。二〇一九年，美國的國內生產毛額（GDP）是二十一兆四千八百億美元，中國是十四兆一千七百

報》，一九〇五年十一月四日；"Strategy of Boycott in China and Overseas"，《東華報》，一九〇五年十一月十一日；Lishanqiaozi, "If Exclusion Continues"（投書），《東華報》，一九〇五年八月五日。

20. Wang, *In Search of Justice,* 178-91; Remer, *Chinese Boycotts,* 33-34.
21. 羅福斯的一九〇五年十二月五日國情諮文，簡短提到此拒買運動，力促「公平」對待商人，同時強調他不讓華工入境的決心。政策上的改變，包括不再要求對過境的豁免者拍照，廢掉貝蒂榮人身測定照，不再以豁免證上無足輕重的技術性疏失不讓入境，允許證人出庭應訊。重大改變之一係讓小學生入境，而非只讓中學生和專業科系學生入境。Salyer, *Laws Harsh as Tigers,* 164-66。以庚子賠款作為獎學金，意在支持中國的現代化。規定大部分學生必須讀工程、礦業或農業等科。在美中國留學生，從一九〇三年五十人增為一九一〇年兩百九十二人，一九一八年九百九十人。Hsu, *Good Immigrants,* 47-48。關於商人：Ng, *Treatment of the Exempt Classes,* 13。聯邦最高法院對 United States v. Ju Toy（一九〇五）一案的裁定，幾乎廢除向法院申請人身保護令以請求法院複查羈押合法性之舉，允許移民事務官員在讓人入境上擁有幾乎不受約束的自由裁量權，從而導致倚賴文件證據和盤問的程序官僚化。諷刺的是，這一改變助長偽造文件的使用和事先熟記應答內容的做法，助長「紙生仔」（paper sons）的大增。「紙生仔」指的是購買假文件，冒充自己為美國華裔公民之子，藉以取得公民身分移入美國的華人男子。關於 *Ju Toy*：Salyer, *Laws Harsh as Tigers*, chap. 4, esp. 113-15。關於紙生仔和入境事務的官僚化：Ngai, *Impossible Subjects,* chap. 6; McKeown, *Melancholy Order*, chaps. 9-10.
22. Gerth, *China Made,* 4-9; Wang, *In Search of Justice,* 194. See also Wong, *China's Boycott Movement.*
23. Remer, *Chinese Boycotts,* 37-39.
24. Ibid., 230-32.

後記　重出江湖的黃禍幽靈

1. "1000 illegal miners busted," GhanaWeb, January 30, 2018, https://www.ghanaweb.com/GhanaHomePage/NewsArchive/1000-illegal-miners-busted-622033?fbclid=IwAR2Rvkkh-aUYgc-qc-FIsvpMjNCv0KRRNhW7k1kax7OjSzewq-aqfCWH_0o; Boafo et al., "Illicit Chinese Mining."
2. Boafo et al., "Illicit Chinese Mining"; Botchwey et al., "South-South Irregular Migration."
3. Yang Jiao, "Chinese Illegal Gold Miners in Ghana" (blogpost), China-Africa

《中美天津條約續增條款》（一八六八）之後，最新的規範入境事務的中美條約。美國聯邦最高法院於 *Chae Chan Ping v. United States*（一八八九）一案中，裁定國內立法的位階高於條約，但清廷繼續使用商議條約的機會來影響排華法的每次展期。

12. 梁誠呈外務部，一九〇六年五月二十四日，檔案編號 02-29-001-08-019；梁誠呈外務部，一九〇五年二月二十二日，檔案編號 02-29-002-01-001，兩文件都在清季外務部檔案，臺灣中央研究院。也參見 McKee, "Chinese Boycott Reconsidered"; Wang, *In Search of Justice,* 124, 131.
13. 清朝官員和本土資本家：Meissner, "1905 Anti-American Boycott," 176-79。關於商界加諸羅斯福的壓力：Lorence, "Business and Reform," 425; Roosevelt to Metcalf, June 16, 1905, in Roosevelt, *Letters,* 4:1235-36; Roosevelt to Pierce, June 24, 1905, ibid., 4:1251-52；梁誠呈外務部，一九〇五年八月十三日，檔案編號 02-29-003-02-004，清季外務部檔案，臺灣中央研究院；McKee, "Chinese Boycott Reconsidered," 180-82。
14. Goodman, "Locality as Microcosm," 394; Gerth, *China Made,* 128-29.
15. Wang, *In Search of Justice,* 89-90, 105; Remer, *Chinese Boycotts,* 33.
16. 倫敦華人所發電報，《東華報》，一九〇五年六月二十四日，頁 3；《安徽俗話報》，第 21-22 期（一九〇五），頁 1-24。《安徽俗話報》主編陳獨秀，後來出任北京大學文科學長，係中國共產黨的創立人之一。「老和尚」：Arkush and Lee, *Land Without Ghosts,* 58-59.
17. Arkush and Lee, *Land Without Ghosts,* 59; Wang *In Search of Justice,* 171.
18. "General Society at San Francisco for Opposing the Exclusion Treaty": McKee,"Chinese Boycott Reconsidered," 177-78, 188；康有為信，《東華報》，一九〇五年六月十七日，頁 2。
19. 東南亞和日本境內的支持：Wang, *In Search of Justice,* 171-72。南非："Petition Letter from Chinese Workers in South Africa and Chinese Officials Response"，《東華報》，一九〇五年三月十一日；"Recent News about Chinese Workers in Africa"，《東華報》，一九〇五年十一月十八日；"The Miserable Situation of Chinese Workers in South Africa"，《東華報》，一九〇五年十二月二日（此文似乎取自《新民叢報》的評論文章）。對拒買運動的報導："Chinese Americans Petition to Repeal Chinese Exclusion Act"，《東華報》，一九〇四年十二月十四日；"Anti-American Boycott Meeting," and "Workers Refuse to Carry American Products"，《東華報》，一九〇五年九月九日；支持拒買的社論，《東華報》，一九〇五年十月二十一日；"Chinese Immigrants Who Participated in the Anti-American Boycott Movement"，《東華

英格蘭地區大學就讀過的百餘名年輕人。慈禧太后和支持她的保守派一八九八年拉下光緒皇帝，結束光緒雄心勃勃的百日維新，此後反清運動壯大。

2. 康有為的著作，包括《新學偽經考》，一八九一；《孔子改制考》，一八九七；《大同書》，一九〇〇。也參見 Zarrow, *After Empire*。關於康有為僑居瑞典和其在拒買運動裡的角色：Evans Chan, interview by William Cheung, http://www.chinaheritagequarterly.org/articles.php?searchterm=027_datong.inc&issue=027.
3. 康有為先去日本，再轉加拿大（一八九九～一九〇五）。一九〇五至一九〇八年他置身瑞典。民國建立後，他於一九一三年才回到中國。保皇會在香港、澳門和中國境內，還有加拿大、美國、墨西哥、中美洲、夏威夷、澳洲、東南亞、日本、南非，都設了分會。"Mapping the Baohuanghui," *Baohuanghui Blogspot,* https://baohuanghui.blogspot.com/; Ma, *Revolutionaries, Monarchists,* 109-11；雨塵子，〈論世界經濟競爭之大勢〉，《新民叢報》(1902)，被引用於 Wang, *In Search of Justice,* 55。康有為受了十九世紀德國經濟學家佛里德里希．李斯特（Friedrich List）影響，李斯特支持政府強勢主導經濟和保護主義，反對自由貿易，認為自由貿易是英國遂行霸權的托詞。偏好中央集權論一事，或許也可以說明康有為和墨西哥總統波費里奧．狄亞斯（Porfirio Diaz）的關係。
4. 社會達爾文主義的影響：Wang, *In Search of Justice,* 144; Karl, *Staging the World,* 14, 122. Huang is quoted in Wang, *In Search of Justice,* 55.
5. Fitzgerald, "Advance Australia Fairly," 70. See also Fitzgerald, *Big White Lie,* chap. 5.
6. 梁啟超，《新大陸遊記》。
7. 羅豐祿呈外務部，一九〇二年九月一日，檔案編號 02-13-008-02-061，清季外務部檔案，臺灣中央研究院。
8. 林紓，《黑奴籲天錄》。引文來自林紓的譯序和跋：Arkush and Lee, *Land Without Ghosts*, 77-80. Review quoted in Wang, *In Search of Justice,* 60.
9. 鄒容，《革命軍》，被引用於 Wang, *In Search of Justice,* 59；《愛國報》，一九〇四年一～二月。
10. 關於夏威夷和菲律賓：吳呈外務部，一九〇〇年六月八日，檔案編號 01-35-002-03-006；梁誠呈外務部，一九〇五年二月二十二日，檔案編號 02-29-002-01-00，兩文件都在清季外務部檔案裡，臺灣中央研究院。關於騷擾抵美華人：Ngai, *Lucky Ones*, 105-6. See also Wang, *In Search of Justice,* 51-55; Kramer, "Imperial Openings," 332.
11. 《葛禮山－楊儒條約》（一八九四）是繼《中美續修條約》（一八八〇）、

Jeremiah Jenks"。Jenks的博士生Edwin Kemmerer會成為最著名的「貨幣醫生」，負責為拉丁美洲等地打造金匯兌本位制。Rosenberg, *Financial Missionaries;* Flandreau, *Money Doctors*。關於中國和墨西哥：Schell, "Silver Symbiosis."

33. Lai et al., "Professor Jeremiah Jenks," 41-42。關於中國採用金本位制：Matsuoka, "China's Currency Reform," 77。中國的金融不穩和混亂，源於多個因素，包括諸多地區性貨幣流通不衰和收稅不力。由於抗拒漲稅和賣官貪汙猖獗，這兩筆收入只有少部分落入國庫。國際金本位制於一次大戰期間遭中止，戰後復出，二次大戰期間再遭中止，但其大體上壽終正寢，肇因於世界經濟大權的易手：與英國競爭的諸國加諸英國的多種壓力、去殖民化、美國崛起。一九四四年布列頓森林協議建立兼以黃金和美元為基礎的國際貨幣體系，從而承認美國躋身為資本主義龍頭強權。一九七一年，美國已單方面終止美元兌換為黃金，藉此確立美元作為法定貨幣的地位，而此地位除了靠美元本身支持，也靠其發行國的經濟力和地緣政治力量支持。
34. Morse, *Trade and Administration,* 299-301。這些數據反映了一英鎊合七兩的兌換率，也就是從一八七五年至一八九九年貶值了約五成。
35. Ibid.; "Amoy men," in Hamashita, "Geopolitics of Hong Kong Economy," 113.
36. Hamashita, "Geopolitics of Hong Kong Economy," 107-10.
37. Remer, *Foreign Investment in China,* 180-88; Hsiao, *China's Foreign Trade Statistics*, table 13, "China's International Balance of Payments"，顯示一九二八年一億六七一〇萬兩；一九二九年一億八七一〇萬兩，一九三〇年二億一〇九〇萬兩，一九三一年二億三二二〇萬兩（八千萬至一億一千五百萬美元）。雷麥（一如早於他的馬士）根據銀行報告和訪談編出匯款數據。匯回中國的錢大多流入香港諸銀行，但十九世紀時有不明金額由返鄉者或信使親自帶回。
38. 黃遵憲根據對四年間舊金山諸銀行匯款業務的調查結果算出。Kamachi, "American Influences on Reform Thought," 256.
39. Remer, *Foreign Investment in China,* 185, 188。兩次世界大戰之間那段時期尤係如此，那時諸外移國出現少有的繁榮，接著銀價大跌。

第十三章　成為華人，成為中國

1. 晚清，就有場「自強」運動開始致力於將中國現代化，但政治上對人民外移一事關注甚少，外移仍被官方視為非法。自強運動著重於將外交、關稅、軍隊現代化，著重於工業發展。十九世紀後期最早出洋留學的中國人，有許多人回中國後出任外交官，或為輪船招商局之類企業服務，尤其是在耶魯等新

Beckert, "American Danger," 1140-41; David and Wright, "Increasing Returns"。談十九世紀後期美國針對太平洋地區之作為的權威性著作，包括 Williams, *Tragedy of American Diplomacy*; LeFeber, *New Empire;* Hunt, *Making of Special Relationship*.

23. 一八九〇年代、一九〇〇年代美國對華出口大宗是棉布（占總出口額四成至五成），其次是煤油（占四分之一至三分之一）。但美國貨占中國進口額的比例不高，約一成。Pan, *Trade of United States with China,* 59-60, 106-7。也參見 May and Fairban, *America's China Trade in Perspective* 一書，談棉布、香菸、石油貿易的諸章。
24. Frank, *ReOrient,* 149; see also Flynn and Giraldez, "Born with Silver Spoon"; Von Glahn, *Fountain of Fortune,* 125-33.
25. Keynes, *Indian Currency and Finance,* chap. 5; Daunton, "Britain and Globalization," 25-30; De Cecco, *International Gold Standard,* chap. 4。印度茶葉採大面積種植，工廠加工，係說明英國海外投資的範例。
26. 德國一八七二年，荷蘭一八七五年，比利時和法國一八七八年，美國一八七九年，義大利一八八四年，日本和俄國一八九七年。Daunton, "Britain and Globalization," 21-23; Davies, *History of Money,* 356-65; Meissner, "New World Order."
27. 英國銀行和對外投資：Davies, *History of Money*, 350-64。關於美國政治裡的貨幣：Carruthers and Babb, "Color of Money."
28. 關於印度：De Cecco, *International Gold Standard*, chap. 4。關於墨西哥白銀：Schell, "Silver Symbiosis."
29. Metzler, *Lever of Empire,* chap. 1; Bytheway and Metzler, *Central Banks and Gold,* chap. 1.
30. 俄國二八・九％，德國二〇・〇二％，法國一五・七五％，英國一一・二五％，日本七・七三％，美國七・三二％，義大利七・三二％，比利時一・八九％，奧匈〇・八九％，荷蘭〇・一七％，西班牙〇・〇三％，葡萄牙〇・〇二％，瑞典和挪威〇・〇一四％。對德、對奧匈的賠款，一次大戰後撤銷；蘇聯於一九二四年取消中國欠俄羅斯的錢。King, "Boxer Indemnities," 668-75; Morse, *Trade and Administration,* 299.
31. 關於價格穩定的需要：Anderson, "Chinese Exchange and Foreign Trade"; Jenks, "Suggestions of Plan for China," in Hanna et al., *Gold Standard*, 80-105; Jenks, "Consideration on Monetary System."
32. 關於印度和金匯兌本位制，參見 Keynes, *Indian Currency*, chap. 2。關於墨西哥貨幣改革：Passananti, "Politics of Silver and Gold"; Lai et al., "Professor

19. 人均消耗量：Morse, *Trade and Administration,* 293。一八八八年後茶葉進口減少：Tweedie, *Trading Partners,* 26-27。中國對澳洲出口額，一八八六年為三百一十四萬兩（四十七萬五千英鎊），隔年已少掉超過三分之一，此後有減無增，一九〇二年，即成立聯邦的隔年，降至兩萬四千兩（三千六百英鎊）的低點。Hsiao, *China's Foreign Trade Statistics,* 138-39。繼續輸入的中國貨，可能大多在澳洲華人市場賣掉。這一貿易的規模，實際上也可能不只如此，因為它包含經香港、新加坡轉運過來的貨物，而這些貨物未記錄在中國海關的資料裡。「凌駕」：Archibald Colquhoun quoted in Mountford, *Britain, China, and Colonial Australia,* 198。澳洲諸殖民地同樣拒絕加入一八九六年英日條約，若加入，會為澳洲羊毛開闢出獲利甚大的日本市場。昆士蘭居間談成一項次要協議，捨掉進入日本市場的機會，換得將該殖民地境內日本人凍結在三千人的成果。也就是說，每有一個日本人離開，才能有一個日本人入境。但一九〇一年昆士蘭開始遵從聯邦政策，此協議隨之無效。"Agreement Between the Japanese and Queensland Governments," January 14, 1902, with appendices; Nelson to chief secretary, May 27, 1896, and June 19, 1896; Satow to Salisbury, "Japan: Treaty Revision, Confidential," October 8, 1896; all in Prime Minister's Department, Pacific Branch, Volume of Papers on External Relations: "External Relations. Volume 2 B-N," 1918; Commonwealth Archives Office: CRS A2219, vol. 2 B-N。要感謝 David Atkinson 告知此參考資料。
20. Morse, *Trade and Administration*, chart following 271。中國對英出口額從一八七四年的三千七百萬兩（五百五十萬英鎊）降為一九〇三年的一千零五十萬兩（一百五十七萬英鎊）。同一期間，英國對華出口額，從兩千兩百萬兩（三百萬英鎊）增為五千萬兩（七百五十萬英鎊）。白銀的金價下跌，加劇此一變化。中國海關數據不含香港、新加坡的出口額，也不含沿海岸航行的中國帆船的貿易額。雷麥算出一八九九年英國掌控六成的外國航運和中國（沿海岸航行的）航運。Remer, *Foreign Investment in China,* 355. On financial services: Hamashita, "Geopolitics of Hong Kong Economy," 105.
21. Morse, *Trade and Administration*, 292; Pan, *Trade of United States with China,* 129-30。臺灣成為日本殖民地後，臺灣出口的茶葉，也從歸在中國名下改為日本名下。
22. 一八六五至一九〇〇年，美國貨在中國進口所占比重只有二・六五％；美國占中國貨出口比重是一一・〇七％。Keller et al., "China's Foreign Trade," 864-69; Schran, "Minor Significance"。美國內戰後的經濟成長，並非來自外貿，而是來自國內商品鏈和龐大的一體化國內市場：一八九〇至一九一四年，美國出口額只貢獻其 GNP 七・三％，進口額則只相當於 GNP 的六・六％。

7. Griffiths, "Making of White Australia," 535。昆士蘭於一九〇一年禁止所有新的契約勞動，針對完全用白人勞工生產出的蔗糖，每噸給予兩英鎊補貼。Northrop, *Indentured Labor,* 146-47. Cilento is quoted in Anderson, "Coolie Therapeutics," 52-53。關於庫克敦：Ormston, "Rise and Fall of a Frontier Mining Town."
8. Loy-Wilson, "Rural Geographies," 417-18。關於香蕉業：Fitzgerald, *Big WhiteLie,* 155-56。關於 Hong Yuen: Wilton, "Chinese Stores in Rural Australia," 98-105.
9. Fitzgerald, *Big White Lie,* 156.
10. Sugihara, "Patterns of Chinese Emigration," 245-46; Trocki, *Opium and Empire,* 30-35.
11. *Towkay* 是客家話對「頭家」（老闆）一詞的唸法。黃麟根（Wong Lin Ken）把馬來亞境內的「頭家」說成既是礦物學家、探礦者、採礦專家、放款人，也是預墊船費助人出洋者。Wong, *Malayan Tin Industry*, 60, and chap. 2 passim; Loh, *Beyond the Tin Mines,* chap. 1; Heidhues, *Banga Tin and Mentok Pepper*。一八九一至一九三〇年，一千六百萬華人、一千四百萬印度人遷徙至東南亞。Sugihara, "Patterns of Chinese Emigration," 245.
12. McKeown, "Global Migration"; Pan, *Encyclopedia of Overseas Chinese*, 248-58; Park, "Chinese Migrants in Latin America"。至十九世紀後期，加勒比海地區和秘魯境內，原為契約工的華人，已在從事農業和城市行業；華人也協助開發了秘魯亞馬遜雨林區，就和他們協助開發了澳洲北領地差不多。
13. Martinez, "'Unwanted Scraps'"; Northrop, *Indentured Labor,* 143 and table A1, 156-58; Tinker, *New System of Slavery*, 315-66; Manhattan, "Plantation Dispossessions."
14. Tinker, *New System of Slavery,* 314-15; Hamashita, "Geopolitics of Hong Kong Economy," table 8, p. 121.
15. Hagan and Wells, "British and Rubber in Malaya," 145。關於越南橡膠：Murphy, "White Gold or White Blood?"; Wong, *Malayan Tin Industry*, 76.
16. 關於佛蘭法：Peck, *Reinventing Free Labor,* 84-90.
17. 一八七四年中國出口額：茶葉，四千萬兩；絲綢，兩千五百萬兩，其他，八百萬兩。Morse, *Trade and Administration*, chart following 271; Merritt, *Trouble with Tea,* 7; Liu, *Tea War,* 32-34.
18. Morse, *Trade and Administration*, 291-93。中國海關的統計數據以擔為單位：一八八六年一百八十四萬六千擔，一九〇五年八十三萬九千擔。我以一擔合一・一三三磅的比率換算成磅。

聯合會同盟而湊在一塊，反映了不滿政府之經濟利益團體的利益，而鑽石遊說團體大概是其中最大的團體。」Denoon, *Grand Illusion,* 222-23。關於人民黨和阿非利卡人在政界東山再起：Marks, "War and Union," 180-81.

40. "The Transvaal for the Boers," *Saturday Review*, February 9, 1907.
41. Bright, *Chinese Labour,* 174. 42. Selborne to Secretary of State, January 24, 1908, Cd. 3887/64-65, *PP* 1908; Harris, "History of Chinese in South Africa," 315-27.
43. Klotz, *Migration and National Identity,* 59-112.
44. Dubow, "Colonial Nationalism"; Freund, "South Africa: Union Years," 213, 221; Bonner, "South African Society and Culture," 256-59.
45. Davenport, *Digging Deep*, 294; Freund, "South Africa: Union Years," 220, 226-27.
46. Davenport, *Digging Deep*, 304-8; Bonner, "South African Society and Culture," 255.
47. John Burns, "Slavery in South Africa," *Independent Review* 8 (May 1904): 602-3。有一點應該指出，即在加州，契約勞動很罕見，因此個人合約遭取消一說讓人產生誤解。

第十二章　拒於門外與門戶開放

1. Wu, "Mutual Helpfulness," 7.
2. Ibid., 2, 8-9.
3. Sinn, *Pacific Crossing,* chap. 3; Ma, "Big Business," 101-2.
4. Ma, "Big Business," 102. On agriculture: Chan, *Bittersweet Soil*。關於製造業：Chen, *Chinese San Francisco*.
5. 市場變小：Ma, "Big Business," 103。洗衣店條例催生出聯邦最高法院在 *Yick Wo v. Hopkins* (1886) 一案的裁決，裁定此法的施行涉及不公平對待，主張憲法第十四修正案適用於所有人，而非只適用於公民。參見第六章的探討。
6. 關於「勞工」、「商人」的適用範圍：Kramer, "Imperial Openings," 323; Ng, *Treatment of Exempt Classes,* 13。經營有成的企業家：Ma, "Big Business," 103-5; Chan, "Chinese American Entrepreneur"。這些企業家包括趙燦垣（Thomas Foon Chew），其經營的 Bayside Canning 罐頭工廠，一九三〇年時已是美國第三大罐頭工廠，年總收入三百萬美元；陳康大，又名陳龍（Chin Lung），「華人馬鈴薯大王」，在聖華金郡租下一千多英畝地，僱用了五百名華人農場工人；劉興（Lew Hing），另一位營利性農場主，經營太平洋水果罐頭工廠（Pacific Fruit Cannery），一九一九年廣東銀行總理，也是中國郵輪公司（China Mail）的投資人；陸潤卿（Look Tin Eli），中國郵輪公司創辦人。這家銀行和這家航運公司都在一九二〇年代後期倒閉。

Imperialism."

30. Bright, *Chinese Labour,* 59; R. A. Durand, "Indentured Labour Under British Rule," *Monthly Review* 23 (May 1906): 39-46。「憂慮」：Des Voeux, "Chinese Labour in Transvaal," 584; Auerbach, *Race, Law and "Chinese Puzzle,"* 24.
31. 其他活躍於南非工會和勞工政治的澳洲人，包括普勒托利亞手藝工會聯合會主席的 James Briggs；礦工工會的 J. Forrester Brown；南非工黨的高級黨工 Robert Burns Waterston。Hyslop, "Imperial Working Class," 408.
32. Tarbut to Creswell (1903), cited in Central Federation of Trade Unions, "White Labour or Yellow Slaves?" (London, 1904), 5, dds-22478 (emphasis in original), CRL. See also Everard Digby, "The Drift Towards State-Socialism in Australia," *Empire Review* 10 (1905): 38-46.
33. Hyslop 談到縱橫於白人勞工政治界的三股促成跨帝國遷徙的「勢力」：澳洲工運人士、康沃爾籍礦工、工程師。別忘了，克雷斯韋爾是個採礦工程師。Gill Burke, "The Cornish Diaspora of the Nineteenth Century," in Marks and Richardson, *International Labour Migration,* 62-65; Nauright, "Cornish Miners in Witwatersrand"; Payton, *Making of Modern Cornwall*, 108-12; Hyslop, "Imperial Working Class," 411-12。關於克雷斯韋爾："Chinese Labour Question," *West Australian,* June 5, 1905; Russell, *Liberal Landslide,* 108。關於麥克唐納："White Leaguers. Meeting at Fordsburg. Anti-Chinese Crusade," *Rand Daily Mail,* September 28, 1906, clipping album, Farrar papers, BL.
34. Milner, address to the Municipal Congress of Johannesburg, May 18, 1903, also known as the Watch Tower Speech, in Milner, *Papers,* 2:465-70. See also Pearson, *National Life and Character;* Neame, *Asiatic Danger;* Lake and Reynolds, *Drawing Global Color Line,* especially chap. 3; Auerbach, *Race, Law and "Chinese Puzzle,"* 20; M. A. Stobart, "The Asiatic Invasion of the Transvaal," *Fortnightly Review,* February 1907, pp. 296-97.
35. Russell, *Liberal Landslide,* 106, 108; Des Voeux, "Chinese Labour in Transvaal," 593。關於白人失業："Yellow v. White Labour," *Western Daily Press*, January 2, 1906, clipping album, Farrar papers, BL; English Emigration to Canada, http://englishemigrationtocanada.blogspot.com.
36. 關於自由黨政綱：Clarke, *Hope and Glory,* 33.
37. Dubow, "Colonial Nationalism."
38. Bright, *Chinese Labour,* 162-63.
39. Ibid, 167-71。國民黨最初叫作負責任黨（Responsible Party），Denoon 稱該黨是一批「各懷鬼胎的不滿現狀者，主要因為都反對當前得勢的政府和礦業

in the Transvaal," *Anti-Slavery Reporter* 25 (August-October 1905): 95-100.

19. "The Undesirable Ordinance," *Westminster Gazette,* September 7, 1905, Cd 2819/3 encl., *PP* 1906; Russell, *Liberal Landslide,* 103, 107-8; *Sun* quoted at 108.
20. "South Africa and Party Politics," *Saturday Review,* February 24, 1906, pp. 224-25; "Chinese Labour. Five Reasons for Supporting the Government on Chinese Labour," Imperial South Africa Association Pamphlets no. 60 (1904), dds-22458, CRL.
21. 「說大話」：Blyth, letter to editor, *Times* (London), October 31, 1905, p. 15; Sidney Buxton, *Chinese Labour. The Transvaal Ordinance Analysed Together with the British Guiana Ordinance* (1904), Cambridge University Library, Liberal Pub. Department.
22. John Burns, "Slavery in South Africa," *Independent Review,* May 1904, pp. 594-611, at 595.
23. Ibid., 602.
24. 只有 *Anti-Slavery Reporter* 支持華人自由移入諸殖民地。"Chinese Labour in the Transvaal," *Anti-Slavery Reporter* 25 (August-October 1905): 95-100。關於亞洲人競爭：Des Voeux, "Chinese Labour in Transvaal," 583-84.
25. 勞力外移是所謂的韋克菲爾德計畫（Wakefield plan）的主要組成部分之一，該計畫認為勞力供給和出售公地，攸關吸引資本開發殖民地的成敗。數千名來自愛爾蘭濟貧院、孤兒院的人在官方援助下前去澳洲，包括一八三二至一八三六年間的三千名年輕女子。Egerton, *Short History of Colonial Policy,* 282-84. Mill, *Principles of Political Economy* (1848), is quoted in Bell, *Idea of Greater Britain,* 50; Erickson, "Encouragement of Emigration"; Malchow, "Trade Unions and Emigration"。關於一八八〇、九〇年代的人口外移趨勢：Clarke, *Hope and Glory,* 17-18。從全球史角度看拓殖和人口外移的主要作用：Belich, *Replenishing the Earth.*
26. 多位名人支持建立帝國聯邦，包括 J. R. Seeley, J. A. Hobson, James Bryce, Alfred Tennyson, and Cecil Rhodes. Bell, *Idea of Greater Britain,* 12。其他人，尤其 Richard Jebb，提倡較平等的夥伴關係或由諸獨立國組成協會。Jebb, *Studies in Colonial Nationalism*。Seeley 的 *Expansion of England* (1883) 一書，係闡明此觀點的最受歡迎著作。
27. Jebb, *Studies in Colonial Nationalism,* viii; Clarke, *Hope and Glory,* 12, 16。關於張伯倫支持關稅改革：Semmel, *Imperialism and Social Reform*, 245.
28. Tanner, *Political Change*," 23-30; Hyslop, "Imperial Working Class."
29. Seeley, *Expansion of England,* 10-12. See also Mantena, "Crisis of Liberal

9. Creswell, *Chinese Labour Question from Within,* 66, 75-76.
10. Dobbie, "Chinese Labour," *Macmillan's,* August 1906, pp. 787-800.
11. "Incompetent": Phillips to Selborne, January 24, 1906, in Phillips, *All that Glittered.* "Unskilled whites working": Richardson, *Chinese Mine Labour,* 177; "GME's Report for Last Administrative Year. Wages and Salaries," *Transvaal Leader,* January 24, 1906, clipping album, Farrar papers, BL. See also Katz, "Underground Route."
12. L.E.N., "About Indentured Labour, the Best System," *Transvaal Leader,* January 17, 1906, clipping album, Farrar papers, BL.
13. Dobbie, "Chinese Labour." "Ranks of greater merchants": Des Voeux, "Chinese Labour in Transvaal," 584. See also Bederman, *Manliness and Civilization.*
14. F. G. Stone, "A White South Africa," *North American Review* (June 1905), 880; Hutchinson quoted in *Transvaal Leader,* April 2, 1903, in Cd. 1895/8 encl. 2, *PP* 1904.
15. "Cutting the Painter. Loyalty and Chinese Labour," *South African News* (Cape Town), January 10, 1906, Cd. 2819/71 encl., *PP* 1905. See also Dubow, "Colonial Nationalism."
16. 正式的勞工選舉團體是勞工代表委員會（Labour Representation Committee），該組織就候選人名單和自由黨協商過。「可能挑起強烈情緒」」：Pelling and Reid, *Short History of Labour Party,* 12。Tanner 的 *Political Change and Labour Party* 一書，完全未提到南非的華工問題。認為此問題對工黨選票有象徵性吸引力但影響不長久的其他史家，包括 Clarke, *Hope and Glory,* 33; Russell, *Liberal Landslide,* 106-13, 196。對種族、帝國在一九〇六年選舉裡的作用有更精闢剖析的晚近著作，參見 Grant, *Civilised Savagery;* Auerbach, *Race, Law and "Chinese Puzzle"*; Bright, *Chinese Labour*; Atkinson, *Burden of White Supremacy*。關於擴大選舉權適用對象：Russell, *Liberal Landslide,* 15-21.
17. Central Federation of Trade Unions, "White Labour or Yellow Slaves? Analysis of Division," March 9, 1904, dds-22478, CRL; Yap and Man, *Colour,* 107.
18. 最具煽動性的文章是 Boland 所寫的 "The Price of Gold"，刊登於 *Morning Leader*，一九〇五年九月六日。在 "Eyewitness" 一文（很可能出自 Boland 之手）裡，多種「酷刑」再度得到說明，並配上駭人的插圖，此文收於 *John Chinaman on the Rand*。關於自由黨："The Government and Chinese Labour," *Speaker: Liberal Review* (June 16, 1906), 240. Debate in Parliament: "Mr. Lyttelton and Chinese Labour," *Times* (London), September 27, 1905, p. 6; "Chinese Labour

第十一章　諸殖民地裡的亞裔威脅

1. Hyslop, "Imperial Working Class"; Semmel, *Imperialism and Social Reform.*
2. Van Onselen, *New Babylon,* 309-26, 366; Katz, "Underground Route," 467.
3. Smuts quoted in Selborne to Elgin, April 18, 1906, Cd. 3025/101 encl. 4, *PP* 1906。一九〇五年，平均來講，每九美元的金礦砂，需要挖出一噸的石塊才能得到。 Penrose, "Witwatersrand Gold Region," 745.
4. 白人工人滿腹牢騷：Marks, "War and Union," 172; Katz, *White Death;* Katz,"Underground Route"。在地下工作的白人，不管是親自操作機器鑽子，還是監督操作手鑽的黑人礦工，通常和礦場主簽了務工合約，負責控制工作速度，而工程師認為工作速度太慢，無法符合他們的生產目標。採礦公司改要華工使用手鑽，並規定每天鑿挖深度不得少於三十六英寸，欲藉此直接控制產量。有些白人鑽工成為華人工班的監督員，另有些人調去做地面工作，但有許多人遭資遣，令工會和其他批評者驚愕。Higginson, "Privileging the Machines"; Marks and Trapido, "Milner and South African State"; Phillips to Eckstein, March 5, 1905, in Phillips, *All That Glittered,* 128.
5. Freund, "South Africa: Union Years," 225.
6. Milner, *Papers,* 2:458-59; Katz, *Trade Union Aristocracy*, 117-18; Browne quoted in Katz, "Underground Route," 479.
7. Evans, *Cultures of Violence,* 93-95. See also Curle, *Gold Mines,* 135-37.
8. Creswell, *Chinese Labour Question from Within,* 24-34, 56-58; "Chinese Labour. Speech by Mr. Cresswell [*sic*]. Meeting at Potchefstroom. Repatriation Resolution,"*Rand Daily Mail,* October 6, 1905, p. 8。批評者指出，Village Main Reef 礦業公司擁有寬闊的回採工作面和高級礦砂，大部分礦場則擁有低級礦砂和狹窄的回採工作面，低級礦砂要靠大量廉價勞力才能從中獲利，狹窄的回採工作面則不容使用機器鑽子。Charles Sydney Goldmann, "South Africa and Her Labour Problem," *Nineteenth Century and After* 55 (May 1904): 848-62, at 857. See also "Chinese and Whites. Chamber of Mines Memorandum. Creswell Controverted," *Transvaal Leader,* January 5, 1906; "Mr. Creswell's Fallacies Exposed," Johannesburg *Star,* January 5, 1906; "Chinese Labour. Interesting Correspondence" [from Creswell], *Transvaal Leader,* February 17, 1906, all in clipping album, Farrar papers, BL。並非所有批評都為礦業講話。《星報》（*Star*）一則「工人」投書，批評克雷斯韋爾的「開放性勞動市場」提議，係已使英國工人階級貧困的自由放任學說。"Chinese Labour," *Star,* March 3, 1906, ibid.。關於「勞力短缺」的政治效應和偏愛使用廉價勞工甚於機械化：Ngai, *Impossible Subjects,* chap. 4; Hahamovitch, *No Man's Land,* chap. 2.

Relating to Affairs in South Africa, 1906, CO 879/106, no. 1025, NA.

28. Selborne to Lyttelton, September 18, 1905, Cd. 2786/16, *PP* 1905; *Report on Control of Chinese Labourers,* Cd. 3025/101, *PP* 1906。政府最初免費出借火器，但後來要求押金一百英鎊，因為有些人借了槍轉賣給他人。*Report of Proceedings,* Deputation to His Excellency the Lieutenant Governor, Cd. 2786/22, *PP* 1905。最後一個財年（十月至六月）所花的錢，見 "purchase of arms for issue to farmers and others for protection against Chinese Marauders"：購買一二五〇枝 Martini-Henry 步槍、三五八枝獵槍、二十萬八千顆實彈、三六三〇顆獵槍彈，總計五二九七英鎊九先令五便士，還打算再花兩百英鎊買獵槍。Assistant colonial secretary to private secretary, acting lieutenant general (1906), TAB/FLD 16 147/81/13, NASA.
29. Ordinance no. 27 of 1905, sec. 10; Higginson, *Collective Violence,* 125-29.
30. Copy of Resolution of Public Meeting held on April 12th, 1906, from town meeting of four hundred people, Heidelberg municipality; Resolution Passed at a Meeting Held at Pretoria on Friday, May 4, 1906; Selborne to Elgin, May 7, 1906 (on deputation from Het Volk); Louis Botha to Lord Elgin, May 16, 1906; Curtis to Solomon, April 22, 1906; all in TAB/GOV 990 PS 37-17-06 Part 1, NASA.
31. Solomon to Malcolm, March 15, 1906; Deputation Received (by Solomon) to Discuss Matters Relating to the More Effective Control of Wandering Chinese Coolies and the Prevention of Outrages Committed by Such Coolies (March 1905); Solomon to Selborne, June 1, 1906; all in TAB/GOV 990 PS 37-17-06 Part 1, NASA; *Report on Control of Chinese Labourers,* Cd. 3025/101, *PP* 1906.
32. *Report of Committee of Mine Managers,* May 28, 1906, TAB/GOV 990 PS 37-17-06 Part 1, NASA.
33. Selborne to Elgin, May 12, 1906, Cd. 3025/82, *PP* 1906; Elgin to Selborne, May 16, 1906, Cd. 3025/84, *PP* 1906.
34.「除了塞爾本勛爵和你本人」：Jamieson to Solomon, March 8, 1906, TAB/FLD 24, AG32/06, NASA; Jamieson, "Notification Addressed to All Chinese Indentured Labourers on the Witwatersrand Gold Mines," June 25, 1906, TAB/GOV 990 PS 37-17-06 Part 1, NASA.
35.「親眼目睹」：Jamieson to Solomon, October 26, 1905, TAB/FLD 22 AG 3161/05, NASA。「兩三個友人」：Solomon to Jamieson, October 27, 1905, ibid。「通告禁止散播謠言」：Jamieson to Chinese employed at Simmer and Jack and New Kleinfontien mines (n.d.), TAB/FLD 22 AG 3161/05, NASA. "Every condemned man," *Annual Report of the FLD,* 1905-6, Cd. 3338/5, *PP* 1907.

禁，參見 Ordinance no. 27 of 1905, sec. 1, 5。審判、判罪數據，來自 *Annual Report of the FLD, 1905–6,* Cd. 3338, appendix 2, *PP* 1907.

24. Ordinance no. 27 of 1905, sec. 6, 8, 10。關於賭博：Ordinance no. 12 of 1906, sec. 1; "Notes on Northern Chinese and Notes on Southern China" (no author), 1904, TAB/FLD 276/356-04, NASA。此報告也建議允許吸食鴉片、為礦工院輸入一定數量的妓女，但未獲採行。

25. Ordinance no. 27 of 1905, sec. 7; Selborne to Lyttelton, September 18, 1905, Cd. 2786/25, *PP* 1905; Attorney general's testimony before legislature on proposed amendments to labor importation ordinance, Cd. 2786/46, encl. 2, *PP* 1905。一九〇四年第十七號法令第二十六款載明遣反被判罪的工人、被宣告為「心智不健全」的工人、「因體弱或疾病永遠失去工作能力」的工人。遣反時所列舉的理由，包括腳氣病、癆病、手斷腳斷、「躁狂」、「腦筋差」、「拒絕上工」，正證實此一規定。"Repatriations from Durban of Chinese Labourers Who Have Not Been Despatched to the Rand," sent on *SS Indravelei*, June 29, 1905, TAB/FLD 41/5-51, NASA。有了可將工人遣返的新權力在手，外籍勞工部未費事將需要提出證據（例如醫療報告）的同性戀案子報警，而是逕行要礦場經理列出可疑的同性戀者，下令將他們遣返。Governor of Transvaal to secretary of state, November 16, 1906, TAB/EC (Executive Council) 101, NASA。一九〇七年，外籍勞工部報告，至當時為止，已遣返一百三十一名「被疑著迷於（反常）罪行」的工人，而且拘押另外八人伺時遣返。Suggested Draft Reply to Telegram from Secretary of State of February 14, 1907 no. 1, TAB/FLD 236/73-73/32, NASA。普通違法行為：Selborne to Elgin, January 7, 1907, Cd 3528/19, *PP* 1907.

26. "Strictly Confidential Report of an Enquiry held by Mr. JAS Bucknill into Certain Allegations as to the Prevalence of Unnatural Vice and Other Immorality Amongst the Chinese Indentured Labourers Employed on the Mines of the Witwatersrand" (September 1906), Transvaal 38767, October 1, 1906, CO 537/540, NA. See also Harris, "Private and Confidential"; Chua, "'Open and Public Scandal'"。關於賣淫和梅毒，也參見 Brammer to Malcolm, August 15, 1906, pp. 28-29, CO 537/540, NA.

27. Malcolm to mayors of Johannesburg, Germiston, Boksburg, Roodeport-Maraisburg, Springs, Krugerdorp; Rev. Amos Burnet; Rev. N. Audley Ross; Archdeacon of Johannesburg; president, Chamber of Mines; inspector general, South African Constabulary, August 7, 1906, and responses, CO 537/540, NA。關於遣返被疑為同性戀者：Selborne to Elgin, November 15, 1906, Confidential Telegrams

有個白人農場主寫道，有群華人在他的農場攻擊「土著居民」，配備的武器為「五把大刀、一把錘子、一根管子、一把錫質火帽、約一百個炸藥包。」Meyer to Botha, May 25, 1906, TAB/GOV 990/37-17-06 Part 1, NASA。犯下的暴行："Return of Chinese Outrages 1905-6," case nos. 22, 31, 44, 45; "Return of Chinese Outrages Committed 1905-6," case no. 1; *Report of Proceedings, Deputation to His Excellency the Lieutenant-Governor on the Question of Desertion of Chinese Labourers from the Mines,* September 6, 1905, Cd. 2786/22, *PP* 1905.

17. "Return of Chinese Outrages 1905-6," case nos. 30, 37, 45.
18. *Annual Report of the FLD, 1905–6,* appendix 2（列出兩件殺人案和二十六件謀殺案），Cd. 3338, *PP* 1907; *Report of Proceedings, Deputation to His Excellency the Lieutenant Governor,* September 6, 1905, Cd. 2786/22, *PP* 1905. See also Botha to Elgin, May 16, 1906, TAB/GOV 990/37-17-06 Part 1, NASA.
19. Leggett, "South African Methods," *EMJ,* April 20, 1905, p. 756.
20. Elgin, "Chinese Labour—Proposal for Repatriation," January 1, 1906, CAB 37/82, 1906, no. 2, NA.
21. Selborne to Elgin, March 31, 1905, Cd. 3025/38, *PP* 1906; TCM, *Repatriation Proposals of His Majesty's Government,* Cd. 3025/72, *PP* 1906; Selborne to Elgin, April 28, 1906, Cd. 3025/67, *PP* 1906. Translation of notice published in *Manchester Guardian,* June 15, 1906, reprinted Cd. 3025, appendix I, *PP* 1906。至一九〇七年一月，已有一千五百五十名華人申請官方協助遣返，其中七六六人返鄉，其他的申請遭駁回或撤回。Selborne to Elgin, February 20, 1907, Cd. 3528/31, *PP* 1907.
22. On dining halls: Evans, *General Report,* February 13, 1905, Cd. 2401/49, *PP* 1905。關於測量棒：Phillips to F. Eckstein, March 5, 1905, in Phillips, *All that Glittered,* 131.
23. 違反法令、規定之事，包括未經許可離開礦場；未能出示通行證或錫質號碼牌；拒絕遣返；協助或教唆他人逃避法規；阻撓高級職員履行職務；協助和教唆工人逃亡；擅離職守；不願照規定上工；不合法曠職；在礦場從事需要專門技能的工作；為輸入工人者或受讓工人者以外的人士工作；從事任何種行業或生意；對雇主發出無意義的控訴；工頭或段頭未呈報其班員的違規違法之事；工班或工段的成員未向礦場經理報告班員的違規違法之事；持有鴉片膠或提煉鴉片。治安法庭「通常可速速審決」的罪行，包括「在礦場所犯下的普通罪行，但罰鍰超過七十五英鎊或刑期超過六個月的罪行除外。」Ordinance no. 27 of 1905, Transvaal *Handbook of Ordinances,* 23-28。關於監

12. 當局常信誓旦旦說蘭德地區的壞分子是「前拳匪」，但沒有證據。Selborne to Lyttelton, September 18, 1905, Cd. 2786/25, *PP* 1905.
13. 逃亡數據，來自 *Annual Report of the FLD, 1905–6,* Cd. 3338, appendix 2, *PP* 1907. See also "Return of Monthly Convictions of Chinese Labourers for Desertion, 1905," TAB/FLD 25/47-1906, NASA。蘭德地區礦場的華工人數，平均每月為四萬五七三〇人。關於逃亡者回礦場，參見 Selborne to Lyttelton, September 18, 1905, Cd. 2786/25, *PP* 1905。關於五名逃亡者藏在西蘭德礦場的舊碾磨房裡，參見 Returns to Work, December 6, 1906, TAB/FLD 120 15/11, NASA. "This coolie had been hiding down this mine" of Aurora West: Returns to Work, December 6, 1905, TAB/FLD 120 15/11, NASA。關於逃亡者因逃亡一個月遭判罪判刑，參見 W. W. R. Jago, secretary of Association of Mine Managers, to Selborne, May 19, 1906, attached Schedule, TAB/GOV 990 PS 37-17-06 Part 1, NASA。關於公主礦場，參見 Jamieson to Solomon, February 16, 1906, TAB/FLD 24 AG 27/06, NASA。在另一樁事例裡，六名逃亡者白天躲在某礦井裡，據稱夜裡搶劫農莊。Inspector to superintendent FLD, September 22, 1906, TAB/FLD 54 6/78, NASA.
14. 關於與黑人女子的關係，參見 Rose to Malcolm, August 24, 1906, TAB/SNA 248 147-56, NASA。關於提供「避難所和工作」："Chinese on the Rand," *Manchester Guardian,* September 26, 1905。關於編號 38,695 的苦力：Jago to Selborne, May 19, 1906, TAB/GOV 990 PS 37-17-06 Part 1, NASA.
15. 報告顯示，在川斯瓦爾鎮治安區（Transvaal Town Police Area），有一〇七件暴行，在該區以外，有二十九件。"Transvaal Town Police Area, Return of Chinese Outrages from June 1, 1905, to February 28, 1906" (hereafter "Return of Chinese Outrages 1905-6"), TAB/FLD 25/47-1906, NASA; "Districts Outside the Transvaal Town Police Area," attachments to Selborne to Elgin, March 26, 1906, TAB/GOV 990/37-17-06 Part 1, NASA。有些罪行發生在礦場，因而並非逃亡者所為。有些罪行涉及破門闖入礦場裡的店鋪。攻擊個人之事似乎是見到機會臨時起意：在 Simmer and Jack 礦場，有一「幫苦力」攻擊一名在自己馬車下睡覺的白人，搶走五英鎊；一名華工在 Angelo 金礦場從一名土著身上「奪走一枚沙弗林金幣」。有些案子的犯罪動機，係個人恩怨，而非為了偷竊，例如在威特沃特斯蘭德深礦場，十五名華人攻擊一名黑人，用小刀捅他的左脅、額頭、手，但未搶走東西。"Return of Chinese Outrages 1905-6," case nos. 2, 7, 8, 18, 22, 40.
16. 詹姆森報告，「小刀和左輪手槍（被不明人士）隨意賣給華人，係不爭的事實。」Jamieson to Solomon, February 16, 1906, TAB/FLD 24, AG 27/06, NASA。

Overtime: Phillips, *Transvaal Problems,* 104.

2. Honnold to Wetzlar, February 13, 1905, box 4, folder 2, H.Mss.03381, WH, Claremont Colleges Library。關於努爾斯深礦公司：Manager, Nourse Deep, to Gibson, re: Coolie no. 30407, April 14, 1906, TAB/FLD 241/76-18, NASA。關於工作慢和無所事事閒晃："The Mining Problem. The Handling of Unskilled Labour," by "underground contractor," Johannesburg *Star,* February 8, 1906, clipping album, Farrar papers, BL.
3. 〈西蘭德金礦華工請願書〉，1907，收於李安山編，《非洲華僑華人社會史資料選輯》，頁 113-114。
4. 因尅扣工資、欺凌和惡待、爆炸、警察、未供餐引發的騷亂：Evans, *Report on Disturbances,* December 1904, 1905 Cd. 2401/28。關於格爾登惠斯深礦場：Lloyd to inspector, September 18, 1905, TAB/FLD 19, AG 10/05, NASA。一九〇八年六月，在 Simmer and Jack East 礦場，礦場管理階層下令工人在端午節那天工作，工人隨之暴動。依照務工合約，端午節那天要放假。警察和騎兵平定騷亂，但工人如願放到假。Yap and Man, *Colour,* 121.
5. "In Minor Key. Wit. Chinese Dissatisfied. Trouble all Over," *Rand Daily Mail,* October 7, 1905.
6. Evans, *Report on Disturbances,* December 1904, Cd. 2401/28, *PP* 1905; Richardson,"Coolies and Randlords," 164, 166.
7. 合約意義：Lawley to Lyttelton, April 6, 1905, Cd. 2401/58, *PP* 1905。「很清楚」：Lawley to Lyttelton, April 18, 1905, cited in Richardson, "Coolies and Randlords," 168.
8. Lawley to Lyttelton, April 6, 1905, Cd. 2401/58, *PP* 1905; Richardson, "Coolies and Randlords," 171; *EMJ,* May 11, 1905, p. 932.
9. Richardson, "Coolies and Randlords," 164-65。管理階層的提議，係「他們的工班任何成員每鑿一個深二十四英寸或更深的洞，就給予一便士（獎金），另外，如果他們工班的所有苦力都鑿三十六英寸或更深，每次輪班給六便士獎金。」
10. 獎金一覽表，鑿三十六至四十七英寸，（每次輪班）三便士；四十八至五十九英寸，五便士，如此遞增，最多九便士。Richardson, "Coolies and Randlords," 172; Selborne to Lyttelton, July 1905, TAB/FLD 29, AG 2553-3491/05, NASA. See also correspondence between Selborne and Lyttelton, October 25, November 24, and December 5, 1905, Cd. 2819/4/8/12, *PP* 1906.
11. 關於靴子和工作服的支出：參見〈西蘭德金礦華工請願書〉，1907，收於李安山編，《非洲華僑華人社會史資料選輯》，頁 113-114。

34. 關於義會：Joint petition of SP nos. 9027, 9049, 9011, et al., Labourers of the South Nourse Mine to superintendent FLD, April 2, 1906, TAB/FLD 240/76-76/15, NASA; Bright, *Chinese Labour,* 46-147。關於哥老會：Hyunh, "We are Not a Docile People," 156。在 Simmer and Jack 礦場，三十二名華人因成立一祕密會社被捕，但在當局斷定該會社無足輕重後，此事作罷。倫敦關注的重點，係它是否「具有工會的性質」。Governor to secretary of state, March 11, 1905, TAB/FLD 4/147-7-11, NASA。法蘭西蘭德金礦公司（French Rand Gold Mining Company）一九〇四年十一月的一場騷動，據說是某「三合會」所為。Evans, *Report on Disturbances,* December 1904, Cd. 2401/28, *PP* 1905.
35. Bianchini Report, Cd. 2819/29, *PP* 1906; see also Bright, *Chinese Labour,* 82.
36. Phillips, *Transvaal Problems,* 108-9; Selborne to Lyttelton, September 18, 1905, Cd. 2786/25, *PP* 1905; Bianchini Report, Cd. 2819/29, *PP* 1906.
37. Phillips, *Transvaal Problems*, 109; Browne, *South Africa: Glance,* 190.
38. 書面陳述和預備性審查，"Rex v. Charles Duncan Stewart and two Chinese coolies," TAB/GOV 990 PS 37-17-06 Part 1, NASA。證人 William Taylor 在書面陳述中發誓說，斯圖爾特大喊「shangoli」（「上過來」，也就是「上」）。Taylor 也指認了 Han 和 Wang，但後來找不到他出庭對他們作不利的證詞。
39. Lyttelton to Selborne, October 24, 1905, Cd. 2786/36, *PP* 1905.
40. Charles Stewart, testimony, TAB/GOV 990 PS 37-17-06 Part 1, NASA；謝子修，《遊歷南非洲記》，頁284；Lyttelton to Selborne, October 24, 1905, Cd. 2786/36, *PP* 1905。關於抱怨，例如典獄長告知司法部，有個華工，因被控在 Simmer and Jack 礦場鬧事，關入獄中，抵達 Germiston 監獄時，已挨過一頓毒打，係鬧事後遭華人警察毒打。監獄官員不想為毒打之事受責。Director of prisons to secretary Law Department, February 8, 1905, TBD/LD 1009, NASA。羅利的命令：Lyttelton to Selborne, October 24, 1905, Cd. 2786/36, *PP* 1905.
41. Frank Boland, "The Price of Gold. Flogging of the Rand Yellow Serf. Horrible Cruelties. Babarities Practised in the Mine Compounds. Terror on the Rand. Measures for Preserving Life and Property," *Morning Leader,* September 6, 1905, enclosure in C. H. Norman to Lyttelton, September 6, 1905, Cd. 2819/1, encl., *PP* 1906；謝子修，《遊歷南非洲記》，頁 288；Selborne to Lyttelton, November 20, 1905, Cd. 2819/14, *PP* 1906.

第十章　金價

1. 測量棒：Phillips to F. Eckstein, March 5, 1905, in Phillips, *All that Glittered,* 131.

歲的小孩。此書說有間學校供他們就讀，但檔案完全未提到設於礦場的學校。

28. Transmission of letters: TAB/FLD 188-90, NASA. Mail addressed to Tianjin shops: Record of Chinese laborers' correspondence from South Nourse (1904-6), TAB/FLD 189/40/8, NASA；胡玉麟（音譯）信，李安山編，《非洲華僑華人社會史資料選輯》，頁 112。胡玉麟寫信給妻子，說他已匯了兩次款給她，要她轉交位於院子前方臨街的謝家，還問她，收到這些信後，怎未回覆？胡玉麟或許知道怎麼把信送到他位於廣西的妻子家，但在回信地址方面對她交待太不清楚。

29. Bianchini Report, Cd. 2819/29, *PP* 1906. On Pless: Affidavits of Alexander McCarthy, Chang Chan Yin, Li Yu Cheng, Liu An Pan, and Yao Li Kung (November 1905-February 1906); sundry correspondence between Selborne and Elgin; Law Office and Lieutenant Governor's Office, February 1906, TAB/FLD 22/115-05, NASA。寄宿在普萊斯家的醫院護工 McCarthy，目睹普萊斯拷打 Li Yu Cheng 並舉報此事後，拷打之事曝光。Li Yu Cheng 逃離礦場兩天，回來後，普萊斯把他帶到他房子，剝光他的衣服，用冷水，再用熱水澆他，接著把他拴在餐室門板的釘子上超過十二小時，中間只有他逼他上床那段時間下來。普萊斯的家僕 Liu An Pan 曾遭普萊斯性虐待。Controllers, *Report on Control of Chinese Labourers,* Cd. 3025/101, *PP* 1906; *Annual Report of the FLD, 1905–6,* Cd. 3338/8, *PP* 1907.

30. Selborne to Elgin, February 17, 1906, Cd. 2819/70, *PP* 1906; Bright, *Chinese Labour,* 102, 147; Milner to Lyttelton, October 22, 1904, Cd. 2401/14, *PP* 1905; *Report on Control of Chinese Laborers,* Cd. 3025/101, *PP* 1906; Selborne to Elgin, February 17, 1906, Cd. 2819/70, *PP* 1906.

31. 但索羅門嚴詞拒絕當地某基督教傳教團要僱用來自蘭開斯特礦場（Lancaster mine）的 Wang Che 當福音傳道者的要求，並說此事看來微不足道，最終卻會演變成不樂見的永久定居。Baker to Jamicson (n.d.); secretary FLD to private secretary Solomon, August 3, 1905; secretary Law Department to superintendent FLD (n.d.); all in TAB/FLD 19, AG 20/05, NASA。廚房工人：Evans, *Report on Disturbances,* December 1904, Cd. 2401/28, *PP* 1905.

32. 謝子修，《遊歷南非洲記》，頁 285；*Annual Report of the FLD, 1904–5,* April 21, 1906, Cd. 3025, appendix IV, *PP* 1906; *Annual Report of the FLD, 1905–6,* Cd. 3338, appendix 6, *PP* 1907.

33. 陳子卿的詩，收於謝子修，《遊歷南非洲記》，Chengji Xing 英譯。也參見彭家禮，〈清末英國為南非金礦招募華工始末〉，頁 184，對此事的探討。

Native Affairs to Private Secretary of Lieutenant Governor, January 17, 1905, TAB/SNA, 248 NA70/05. NASA. See also Harris, "Private and Confidential," 125-26。族群衝突的例子，包括華人與黑人在礦工院附近的水庫裡洗澡，黑人拉扯華工辮子，雙方隨之打了起來；Grant-Smith, "Disturbance at the Van Ryn Gold Mines and Estate Limited, 14th May 1905," TAB/FLD 29, AG 2553-3491/05, NASA。在野外野餐的七名華工，遭一群黑人指控偷竊後被捕："Petition of 7 Witwatersrand Deep Coolies Sentenced at Germiston to 10 Lashes Each and 6 Months," May 28, 1906, TAB/FLD 240/76-76-15, NASA.

22. 《南非洲金礦華工新圖》；Phillips, *Transvaal Problems,* 113; "Is it Slavery?" (1906), Cambridge University Library, CCO; Yap and Man, *Colour,* 122.
23. 職業賭徒：*Report of the Special Committee Appointed to Consider and Report upon the Present Conditions in Regard to the Control of Chinese Indentured Labourers on the Mine Premises of the Witwatersrand Area* (1906), Cd. 3025/101, *PP* 1906; Memorandum, superintendent FLD, January 5, 1906, TAB/FLD 22/115-05, NASA; petition of Ts'ui Ku-yan (translation), July 25, 1906, TAB/FLD 240/76-11, NASA。Cui 是否真的考慮過自殺，或只是以誇大的自殺說法強化自己的訴求，不得而知。
24. 受洗：Yap and Man, *Colour,* 123。到鎮上：Evans, *General Report,* February 13, 1905, Cd. 2401/49, *PP* 1905; Yap and Man, *Colour,* 120; Phillips, *Transvaal Problems,* 104, 113。有褒有貶：McCallum to Selborne, January 10, 1906, TAB/FLD 22/115-05, NASA; Harris, "Private and Confidential," 122-24.
25. Selborne to Elgin, July 2, 1906, TAB/GOV 990 PS 37-17-06 Part 1, NASA; A. G. de Villiers, *Report,* May 4, 1907, TAB/LD AG 1524/07, NASA; Yap and Man, *Colour,* 122。一九〇三年傷風敗俗法禁止白人婦女「與任何土著（Native）有不合法的性關係」（土著一詞被界定為任何「明顯屬於非洲、亞洲、美洲或聖赫勒拿島之任何有色人種土著的人」）。也參見 Harris, "Private and Confidential," 123-26。
26. Epprecht, "'Unnatural Vice'"; Moodie et al., "Migrancy and Male Sexuality"; Harris, "Private and Confidential," 127-31; Chou, *Tongzhi,* 1-55.
27. 檔案常提到工人每逢週日就去其他礦場拜訪親人。招工集中在某些區域，因此工人會是來自同縣，甚至同村，從而來自同一個大家族或宗族。關於父系習慣：McKeown, "Transnational Chinese Families," 73-110。關於女人、小孩的數據：*Annual Report of the FLD, 1904–5,* Cd. 3025, appendix 4, p. 167, *PP* 1906; *Annual Report of the FLD, 1905–6,* Cd. 3338/32, *PP* 1907。《南非洲金礦華工新圖》描述了數個男孩，他們似乎是 Simmer and Jack 礦場十二或十三

務部檔案，臺灣中央研究院。

15. “〈南非洲第二通信〉，《新民叢報》第三卷第 6 期（1904）；致主編信，《愛國報》，一九〇四年九月二十八日，頁 2。關於 Ah Bu：Naylor, “Yellow Labour: The Truth about the Chinese in the Transvaal,” dd-22487, CRL.

16. 糧食配給：Regulations issued under section 29 of Ordinance no. 17 of 1904, Form no. 1, par. 7. Lunch: Evans, *Report,* November, 28, 1904, Cd. 2401/22, *PP* 1905; Evans, *General Report,* February 13, 1905, Cd. 2401/49, *PP* 1905。Evans 把麵包稱作「上等品」，但工人向謝子修抱怨，粗劣到嚥不下去。謝子修，《遊歷南非洲記》，頁 280。

17. Stopes: Burt, *Visit to Transvaal,* 57-58. Water: “Complaints by Chinese December 7, 1905,” quoted in Harris, “History of Chinese,” 173。政府採礦工程師報告，蘭德地區七十一家有產金的礦場，只有十五家能具有成效的使用機器鑽子。Milner to Lyttelton, February 13, 1905, Cd. 2401/47, *PP* 1905。至一九〇五年，已有約二十二座深礦場（平均深度兩千六百英尺）在第二礦脈上開採。華工在此礦脈採礦，也準備開採位在四千至五千英尺深處的第三礦脈。Leggett, “South African Methods,” *EMJ,* April 20, 1905, pp. 754-56.

18. Eugenio Bianchini, report, October 28, 1905, Cd. 2819/29, *PP* 1906.

19. Compounds: Evans, *Report,* November 28, 1904, Cd. 2401/22, *PP* 1905; Evans, *General Report,* February 13, 1905, Cd. 2401/49, *PP* 1905. Stew: Phillips, *Transvaal Problems,* 110。肉類配給：〈無告之名〉，《新民叢報》第三卷第 11 期（1904）。淡而無味的肉：謝子修，《遊歷南非洲記》，頁 280。出外買食物：Chinese controller, New Heriot to Sir John Walsham Bart, Inspector FLD, April 29, 1909, TAB/FLD 251 83/32, NASA.

20. 花與鳥：Phillips, *Transvaal Problems,* 104。採光通風好：Evans, *Report,* November 28, 1904, Cd. 2401/22, *PP* 1905; Evans, *General Report,* February 13, 1905, Cd. 2401/49, *PP* 1905。豪華、氣派：McCallum to Selborne, January 10, 1906, TAB/FLD 22/115-05, NASA。法蘭西蘭德公司（French Rand Company）經理認為南非華人過著「舒適奢侈」的日子。Phillips, *Transvaal Problems,* 110.

21. 關於交換想法：Phillips, *Transvaal Problems,* 103, 112。關於教壞黑人：Malcolm to local mayors, clergy, and Chamber of Mines, August 7, 1906, and response correspondence, TAB/FLD 210/51-51-27, NASA。大部分人駁斥華人教壞黑人之說。關於與黑人女子的關係：Rose to Malcolm, August 24, 1906, TAB/SNA 248 147-56, NASA; District Controller, Native Affairs to Pass Commissioner (n.d.), TAB/SNA 248 NA 70/105, NASA; Acting Secretary For

Elgin, January 20, 1906, Cd. 2819/39, *PP* 1906; Davenport, *Digging Deep,* 294.

10. Richardson, *Chinese Mine Labour,* 169-72.
11. *Extracts from Report of the Government Mining Engineer for Year Ending 30 June 1905,* Cd. 2819/71, *PP* 1906，顯示七九・一八%的華人在地下工作，二〇・八二%在地面工作；六七・一八%土著工人在地下工作，三二・八二%在地面工作；四二・一五%白人在地下工作（大多擔任華工和土著工人的工頭），五七・八五%在地面工作。《南非洲金礦華工新圖》所例舉的不同時期華工，證實這些數據不假：在東蘭德控股礦業公司的 Angelo 礦場，有八十名華工，分別是四十九名鑿岩工、十四名推車工、七名運岩工（以上在地下工作）；三名機器助手和一名鐵匠助手（在地面）；三名工頭、一名警察。Wernher Beit 公司的 Geldenhuis Deep 礦場有四十九名華工，分別是四十一名鑿岩工、四名推車工、一名運岩工、一名爆破手、三名工頭。《南非洲金礦華工新圖》。
12. Regulations issued under section 29 of Ordinance no. 17 of 1904, Form no. 1, Contract of Service, par. 4-6; Second Schedule to Contract, Schedule of Native Wages, Transvaal *Handbook of Ordinances*。從事不需專門技能之工作的白人礦工，日工資九至十先令，從事專技工作者，則是十七至二十先令或更多，Burt, *Visit to Transvaal,* 40。在晚清中國，工資因地區而異，而且數據不一致。一九〇五年北京，日工資相當於五克銀或半先令。Allen et al., "Wages, Prices, and Living Standards," fig. 3, p. 20。Lionel Phillips 認為在中國日工資相當於兩便士，在朝鮮則是五便士（將近半先令），但他所謂的朝鮮很可能是中國東北。Phillips, *Transvaal Problems,* 111。關於「買牛奶」，參見 Gim Ah Chun, Chinese interpreter at New Comet, in Burt, *Visit to Transvaal*, 61。謝子修說，在蘭德地區，不到三便士的錢，什麼東西都買不到，礦場店鋪的日常用品，價錢是鎮上的十倍。謝子修，《遊歷南非洲記》，頁 281；〈南非洲第二通信〉。
13. Evans, *General Report,* February 13, 1905, Cd. 2401/49, *PP* 1905; Selborne to Lyttelton, September 18, 1905, Cd. 2786/25, *PP* 1905; *Annual Report of the FLD, 1905–6,* Cd. 3338, appendix 8, *PP* 1907.
14. Yap and Man, *Colour,* 110; Bright, *Chinese Labour,* 80-82；張德彝呈外務部，一九〇五年六月十九日，檔案編號 02-29-003-04-018；劉玉麟呈外務部，一九〇六年四月十一日，檔案編號 02-29-001-08-001，兩文件都在清季外務部檔案，臺灣中央研究院。關於劉玉麟的調查，參見張德彝呈外務部文的附件，一九〇五年十月十四日，文件 374，《清季華工出國史料》。撫恤金：張德彝呈外務部，一九〇五年六月十九日，檔案編號 02-29-003-04-018，清季外

and 13, 1904, CO 873/136, NA；《南非洲金礦華工新圖》。海報重刊於李安山編，《非洲華僑華人社會史資料選輯》，頁 60-63, 65-67, 70-75。

61. Richardson, *Chinese Mine Labour,* 125-26, FLD and Skinner quoted at 126.
62. 謝子修，《遊歷南非洲記》，頁 279; Burt, *Visit to Transvaal*, 61; Richardson, *Chinese Mine Labour,* 145.
63. Richardson, *Chinese Mine Labour,* 141-43；《山東日報》，英譯文在 FO 2/971, p. 194, NA.
64. Richardson, *Chinese Mine Labour,* 148.
65. Ibid., 156-57.
66. 船醫日記，被引用於 Richardson, *Chinese Mine Labour,* 158-59.
67. Ibid., 161-62.
68. Evans, *Report,* June 27, 1904, Cd. 2183/13, *PP* 1904; Milner to Lyttelton, July 29, 1904, Cd. 2401/6, *PP* 1905.

第九章　蘭德金礦區的苦力

1. 謝子修，《遊歷南非洲記》，頁 284。
2. Thomas Ah Sze to Higgins, April 3, 1905, FO 2/971, p. 250, NA.
3. Higgins to Bagot, April 5, 1905; Bagot to Perry, April 6, 1905; interview at Farrar Brothers Offices (Johannesburg), March 29, 1905; Thomas Ah Sze to W. G. Higgins, April 3, 1905; McCartney to Perry, May 26, 1905; all FO 2/971, pp. 242-58, NA.
4. Thomas Ah Sze to Higgins, April 3, 1905.
5. 謝子修，《遊歷南非洲記》，頁 278-89；陳翰笙，《華工出國史料匯編》，1:1757。
6. Milner to Lyttelton, July 29, 1904, Cd. 2401/6, *PP* 1905.
7. 由汽輪伊克巴爾號（Ikbal）從德爾班送回的腳氣病病人名單（一九〇四年十一月十八日），TAB/FLD 41, 5/54, NASA。產量和利潤：Richardson, *Chinese Mine Labour,* 202, table A.12.
8. Evans, *General Report,* February 13, 1905, Cd. 2401/49, *PP* 1905. Richardson, *Chinese Mine Labour,* 167-68。輸入工人資料：Bright, *Chinese Labour,* 91.
9. 「明確的進步政策」：Milner to Lyttelton, January 30, 1905, Cd. 2401/41, *PP* 1905。礦業聯合會礦工輸入代理行的要求：*Report of Chinese English Mining Co. General Manager W. Nathan,* May 25, 1905，收於〈前開灤煤礦英比帝國主義分子販賣華工的一些資料〉，《北國春秋》，no. 2 (1905), 76-94。永久組成部分：Elgin to Selborne, January 5, 1906, Cd. 2788/15, *PP* 1906; Selborne to

的 Walter Nathan，Nathan 是開平礦業有限公司的新主管，香港總督 Matthew Nathan 爵士的兄弟—這樣的人脈有利於他承包川斯瓦爾金礦業的招工業務。Carlson, *Kaiping Mines*, 57-83; *Times* (London), March 2, 1905, p. 9；彭家禮：〈清末英國為南非金礦招募華工始末〉，《歷史研究》。招工頭一年，開平礦務有限公司淨利七萬二〇七一圓，隔年兩萬兩千圓。Walter Nathan, *Chinese Mining and Engineering Company Annual Report 1904–1905*，以及一九〇五～一九〇六年年度報告，重刊於中共開灤煤礦委員會礦史編委會，〈前開灤煤礦英比帝國主義分子販賣華工的一些資料〉，《北國春秋》，no. 2 (1960), pp. 76-94。

55. 謝子修，《遊歷南非洲記》，頁 278-1。「暴虐」：*Chung Kwok Po*, May 29, 1903，「人間煉獄」，in *Swatow* (Shantou) *Daily News,* May 20, 1903, quoted in Yap and Man, *Colour*, 100.

56.《外交報》刊印英國報紙報導的中文譯文和第十七號法令的原文，會繼續出版與川斯瓦爾華工輸入計畫有關的後續法令。第十七號法令譯文，《外交報》，一九〇四年六月八日。《東方雜誌》直言批評，寫到華工所受的苦、他們被當成役畜剝削、中國的恥辱。例如，〈書南非英屬禁止華工入境新例後〉，《東方雜誌》，第一卷第 10 期（一九〇四年十月二十五日），頁 161-64；〈又誤訂招募華工之約〉，《東方雜誌》，第一卷第 5 期（一九〇四年七月八日），頁 19；《南非洲華僑慘狀記》，《新民叢報》第三卷第 1-2 期（一九〇四年六～七月），Jack Neubauer 譯。此投書和十月刊登的第二篇投書，都由南非中華會館署名，執筆者可能是謝子修。關於社會達爾文主義和中國民族主義：Duara, *Rescuing History*, chap. 4; Karl, *Staging the World*, chap. 7.

57. Richardson, *Chinese Mine Labour,* 85-88；〈南非洲第二通信〉，《新民叢報》，第三卷第 6 期（1904）。

58. Under-Secretary of State, Foreign Office, to Under Secretary of State, Colonial Office, June 22, 1905, *Intelligence Report for March Quarter,* TAB/FLD 19 AG11/05, NASA。一八四七至一八七四年，十二萬五千名華人契約工搭船去了古巴，九萬五千名去了秘魯。清廷派代表團去古巴考察華工工作情況，發現惡待情形普見，隨後於一八七四年廢除赴古巴、秘魯的務工合約。 Hu DeHart, "Chinese Coolie Labor in Cuba"; Martinez, "'Unwanted Scraps."

59. Richardson, *Chinese Mine Labour,* 93-97; CMLIA cited in Yap and Man, *Colour*, 105.

60. 關於省級官員：Johnson to Commissioner no. 260, re Chinese emigration to Transvaal, Weihaiwei area port of embarkation, August 29 and September 1, 5, 12,

1904, cited ibid., 58.

43. Ibid., 42.
44. Phillips, *Transvaal Problems*, 49; Bright, *Chinese Labour,* 42-44.
45. Bright, *Chinese Labour,* 35-37. Richardson, *Chinese Mine Labour,* 28-29, quoting Farrar at 28.
46. Ordinance no. 17 of 1904, Transvaal, *Handbook of Ordinances.*
47. Regulations issued under Section 29 of Ordinance no. 17 of 1904; Government Notice 777, June 10, 1904, all ibid.
48. 海德公園：Yap and Man, *Colour*, 107; Richardson, "Recruiting Chinese Indentured Labour," 93-97。煙台招工：張德彝呈文外務部，一九〇四年一月八日，收於陳翰笙，《華工出國史料匯編》，1:1653。
49. 張德彝呈外務部文，一九〇四年二月十八日，出處同上，1:1656-57。根據一八六〇年北京條約，華人若要出洋至「英國所屬各處，或在外洋別地承工」，中國「毫無禁阻」。中國官員要與英國官員會定章程，以「保全前項華工」。（第五款）。「大出所料」：*Report of the Executive Committee,* TCM, *Annual Report for 1904*, xxvii.
50. 張德彝，《稿本航海述奇匯編》。關於張德彝的早期歷練和職業生涯，也參見 Zhang, *Diary of Chinese Diplomat.*
51. 張德彝呈外務部文，一九〇三年二月六日、五月一日、八月二十六日、九月四日、十月十六日、十二月四日；一九〇四年一月八日、二十二日，都收於陳翰笙，《華工出國史料匯編》，1:1643-55。
52. Emigration Convention of Great Britain and China of 1904, in Transvaal, *Handbook of Ordinances,* 31-37.
53. 張德彝呈外務部文，一九〇四年三月十八日，收於陳翰笙，《華工出國史料匯編》，1:1661; Villiers, Sixth meeting of [negotiating] committee, April 8, 1904, Cd. 1945, *PP* 1904.
54. Richardson, *Chinese Mine Labour,* 51-72; *General Report on Chinese Labour,* March 13, 1905, Cd. 2401/49, *PP* 1905。在山東煙臺這個口岸城市，礦業聯合會礦工輸入代理行找 Cornabe Eckford and Co 和 Silas-Schwabe and Co. 這兩家公司幫忙招工，在天津，則找開平礦務有限公司（Chinese Engineering and Mining Company）公司幫忙招工。Richardson, *Chinese Mine Labour,* 114-15。後一公司是英國商行，在一九〇一年敵意接收開平礦務局的華人股份後，已拿下開平礦務局。開平礦務局成立於一八七七年，係中國最早的現代工業商行之一。胡佛身為開平礦務有限公司的首席工程師，係此接收行動的要角。他認識英國的礦業、金融業人士—倫敦的 Moreing and Werner Beit 和南非

30. H. Ross Skinner, *Report Furnished to the Witwatersrand Native Labour Association,* September 22, 1903, in TCM, *Report for 1903,* 155-69。關於非正式的人力仲介協議：Richardson, *Chinese Mine Labour,* chap. 3。關於草擬法規：Ibid., 29。斯金納會在一次大戰期間轉而出任川斯瓦爾軍需品主任，一九一七年因這方面的貢獻獲封為爵士。
31. Skinner, *Report,* 161, 166-67.
32. Ibid, 163.
33. Li, *History of Overseas Chinese*, 92; Yap and Man, *Colour,* 14-24. Occupations: Harris, "History of Chinese," 218.
34. Yap and Man, *Colour,* 71-80.
35. Ibid., 79.
36. Ibid., 89-93。楊飛鴻主持孫中山一八九五年失敗的廣州起事，事後英國人把他和孫中山逐出香港，五年後才解禁。楊飛鴻去了南非，一八九九年回到香港。一九〇〇年他在廣東再次起事。一九〇一年遭一名清朝特務暗殺。
37. Harris, "History of Chinese," 220-32; resolutions from Dordrecht, Wodehouse, Hanover, and George, December 1903 to February 1904, KAB GH 1/358/16, NASA。這道一九〇四年法律，在華工輸入計畫終止後，繼續在開普殖民地施行了二十年。此計畫的終止，實際上終止華人入境開普殖民地，阻止開普和開普以外地區華人人口的成長。
38. Farrar quoted in *Rand Daily Mail,* April 1, 1903, Milner to Chamberlain, April 25, 1903, Cd. 1895/8, encl. 1, *PP* 1904.
39. "「壓過我們」和「中立」：Milner to Chamberlain, April 6, 1903。採礦工程師：Milner to Chamberlain, December 20, 1902, both in MSS Milner dep. 171, BL。「為促成此事」：Milner to Gell, December 13, 1903, in Milner, *Papers,* 2:481。遊說倫敦殖民地事務部：Phillips to Reyersbach, November 13, 1903, in Phillips, *All that Glittered*, 121; Bloemfontein resolution, *Report of Executive Committee,* in TCM, *Annual Report for 1903*, xxxi.
40. Minority report, *Statement of the Chamber Presented to the Transvaal Labor Commission,* in appendix, TCM, *Annual Report for 1903,* 49-57。關於懷特塞德：Bright, *Chinese Labour,* 34-35; Majority report, Cd. 1896, p. 40, *PP* 1904; *Report of the Executive Committee,* TCM, *Annual Report for 1903*, xxx-xxxi.
41. 工會：Bright, *Chinese Labour,* 44-46。橫幅標語：Yap and Man, *Colour*, 107。白人聯盟：*Transvaal Leader*, April 2, 1903, Milner to Chamberlain, April 6, 1903, MSS Milner dep. 171, BL.
42. Resolution cited in Bright, *Chinese Labour,* 56; Smuts to Hobhouse, February 21,

Robinson and Gallagher, *Africa and Victorians;* Marks and Trapido, *Politics of Race;* Porter, *"Cultural Imperialism";* Smith, *Origins of South African War*.

24. Milner quoted in Marks and Trapido, "Milner and South African State," 52. See also Dubow, "Colonial Nationalism"; Bright, *Chinese Labour,* 38-47.
25. Lawley to Milner, May 14, 1904, Cd. 2104/11, *PP* 1904; *Reports of Transvaal Labour Commission,* Cd. 1894, p. 33, *PP* 1904; Higginson, *Collective Violence,* 69-71, 87-88.
26. *Reports of Transvaal Labour Commission,* Cd. 1894, pp. 33, 39, *PP* 1904. "Fraught with danger": "Worker," letter to Johannesburg *Star*。「只有一件事『驅使』非洲黑人到礦場工作，即經濟壓力。換句話說，有必要時我們必須願意提高針對黑人的房屋稅，願意面對這麼做的後果，如果我們必須有黑人工人採礦的話。斗膽的說，用這個辦法解決勞動力問題，其對南非白人可能帶來的危害，甚於輸入萬名華人所可能帶來的。」"Chinese Labour," *Star,* March 3, 1906, in "History of Chinese Labour, January to November 12, 1906," clipping album, Farrar papers, BL。剝奪黑人土地，過程漫長且不一致，而且土著農民的農業和以收成一部分為田租的租地耕種方式，繼續存在於川斯瓦爾農村。一九一三年土著土地法（Native Land Act of 1913）旨在藉由將非洲黑人在本國所擁有的土地占比限制在一成三，來實現對黑人土地的剝奪。礦場也在一九一九年把合約的最短效期拉長至七個月，一九二四年拉長至九個月。Martin Legassick and Francine de Clercq, "Capitalism and Migrant Labour in Southern Africa: The Origins and Nature of the System," in Marks and Richardson, *International Labour Migration,* 148-49; Higginson, *Collective Violence.*
27. 關於工資：Marks, "War and Union," 169. On prods and whips: *Report of Native Deputation Inspection from Cape Colony to Transvaal,* October 15, 1903, Milner to Lyttelton, January 24, 1904, Cd. 2788/3 encl., *PP* 1906。關於鑽機：Marks and Trapido, "Milner and South African State," 65。關於土著通行證：Transvaal Proc. no. 37, 1901。關於烈酒法修正條款：Transvaal Proc. no. 36, 1901。關於死亡率：Lyttelton to Milner, February 22, 1904, Cd. 2025/4, *PP* 1904; Milner to Lyttelton, February 27, 1904, Cd. 2025/5, *PP* 1904。關於投資者：Richardson, *Chinese Mine Labour,* 15-21.
28. Transvaal Labor Commission, 9; Honnold to Rickard, June 30, 1903, letterbook A, box 77, H.Mss.03381, WM, Claremont Colleges Library. On India: Bright, *Chinese Labour,* 33.
29. TCM, *Report for 1900–1*, xxxviii-xxxix; Richardson, "Recruiting Chinese Indentured Labour," 89.

13. S. Herbert Frankel, "Fifty Years on the Rand." *Economist,* September 19, 1936, p. 523; "The Transvaal Gold Mines—XV: The Rand East of Boksburg," *Economist*, Feb. 11, 1905, p. 218。工業需要：Marks and Trapido, "Milner and South African State," 60-61; Richardson and Van Helton, "Development of South African Gold-Mining," 319-40。挖抵礦脈：Stephens, *Fueling the Empire,* 166.
14. Stephens, *Fueling the Empire,* 165-67; Delius, "Migrant Labor and Pedi," 295-303; Higginson, "Privileging the Machine," 16-22. "Scientific industry": Burt, *Visit to Transvaal*, 27.
15. "Statement Showing Increase in the Number of Whites, Coloured, and Chinese Employed by all the Gold Mines on the Witwatersrand," Cd. 2401/47, *PP* 1905。關於產量：Yap and Man, *Colour,* 134; TCM, *15th Annual Report for the Year 1904,* xxxix, Richardson, "Recruiting of Chinese Indentured Labour," 87。至一九一四年，蘭德的黃金產量會占全世界產量四成。Saunders and Smith, "Southern Africa," 609.
16. Van-Helten, "Empire and High Finance," 533.
17. 這方面的權威之作係 J. A. Hobson's *Imperialism: A Study* (London, 1890); see also Ally, *Gold and Empire*。關於英國摒棄將其國內產業現代化，轉而倚賴其「作為國際放款、貿易、清償中心，在這些方面日益壯大的支配力」的策略：Hobsbawm, *Industry and Empire,* 169.
18. De Cecco, *International Gold Standard,* 30-38.
19. Erthington et al., "Colonial Hegemonies to Imperial Conquest," 372.
20. Selborne quoted in Meredith, *Diamonds, Gold, and War,* 366.
21. 生活成本高昂也促成礦場白人享有高工資。白人在礦場勞動人口裡占少數，但白人工資占營運支出的比重遠高於本地人工資。ZAR Witwatersrand Chamber of Mines, *Report of Industrial Commission*, 447-48, 452-55。關於採礦資本主義和南非共和國（ZAR）：Denoon, "Capital and Capitalists," 111-32。克魯格在一八九九年布隆方丹會議上突然大發雷霆：Marks and Trapido, "Milner and South African State," 61。
22. Trapido, "Imperialism, Settler Identities," 66-101; Marks and Trapido, "Milner and South African State," 55-57。關於史學家對黃金在南非戰爭中所扮角色的辯論：Marks and Trapido, "Milner and South African State Reconsidered," 80-94.
23. Saunders and Smith, "Southern Africa," 610-15; Trapido, "Imperialism, Settler Identities," 90-97。英國史、南非史的學者辯論南非戰爭的根源已數十年，尤其是針對驅動此戰爭的主要因素是政治（帝國）利益、還是經濟（採金）利益所作的辯論。此辯論大抵上未能理解到經濟利益是帝國勢力的一部分。

全都在清季外務部檔案，臺灣中央研究院。一九〇五年法案：Lake and Reynolds, *Drawing Global Colour Line,* 162。

58. Dilke, *Greater Britain;* Belich, *Replenishing the Earth,* 320-21.

第八章　地球上最富饒的地方

1. Evans, *Report,* June 27, 1904, Cd. 2183/doc. 13, *PP* 1905; Richardson, "Recruiting Chinese Indentured Labour," 94.
2. Evans, June 27, 1904, Cd. 2183/13, *PP* 1904; Evans, November 1904, Cd. 2401/22, *PP* 1905; Evans, *General Report,* February 13, 1905, Cd. 2401/49, *PP* 1905.
3. Evans, *General Report,* February 13, 1905, Cd. 2401/49, *PP* 1905.
4. Marks and Trapido, "Milner and South African State," 58。法拉爾因在南非戰爭中的貢獻被封為爵士，一九一一年被封為準男爵。Farrar papers, BL.
5. Higginson, "Privileging the Machines," 12-16; Hamill, *Strange Career of Hoover,* 162；彭家禮，〈清末英國為南非金礦招募華工始末〉。
6. 謝子修，《遊歷南非洲記》，頁 278-89。關於謝家的背景，要感謝 Chengji Xing。
7. Evans, June 27, 1904, Cd. 2183/13, *PP* 1904.
8. 關於死亡事故：Yap and Man, *Colour,* 117; Richardson, *Chinese Mine Labour,* 256n5。一九〇四年六月二十二日至一九〇七年一月三十一日因逃亡、拒絕上工、未經允許曠職、未能出示許可證、暴亂而被判罪的事例，Cd. 2786/28, *PP* 1905; Cd. 3338, appendix 2, *PP* 1907; Cd. 3528/6, 12, 17, 25, 38, *PP* 1907。一九〇六年六月，十五人被判十年徒刑至無期徒徒；十四人因謀殺罪遭處決；十六人於暴亂中遭槍斃。"Notice Addressed to Chinese Indentured Laborers from Foreign Labor Department Superintendent Jamieson,"appended lists, TAB/GOV 990 PS 37-17-06 Part I, NASA.
9. Saunders and Smith, "Southern Africa," 597-623。英國人一八七七年吞併川斯瓦爾，但不久，就在一八八一年第一次英國－布耳人戰爭後，將其還給阿非利卡人。
10. Erthington et al., "From Colonial Hegemonies to Imperial Conquest," 319-91; Dubow, "South Africa and South Africans."
11. Stephens, *Fueling the Empire,* 92-94.
12. Saunders and Smith, "Southern Africa," 609. "Hell room": Stephens, *Fueling the Empire,* 165。華人拿不到採礦執照：Yap and Man, *Colour*, 73-75。一八九八年頒行第十五號黃金法（Gold Law no. 15），明文禁止有色人種取得貴金屬開採執照，在那之前不予金礦開採執照之事未明文規定，由民間自行執行。

49. Mountford, *Britain, China, and Colonial Australia,* 183.

50. Markus, "Divided We Fall," 10; "Coloured Alien Curse," *Worker,* July 29, 1899, p. 2; "Sticking to the Chinese! The Capitalists' Conference Decides to Put White Labour Down—If Possible," *Worker,* March 21, 1891, p. 4。關於最低工資：Lake, "Challenging 'Slave-Driving'"。澳洲的最低工資依舊排在全世界前列（一二·一四美元），二〇二〇年僅次於盧森堡（一三·七八美元　）。"Minimum Wage by Country 2020," *World Population Review,* https://worldpopulationreview.com/country-rankings/minimum-wage-by-country。關於白人勞工保護主義：Hyslop, "Imperial Working Class."

51. Fitzgerald, "Advance Australia Fairly," 59-74.

52. 〈華工難做〉（投書），《杭州白話報》，第 8 期，一九〇一年八月一日，頁 1。

53. 羅忠堯，《報告》，收於羅豐祿呈外務部文，一九〇二年七月二十九日，檔案編號，3, no.02-13-008-01-061，清季外務部檔案，臺灣中央研究院。

54. Lake and Reynolds, *Drawing Global Color Line,* chap. 6.

55. "The Slippery Chinese," *Western Mail,* February 20, 1904, p. 13; "Prohibited Immigrants: Eleven Chinese Deported," *West Australian,* September 16, 1904, p. 2; "Chinese Stowaways," *Northern Territory Times and Gazette,* January 29, 1904, p. 3。關於珍珠業：Tang Entong to Foreign Ministry, April 15, 1911, File no. 02-12-015-01-015, Qing Foreign Ministry Records, AS. See also Martinez, "End of Indenture?" 珍珠業得到不受一九〇一年入境限制法約束的待遇，繼續招募亞洲契約工，直到一九七〇年代才停止。關於其他要求："Chinese Competition," *Albany Advertiser* (WA), April 2, 1904, p. 3; "Sunday Labour by Chinese," *Goulburn Evening Penny Post* (NSW), November 5, 1904, p. 2; "Future Trouble of Overseas Chinese"，《愛國報》，September 21, 1904, p. 2; Letters to Editor，《愛國報》，November 23, 1904, p. 2；《愛國報》，December 7, 1904, p. 2.

56. "Public Morals," *SMH,* November 1, 1904, p. 3; "Early Morning Raid. Chinese Gamblers Secured," *Evening News* (Sydney), November 26, 1904, p. 4; "Future Trouble of Overseas Chinese"，《愛國報》，September 21, 1904, p. 2; "Resistance Against Cruel Laws"，《愛國報》，November 23, 1904, p. 2。Zhong 的投書，《愛國報》，December 7, 1904, p. 2.

57. 關於領事：梁瀾勛呈外務部，一九〇九年五月十八日，檔案編號 02-12-014-02-018；李經芳呈外務部，一九一〇年六月三日，檔案編號 02-12-014-03-009；黃榮良呈外務部，一九一一年七月五日，檔案編號 02-12-015-01-023；

Queensland Advertiser, September 26, 1865, pp. 2-3。搗礦機工人：Jones, *Chinese in Northern Territory,* 70。*SMH* 調查發現：就細木工人來說，白人工資平均兩英鎊十先令，華人工資約兩英鎊，雇主還提供吃住。Markus, "Divided We Fall," 7.

33. 關於舊金山和石泉，參見第六章的探討；On San Francisco and Rock Springs, see the discussion in Chapter 6; 張德彝，《稿本航海述奇匯編》，（一八七八年）陰曆六月二十二日條，頁 553。
34. Cuba Commission, *Report of the Commission;* Yun, *Coolie Speaks*。關於天津條約續增條款，見第六章。
35. Mountford, *Britain, China, and Colonial Australia,* 96-99, 102; Tseng, "China—Sleep and Awakening."
36. Lowe Keng Meng et al., "Petition to their Excellencies General Wong Yung Ho and U Tsing," cited in Lake, "Chinese Empire Encounters British Empire," , "Chinese Empire Encounters British Empire," 107. See also Fitzgerald, "Advance Australia Fairly," 66-67, 104.
37. *Argus,* May 27, 1887, cited in Lake, "Chinese Empire Encounters Brtish Empire," 105.
38. Ibid., 104.
39. Toasts: *Argus,* May 28, 1887, cited ibid., 104-5.
40. Ibid., 107-8; Fitzgerald, "Advance Australia Fairly," 69.
41. Mountford, *Britain, China, and Colonial Australia,* chap. 4; Cheong, *Chinese Remonstrance,* 8-14.
42. Cheong, *Chinese Remonstrance,* 5-7.
43. Cheong, "Address to Australasian Conference," in ibid., 15.
44. Mountford, *Britain, China, and Colonial Australia,* 130-31.
45. Ibid., 136-42; Finnane, "'Habeas Corpus Mongols.'"
46. Mountford, *Britain, China, and Colonial Australia,* chap. 5.
47. Ibid., 153.
48. Griffiths, "Making of White Australia," 516-31。Griffiths 主張，英裔澳洲菁英寧願毀掉北領地經濟，也不願讓華人開發該地（535。Markus, *Australian Race Relations,* 74; Markus, *Fear and Hatred,* 195; Lake and Reynolds, *Drawing Global Colour Line,*chap. 6。到了十九、二十世紀之交，由於昆士蘭糖業投資於資本密集技術，該產業已不必靠太平洋島民在田裡幹活。Denoon and Wyndham, "Australia and Western Pacific," 550。關於塔斯馬尼亞：Irving, *Constitute a Nation,* 102.

North Queensland, 238-39, 243。礦業主管：Comber, "Chinese Sites on Palmer," 205.

19. Cathie May, "Chinese in the Cairns District," in Reynolds, *Race Relations in North Queensland*。關於庫克敦：Crawford, *Notes by Mr. Crawford,* 27。關於種菜販賣和店鋪：Loy-Wilson, "Rural Geographies," 415。關於香蕉業：Fitzgerald, *Big White Lie,* 155-56。關於從種族角度出發的氣候理論：Anderson, "Coolie Therapeutics."
20. Huttenback, *Racism and Empire,* 241-50; An Act to Amend the Goldfields Amendment Act of 1874 (1876); Queensland Act 2 of 1878。把黑人納入此法案，係為防堵所有非白人移民，包括已在境內和可能移入的非白人，而採取的預防措施。當時昆士蘭金礦區並無黑人。也參見 Griffiths, "Strategic Fears of Ruling Class."
21. "The Kanaka Question at Mackay," *Week,* December 8, 1877, pp. 21-22; Huttenback, *Racism and Empire,* 42-49. Queensland Acts 47 of 1868 and 17 of 1880。關於晚至一九〇一年種植園的情況："The Kanaka Problem," *North Queensland Register,* June 24, 1901, p. 39.
22. "In Townsville," *Worker,* December 17, 1892, 3; "The Kanaka Question," *Telegraph,* January 29, 1876, p. 6. See also Huttenback, *Racism and Empire,* 246-47. "Black and yellow agony": "Black Labour and the Farmers," *Worker,* May 28, 1892, p. 2.
23. Markus, "Divided We Fall," 1-10.
24. Curthoys, "Conflict and Consensus."
25. Ibid.
26. Cameron, member of the NSW legislative assembly, quoted ibid., 56.
27. Anderson, "Coolie Therapeutics"; Editorial, *Brisbane Courier,* August 18, 1877, 4。關於反華種族主義為民族主義的一部分：Auerbach, *Race, Law, and "Chinese Puzzle,"* 16-27.
28. *South Australian Register,* February 20, 1888, cited in Mountford, *Britain, China, and Colonial Australia,* 100.
29. 一八九一年非白人人口：昆士蘭，五．〇五%；西澳大利亞，四．六五%；新南威爾斯：一．二九%；維多利亞，〇．八六%。Markus, *Fear and Hatred,* 160.
30. Lowe et al., *Chinese Question in Australia,* 20-21.
31. Ibid.
32. Kong Shing Yung, "A Chinese Letter Home," *Rockhampton Bulletin and Central*

錫（Macassan）一詞是對來自蘇拉威西島之多族群貿易文化的統稱，包含來自戈瓦（Gowa）、波內（Bone）兩王國和鄰近島嶼的諸民族。後文對「最北端」（Top End）的討論，取自 Ganter, chaps. 2-4, and Martinez and Vickers, chap. 2.

7. Jones, *Chinese in Northern Territory,* 5-13; Jones, "Ping Que: Mining Magnate"。政府付給在新加坡的勞力供應承包商每人十四英鎊七先令，涵蓋佣金、船費、醫藥費。簽約兩年期間，工人每月領到三英鎊，包含糧食和醫藥費，工頭每月領到五英鎊，加上到期時五英鎊獎金或返鄉船費。政府表示定會僱用那些未被公司僱用的人投入公共工程，並讓他們棲身於帳篷裡。
8. Jones, "Ping Que"; Jones, *Chinese in Northern Territory,* 37.
9. Jones, "Ping Que."
10. Ganter, *Mixed Relations,* 69; "Chung Wah Society, Darwin, Northern Territory," Chung Wah Society, http://www.chungwahnt.asn.au/index.php?page=short-history.
11. Jones, *Chinese in Northern Territory,* 31, 53-54; Ganter, *Mixed Relations,* 70, 118.
12. Number of Aboriginal peoples killed: Evans and Orsted-Jensen, "'I Cannot Say the Numbers'"。關於昆士蘭邊境的暴力：Henry Reynolds, "Other Side of the Frontier" and Reynolds, "Unrecorded Battlefields of Queensland," in Reynolds, *Race Relations in North Queensland.*
13. Kong Shing Yung, "A Chinese Letter Home," *Rockhampton Bulletin and Central Queensland Advertiser,* September 26, 1865, pp. 2-3。此信由當地一名基督教傳教士譯成英文。
14. "The Palmer River Goldfield: North Queensland Outback" (n.d.), Tropical Tableland Netguide, http://www.athertontablelandnetguide.com/outback/gold/palmer-river-gold.htm; William Hill, "The Palmer Goldfield: Early Day Experiences" (n.d.), http://www.chapelhill.homeip.net/FamilyHistory/Other/QueenslandHistory/ThePalmerRiverGoldfieldEarlyDayExperiences.htm。關於從北領地進入昆士蘭的華人：Jones, *Chinese in Northern Territory,* 53-55; Crawford, *Notes by Mr. Crawford*。關於針對太平洋島民的種族迷思：Banivanua-Mar, *Violence and Colonial Dialogue.*
15. Crawford, *Notes by Mr. Crawford,* 4, 18-20.
16. Kirkman, "Chinese Miners on Palmer," 49-62.
17. Loy-Wilson, "Rural Geographies," 414; Comber, "Chinese Sites on Palmer," 207, 209.
18. Kirkman, "Chinese Miners on Palmer," 49; Hill, "Palmer Goldfield"。關於暴力：Noreen Kirkman, "From Minority to Majority," in Reynolds, *Race Relations in*

54. George to Garrison, November 30, 1893, in George, *Complete Works,* 9:202-3.
55. 論點並不一致。有些人把排華合理化為「反蓄奴」之舉，符合廢奴主張。其他人反對讓華人和黑人都享有選舉權，尤以重建時期告終之後為然。法官 Harlan 在 *Plessy v. Ferguson* (1896) 一案中提出的著名異議，把給予非裔美國人公民身分和地位，譽為對他們在內戰中的軍事貢獻的獎勵，但主張華人不配成為美國公民。Smith, *Freedom's Frontier;* Aarim-Heriot, *Chinese Immigrants;* Wong, *Racial Reconstruction*.
56. *Chae Chan Ping v. U.S.* (1889), 130 U.S. 581; *Fong Yue Ting v. U.S.* (1893), 149 U.S. 698.

第七章　黃禍

1. 一八五〇年代至七〇年代的澳洲報紙，偶爾報導加州華人之事，但一八七〇年代後期起，這類文章大增。利用 *Chinese* 和 *California* 這兩個關鍵字搜尋澳洲的全國報紙資料庫（Trove），得出一八五七至一八七〇年的十三年間有二三七八筆，一八七八至一八八二年的四年間有二四三六筆。例如，"The Labor Movement in California," *Argus,* February 5, 1878, p. 7; "The Chinese in California," *Queenslander,* December 14, 1878, p. 23. See also Markus, *Fear and Hatred,* 80-83, 124-25; Lake and Reynolds, *Drawing the Global Colour Line,* chap. 6. "The Chinese in Australia: Their Vices and Victims," *Bulletin,* August 21, 1886, p. 4, 11-14; Editorial, "The Chinese Must Go," ibid., p. 2.
2. 中英北京條約（一八六〇年十月二十四日）第五款：「戊午年定約互換以後，大清大皇帝允於即日降諭各省督撫大吏，以凡有華民情甘出口，或在英國所屬各處，或在外洋別地承工，俱准與英民立約為憑，無論單身或願攜帶家屬一併赴通商各口，下英國船隻，毫無禁阻。該省大吏亦宜時與大英欽差大臣查照各口地方情形，會定章程，為保全前項華工之意。」
3. Lowe et al., *Chinese Question in Australia,* 26-28.
4. 金礦業衰退：Battellino, "Mining Booms," 63。一八六〇年代期間華人人口減少，在維多利亞從兩萬四千七百人減為一萬七千八百人，在新南威爾斯從一萬三千人減為七千兩百人。一八六三年維多利亞和一八六七年新南威爾斯廢除限制：Mountford, *Britain, China, and Colonial Australia,* 64.
5. *Times* (London), November 18, 1857, p. 8, cited Mountford, *Britain, China, and Colonial Australia,* 62.
6. 作為「印尼」、「澳洲」兩地生態系之分界的所謂的華勒斯線（Wallace Line），其實把東印度、新幾內亞和澳洲合為一系。Martinez and Vickers, *Pearl Frontier,* 24-25。關於馬雷格：Ganter, *Mixed Relations,* chaps. 1-2。望加

Ngai, *Impossible Subjects,* chap. 6。聯邦最高法院在 *U.S. v. Ju Toy* (1906) 一案所作的裁定，給了移民事務官員很大的自由裁量權，而且限制移民的法院複審權；*U.S. v. Wong Kim Ark* (1898) 一案，支持在美出生的華人固有的公民權。

36. "Victory at Last!," *Alta,* March 24, 1882, p. 1.
37. Huang, *Renjinglu shicao jianzhu*. Selection trans. by John Guo in Frederick Bee History Project, http://frederickbee.com/huangpoem.html.
38. 此排華法第六條載明豁免的群體，規定得有證明才能入境。
39. *Case of the Chinese Cabin Waiter*, *In re Ah Sing,* 13 F.286 (1882); *Case of the Chinese Laborers on Shipboard, In re Ah Tie and others,* 13 F.291 (1882); *Case of the Chinese Merchant, In re Low Yam Chow,* 13 F.605 (1882).
40. Huang to Zheng, report no. 19, August 3, 1882, in *Jindaishi ziliao,* vol. 55. Translation by Jack Neubauer. 13 F.286, 289 (1882).
41. 13 F.605, 608, 611 (1882).
42. 黃遵憲上鄭玉軒欽使稟文，編號 22, 23, 24, 26 的報告（一八八二年九月至十一月），《近代史資料》，第 55 冊。
43. 黃遵憲上鄭玉軒欽使稟文，編號 34, 35 的報告（一八八六年一月），出處同上；*Yick Wo v. Hopkins,* 18 U.S. 356 (1886).
44. 施吉瑞，〈金山三年苦〉。關於中華會館的成立：Lai, *Becoming Chinese American,* 47-48。關於不准入校就讀：*Tape v. Hurley* 66 Cal. 473 (1885); Ngai, *Lucky Ones,* chap. 4.
45. Lew-Williams, *Chinese Must Go,* appendix A，顯示一八八五至一八八七年在加利福尼亞、愛達荷、蒙大那、內華達、新墨西哥、奧勒岡、華盛頓、懷俄明諸州有三百三十九起違法犯罪案件，八十四起謀殺案。
46. Ibid., 120-25.
47. Snake River: Pfaelzer, *Driven Out,* 287; Rock Springs, ibid., 209-11.
48. "Memorial of Chinese Laborers, Resident at Rock Springs."
49. Ibid.
50. Frederick Bee, Report and accompanying documents, September 30, 1885, Cheng to Bayard, November 30, 1885, doc. 64 encl., Chinese Legation correspondence, *FRUS.*
51. Cheng to Bayard, November 30, 1885, ibid.
52. Bayard to Cheng Tsao Ju, February 18, 1886, doc. 67, Chinese Legation, *FRUS;* Denby to Bayard, March 10, 1886, doc. 50, China, *FRUS;* Denby to Bayard, March 29, 1886, doc. 52, China, *FRUS.*
53. Pfaelzer, *Driven Out,* 214-15.

Voice against Chinese Exclusion," Smithsonian Asian Pacific American Center, http://smithsonianapa.org/now/wong-ar-chong.

23. Burlingame to Williams, quoted in Xu, *Chinese and Americans*, 72-73; Wenxiang quoted in Haddad, *America's First Adventure,* 221.
24. Haddad, *America's First Adventure,* 221-26.
25. Saxton, *Indispensable Enemy,* 104-5。Kurashige討論了往立法全國排華轉變一事，把那視為一場「完美風暴」，*Two Faces of Exclusion,* 8-9.
26. California State Senate, *Chinese Immigration: Its Social, Moral, and Political Effect* (1876); U.S. Senate, *Report of the Joint Special Committee to Investigate Chinese Immigration* (1877).
27. Amendment to strike ban on naturalization defeated, April 28, 13 *Cong. Rec.* (March-April 1882), p. 3411; final bill House/Senate, April 29, p. 3440.
28. Ibid., pp. 2027, 2028; veto (April 4, 1882), p. 2551.
29. "Chinese Consul-General," *Union,* March 27, 1882；施吉瑞，〈金山三年苦〉，《萬國公報》，*Wanguo gongbao,* no. 437-40 (1877).
30. 〈保民說〉，《中外新聞七日報》，June 3, 1871, p. 8.
31. "Anti-Chinese Riot at Martinez," *Weekly Butte Record,* May 6, 1882, p. 1; "The Irrepressible Conflict," *Los Angeles Herald,* April 28, 1882, p. 1.
32. "The Trouble at Martinez," *Union,* April 28, 188, p. 2; *Sonoma Democrat,* April 29, 1882, p. 2; "Distinction without a Difference," *Los Angeles Herald,* May 3, 1882, p. 2.
33. "Complaint of the Chinese Minister," *Los Angeles Herald,* July 2, 1882, p. 1; "Martinez Riot," *Union*, May 9, 1882, p. 2; "Pacific Coast Items," *San Jose Herald,* December 7, 1882, p. 3; *Daily Morning Times* (San Jose), December 8, 1882, p. 2.
34. An Act to Execute Certain Treaty Stipulations Relating to Chinese, May 6, 1882。幾個月後，亞瑟總統就簽字批准一八八二年移民法成為法律。這是美國第一個全面性移民法，對每個新來者課以「人頭稅」，不准窮人、罪犯、精神病患者、可能需要官方照管者入境，要他們由載他們來的輪船公司送回原居地。此法建立在數十年來數個州所施行的人頭稅、禁止入境、驅逐出境政策上，尤其是麻塞諸塞州和紐約針對貧窮愛爾蘭人禁止入境、驅逐出境的做法。關於把矛頭指向華人、愛爾蘭人的本土利益至上說和不准入境所產生的相關影響：Hirota, *Expelling the Poor.*
35. 關於不管來自何國的華人一律不准入境：*In re Ah Lung* 18 F. 28 (1883); "Chinese from Hong Kong," *Alta,* June 1, 1884, p. 2。關於執行所引發的衝突：Salyer, *Laws Harsh as Tigers,* chap. 4; McKeown, *Melancholy Order,* chap. 5;

2. Editorial, "The Elections," *Alta,* September 5, 1861, p. 1。關於內戰和重建時期的加州政治：Saxton, *Indispensable Enemy;* Smith, *Freedom's Frontier*.
3. California Joint Select Committee, *Report Relative to the Chinese Population*。這個委員會由兩名共和黨人當共同主席，成員全是共和黨人和聯邦民主黨人。
4. Chiu, *Chinese Labor,* 23-29.
5. Saxton, *Indispensable Enemy,* 68-71; Chiu, *Chinese Labor,* 54-55.
6. "Disgraceful Riot in San Francisco," *Union,* February 14, 1867, p. 3; "Trial of the Rioters," *Alta,* February 24, 1867, p. 1; Saxton, *Indispensable Enemy,* 72.
7. "Memorial and Joint Resolution in Relation to Chinese Immigration to the State of California," *CAJ,* 17th sess. (1867-68), appendix, 2:4; "Anti-Coolie Memorial," March 12, 1868, in ibid.
8. Henry George, "The Chinese in California," *New York Tribune*, May 1, 1869, pp. 1-2.
9. Mill to George, October 23, 1869, in George, *Complete Works,* 10:198-200.
10. *Oakland Daily Transcript,* November 20-21, 1869, quoted in George, *Complete Works,* 10:200-1. See also Shelton, *Squatter's Republic,* 86-87.
11. "Crude," in George, *Complete Works,* 10:195。關於華人要求調漲工資：Raymond, *Statistics of Mines and Mining* (1870), chap. 1; George Robert, testimony, "Memorial of the Six Chinese Companies," 17-18. Later writing on Chinese by George: *Complete Works*, 9:202-3. See also Beck, "Henry George and Immigration."
12. Saxton, *Indispensable Enemy,* 106; Deverell, *Railroad Crossing,* 34-36.
13. Saxton, *Indispensable Enemy,* 74-76.
14. "Anti-Chinese Song," *Marin County Journal,* May 25, 1876.
15. Brooks, "Chinese Labor Problem," 407-19; Condit, *Chinaman as We See Him,* 83.
16. Kurashige, *Two Faces of Exclusion*，既承認各自的利益，也稱他們「平等主義者」；"Memorial of the Six Chinese Companies," 22-24.
17. "Memorial of the Six Chinese Companies," 18; Rusling, *Across America,* 317-18.
18. Speer, *Humble Plea;* Condit, *Chinaman as We See Him;* Gibson, *"Chinaman or White Man, Which?,"* 28.
19. Gibson, *Chinese in America,* 76-77.
20. Williams, *Our Relations with Chinese Empire,* 14.
21. Daniel Cleveland, "Chinese in California" (1868), HM72176, HL; Clyde, "China Policy of Browne."
22. Wong Ar Chong to Garrison, February 28, 1879, at "Rediscovered: An Eloquent

只有一年例外。*Colonial Casualties,* 93.

46. Drummond, "Regulations for Keeping the Camp Clean," September 2, 1858, VPRS1189/P0000/522 A58/266, PROV; see also Cronin, *Colonial Casualties,* 90-91.
47. Standish to colonial secretary, November 30, 1855, VPRS1189/P0000/467 R55/15,543, PROV; Webster to resident warden (Avoca), July 28, 1856, VPRS1189/P0000/W6629, PROV.
48. Smith to resident warden, October 22, 1855, VPRS1189/P0000 R13/871, PROV; Smith to resident warden, July 21, 1856, VPRS1189/P0000 X6233, PROV.
49. Resident warden to chief secretary, October 7, 1858, VPRS1189/P0000/522 G8441, PROV.
50. Acts Consolidating and Amending the Laws Affecting the Chinese Emigrating to and Resident in Victoria, 25 Vic 132, 1862, and 27 Vic. 170, 1863.
51. Young, *Report on Conditions of Chinese Population,* 31-58; Fitzgerald, *Big White Lie;* Rasmussen, "Chinese in Nation and Community"; Cai, "From Mutual Aid to Public Interest."
52. Goodman, *Gold Seeking*, 25; Messner, "Popular Constitutionalism"。同樣的，費茨傑拉德主張，十九世紀後期澳洲華人追求現代化，他們的協會和兄弟會「平等、民主一如白人勞工運動、愛爾蘭－天主教慈善團體、殖民地共濟會和聯邦共濟會的地方分會。」*Big White Lie,* 28-29.
53. DianaTalbot, "Trouble in the Buckland," http://www.dianntalbotauthor.com/buckland-riots/.
54. Taylor to chief secretary, *Report of the Board Appointed to Inquire into Losses Sustained by Chinese at Ararat,* December 7, 1857, VPRS1189/P0000/502, PROV.
55. Serle, *Golden Age,* 325-26; Taylor to chief secretary, December 7, 1858; *Argus* quoted in Talbot, "Trouble in Buckland."
56. Serle, *Golden Age,* 326.
57. "Anti-Chinese Riots and Rorts," Gold!, https://www.sbs.com.au/gold/story.php?storyid=56; Taylor to Chief Secretary Melbourne, December 7, 1858; "List of Property Stated to Have Been Destroyed Belonging to Chinese Storekeepers at the Buckland on 4th July 1857" (n.d.), VPRS1189/P0000/502, PROV.

第六章　激昂的空地演說

1. "John Bigler," *Wikipedia,* https://en.wikipedia.org/wiki/John_Bigler。華人在橫貫大陸鐵路工地工作：Chang, *Ghosts of Gold Mountain.*

Among Others, chap. 2; Carstens, "Chinese Culture and Polity"。Cronin 也舉出菲利浦港土著保護地和在東南亞的做法作為類似的先例，但他提出亞洲境內的華人「圍院」（不常見之事）作為立論依據，間接表示與澳洲的保護地的相似程度，比實際情況還要高。*Colonial Casualties,* 82.

38. Rede to Kaye, September 24, 1854, file "petitions of Amoy etc.," VPRS1095/P000/3, PROV.
39. "Chinese Demonstration," *Empire,* June 13, 1857, p. 5; Serle, *Golden Age,* 326. "Leading men": quoted in Cronin, *Colonial Casualties,* 83.
40. O Cheong, letter to private secretary [Kay] to the Lieutenant Governor [Hotham], December 23, 1854, VPRS1095/P0000/3 "Petitions of Amoy etc.," PROV。 把 Cheong 的信放進這個檔案，間接表明他不是來自廣東四邑，而是來自鄰省福建，而通商口岸廈門就位在該省。
41. Hotham acted under authority of the Act to Make Provision for Certain Immigrants, 18 Vic. 39 (June 22, 1855), secs. 6-8。保護地制度明文化於 "Regulations for the Chinese on the Gold Fields," December 2, 1856, A.13/1856-57, Vic-PP. See also "Regulations for the Chinese on the Victoria Gold Fields," *SMH,* April 4, 1856, 3.
42. Military background: Cronin, *Colonial Casualties,* 84; William Foster, Diary for the Fortnight Ending Saturday, March 1, 1856, VPRS1189/P0000/467 J56/1791, PROV.
43. 每個分部為歐裔保護官編的薪水是一年七百五十英鎊；歐裔辦事員是五百英鎊；歐裔翻譯員五百英鎊，華人翻譯員三百五十英鎊；華人抄寫員六十英鎊；眾多頭人每個一百二十英鎊；兩名警察日薪各十英鎊六便士。Frederick Standish, "Estimated Expenditures for the Protection of the Chinese for 1856" [1855], VPRS1189/P0000/467 R55/14,639, PROV; Standish to chief secretary, October 22, 1855, VPRS1189/P0000 R55/13,887, PROV; "Precis of Recommendations of Chinese Protectors Regarding Payment of Chinese Headmen of Villages" (December 31, 1855), VPRS1189/P0000/467 Y562028, PROV; *Fortnightly Report of the Resident Warden, Ballarat,* Period Ending March 1, 1856, VPRS1189/P0000/467 J56/1791, PROV.
44. Chinese protector to Resident Warden, Castlemaine, October 22, 1855, VPRS1189/P0000/R13, 871, PROV. Standish is quoted in Cronin, *Colonial Casualties,* 87.
45. Standish to colonial secretary, July 9, 1855, VPRS1189/P0000/467 P55/8757, PROV。Standish 承認，要繳費才能提出控告，這做法不公平，尤其「在大部分案子裡華人的控告有理。」Standish, September 5, 1855, VPRS1189/P0000/467, T56/243, PROV。據 Cronin 的說法，政府的華人經費年年有剩，

26. Pon Sa, "A Chinese Demonstration," *Empire,* August 13, 1857, p. 5; Lowe Kong Meng, testimony before Select Committee on Subject of Chinese Immigration, pp. 10-12, 1857/6, Vic-PP.
27. An Act to Regulate the Residence of Chinese in Victoria, 21 Vic. 41, December 24, 1857. New petition: Kyi, "Most Determined"; Chamber of Commerce, cited in Mountford, *Britain, China, and Colonial Australia,* 60.
28. An Act to Consolidate and Amend the Laws Affecting the Chinese Emigrating to or Resident in Victoria, 22 Vic. 80, February 24, 1859; Cronin, *Colonial Casualties,* 98. Penal sanctions: John O'Shanassy, "Regulations for the Guidance of Chinese Protectors," February 28, 1859 (Min 59.27), VPRS1189/P0000/522 J56/1988, PROV.
29. Quoted in Kyi, "Most Determined."
30. Messner, "Popular Constitutionalism," 75; United Confederacy: Serle, *Golden Age,* 330-31.
31. Serle, *Golden Age,* 331; Macgregor, "Lowe Kong Meng."
32. Serle, *Golden Age,* 331.
33. Messner, "Popular Constitutionalism"; Serle, *Golden Age,* 330.
34. Cronin, *Colonial Casualties,* 80-81.
35. McCulloch, "Sir George Gipps"；一八四八年二月十一日，格雷伯爵（Earl Grey）寫信給殖民地總督查爾斯．費茨羅伊，指出，「很遺憾……有效改善你殖民地裡土著處境一事，似乎進展不大。」格雷伯爵也重述，為了放牧牛隻或農業而讓人承租土地，並不表示承租者有「獨享的權利」，這類承租無意「剝奪土著居民過去在這些區域打獵或在這些區域為了生存而隨意走動的權利……但在真的已耕種的土地或為了耕種而圍起來的土地上例外。」*Historical Records of Australia,* series 1, vol. 26, at 223, 225。在倫敦，這或許很合理，但殖民地移民認為土地、領土的掌控不是歸一方，就是歸另一方，不可能皆大歡喜。關於滅絕說，參見 Wolfe, "Settler Colonialism"; Markus, *Fear and Hatred.*
36. Memorandum of conversation (colonial governor) with [Melbourne] Chamber of Commerce on the Chinese Question, May 8, 1855, VPRS1095/P0000/3, PROV.
37. Rede to Kaye, September 24, 1854, file "petitions of Amoy etc.," VPRS1095/P000/3, PROV; Matson, "Common Law Abroad"; Buxbaum, *Family Law and Customary Law;* Collyer, "Straits Settlements," 82-84。有一點應該指出，即二元治理制的頒行，使英國必須從種族的角度，認識「部落」、「族群身分」、「習慣」，並將這些認識形諸法律條文。也參見 Kuhn, *Chinese*

Age, 327。十倍之多："Chinese Immigration into Victoria," *SMH,* April 21, 1855。「一兩百萬人」：Henry Melville, testimony to Goldfield Commission, 1855/1, Vic-PP。「令人極反感的外國多神教群眾」："Convicts and Chinese," *Empire,* November 24, 1851, p. 2。「大量湧入……多不勝數的一票票人」："Chinese in Victoria," *SMH,* May 7, 1855, p. 8.

18. "Chinese Disturbances in Singapore," *Argus,* April 8, 1857, p. 5; "Treatment of Chinese," *Mount Alexander Mail,* July 24, 1857; Serle, *Golden Age,* 325。關於信心危機：Mountford, *Britain, China and Colonial Australia,* 61.
19. Serle, *Golden Age,* chaps. 5-6; Proceedings and reports compiled in Anderson, *Eureka.*
20. *Report of Goldfield Commission,* par. 166, 1855/1, Vic-PP; An Act to Make Provision for Certain Immigrants, 18 Vic. 39 (June 12, 1855), secs. 3 and 4。此法把「移入者」定義為「任何在中國或其附屬國或中國海域的任何島嶼土生土長的成年男性，或華人父母所生的任何人。」An Act to Regulate the Residence of the Chinese Population in Victoria, 21 Vic. 41 (November 24, 1857), sec. 3.
21. Humble Petition, Chinese Storekeepers, November 26, 1856, 1856/4, Vic-PP。聯署人數代表本迪戈約三分之一人口簽了名，而本迪戈人口已從一八五四年三千人劇增為一八五五年的一萬七千人。Serle, *Golden Age,* 323; Kyi, "Most Determined."
22. Webster to chief secretary, September 6, 1856, VPRS1189/P0000 W56/7831, PROV; Nicholson to chief commissioner of police (Melbourne), July 23, 1856, VPRS1189/P0000, X56/6748, PROV; Serle, *Golden Age,* 325; "The Walk from Robe," *GOLD!, Victorian Cultural Collaboration,* https://www.sbs.com.au/gold/story.php?storyid=57.
23. 'Statement of the number of Chinese reported to have arrived in this Colony overland to avoid the payment of the capitation tax authorized to be levied under the Act 18 Victoria no. 39, August 21, 1856," VPRS1189/P0000/467 K56/7026, PROV; "The Walk from Robe."
24. Serle, *Golden Age,* 325-30.
25. 除了上述本迪戈、巴拉臘特、卡斯爾梅恩的請願，還有來自 Fryer's Creek, Campbell's Creek, Forest Creek, Jim Crow goldfields, Geelong, and Sandy Creek. Kyi 諸地的請願，"Most Determined," n27。關於論點和辯解：Ibid.；關於權利語言：*Argus,* May 13, 1859, quoted in Messner, "Popular Constitutionalism," 63. Petition of [Bendigo] Chinese Storekeepers (November 26, 1856).

10. "Plan of Golden Point Section of Forest Creek," 1859, Department of Economic Development, Jobs, Transport, and Resources, Victoria http://earthresources.vic.gov.au/earth-resources/geology-of-victoria/exhibitions-and-Imagery/beneath-our-feet/the-early-years; Goodman, *Gold Seeking,* 65-88, 189-202。「很安詳隨和」：George Henry Gibson, testimony to Goldfield Commission, p. 7, 1855/1, Vic-PP。不「傲慢」："Chinese in Victoria," *Bendigo Advertiser* supplement, August 23, 1856, 1。「小偷和賭徒」：Charles James Kenworthy, testimony to Goldfield Commission, p. 8, 1855/1, Vic-PP.
11. 在歷史紀錄裡，談到華人人口，說法不一。Gillies, Memorandum for the Governor, April 11, 1888, *Correspondence relating to Chinese Immigration into the Australasian Colonies,* 1888 C. 5448, p. 25, *PP*. See also table of census figures in Cronin, *Colonial Casualties,* appendix 2. Monster meeting: Serle, *Golden Age,* 322-23.
12. "Australia and the Chinese," *Empire,* July 28, 1857, p. 6; "Convicts and Chinese," *Empire,* November 24, 1851; "The Chinese in Victoria," *SMH,* May 7, 1855, p. 8。「愚蠢可笑」："Chinese in Victoria," *SMH,* May 7, 1855, 8; Home-Stayer, "The Chinese," *Empire,* July 13, 1858, p. 5.
13. Hopkins testimony to Goldfield Commission, p. 10, 1855/1, Vic-PP。關於宗教差異："Chinese Emigration," *Goulburn Herald and Argyle Advertiser,* March 6, 1852, p. 4。對白人皈依心存懷疑："Interior, Chinese Labour—Public Meeting," *Empire,* April 2, 1852.
14. 基督教徒的道德規範：Goodman, *Gold Seeking,* 149-78; Johnson, *Roaring Camp,* chap. 2。「混種」："Chinese Emigration," *Goulburn Herald and Argyle Advertiser,* March 6, 1852, p. 4.
15. 關於奴隸制："Convicts and Chinese," *Empire,* November 24, 1851, p. 2。其他人有疑慮，要求釐清華人是否是奴隸。"Chinese Immigration," *SMH,* February 28, 1852, p. 2. Hotham is quoted in Serle, *Golden Age,* 320。塞勒認為霍瑟姆的說法誇大。關於借款移民盛行：Taylor, *Distant Magnet,* 97-102; Kobrin, "A Credit to Their Nation," 69-90; Kobrin, "Currents and Currency," 87-104。「鬱鬱不樂」：Loy-Wilson, "Coolie Alibis," 38-40。公憤和華人請願迫使官方不得不調查，結果裁定華人有理，下令將價值三一六〇英鎊的黃金還給華人，但其他黃金已被人拿走分掉，無法追回。
16. Editorial, *Argus,* January 6, 1879, p. 4.
17.「數量之多……數不勝數的中國人海裡」：*Goldfield Commission Report,* par. 161-64, 1855/1, Vic-PP。「像貪婪的蝗蟲」：Westgarth, quoted in Serle, *Golden*

62.「罪有疑點」最常被提出。「罪有疑點」：pardon of Ah Yik, *California Senate Journal,* 19th sess. (1871-72), 66；「陰謀」：pardon of Ah Chee, *California Senate Journal,* 21st sess. (1875-76), appendix, 4:37。「情事已明朗」：pardon of Ah Wong, *California Senate Journal,* 19th sess. (1871-72), 79.

63. *People v. Hall*, 4 Cal. 339 (1854).

64. Pun Chi, "Remonstrance to Congress," c. 1860, quoted in Speer, *Oldest and Newest Empires,* 591-603.

65. Wunder, "Chinese in Trouble," 25-41.

第五章　保護範圍

1. "A Chinese Demonstration," *Empire,* August 13, 1857, p. 5; Kyi, "'Most Determined, Sustained'"。此報報導一千兩百名至一千三百名華人與會，但聯署請願者為二八七三人。據牧師威廉・楊的人口普查，卡斯爾梅恩人口約一千五百，*Report on Conditions of Chinese Population,* 38-39.

2. Loy-Wilson, "Coolie Alibis," 30-31; Cronin, *Colonial Casualties,* 9-12.

3. 「嚴重侵犯」：被引用於 Cronin, *Colonial Casualties,* 7."Convicts and Chinese,"*Empire,* November 24, 1851。「淪為乞丐」：被引用於 Ohlsson, "Origins of White Australia," 203-19. See also "Sworn to No Master, of No Sect Am I," *SMH,* October 3, 1848; "Chinese Immigration," *Empire,* November 20, 1851; "Convicts and Chinese," ibid., November 24, 1851。反對將罪犯流放澳洲：Cronin, *Colonial Casualties,* 7。「真正合格的外移民」：Earl Grey to Sir Charles Fitz Roy, December 18, 1847, *Historical Records of Australia,* series 1, vol. 26, 104-8.

4. Cronin, *Colonial Casualties,* 6。其實尼可森言不由衷：自由工成本高昂，囚犯工已斷供，罪犯出身者粗暴易惹亂子，不聽話，找來工作不可靠。

5. 「病態追求」：被引用於 Loy-Wilson, "Coolie Alibis," 32. See also "Chinese Immigration," *SMH,* February 28, 1852, p. 2; "Chinese Slavery," *SMH,* January 18, 1853, p. 2; "The Chinese-The Yellow Slave," *Empire,* June 18, 1853, p. 4.

6. Serle, *Golden Age,* 44-54, 75-76.

7. Ibid., 323; Curthoys, "'Men of All Nations"; Markus, *Fear and Hatred.*

8. Henry Melville, testimony to the Commission on Conditions of Goldfields of Victoria, p. 9, 1855/1, Vic-PP. William Hopkins, testimony, ibid., 10。水洞係白人所建，用以留住淡水供飲用。Serle, *Golden Age,* 323。華人來自種稻的中國南部，把農業灌溉技術帶來金礦區，大概不認為水是缺稀的資源。

9. Quoted in Serle, *Golden Age,* 327.

「廟」，可能是致公堂所有。更遠處是一些附加的住宅，其中一間標記為「女人建築」（亦即娼寮），「破舊」。關於致公堂，見第二章。

57. Waterman, order of commutation of Ah Jake, November 14, 1888, Ah Jake pardon file; *Folsom Prison Register 1882–97,* MF 1:9 (12), CSA。一八九〇年三月一日，出於不明原因，他被移到聖昆丁（San Quentin）。San Quentin prison register 1880-96, MF 1:9 (1), CSA.

58. Soward to Waterman, September 1, 1889, Ah Jake pardon file; "Ah Jake's Case," *Mountain Messenger,* December 1, 1888, p. 2.

59. Ah Jake to Waterman, September 14 and November 27, 1890; McComb to Waterman, December 1, 1890, all in Ah Jake pardon file。唐尼維爾的食品雜貨商斯博汀，簽署了支持 Ah Jake 的請願書。典獄長報告，Ah Jake「在獄中（表現）良好，從未傳出因違反監獄規則受罰之事，已忠實履行其職責。」Ah Jake 也在獄中黃麻纖維廠工作。Doughtery to McComb, December 1, 1890, Ah Jake pardon file.

60. Executive pardon, December 30, 1890, Ah Jake pardon file; San Quentin prison register 1880-96, MF 1:9 (1), CSA; Lavezzola to Dressler, May 4, 1927, in Dressler, *California Chinese Chatter,* 60-61; Mason to Dressler, April 29, 1927, CSL.

61. *CAJ,* 1853-85。所有的赦免資料都包含在州立監獄主管的報告裡，發表於 *CAJ* 附錄裡；獲赦囚犯的名字，作為州長向議會年度報告的一部分，出現在 *CAJ* 裡。一八六〇年，因一級殺人罪判刑十年的 Song Ah Pong，服刑四年後因表現良好獲赦，州長認為服了四年已夠。*California Senate Journal,* 12th sess. (1861), 51。許多白人因表現良好獲赦。此做法，既解決州立監獄人滿為患的問題，也符合赦免機會有助於改善囚犯紀律一說，類似今日的假釋。一八六四年此做法形諸法律條文，明令「勞動成效好且表現良好」者，每個月可扣掉五天刑期，藉此加快囚犯服刑期滿。Act to confer Further Powers upon the Governor of this State in Relation to the Pardon of Criminals, April 4, 1864。因二級謀殺罪被判十二年刑期的 Ah Fong，苦於癆病，快要小命不保，一八六八年獲赦。*California Journal of the Assembly,* 18th sess. (1869-70), 66。被判定犯了搶劫罪的 Ah Lin，因心臟病而快要死亡，一八七〇年獲赦，*California Senate Journal,* 19th sess. (1871-72), 59。因搶劫被判七年徒刑的 Yung Toy，*California Senate Journal,* 20th sess. (1873-74), 104。法制史家 Clare McKanna 針對十九世紀後期加州七郡殺人案所寫的專著，揭露遭上訴法院撤銷赦免、判罪裁定的華人訴訟案，往往肇因於通常屬於敵對氏族或兄弟會的華人證人被查明作偽證。McKanna, *Race and Homicide*, 32-51.

January 28, 1882.

46. Rohe, "Chinese Mining and Settlement at Lava Beds," 52.
47. Ibid., 53-55.
48. Ibid, 56-59.
49. California Joint Select Committee, *Report Relative to the Chinese Population,* 4.
50. 數據見〈金山進口金銀總單〉，《萬國公報》，no. 314 (1874), 19.
51. "Is it Practicable?" *Union*, April 8, 1882, p. 4.
52. J. A. Vaughn to M. D. Baruck, August 15, 1888; Rev. C. H. Kirkbride to Governor Waterman, August 8, 1888; N. B. Fish, foreman, Robert Forbes, Samuel Tym, William Perryman, Edward Perryman, William Box, petition to R. M. Waterman (1888); William P. McCarty, petition to Governor Waterman, October 12, 1888; L. Barnett, petition to Governor Waterman (n.d.); petitions from 1888 and 1889, all in file F3659-13, Executive Pardons, CSA (hereafter cited as Ah Jake pardon file).
53. *People v. Ah Jake,* death warrant, December 23, 1887, Ah Jake pardon file;"Historic Sierra County Gallows," http://www.sierracounty.ws/index.php?module=pagemaster&PAGE_user_op=view_page&PAGE_id=28&MMN_position=44:37; Soward to Waterman, August 18, 1888, Ah Jake pardon file。關於唐尼維爾絞刑台："Sierra County History," Sierra County Gold, http://www.sierracountygold.com/History/index.html.
54. Samuel C. Stewart, affidavit, August 7, 1888; F. D. Soward, petition to Governor Waterman, August 18, 1888, Ah Jake pardon file.
55. 但沃恩告訴州長，他不認識 Ah Jake，此舉若非為了使他的上訴顯得不偏袒一方，就是因為他擔心遭當地反華人分子報復。這些反華人分子極力反對有人在該郡僱用華人。Ah Jake to Waterman, November 27, 1890; Vaughn to Baruck, August 15, 1888; Bouther testimony, *People v. Ah Jake,* trial transcript, 99-100, all in Ah Jake pardon file. On Wah Chuck: *People v. Ah Jake,* trial transcript, 52, 104-109, Ah Jake pardon file; "A Curious Pardon," *Mountain Messenger,* December 1, 1888, p. 2.
56. 《山區信使報》（*Mountain Messenger*）報導，Lo Kay 給了逮捕 Ah Jake 的 Henry Hartling 一百美元作為報酬。一八八七年十月二十九日，頁 3；*People v. Ah Jake,* trial transcript, 42, 98, Ah Jake pardon file; F. D. Soward to Governor Waterman, September 1, 1889, ibid。關於兩人都是合和會館成員：*People v. Ah Jake,* examination transcript, in Dressler, *California Chinese Chatter,* 55。根據 Sanborn Fire Insurance 火險公司的一九〇二年加州唐尼維爾地圖，在主街一端有中國人居住區，該區有四座建築，最大的一座為兩層樓，標示為

Smith, *Freedom's Frontier,* 106-7; Chiu, *Chinese Labor,* 13.

32. Chiu, *Chinese Labor,* 15; California Committee on Mines and Mining Interests, *Report* (1853), appendix.
33. California Committee on Mines and Mining Interests, *Report* (1853), pp. 9-10 出席此會的華人：四邑會館的 Gee Atai、Lee Chuen；陽和會館的 Tong K. Achick、Lum Tween-Kwei；三邑會館的 Tam San、Chun Aching；新安會館的 Wong Sing、Lee Yuk，這四個現有的會館代表一八五二年存在於加州的廣東各大方言群體和地區。Lai, *Becoming Chinese American,* 40-41.
34. California Committee on Mines and Mining Interests, *Report* (1853), p. 10.
35. Ibid., 9-10.
36. Ibid., 10-12.
37. Ibid., 10.
38. An Act to Provide for the Protection of Foreigners, and to Define their Liabilities and Privileges, 1853 Ca. Stat. 44. On revenues, see Chiu, *Chinese Labor,* 23。在 Calaveras, El Dorado, Placer, Tuolumne, and Yuba 諸郡，稅收最多。
39. "An Extensive Swindle," *Alta,* November 19, 1855; *Report of Joint Select Committee Relative to the Population of Chinese of the State of California,* March 11, 1862, p. 7.
40. *U.S. Census of Population, 1860,* California, Yuba County, Foster's Bar, 6-7, 10-11, 14, 16, 2-23。關於搶先占有：Chan,"Chinese Livelihood in Rural California," 57-83。關於都市貨物和服務：一八六〇年美國人口普查，顯示加州尤巴郡馬里斯維爾一地，第三區有四名洗衣婦（頁 4）和男洗衣工（頁 16），第四區有十八名菜農、一名沿街叫賣小販（頁 10）。
41. *Miners and Businessman's Directory*, Tuolumne County, 1856, HL. On Woods Creek: "San Joaquin News," *Alta* supplement, May 1, 1852, p. 1。「輕輕掠過」：Paden, *Big Oak Flat Road*, 67-70.
42. H. B. Lansing, Diary, entries for January 12 and 18, 1855, HM 70410, HL; Valentine, "Historical and Archaeological Investigations," 156-57; *Report of Joint Select Committee Relative to the Population of Chinese of the State of California,* March 11, 1862.
43. Raymond, *Statistics of Mines and Mining* (1870), 2-6.
44. Chiu, *Chinese Labor,* 3; Chan, *This Bittersweet Soil;* Chan, "Early Chinese in Oroville"; Chang, *Ghosts of Gold Mountain;* Chen, *Chinese San Francisco.*
45. California Joint Select Committee, *Report Relative to the Chinese Population,* 3; Rohe, "Chinese and Hydraulic Mining," 83-85; *Scientific and Mining Press*,

17. Chun Aching and Tong Achick to Governor Bigler, May 16, 1852, in *Analysis of the Chinese Question;* "Governor's Special Message," *Alta,* April 25, 1852, p. 2; "Meeting at Columbia," *Alta,* May 15, 1852, p. 2. "Vamose the ranche": "Anti-Chinese Meeting at Foster's Bar," *Union*, May 3, 1852, p. 3。關於礦工在 El Dorado 郡 Centreville 的集會："Sacramento News," *Alta,* May 15, 1852, p. 2. See also Chiu, *Chinese Labor,* 13, 15; Paul, "Origin of Chinese Issue," 190.
18. 強力支持畢格勒的郡：Tuolumne（53.9 percent）、Calaveras（53.5%）、Sierra（55.7%），以及 Mariposa, Nevada, El Dorado, and Yuba（各 51% 或更高）。畢格勒甚至以五票之票拿下輝格黨票倉舊金山。"Election Returns," *Alta,* September 12 and October 1, 1853。關於貪腐：Caxton, Letter to Bigler, *Alta,* July 2, 1853, p. 2; Editorial, "Gov. Bigler and the Extension Scheme," *Union*, August 24, 1853, p. 2. On Tammany Hall tactics: Editorial, *Alta,* September 15, 1853, p. 2; "Biglerism," *Alta,* May-September 1853, *passim.*
19. Henry George, speech delivered at Metropolitan Hall in San Francisco, February 4, 1890, in George, *Life of Henry George,* 80.
20. Lai, "Potato King"; Yin, *Chinese American Literature,* 18-20.
21. Hab Wa and Tong K. Achick to Governor Bigler, April 29, 1852, in *Analysis of the Chinese Question*.
22. "Memorial to the Legislature on the Chinese Question," in *Analysis of the Chinese Question,* 9.
23. "China-men in America," *New York Times*, June 9, 1852.
24. Norman Asing (*sic*), "To His Excellency Gov. Bigler," *Alta,* May 5, 1852, p. 2.
25. Ibid., emphasis in original.
26. *Analysis of the Chinese Question,* 10.
27. Chun Aching and Tong K. Achick to Govenor Bigler, May 16, 1852, in *Analysis of the Chinese Question,* 11.
28. Ibid.; "Off for the Mines," *Alta,* May 3, 1852, p. 2。人口從兩萬五千減為兩萬一千：California Committee on Mines and Mining Interests, *Report* (1853).
29. Foreign Miners License Tax Act, 1852 Ca. Stat. 84; Chun and Tong to Bigler, May 16, 1852, *Analysis of the Chinese Question,* 12.
30. Foreign Miners License Tax Act, 1850 Ca. Stat. 221; Smith, *Freedom's Frontier,* 93-94; "Importation of Coolies" (letter to the editor), *Alta,* April 27, 1852, p. 2.
31. Foreign Miners License Tax Act, 1852 Ca. Stat. 84; "Passage of the School and Foreign Miners' Tax Bill," *Alta* supplement, May 1, 1852, p. 7; "The Tax on Foreign Miners and the Policy of Expulsion," *Alta* supplement, May 15, 1852, p. 4;

21. Cronin, *Colonial Casualties,* 85-88.
22. Wong, *English-Chinese Phrase Book.*
23. 朱瑞生，《廣肇英語》。

第四章　畢格勒的計策

1. "John Bigler," Governors' Gallery, CSL, http://governors.library.ca.gov/03-bigler.html.
2. Memorial to the U.S. Congress from the People of California, CAJ, 3rd sess. (1852), appendix, 585.
3. 關於農業潛力：Special Message from the Governor, January 30, 1852, CAJ, 3rd sess. (1852), 78。「遼闊、安全、美麗的」："Prospects of California," California Star, March 25, 1848, p. 4。「從阿拉斯加到智利」：Speer, *Humble Plea,* 10.
4. Quinn, *Rivals;* Ellison, *Self-Governing Dominion,* 309-14; McArthur, *Enemy Never Came,* 17; St. John, "Unpredictable America," 56-84.
5. Speer, *Oldest and Newest Empire,* 483-528, quote at 527.
6. Jung, *Coolies and Cane,* chap. 3.
7. "Commerce and Coolies at the Sandwich Islands," Alta, February 24, 1852, p. 2; "The Labor Contract Law," *Alta,* March 21, 1852, p. 2. On Tingley: Shuck, *History of Bench and Bar,* 590; Smith, *Freedom's Frontier,* 99-100.
8. Bryson to Stoddard, December 3, 1851, California File, box 17, HL.
9. "Legislative Intelligence," *Alta,* April 24, 1852, p. 2。關於參議院反對："Minority Report of the Select Committee on Senate Bill no. 63," March 20, 1852, *CAJ,* 3rd sess. (1852), 669.
10. "The Robert Browne Story," Takao Club, http://www.takaoclub.com/bowne/index.htm。關於叛變：Meagher, *Coolie Trade,* 100, 145.
11. "The China Boys," *Alta,* May 12, 1851, p. 2.
12. "The Chinese Immigration," *Alta,* April 26, 1852, p. 2; "The Cooley Trade," *Alta,* May 4, 1852, p. 2.
13. "Legislative Intelligence," *Alta,* April 24, 1852; "Governor's Special Message," April 23, 1852, *CAJ,* 3rd sess. (1852), 376.
14. "The Chinese Emigration," *Alta* second supplement, May 15, 1852, p. 7。出入境統計數據係 S. E. Woodworth 所擬，此人係加州華人的「代理人和領事」。
15. Bancroft, *History of California,* 6:679.
16. Smith, *Freedom's Frontier*, 71-79.

"History of California Pioneer"; quotes from Millard letter, August 17, 1881。關於米拉德為查爾斯・克羅克公司工作一事，也參見Alisa Judd, "CPRR Ah Henge & J. Millard" (blogpost), Central Pacific Railroad Photographic History Museum, CPRR Discussion Group, March 28, 2005, http://cprr.org/CPRR_Discussion_Group/2005/03/cprr-ah-henge-jmillard.html。感謝 Alisa Judd 分享關於她曾祖父 Jerome Millard 的照片和資料。

11. *People v. Ah Jake,* trial transcript, 49-52, Ah Jake pardon file.
12. Ibid., 78-80, 109-14.
13. Ibid., 120。感謝 Gordon Bakken 澄清，這些奇怪的指示的確符合加州刑法。打鬥情況下，一人如果在打鬥過程中打死先動手者，可能被視為自衛之舉。但如果先動手者已因為外力打擊或倒下而失去行為能力，另一方趁機將其殺死，殺人者的心態就被認為已從自衛改成預謀。法官未向陪審團說清楚這些差異。People v. Ah Jake, death warrant, December 23, 1887, Ah Jake pardon file. Motion for new trial denied: *People v. Ah Jake,* afternoon session, December 22, 1887, Ah Jake prison file, Folsom commitment papers, CSA; *Mountain Messenger,* December 24, 1887, p. 2.
14. 加州最早的新教傳教士—施惠廉（Wiliam Speer）、盧美仕（A. W. Loomis）、剛德（Ira Condit）這三位長老會牧師，以及美以美會牧師基順（Otis Gibson）—都曾在中國服務過。Woo, "Presbyterian Mission"。關於基順：Thomson, *Our Oriental Missions,* 235-36。在維多利亞，威廉・楊（William Young）牧師加入巴達維亞的倫敦傳道會；牧師 A. A. Herbert 在上海工作過。"Christian Missions to the Chinese in Australia and New Zealand, 1855-c. 1900," Chinese Australia, Asian Studies Program, LaTrobe University, https://arrow.latrobe.edu.au/store/3/4/5/5/1/public/welch/missionaries.htm.
15. Fitzgerald, *Big White Lie,* 69; Timothy Coffin Osborn, Journal, entry for December 26, 1850, MSS C-F 81, BANC; Hall and Millard, "History of California Pioneer."
16. *Diary of Jong Ah Sing* (1866), p. 16, VIC。作者所譯。
17. "Claims of Chinese on Our Common Schools," *San Francisco Evening Bulletin,* June 20, 1857.
18. Ngai, *Lucky Ones,* 119-21.
19. "The Children of the Sun," *Sacramento Transcript,* January 1, 1851, p. 2; "Chinese Case," Alta, May 24, 1851, p. 2; "Law Courts," *Alta,* October 9, 1851, p. 2.
20. Resident Warden Beechworth to chief secretary, April 22, 1857, doc. 57-115, VPRS1189/P0000/482, PROV; Rule, "Transformative Effect." Young is quoted in Cronin, *Colonial Casualties,* 86.

第三章　和白人交談

1. *People v. Ah Jake,* examination transcript upon a charge of murder, in Dressler, *California Chinese Chatter,* 51-52.
2. Ibid., 45.
3. Instruction to ignore defendant: ibid., 44. "You want to ask him": ibid., 47.
4. Ibid., 50-51, 54-55.
5. Hunter, "*Fan Kwae*" *at Canton,* 60-62; Spence, *God's Chinese Son,* 7-8; Ghosh, *Sea of Poppies,* 490。Spence（史景遷）寫道，有個買辦告知一名美商，有個來訪的官員認為該給他大筆賄賂，「Mant-a-le [mandarin] sendee one piece chop. He come tomollo, wantee two-lac dollar'（官員送來一個官印。他明天會來，想要二十萬元），每個人都清楚他的意思。」洋涇濱英語是簡化的、勉強充數的語言，供語言相異的雙方作基本溝通之用，並非混合語（creole）。混合語是成熟的語言，是某群體的主要用語，例如在美國喬治亞州海島（Sea Islands）所講的古拉語（Gullah）、牙買加混合語（Jamaican *patwah*）或夏威夷英語（Hawaiian *pidgin*）。據語言學家的說法，一語言要稱得上是真正的洋涇濱語，「必須符合兩個條件：文法結構和詞彙必須大幅簡化……因此產生的語言，使用者沒有人以該語言為母語。」Hall, *Pidgin and Creole Languages,* vii.
6. 感謝 Teemu Ruskola 提供關於十九世紀中國法庭翻譯員的資料。關於條約撰寫：Liu, *Clash of Empires*, 112。此條約也明文禁止在中國官方文書上使用「夷」指稱英國政府或英國人。「夷」泛指「外國人」，但被英國人譯成「野蠻人」。Ibid., 31-69.
7. 牛津英語辭典把這個相應於 *savvy* 的動詞定義為「俗語，置換詞，意為知道；懂，理解。常用於在向外國人或據認腦筋遲鈍者說明某事後發出的疑問句（意同「你懂嗎？」）。「少許必要的詞和句」：William Speer, "Claims of the Chinese on Our Common Schools," San Francisco *Evening Bulletin,* January 20, 1857. See also Rusling, *Across America,* 303.
8. Thomason and Kaufman, *Language Contact,* 167-88.
9. 直到一九七八年，美國才要求聯邦法院為不以英語為首要語言的被告和證人提供翻譯員（Court Interpreters Act of 1978, 28 USCS § 1827」。但未強制規定將翻譯出來的話作電子錄音，而是讓法庭自行裁奪。Sec (d)(2)。未得到翻譯和翻譯不當是上訴的理由，但高等法院很少裁定翻譯疏失可構成他們眼中不公平審理的理由。
10. *People v. Ah Jake,* trial transcript, December 12, 1887, p. 3, file F3659-13, Executive Pardons, CSA (hereafter cited as Ah Jake pardon file); Hall and Millard,

of Chinese Population, and Particulars of their Employments, as furnished by the Chinese Interpreters on the different Goldfields, for 1866 and 1867," 1868/56, Vic-PP.

56. *Precis of Reports of Chinese Protectors with Respect to Diversity of Chinese Dialects* (1857), VSRP1189/P0000/502/57-94, PROV; Cronin, *Colonial Casualties,* 25-26; Serle, *Golden Age,* 332.
57. Young, *Report on Conditions of Chinese Population.* Ironbark Village: Lovejoy, "Fortune Seekers," chap. 8；義興會會堂：Crawford, *Notes by Mr. Crawford,* 10。此捲軸的中文原文不詳。在 Jin 所譯的洪門手冊中沒有顯然與此相符的字句。
58. Denny, "Mud, Sludge and Town Water"; "Population of the Goldfields," table V, Victoria Census of 1857.
59. Jones, "Ping Que: Mining Magnate"。Ping Que 的中文名有點令人困惑。"Pin Qui—Mei Zhen" 一八六七年在克雷西克簽了一份請願書。"Humble Petition of Storekeepers and Rate-payers on Black Lead 30 April 1869," VPRS5921/P0000/2, PROV.
60. Lovejoy, "Fortune Seekers," chap. 4.
61. 關於 James Ni Gan：Lovejoy, "Fortune Seekers," chap. 7; Rasmussen, "Rise of Labor"; James Ni Gan, Claims no. 39398-403（以汞齊化流槽淘洗法淘金的立界據有地），有合夥人 John Saville, Hen Loy, Ah Choon, Patrick Mooney, Ni Gook, James Ni Gan, Fourth White Hill, *Sandhurst Mining Registrar's Register of Claims,* VPRS 6946/7, PROV; Jones, "Ping Que: Mining Magnate."
62. 救出的妓女：Pascoe, *Relations of Rescue*。商人的妻子：Yung, *Unbound Feet.* 工作的妻子：Nicolini, "When East Met West."
63. 關於男子氣概：Johnson, *Roaring Camp,* 121-39; Bryson to Stoddard, December 3, 1851, HM 16387, HL。第三性：Lee, *Orientals,* 88-89; Shah, *Contagious Divides,* chap. 3.
64. Ko, *Teachers of Inner Chambers;* Ransmeier, "Body-Price," 209-26.
65. Sommer, *Sex, Law, and Society,* 30-31, 154-56. On corporate form of the family: Ruskola, *Legal Orientalism,* chap. 3; Bernhardt, *Women and Property in China, 960-1949*。關於二十世紀之前中國境內的性關係和同性關係：Chou, Tongzhi, 1-55.
66. *People v. Ah Jake,* examination transcript, in Dressler, *California Chinese Chatter,* 51-52; *People v. Ah Jake,* transcript of testimony, December 12, 1887, pp. 50-57, 61, 100, file F3659-13, Executive Pardons, CSA.

45. Benton and Liu, *Dear China*, chap. 2; Guoth and Macgregor, "Getting Chinese Gold," 129-50; Young, *Report on Conditions of Chinese Population*, 50.
46. Loy-Wilson, "Coolie Alibis," 28-45。這些人運氣不好，遭海關官員沒收黃金，因為據稱未繳新規定的黃金出口稅，而且在同意付費後還是未繳。打了一場漫長的官司，華人最終勝訴，但只拿回三分之一黃金，因為其他黃金都已被腐敗官員分掉，據認不可能拿回。
47. 一八五七年七月至一八五九年十二月底，從墨爾本運到香港的黃金共二十一萬五九八九盎司，其中大多是「粗金」，而非金幣。"Chinese Passengers and Gold Shipped by the Chinese," 1859/A1, Vic-PP. Lowe Kong Meng, testimony, *Report of the Select Committee of the Legislative Council on the Subject of Chinese Immigration,* p. 10, 1856-57/D19, Vic-PP。關於一八七〇年代後期運送的黃金：Crawford, *Notes by Mr. Crawford,* 18。關於從加州匯回的錢：Mei, "Socioeconomic Origins," 489.
48. 開平市文物局，《開平銀信》，第三章；李柏達，《世界記憶遺產》。關於台山縣匯款的社會史和其在十九世紀後期、二十世紀初期與加州的關係，參見 Hsu, *Dreaming of Gold*。開平碉樓如今是聯合國世界文化遺產。.
49. 在五邑（包括台山、開平在內的五個縣），最早的跑腿人被叫作水客和巡城馬。開平市文物局，《開平銀信》，第二章；劉進，《台山歷史文化集》。在福建，潮州跑腿人被稱作「水差」（water carriers）、「腳」。為潮州外移民服務的僑批館，運作到一九七九年銀行取代整個服務過程時才停業。*Teochew Letters*, http://www.teochewletters.org/.
50. Macgregor, "Lowe Kong Meng."
51. *Argus* (1863) quoted ibid. Lowe Kong Meng, testimony, *Report of the Select Committee of Legislative Council on the Subject of Chinese Immigration,* p. 12, 1856-57/17, Vic-PP; Fitzgerald, *Big White Lie,* 64-66.
52. Fitzgerald, *Big White Lie,* 66-69; Macgregor, "Lowe Kong Meng"; Gouth and Macgregor, "Getting Chinese Gold"; Bowen, "Merchants," 40.
53. Bowen, "Merchants," 39-40; Macgregor, "Chinese Political Values," 62。雷亞枚和瑪麗有兩個孩子，但瑪麗死得早，二十三歲就去世。後來雷亞枚娶了華人女人，與她生下十一個孩子。
54. Robert Bowie testimony, *Report of the Select Committee of the Legislative Council on the Subject of Chinese Immigration,* pp. 7-8, 1856-57/19, Vic-PP; "Population of the Goldfields," table V, Victoria Census of 1857。金礦區是正式行政單位，歸殖民地金礦區專員（goldfield commissioner）和治安官管轄。
55. Young, *Report on Conditions of Chinese Population;* Young, "Tabular Statement

al., *Slavery's Ghost*。關於華人同鄉會：Lai, *Becoming Chinese American,* 41; Chung, *In Pursuit of Gold,* 19; Kian, "Chinese Economic Dominance," 8.

30. Chung, *In Pursuit of Gold,* 16-17. On Wong Kee: Valentine, "Historical and Archeological Excavations," 33-34, 40-41.
31. Sinn, *Pacific Crossing,* 55; Lai, "Potato King," Achick and Hab Wa to Governor Bigler (1852), in *Analysis of Chinese Question,* 7.
32. "Meeting of the Chinese Residents of San Francisco," *Alta,* December 10, 1849, p. 1.
33. Woodworth: "Selim E. Woodworth," *Wikipedia,* https://en.wikipedia.org/wiki/Selim_E._Woodworth.
34. "Meeting of the Chinese Residents of San Francisco," *Alta,* December 10, 1849, p. 1; "The Celebration," *Alta,* October 31, 1850.
35. Lai, "Potato King."
36. Goodman, *Native Place, City, and Nation.*
37. Lai, *Becoming Chinese American,* chap. 3。四邑會館成立於一八五一年，但後來分裂為多達十個團體，最後於二十世紀初期組織為寧陽、合和、岡州、肇慶四會館。三邑會館包含來自南海、番禺、順德三縣的人。在舊金山，中華會館繼續被稱作 Six Companies，不管其由幾個會館組成皆然。關於維多利亞的華人會館：Young, *Report on Conditions of Chinese Population*, 40.
38. 〈金山華人自送老人苦民回國〉，《教會新報》，no. 299 (1874), 13-14; Loomis,"Six Chinese Companies," 221-27; Speer, *Humble Plea,* 6.
39. California Committee on Mines and Mining Interests, *Report* (1853); Young, *Report on Conditions of Chinese Population;* Fitzgerald, *Big White Lie,* 66。關於一年內還完借來的船費：Cronin, *Colonial Casualties,* 19-20.
40. Lai, *Becoming Chinese American,* 46-47.
41. Ownby, *Brotherhoods and Secret Societies;* Murray, *Origins of Tiandihui;* Ownby and Heidhues, *"Secret Societies" Reconsidered.* On the Zhigongdang: Chung, "Between Two Worlds"; McKeown, *Chinese Migrant Networks;* Jin, *Hung Men Handbook.*
42. "Notice to every villager" (Charlie Fun Chung note), signed by Zhong Jinrui (n.d.), Golden Dragon Museum; Telegram to a Chinese in Sierra City, October 7, 1874, MSS C-Y 209, BANC。關於支付、租用糾紛所引發的訴訟，參見 Los Angeles Area Court Cases, HL.
43. Cai, "From Mutual Aid to Public Interest," 133-52; Fitzgerald, *Big White Lie,* 69-76, 93-94; Crawford, *Notes by Mr. Crawford.*
44. Cai, "From Mutual Aid to Public Interest," 139; Fitzgerald, *Big White Lie,* 60.

Jackson, *Chinese in West Borneo Goldfields*。公司也盛行於馬來西亞半島的採錫業。Reid, "Chinese on Mining Frontier,"29.

24. Southern China economy: Mei, "Socioeconomic Origins," 481; Wong, *China Transformed*, 19-20。至十八世紀中期，受僱的農場工人已大多是法律所認定為自由的人。Wu, "On Embryonic Capitalism," in Xu and Wu, *Chinese Capitalism,* 11-12; California's southern mines: Chiu, *Chinese Labor,* 34-37; Raymond, *Statistics of Mines and Mining* (1870), 4.
25. Isenberg, *Mining California*, 23-35; Rohe, "Chinese and Hydraulic Mining," 73-91; Chiu, *Chinese Labor,* 36-38。一般來講，白人從事需要專門技能的工作，華人則從事只需有限技術和不需專門技能的工作；一八六〇、七〇年代標準工資是白人每天三至三．五美元，華人每天一．五美元，磨粉廠工人工資則是白人每天二美元，華人每天一美元。華人通常透過工頭受僱，但有些公司以個別方式僱用、付工資給華人。北布魯姆菲爾德採礦與礫石公司的在職人員名單現已不存，但來自其他公司的檔案說明了僱用、工作、支付工資的大致模式：例如，Alturus Mining Company 公司的工人考勤簿，Charles William Hendel Collection,10/675, CSL; Little York Gold-Washing and Water Company 公司的工資分類帳，1873-75, vol. 4, William Maguire Mining Records, banc mss 90/163c, BANC; 華人考勤簿，1875, El Dorado Water and Deep Gravel Company, El Dorado County, vol. 156, HL.
26. *Woodruff v. North Bloomfield Mining and Gravel Company*, 18 F. 753 (C.C.D. Cal. 1884); Isenberg, *Mining California*, 39-51; Rohe, "Chinese and Hydraulic Mining," 88-89; *Mining and Scientific Press*, January 28, 1882.
27. H. L. Hurlbut to wife, February 10, 1853, CHS MS 32, letter 12, Hurlbut Family Correspondence, CHS。此信未具體說明他們僱用了多少華人。平均日工資是二．五美元。華人的現行工資是一天一至一．二五美元。今人很難想像他們會僱用超過兩或三名的華人，但即使僱用四人，每人工作三星期都能賺超過十二美元。H. B. Lansing, Diary, 1853, HM 70409, HL.
28. Young, *Report on Conditions of Chinese Population*, 40, 42-43, 33-43。華人為華人所經營的石英開採公司，為白人公司，例如巴拉臘特附近的 Reform Mining Company，在地下採礦。Lovejoy, "Fortune Seekers," 160。關於尾料工作：Application of Ah Wah, Nov. 7, 1871, Applications to Mine 26 and 27a, VPRS16936/P0001, BRAC; Rasmussen, "Chinese in Nation and Community," 84-87.
29. Miles, *Capitalism and Unfree Labour;* Brass and van der Linden, *Free and Unfree Labor,* 11; Stanley, *From Bondage to Contract;* Jung, *Coolies and Cane;* Follett et

Mineralogist (1888)。在錫斯基尤郡約有一千名華人在採礦，一年總收入至少三十六萬五千美元。Chiu, *Chinese Labor,* 24, 30-31; Chung, *In Pursuit of Gold,* 17-18.

18. 對河流砂礦開採合作性組織的描述：U.S. Census Bureau, *Report on Mineral Industries in the United States: Gold and Silver* (1890), 109。也見 Lower Log Cabin 區的立界據有地登記簿，*Mining Records of Calaveras County,* Rare Books, CSL。在 Smith's Flat，華人記錄了以合作方式立界據有的地和搶先占有的地，El Dorado County, Mining Claims Register (1864-68), *El Dorado County Records,* vol. 165, HL。一八六〇年，在沙加緬度郡，合作採礦組織的成員，每個月分到四十至五十美元。U.S. Census Bureau, *Schedule of Industry, California, Sacramento County, Cosumnes Township,* 1860。尤巴郡搶先占有的地：Chan, "Chinese Livelihood in Rural California," 57-82.
19. Ah Fock, testimony, December 12, 1887, *People v. Ah Jake,* trial transcript, 106-7, file F3659-13, Executive Pardons, CSA。四十磅重的金塊：Chung, *In Pursuit of Gold,* 12.
20. Young, *Report on Conditions of Chinese Population*, 40, 42-43。新南威爾斯南部華人採礦公司的頭兒分到兩成至兩成五，向礦工收取每週伙食費。小公司也採共享成果制，而非支付工資制。McGowan, "Economics and Organisation," 121, 123。關於攪拌去土和尾料：Serle, *Golden Age,* 321。在塞勒筆下，*cooperatively* 一詞會是用在平分制合作性組織和按比例分享成果公司，有別於為工資幹活的受僱者。
21. Ah Ling's claim, August 25, 1865, *Register of Mining Claims,* Daylesford, 3719/P0000/1, PROV-B. One-quarter shares registered by Let Chook, Kin Lin, Fong Ming, and Ah King, for puddling claim #2125, January 29, 1866, Blind Creek, *Mining Registrar's Register of Claims,* Daylesford Mining Division, VPRS3719, P0000/1 (January 1865-October 1868), PROV-B。「葡萄牙人平地」的合作性組織，見 Ah Su 和 Ah Ter 的證詞，"Inquest Held upon the Body of Ah Yung at Creswick," February 2, 1863, Inquest Deposition Files, VPRS24 P0000/24, PROV。整個一八六〇、七〇年代，華人礦工每週平均賺到三十先令。Lovejoy, "Fortune Seekers," 159.
22. 清朝時礦業商人暨投資人把多達利潤的四成撥給其工人。Sun, "Mining Labor in Ch'ing Period"; Valentine, "Chinese Placer Mining," 37-53; Bowen, "Merchants," 25-44. On share division in China: Gardella, "Contracting Business Partnerships," 329.
23. Heidhues, *Golddiggers, Farmers, and Traders;* Heidhues, "Chinese Organizations";

HL; account ledgers of Sun Sun Wo Co, 1876, 1889, 1901, Mariposa Museum and History Center。感謝 David Torres-Rouff 與我分享此資料。屠夫之語，被引用於 Speer, *Humble Plea,* 24. See also Chung, *In Pursuit of Gold,* 14-18.

10. Rohrbough, *Days of Gold,* 124。「屑金」：〈金山開礦的巨金〉，《教會新報》，no. 112 (1870), 11。
11. Rohe, "After the Gold Rush," 7.
12. "Mining Technology: Overview," *Encyclopedia of Gold in Australia,* http://www.egold.net.au/biogs/EG00009b.htm.
13. Limbaugh, "Making Old Tools Work Better," 24-51; Chung, *In Pursuit of Gold,* 10-11. Borthwick, *Three Years in California*, 265, 261-62. "Watch the miners": Bloomfield, *History of Chinese Camp,* 56. The *Bendigo Advertiser* is cited by Lovejoy, "Fortune Seekers," 157-58。關於澳洲境內水力技術：McGowan, "Economics and Organisation," 119-38.
14. McGowan, "Economics and Organisation," 121; Rohrbough, *Days of Gold,* 125; Rasmussen, "Chinese in Nation and Community," 80; Serle, *Golden Age,* 73; Limbaugh, "Making Old Tools Work Better," 24-51。美國合夥事業的一例：Diary of John Eagle, mssEGL 1-49, HL.
15. 關於親屬：Chung, *In Pursuit of Gold,* 13-14, 20。根據 Lovejoy 的 "Things that Unite" 一文，在調查聽證會的九十七件案子裡，只有七件案子的礦工沒有親人或配偶。Calaveras claims, Mining Records of Calaveras County, 1854-1857, Rare Books, CSL。一八六〇年人口普查報告圖奧勒米郡製造業一覽表，只列出一名華人礦工 W. Chang，該人有一名「雇員」（更可能是合夥人）。*U.S. Census, 1860,* Schedule of Industry, California, Tuolumne County, Township 2 and Township 3.
16. Claim no. 1786, Ah Ping and Low Ying, 1868, *Mining Registrar's Register of Claims,* Sandhurst, VPRS6946, P0001/2, PROV. See also Sluicing claim no. 1693, Ah Hee, March 21, 1865, 600 x 120 feet (1/10 acre), Sailor's Creek, *Court of Mines Register of Mining Claims,* Daylesford, VPRS3719, P0000/1, PROV-B。關於華人、白人礦工的採礦地點緊挨在一塊，見 Lovejoy, "Fortune Seekers," 154; "Plan of Golden Point Section of Forest Creek," 1859, Department of Economic Development, Jobs, Transport, and Resources, Victoria, http://earthresources.vic.gov.au/earth-resources/geology-of-victoria/exhibitions-and-Imagery/beneath-our-feet/the-early-years.
17. 華人在錫斯基尤郡（Siskiyou County）克拉瑪斯河（Klamath River）沿岸立界據有的土地：California Bureau of Mines, *Eighth Annual Report of State*

Township 5 (Chinese Camp); "Chinese Camp," *Sonora Herald*, March 31, 1866; Nicolini, "When East Met West." Plantings: Bloomfield, *History of Chinese Camp,* 45, 58-61.

3. 美國一八七〇年人口普查報告，圖奧勒米郡第三區（中國人營地），頁35，記錄了礦工 Ah Son 和 Chun Kee 的家庭，有兩個小孩，年紀為四歲、十歲；礦工 Sing Tong 和 Sa Soo，有三個小孩，分別是六歲、十歲、十二歲。養鴨瑪麗和中國莉娜：Nicolini et al., "Chinese Camp," 57. Ah Sam and Yo Sup Marriage Certificate, MS 23, CHS, http://www.oac.cdlib.org/ark:/13030/hb6d5nb1g0/?brand=oac4。美國一八六〇年人口普查報告，圖奧勒米郡；第二、三、五、六區（Township）都記載有名叫 Ah Sam 的男子，第五區（中國人營地）記載了叫 Ah Yow 的男子，頁 38。
4. Tom and Tom, *Marysville's Chinatown,* 17-34; "Sacramento News," *Alta,* May 13, 1852, p. 2; California state census of 1852, Yuba County.
5. *U.S. Population Census, 1860,* Butte County, Oroville.
6. Borthwick, *Three Years in California,* 143, 319; *Register of Mining Claims, Calaveras County,* 1854, Rare Books, CSL; *U.S. Population Census, 1860,* Calaveras County, California, Township 5.
7. Williams, "Chinese in California Mines," 39-40。在當時的 Sanborn 火險地圖和人口普查檔案中，或許也可找到華人居住區，包括 Weaverville, Sonora, Goodyears Bar, San Andreas, Angels Camp, Mokelumne Hill, Shasta 等鎮。關於天使營地和卡拉韋拉斯郡的其他鎮，見 Costello, "Calaveras Chinese"。來自密西根的丹尼爾・拉蒂默，在一八五二年加州人口普查報告卡拉韋拉斯郡頁 1，被記載為商人。The Lower Log Cabin 區在他的店開會，把該區的採礦分類帳存放在那裡。關於彼得堡："Terrible Affray with Chinese," *Union*, May 14, 1861, 4; Costello, "Calaveras Chinese"; "Greasertown, California," https://en.wikipedia.org/wiki/Greasertown,_California。一九二四至一九三〇年胡佛大壩在卡拉韋拉斯河上建成後，此鎮沒入水裡，不復存在。
8. Sidney Hardy 和其兄弟搭了一頂帳篷，把它稱作通往圖奧勒米郡伍德溪路上的「客棧」。Hardy journal, 1849-50, mssHM 62959, HL。關於民房：Bloomfield, *History of Chinese Camp,* 67-68。關於 Sun Sun Wo 店："Mariposa County Points of Interest: Sun Sun Wo Co.," NoeHill Travels in California, http://noehill.com/mariposa/poi_sun_sun_wo_company.asp; "The Sun Sun Wo Store," Coulterville, http://malakoff.com/goldcountry/mccvssws.htm.
9. Ledger from Bidwell's Bar, 1860-62, HM79058, HL; Andrew Brown, Account Books for the Chinamen, 1873-77 and 1886-88 (Whisky Flat), MssBrown Papers,

Golden Age, 66.

34. 四邑（粵語唸作 Sze Yup）。新寧（粵語 Sunning）後來改名台山（粵語 Toishan）。Mei, "Socioeconomic Origins," 463-99; Hsu, *Dreaming of Gold,* 16-27.
35. Wang, *Chinese Overseas*, chap. 1; Mei, "Socioeconomic Origins"。關於太平天國之亂：Spence, *God's Chinese Son.*
36. Look Lai, *Indentured Labor;* Meagher, *Coolie Trade;* Hu DeHart, "From Slavery to Freedom," 31-51; Yun, *Coolie Speaks;* McKeown, "Global Migration."
37. Morse, *International Relations of Chinese Empire,* 2:166.
38. Ibid., 165。劉光明估計，維多利亞境內華人三分之二為農家出身，三分之一是商人。*Report of the Select Committee of the Legislative Council on the Subject of Chinese Immigration 1857,* p. 10, Vic-PP. On women: Johnson, *Roaring Camp,* 169-76; Rohrbough, *Days of Gold,* 95-99; Serle, *Golden Age*, 320-21; McKeown, "Transnational Chinese Families,"73-110.
39. Lee Chew, "The Biography of a Chinaman," *Independent* 15 (February 19, 1903): 417-23.
40. 一八五六年借錢買船票：Wuyi Overseas Chinese Museum. Huang contract: Chang and Fishkin, *Chinese and the Iron Road,* 60-61. See also Zo Kil Young, *Chinese Emigration,* 93-96。關於晚清的合約和借款：Zelin, "Structures of the Chinese Economy," 31-67.
41. "Upwards of 800 Chinese": White, December 26, 1853, quoted in Morse, *International Relations of Chinese Empire,* 2:166. On *Xia'er guanzhen*: Sinn, "Beyond 'Tianxia,'" 94.
42. 海關資料被引用於 Chiu, *Chinese Labor,* 13; Chan, "People of Exceptional Character,"73。關於澳洲：塞勒引用官方報告，說一八五九年有四萬兩千名華人，約占採礦人口兩成，見 *Golden Age,* 330。沃克估計一八五九年有五萬華人，也就是占了四分之一，見 *Anxious Nation,* 36; Mountford and Tuffnell, *Global History of Gold Rushes*, 11; Reeves, "Sojourners or a New Diaspora?," 181; Fahey, "Peopling Victorian Goldfields," 149.

第二章　金礦區

1. Nicolini et al., "Chinese Camp," 47-67; "Charlie" to "My dear sister" (1856), in Sheafer, *Chinese and Gold Rush*, 53; Barron, "Celestial Empire"; Hoover et al., *Historic Spots in California*, 574-75; Speer, *Humble Plea,* 26-28.
2. 鎮上居民的職業和對此鎮的描述：U.S. Census of 1860, Tuolumne County,

五十英鎊的年金，並被任命為金礦區的殖民地專員。他的三個助手，John Lister 和 James and Henry Tom 兩兄弟，憤恨於未能得到肯定和獎賞，向政府訴願，經過漫長調查，一八五三年各領到一千英鎊，一八九〇年被官方正式認定為最早發現黃金者。

22. Serle, *Golden Age,* 10-11; Fahey, "Peopling Victorian Goldfields," 148-61.
23. Serle, *Golden Age,* 67-71, 95.
24. Mountford, *Britain, China, and Colonial Australia,* 17, 25, 48-49, 68-70; Broadbent et al., *India, China, Australia,* 22, 42; Serle, *Golden Age,* 42, 121。進口數據來自 Macgregor, "Lowe and Chinese Engagement"。航海法（Navigation Acts）規定凡是前往英國殖民地貿易的船都必須取道英格蘭，一八五〇年廢止。
25. Serle, *Golden Age,* 2-3; Wolfe, "Settler Colonialism"; Hunter, "Aboriginal Legacy."
26. 關於賈賈武倫人和瓦塔武倫人：Cahir, *Black Gold,* 23. Milne quoted in Goodman, "Making an Edgier History," 32-33.
27. Estimates by Evans and Orsted-Jensen, "'I Cannot Say the Numbers That Were Killed,'" 4-5。「生養眾多、遍滿地面」：Henry Mort to his mother and sister, January 28, 1844, quoted in Reynolds, *Dispossession*, 4。關於澳大利亞土著居民抵抗白人移民、白人報復、征伐，以及矛和步槍的使用：*Dispossession*, 31-49。關於強行占領：*Queensland Guardian,* May 4, 1861, quoted ibid., 12.
28. Rawls, "Gold Diggers," 4; Augustin Hale Diary, entries for February 22, August 8, 10, 30, 1850, box 6, Hale Papers, HL.
29. Madley, *American Genocide,* chap. 4; Peter Burnett, State of the State Address, January 6, 1851, https://governors.library.ca.gov/addresses/s_01-Burnett2.html.
30. Serle, *Golden Age,* 321; Cronin, *Colonial Casualties,* 19.
31. Johnson, *Roaring Camp,* 193-95; Rohrbough, *Days of Gold,* 125; Rawls, "Gold Diggers," 31; Sisson, "Bound for California," 259-305; Pitt, *Decline of Californios;* Gonzalez, "'My Brother's Keeper,'" 118-41; Standart, "Sonoran Migration to California," 333-57; Perez Rosales, "Diary of Journey to California," 3-100; Navarro, *Gold Rush Diary*.
32. 十五名苦力：Lucett, *Rovings in the Pacific,* 2:363; Navarro, *Gold Rush Diary*, 6-8。華人會館領袖早在一八五二年就說，簽約招工「一度做到某個程度，但後來發現獲利不如預期，如今已停掉。」California Committee on Mines and Mining Interests, *Report* (1853).
33. "Prospects of California," *California Star,* March 25, 1848, p. 4; Borthwick, *Three Years in California,* 66; Navarro, *Gold Rush Diary*, 10. Port Phillip Bay: Mountford, *Britain, China, and Colonial Australia,* 49. Ship captains: Serle,

California, 3, 11-12; Barron, "Celestial Empire"。華裔美國人大多以四邑方言把金山唸作 Gum Saam。

8. 關於薩特：Spoehr, "Hawaii and Gold Rush," 124-27; Dillion, "Fool's Gold, the Decline and Fall of Captain John Sutter of California," https://en.wikipedia.org/wiki/John_Sutter#Beginnings_of_Sutter.27s_Fort。關於馬歇爾的發現：Marshall to Hutchings, January 24, 1848, in Egenhoff, *Elephant as They Saw It*, 27-29。印第安人吉姆：Rawls, "Gold Diggers," 30.
9. 學者估計，在與歐洲人接觸之前，加利福尼亞的原住民約三十萬人，到了一八四六年，由於疾病、暴力和遭西班牙、墨西哥傳教團惡待，已少了一半。Madley, *American Genocide,* introduction; Chan, "People of Exceptional Character," 50; Rohrbough, *Days of Gold,* 7-16.
10. Chan, "People of Exceptional Character," 50-52; Rawls, "Gold Diggers," 30-32.
11. Rohrbough, *Days of Gold,* 24-25; Chan, "People of Exceptional Character," 57; "Travel Routes," Gold Rush of California, http://goldrushofcalifornia.weebly.com/travel-routes.html; Barbara Maranzani, "8 Things You May Not Know About the California Gold Rush." History.com, January 24, 2013, https://www.history.com/news/8-things-you-may-not-know-about-the-california-gold-rush.
12. 關於勒莫特：Rohrbough, *Days of Gold,* 167。關於從夏威夷、智利、澳洲進口的東西：Chan, "People of Exceptional Character," 51-54。關於香港：Sinn, *Pacific Crossing,* 141-47。關於麵粉：Meissner, "Bridging the Pacific," 82-93.
13. "Mexican Prizes," *California Star,* January 1, 1848, p. 2; Spoehr, "Hawaii and Gold Rush," 126-27; Greer, "California Gold," 157-73.
14. *Californian*, October 7, 1848, p. 2.
15. Sinn, *Pacific Crossing,* 35-47, 143-45.
16. Ibid., 309-11; Bibb, "China Houses"; Augustin Hale diary, entry for August 9, 1850, Box 6, Augustin Hale Papers, HL.
17. Sinn, *Pacific Crossing,* 309-11, 147-48.
18. Peter McAllister, "Sydney Ducks." *Monthly*, February 2015, https://www.themonthly.com.au/issue/2015/february/1422709200/peter-mcallister/sydney-ducks; Ricards and Blackburn, "The Sydney Ducks: A Demographic Analysis," 12-31; Monaghan, *Australians and Gold Rush.*
19. Mitchell, "Hargraves, Edward Hammond."
20. Serle, *Golden Age,* 10-12; "Rumours of Gold," in *Eureka!*
21. Mitchell, "Hargraves, Edward Hammond"; Hargraves to William Northwood, "Rumours of Gold," in *Eureka!* 哈爾格雷夫斯也從一八七七年起開始領兩百

信，日期注明為一八四八年十月七日，跟著要付給檀香山哈德遜灣公司的錢款，一起搭上要駛往夏威夷群島的下一艘出境船茱莉亞號（Julia）出去。這艘縱帆船一八四八年十月二十三日離開舊金山，十一月十二日抵達檀香山。離開、抵達時間分別記載於 "Marine Intelligence," *Californian*, November 4, 1848, 3, and "Commercial Statistics," *Polynesian*, January 20, 1849。下一艘從檀香山駛往香港的船是阿梅利亞號（Amelia），一八四八年十一月二十日駛出。"Commercial Statistics," *Polynesian*, January 20, 1849。我根據從檀香山搭帆船到香港要花的時間三十至三十六天，估算出阿梅利亞號抵達香港的時間，而估算的依據來自當時兩次航行：*Thomas W. Sears* 號，檀香山至香港，一八五〇年十月一日至十一月六日（三十六天）；*Ocean Pearl* 號，檀香山至香港，一八五五年四月二十八日至五月二十九日（三十天）。Edward Horatio Faucon, Log of *T. W. Sears,* in Logbooks 1850-1863, Ms.N-1216, Massachusetts Historical Society, http://www.cap.amdigital.co.uk/Documents/Details/MHS_EdwardSFaucon_Logs_1850; Alfred Tufts, "*Ocean Pearl* Logbook,"Tufts Family Papers, Massachusetts Historical Society, http://www.cap.amdigital.co.uk/Documents/Details/MHS_TuftsFamily_OceanPearl_Alfred.

2. 「加利福尼亞」，*Friend of China,* January 6, 1849, 6；「金和銀」，*Polynesian,* November 11, 1848；「加利福尼亞」和「找黃金」，*Polynesian,* November 18, 1849; Sinn, *Pacific Crossing,* 44。理查和威廉號抵達舊金山："Marine Journal," *Alta,* March 22, 1849, p. 2.
3. 關於燕子號：Sinn, *Pacific Crossing,* 55; "Marine Journal," *Alta,* July 19, 1849, 2。關於袁生：Lai, "Potato King."
4. 在某些記述裡，寫作「Asing」。
5. 七名中國人：Bancroft, *History of California*, 7:336。《上加利福尼亞日報》報導，一八四九年二月一日加利福尼亞有五十五名華人。"The Chinese Emigration," *Alta* second supplement, May 15, 1852, p. 7。每週航運報告說一至八月有四十名乘客從香港、中國抵達，但未列出乘客的姓名和國籍。"Marine Journal," *Alta,* July 2, 1849, p. 2, and August 2, 1849, p. 3。語言紛呈情景：Borthwick, *Three Years in California,* 30, 51-56.
6. "Agreement between the English Merchant and Chinamen," 道光二十九年（一八四九），Wells Fargo corporate archives.
7. 十月十五日從中國駛抵的英國船亞馬遜號（Amazon）上有一百零一名乘客，其中大概有此公司的人。"Merchant Ships in Port, 1849," *Maritime Heritage Project,* http://www.maritimeheritage.org/inport/1849.html。在此協議中此船船名被音譯為「Ah-mah-san」。五百名中國人：Chiu, *Chinese Labor in*

14. Liu, *Tea War,* chap. 1. See also Yong, "Dutch East India Company's Tea." 關於茶葉和致癮性食物：Mintz, *Sweetness and Power,* 108-9。關於作為美洲諸殖民地之大眾消費品和進口品的茶葉：Merritt, *Trouble with Tea,* chaps. 1-2; Bello, *Opium and Limits of Empire,* 22-24.
15. Ghosh, *Sea of Poppies,* 85-91.
16. Bello, *Opium and Limits of Empire,* 1-2, 14。四川、雲南、貴州三省的鴉片產量，一八七九年時會超過進口鴉片量。進口資料："Opium Trade," https://www.britannica.com/topic/opium-trade。一箱鴉片約有一百四十磅鴉片。
17.「貪利之極」：對林則徐致英女王信（一八三九）的英譯，各書不盡相同。此處引文來自 S. Teng and J. Fairbank, *China's Response to the West* (1954), published by DigitalChina/Harvard, https://cyber.harvard.edu/ChinaDragon/lin_xexu.html.
18. Hamashita, "Intra-Regional System," 127-28.
19. 總理衙門是總理各國事務衙門的簡稱。總理衙門的沿革：Rudolph, *Negotiated Power.*
20. 黃遵憲，〈書憤〉五詩之一，約一八九〇年，in Schmidt, *In the Human Realm,* 295.
21. 外國真有其事：Huangfu, "Internalizing the West," 11。西方發明：薛福成，《出使四國日記》，光緒十六年（一八九〇）四月十日。「中學為體」：張之洞，《勸學篇》（一八九八）。關於張之洞的看法相對偏保守：Zarrow, *After Empire,* chap. 4。關於黃遵憲看法的演變：Huangfu, "Internalizing the West," 5; Schmidt, *In the Human Realm,* 36-40.
22. 平均產值是每噸九美元。參見 Penrose, "Witwatersrand Gold Region," 745.
23. Eichengreen and Temin, "Gold Standard and Great Depression," 183-207; see also Eichengreen and Flandreau, *Gold Standard in Theory and History.*
24. Keynes, *General Theory of Employment,* 129-30.
25. Ibid., 130; Simmel, *Philosophy of Money*, 176; Desan, *Making Money;* Skidelsky *Money and Government*, 23-32; Dodd, *Social Life of Money;* Ingham, "Money Is a Social Relation," 507-29.

第一章　兩座金山

1. Spoehr, "Hawai'i and Gold Rush," 123-32。艾倫提到每盎司十六美元，但整個十九世紀和二十世紀初期金價始終維持在每盎司二〇・六七美元。在該價格下，四百二十盎司相當於二・六杯的量。http://onlygold.com/Info/Historical-Gold-Prices.asp; https://www.aqua-calc.com/calculate/weight-to-volume。艾倫的

Question (1849); Karl Marx, *On the Jewish Question* (Zur Judenfrage, 1844)。關於歐洲境內女人問題（Querelle des femmes），始於十七世紀，而在十九世紀的英國和美國，這些問題與女人選舉權有關聯。

5. 談採礦的權威性著作，包括 Shinn, *Mining Camps;* Paul, *California Gold;* and Serle, *Golden Age*。較晚近談加州、澳洲淘金熱的著作，以較批判性的立場談帶有民族主義性質的史學著作：Rohrbough, *Days of Gold;* and Goodman, *Gold Seeking*. Johnson, *Roaring Camp*，係難得的佳作，從加州淘金熱的大歷史角度給了華人淘金客應有的關注。關於經濟史，見 Eichengreen and Flandreau, *Gold Standard in Theory and History;* Flandreau, *Glitter of Gold;* Desan, *Making Money;* Dodd, *Social Life of Money;* Frank, *ReOrient;* Flynn and Giraldez, "Cycles of Silver"; Flynn and Giraldez, "Born with a Silver Spoon"; Schell, "Silver Symbiosis." Alborn, *All That Glittered*，係罕有之作，把文化史、經濟史熔於一爐。
6. Lynch, *Mining in World History,* chap. 1; Frank, *ReOrient*, chap. 3; Tutino, *Mexican Heartland,* 39-48.
7. 關於巴西淘金熱：Alborn, *All That Glittered,* 16-17.
8. 從西元前二〇〇〇年（在埃及）直至十九世紀中期，黃金的世界總產量據估計為一萬公噸，其中約八百五十公噸來自十八世紀巴西淘金熱。從一八四八年加州淘金熱到一八九一年育空領地境內金礦區的開闢，共生產了一萬三千五百四十公噸的黃金。參見 "Gold Production Through History," GoldFeverProspecting.com, http://www.goldfeverprospecting.com/goprthhi.html; David Zurbuchen, "The World's CumulativeGold and Silver Production," January 14, 2006, Gold-Eagle.com, http://www.gold-eagle.com/editorials_05/zurbuchen011506.html.
9. Newmarch and Tooke are quoted in Daunton, "Britain and Globalization," 15-18; Van Helten, "Empire and High Finance," 533.
10. Curle, *Gold Mines of World,* 2, 16.
11. Mitchell, "Gold Standard in Nineteenth Century," 369-76; Carruthers and Babb, "Color of Money"; O'Malley, "Specie and Species," 369-95.
12. Flynn and Giraldez, "Cycles of Silver"; Flynn and Giraldez, "Born with a Silver Spoon"; Frank, *ReOrient,* chap. 2; Tutino, *Mexican Heartland,* chap. 1.
13. Morse, *Chronicles of East India Company,* 1:26, 45。馬士說「約一七〇〇年時（黃金）在中國很便宜，只及於歐洲鑄幣廠買進黃金供鑄幣之價格的三分之二」，此話也說明了白銀的套利優勢。Ibid., 1:69. "Multiple arbitrage": Flynn and Giraldez, "Cycles of Silver," 402.

NSW	State Library of New South Wales
PP	*Parliamentary Papers*, UK
PROV	Public Record Office Victoria, North Melbourne
PROV-B	Public Record Office of Victoria, Ballarat
SMH	*Sydney Morning Herald*
TAB	Public Records of Transvaal Province
TCM	Transvaal Chamber of Mines
Union	*Sacramento Daily Union*
VIC	State Library of Victoria
Vic-PP	Victoria Parliamentary Papers
WH	William Honnold Papers

小談羅馬拼音和貨幣

1. Historical Chinese currency: "Tael," *Wikipedia,* https://en.wikipedia.org/wiki/Tael。關於金價：Lawrence Officer, "What Was the Price of Gold Then? A Data Study," https://www.measuringworth.com/docs/GoldBackground.pdf; "Historical Gold Prices 1833-Present," http://piketty.pse.ens.fr/files/capital21c/xls/RawDataFiles/GoldPrices17922012.pdf。關於白銀的金價：Hsiao, *China's Foreign Trade Statistics,* table 9a.

引言　黃色與黃金

1. Schmidt, *In the Human Realm,* 27-29; Huang, "Expulsion of the Immigrants."
2. Lockard, "Chinese Migration and Settlement in SE Asia," 765-781。東南亞華人長久以來被稱作最早離開故土、散居海外的華人（Chinese diaspora）；社會學家 Robin Cohen 稱他們是原型的「貿易」僑民。國民政府和中共政府都以「華僑」一詞指稱海外華人，此詞表示海外華人仍與中華民族關係密切，仍是中華民族一員。有些學者避免使用 diaspora（僑民）這個指稱所有海外華人的籠統概念，看出諸多海外華人僑社之間有歷史、語言、政治立場方面的差異。本書筆下的 diaspora，專指英美西方裡的海外華人，這些人的歷史經驗和認同不只有鮮明的相似之處，而且與晚清、民國的中國民族主義同時發生，並構成該民族主義。Cohen, *Global Diasporas;* Shih et al., eds., *Sinophone Studies;* Hsu, "Decoupling Peripheries from the Center"; Kuhn, *Chinese Among Others;* Wang, *Don't Leave Home,* chap. 7.
3. Igler, *Great Ocean,* 17-22.
4. 值得一提的著作，包括 Thomas Carlyle, *Occasional Discourse on the Negro*

註釋

縮寫

Alta	*Daily Alta California*
AS	臺灣中央研究院
BANC	Bancroft Library
BL	Bodleian Library
BRAC	Bendigo Regional Archives Centre
CAB	Cabinet Office Files, UK
CAJ	California Legislative Journals
CCO	Conservative Central Office, UK
CDB	中國開發銀行
CHS	California Historical Society
CMC	中國海關
CO	Colonial Office, UK
CRL	Center for Research Libraries
CSA	California State Archives
CSL	California State Library
EMJ	*Engineering and Mining Journal*
FLD	Foreign Labour Department, Transvaal
FO	Foreign Office, UK
FRUS	*Foreign Relations of the United States*
GOV	Governor's Office, Transvaal
HL	Huntington Library
KAB	Western Cape Archives, Cape Town
LD	Law Department, Transvaal
NA	National Archives, UK
NASA	National Archives of South Africa
NLA	National Library of Australia

HISTORY 109

從苦力貿易到排華：淘金熱潮華人移工的奮鬥與全球政治

THE CHINESE QUESTION: The Gold Rushes and Global Politics

作者	艾明如（Mae Ngai）
譯者	黃中憲
主編	王育涵
編輯	邱奕凱
特約企畫	張傑凱
美術設計	吳郁嫻
內頁排版	張靜怡
總編輯	胡金倫
董事長	趙政岷
出版者	時報文化出版企業股份有限公司 108019 臺北市和平西路三段 240 號 7 樓 發行專線｜ 02-2306-6842 讀者服務專線｜ 0800-231-705 ｜ 02-2304-7103 讀者服務傳真｜ 02-2302-7844 郵撥｜ 1934-4724 時報文化出版公司 信箱｜ 10899 臺北華江橋郵政第 99 信箱
時報悅讀網	www.readingtimes.com.tw
人文科學線臉書	http://www.facebook.com/humanities.science
法律顧問	理律法律事務所｜陳長文律師、李念祖律師
印刷	勁達印刷有限公司
初版一刷	2023 年 3 月 10 日
定價	新臺幣 680 元

ISBN 978-626-353-498-8 ｜ Printed in Taiwan

時報文化出版公司成立於一九七五年，並於一九九九年股票上櫃公開發行，於二〇〇八年脫離中時集團非屬旺中，以「尊重智慧與創意的文化事業」為信念。

從苦力貿易到排華：淘金熱潮華人移工的奮鬥與全球政治／艾明如（Mae Ngai）著；黃中憲譯 .
-- 初版 . -- 臺北市：時報文化出版企業股份有限公司，2023.3 ｜ 544 面；14.8×21 公分 .
譯自：THE CHINESE QUESTION: The Gold Rushes and Global Politics ｜ ISBN 978-626-353-498-8（平裝）
1. CST：採礦 2. CST：華僑史 3. CST：種族偏見｜ 577.2 ｜ 112000991